George Bull

Im Innern des Vatikans

George Bull

Im Innern des Vatikans

Aus dem Englischen von Wibke Schmaltz

Benziger

Der Titel der Originalausgabe lautet:
«Inside the Vatican»
Hutchinson & Co. (Publishers) Ltd, London, 1982

ISBN 3 545 25063 6

Inhalt

Die modernen Päpste

Pius IX. (Giovanni M. Mastai-Ferretti) 1846–78

Leo XIII. (Gioacchino Pecci) 1878–1903

(St.) Pius X. (Giuseppe Sarto) 1903–14

Benedikt XV. (Giacomo della Chiesa) 1914–22

Pius XI. (Achille Ratti) 1922–39

Pius XII. (Eugenio Pacelli) 1939–58

Johannes XXIII. (Angelo Giuseppe Roncalli) 1958–63

Paul VI. (Giovanni Battista Montini) 1963–78

Johannes Paul I. (Albino Luciani) 1978

Johannes Paul II. (Karol Wojtyla) seit 1978

Die Vatikanstadt

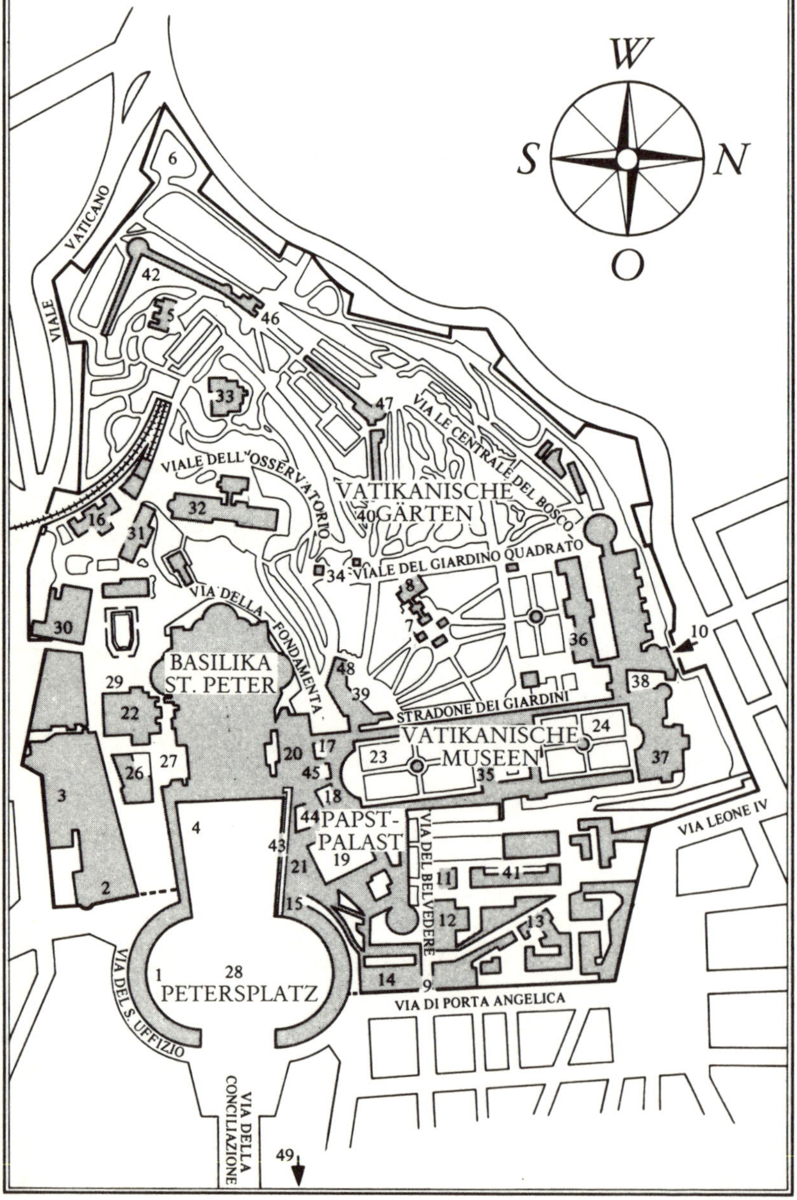

Die Vatikanstadt

1 Kolonnaden Berninis
2 Palast des Heiligen Offiziums (Kongregation für die Glaubenslehre)
3 Audienzhalle (Nervihalle)
4 Arco delle Campane (Bogen unter dem Glockenturm)
5 Erstes Gebäude von Radio Vatikan (Telex-Zentrum)
6 Hubschrauber-Landeplatz
7 Casina Pius' IV.
8 Päpstliche Akademie
9 Porta Sant' Anna
10 Öffentlicher Eingang zu den Museen
11 Post- und Telegraphenamt
12 Polyglott-Druckerei
13 Büros des *Osservatore Romano*
14 Kasernen der Schweizergarde
15 Bronzetor: Eingang zum Apostolischen Palast
16 Bahnhof
17 Cortile della Sentinella
18 Cortile dei Pappagalli
19 Cortile di San Damaso
20 Sixtinische Kapelle
21 Päpstliche Privaträume
22 Sakristei von St. Peter
23 Cortile del Belvedere
24 Cortile della Pigna
25 Cortile della Biblioteca
26 Campo Santo Teutonico
27 Piazza dei Protomartiri Romani
28 Obelisk des Caligula
29 Piazza di Santa Marta
30 Palazzo San Carlo
31 Mosaikwerkstatt
32 Palazzo del Covernatorato (Gouverneurspalast)
33 Äthiopisches Kolleg
34 Petersstatue
35 Vatikanische Bibliothek und Geheimarchive
36 Pinakothek
37 Cortile Ottagono
38 Cortile delle Corazze
39 Sakramentsbrunnen
40 Adlerbrunnen
41 Belvedere-Palais
42 Mauer Leos IV.
43 Bernini-Korridor
44 Cortile del Maresciallo
45 Cortile Borgia
46 Lourdes-Grotte
47 Radio Vatikan
48 Münze
49 Nach Castel Sant' Angelo

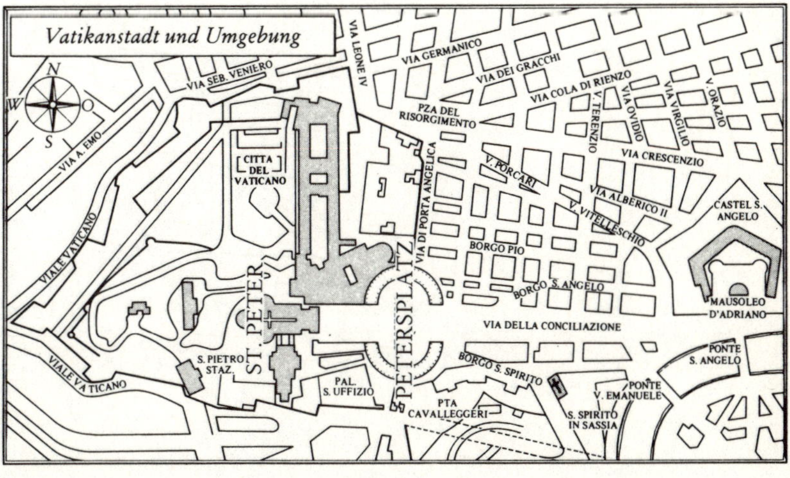

Vorwort

Hilaire Belloc erzählt in seinem Buch *The Path to Rome*, wie Gott der Allmächtige den heiligen Petrus nach der Welt fragte und wissen wollte, womit die Menschen dort beschäftigt seien; und als Gott erfahren habe, daß alle, die da knieten, sein Lob sängen und zu ihm beteten, da habe er beschlossen, alles so zu lassen, wie es war. Für mich – wie für alle Katholiken – hat der Vatikan in erster Linie religiöse Bedeutung. Doch so wichtig der Vatikan für den geistigen Fortschritt oder das geistige Überleben der Welt auch ist, so ist er doch auch eine mächtige politische Institution, die in einem winzigen souveränen Staat in Rom wurzelt und von mehreren hundert ergebenen Beamten im Zentrum eines weltumspannenden kirchlichen Netzes verwaltet wird. Instinktiv stelle ich ihn mir in Schichten von Bildern vor, die viel komplizierter sind als die Vorstellung eines simplen Gebetskraftwerks.

Der Vatikan ist unermeßlich reich, nicht gemessen an seinem Kontenstand, sondern am historischen und kulturellen Wert seines Territoriums, seiner Paläste, Kirchen, Denkmäler und Museen. Nach außen präsentiert er sich mit einem beeindruckenden Ring mittelalterlicher Türme und Bastionen, mit Statuen, Kuppeln und Brunnen aus der Renaissance, mit barocken Säulen und Fassaden. Der Petersplatz und die Basilika Sankt Peter, der die ovale Piazza flankierende Papstpalast und die alten Gemäuer strotzen vor seltenen Kostbarkeiten wie verzierte Ränder einer reich illuminierten Handschrift. Innerhalb des belebten Vatikans eröffnen sich frische, unerwartete Perspektiven auf St. Peter und die Stadt Rom, gibt es Parks, Gärten und Villen von überraschender architektonischer und bildhauerischer Phantasie, Kilometer geschäftiger Korridore und Vestibüle und Gebäude verschiedenster Funktionen offizieller wie privater Art. Der Kunstreichtum des Vatikans beschränkt sich nicht auf die Museen und die herrlichen, atemberaubenden Werke der großen Künstler, die seine Bauten entwarfen und mit Skulpturen und Bildern ausstatteten. Die Privatgemächer und das offizielle Appartement des Papstes, die Wohnungen der Kardinäle und Bischöfe, die Büros, Empfangsräume und Säle für die verschiedenen Zeremonien bergen ein unermeßliches, jahrhundertealtes, nur zum Teil katalogisiertes Erbe, das kunstsinniges Mäzenatentum und emsigen Sammlergeist spiegelt, die sich auf sämtliche Gebiete der Kunst und des Kunsthandwerks erstreckten.

Von der Laterne von Michelangelos Kuppel aus umfaßt das Auge in Sekundenschnelle die Hauptzüge des Vatikankomplexes, der nach Norden und Westen hin ansteigt. Aber man braucht Jahre, um eine Vorstellung von dem Ausmaß und dem Reichtum an materiellen Werten zu bekommen, mit denen dieses bescheidene Territorium angefüllt ist. Ihre Bedeutung läßt sich nicht in Zahlen ausdrücken; sie sind Ausdruck der Stabilität und der Beständigkeit und erfüllen die Atmosphäre mit dem Geist der Zeitlosigkeit. Viele dieser Schätze bleiben der Öffentlichkeit verborgen, doch Berninis einladend geöffnete Kolonnaden, die den Fremden auffordern, sich dem Vatikan zu nähern und die breiten Stufen zu St. Peter hinaufzusteigen, symbolisieren die großzügige Haltung der meisten Hüter der vatikanischen Kultur. Unzählige Wissenschaftler haben nicht nur bereitwillige Hilfe bei ihren Forschungsarbeiten in der Vatikanischen Bibliothek und den Geheimarchiven erfahren, sondern durften auch, begleitet von wohlwollendem Interesse, nach besonderen historischen Objekten unter den unschätzbaren Beständen der Schatzkammer von St. Peter oder der Sakristei der Sixtinischen Kapelle suchen.

Das Gesicht des Vatikans ist von freundlicher Güte geprägt – ob nun der Papst der Welt seinen Segen erteilt, ein Kardinal als Präsident oder ein Erzbischof als Sekretär einer der «Ministerien» einen Bischof empfängt oder eine besondere ausländische Delegation offiziell begrüßt wird. Nur gelegentlich erstarren die Höflichkeit und der Charme, die fast durchgehend die Haltung des Vatikanpersonals vom ranghohen Prälaten bis zum Chauffeur oder Tankwart charakterisieren, in einer gewissen nervösen Spannung angesichts der ungebührlichen Zudringlichkeit mancher Außenstehender. Die Bewegungsfreiheit innerhalb des Vatikans wird durch keine großen Formalitäten eingeschränkt. Die Sicherheitsmaßnahmen und die für sie verantwortlichen Wachen bleiben unauffällig. Doch je vertrauter einem der Vatikan und die Menschen werden, die hier für Papsttum und Kirche arbeiten, desto deutlicher spürt man gewisse Anzeichen von Mißtrauen und sogar Ängstlichkeit, denn der Vatikan ist eine fest strukturierte und disziplinierte Organisation, die sich mit den sensibelsten Bereichen religiösen Gewissens und moralischen Verhaltens befaßt und bedeutende Karrieren zu vergeben hat.

Der Vatikan ist zugleich eine sehr italienische Institution, trotz des jetzigen polnischen Papstes, der zwar slawisch dem Temperament nach, aber sehr römisch im Glauben ist. In der Atmosphäre des Vatikans liegt eine gewisse Munterkeit und nervöse Erregbarkeit, die die *gravitas* mildert. Alle Augenblicke wird man Zeuge aufregender neuer Ideen oder herzzerreißender menschlicher Dramen – manche schön und faszinierend, manche geschmacklos. Der Vatikan, angefangen mit der Petersbasilika, legt einem nahe, mit der Ehrfurcht, die man unter Michelangelos Kuppel und über dem Grab des heiligen Petrus verspürt, auch ein gewisses Maß an menschlicher Schwäche zu akzeptieren. Der Vatikan ist so italienisch und das Papsttum so alt, daß ein Hauch von weltmüdem Zynismus selbst unter seinen treuen Dienern unverkennbar ist. Ich bin zwar nie einem Prälaten mit dem traurigen, skeptischen Glauben von Brownings Bischof Blougram begegnet oder einer Bemerkung wie seinem Bonmot «Wir nannten das Schachbrett weiß, jetzt nennen wir es schwarz . . .»; aber ich habe mich privat mit so manchem kritischen Kirchenmann unterhalten, der sich über die Methoden und Vorurteile des Vatikans Sorgen macht, aber den Mund geschlossen hält.

Das Bild des rein italienisch geprägten Vatikans ändert sich mit der wachsenden Zahl nichtitalienischer Mitarbeiter in der Administration. Die wohlwollende Freundlichkeit und intellektuelle Offenheit – sehr oft auch die Frömmigkeit – vieler Mitglieder der römischen Kurie mildern ebenfalls den Eindruck steifer, reaktionärer Voreingenommenheit. Innerhalb der Mauern des Vatikans werden mir die Ausstrahlung dieses kleinen Zentrums in alle Teile der Welt und sein echter, alle Klassen und Rassen umfassender Katholizismus besonders bewußt.

Um den Pontifex als Mittelpunkt schaffen die Verwalter des Vatikans in immer größer werdenden Kreisen von Einfluß und Verantwortung ein Milieu liebevoller, sensibel reagierender Loyalität und Verehrung für den Heiligen Stuhl. Das Objekt ihrer treuen Dienste ist einerseits die Person des Papstes, andererseits der andere institutionelle Pol des Papsttums, die römische Kurie, die sich selbst als verantwortliche Hüterin des katholischen Glaubens sieht. Johannes Paul II. hat gezeigt, daß er in keiner Hinsicht der Gefangene des Vatikans ist. In seiner Entschlossenheit, den katholischen Glauben neu zu beleben, das verschwommene Bild der Kirche schärfer zu konturieren, hat er die mißtrauische Aufmerksamkeit des vatikanischen Konservatismus auf sich gezogen. Das ist eine faszinierende und eigentlich paradoxe Situation, die spannende und noch unvorhersehbare Entwicklungen erwarten läßt.

Dieses Buch handelt vom Heiligen Stuhl und dem Staat der Vatikanstadt. Es ist für Katholiken wie Nichtkatholiken, Christen wie Nichtchristen geschrieben, die etwas über die geheimnisvoll klingenden Institutionen des Vatikans und den Tageslauf derer erfahren wollen, die sie leiten und in ihnen arbeiten. Es möchte die Hauptstrukturen des komplizierten kirchlichen Apparates erläutern, den Papst Johannes Paul II. als Erbe übernommen hat, sowie die Haltungen und Ziele der Mitarbeiter des Papstes in der Leitung der katholischen Kirche. Mit dem forschenden und manchmal sicher naiven Blick des Journalisten betrachtet es den physischen und organisatorischen Rahmen des Vatikans – Bauten, Kunstdenkmäler, Ministerien. Vor allem aber will es das Leben des Papstes abbilden.

Das Material wurde durch intensive Lektüre und langjähriges Engagement in der katholischen Kirche, in vielen Diskussionen und Gesprächen im Vatikan und in ständiger Korrespondenz mit Vatikanbeamten, päpstlichen Gesandten und interessierten Beobachtern aus verschiedenen Teilen der Welt zusammengetragen. Wo immer möglich, lasse ich Angehörige des Vatikans selbst zu Wort kommen. Ich habe mich bemüht, einen möglichst genauen Eindruck von ihrem Aussehen, ihren Reaktionen, ihrem persönlichen Geschmack und ihrer Umgebung und von den Besonderheiten ihrer offiziellen Positionen wiederzugeben. Offene und doch wohlwollende Berichte über Persönlichkeiten wie Politik des Vatikans sind wegen des exklusiven Charakters der Organisation und des beharrlich vertretenen Grundsatzes, daß der Heilige Stuhl von jeder Art soziologischer Betrachtungsweise ausgenommen bleiben solle, noch immer selten. Ich machte die Erfahrung, daß geduldiges Werben die anfängliche Reserviertheit langsam lockerte.

Im Heiligen Jahr 1950 besuchte ich Rom und den Vatikan zum ersten Mal, und zum ersten Mal sah ich in der zerbrechlichen, weißgekleideten Gestalt des asketischen, fast schwerelos wirkenden Pius XII. den Papst. Eingequetscht zwischen mehrere tausend Touristen, darunter viele rücksichtslose Nonnen mit scharfen Ellbogen, hörte ich das lateinische Credo, gesungen in einer wunderbaren, gefühlsgeladenen Atmosphäre triumphierender Ehrfurcht. Anfang der sechziger Jahre, zur Zeit Papst Johannes' XXIII., kehrte ich zu einem sich wandelnden Vatikan zurück, um Material für ein Buch über das Zweite Vatikanische Konzil zu sammeln. Für unzählige Katholiken war dies eine Zeit ungewöhnlicher religiöser Kontroverse und Krise, da die Unruhe der theologischen Impulse auch über Rom hinaus spürbar wurde. Danach bin ich für dieses Buch viele Male nach Rom gefahren, das erste Mal im Herbst 1977 zu Gesprächen mit Beamten der römischen Kurie und mit vielen anderen Menschen, die auf die eine oder andere Art mit dem Heiligen Stuhl verbunden sind. Und natürlich hat auch ganz Rom immer wieder unzählige Kommentare zu den Angelegenheiten des Vatikans gegeben.

Durch den Tod Pauls VI. und Johannes Pauls I. gab es auf dem Thron des heiligen Petrus in einem Jahr – 1978 – drei Päpste. Die Wahl Karol Wojtylas im Herbst 1978, des ersten nichtitalienischen Papstes nach fast fünf Jahrhunderten, sandte Schockwellen durch den Vatikan, deren Nachwirkungen in der gesamten katholischen Kirche noch immer zu spüren sind – einer Kirche, die wieder in Bewegung geraten ist. Die Bedeutung dieses Ereignisses für die ganze Welt, nicht nur für die 732 Millionen getauften Katholiken, die unmittelbar von der Lehre des Heiligen Stuhles betroffen sind, braucht nicht betont zu werden.

Die erste englische Ausgabe dieses Buches ging gerade in Druck, als Papst Johannes Paul II. am 13. Mai 1981 angeschossen und schwer verwundet wurde, während er die Menge auf dem Petersplatz segnete. Zehn Tage später teilten die Ärzte mit, daß er nicht mehr in Lebensgefahr schwebe: eine Bestätigung der bemerkenswerten robusten physischen und psychischen Konstitution des Papstes, ohne die er kaum überlebt hätte.

Nach dem Mordanschlag und den schweren Operationen nahm man an, daß der Papst die Führung seines Pontifikats ändern und seine Reisen in die ganze Welt, die so große Bedeutung für den moralischen Einfluß des Vatikans und die Zukunft des päpstlichen Primats haben, einschränken müsse. Doch als 1986 die deutsche Ausgabe dieses Buches vorbereitet wurde, hatte der Papst schon wieder Jahr für Jahr nach dem Mordanschlag ein anstrengendes pastorales Besuchsprogramm in den verschiedensten Gegenden der Erde absolviert: 1982 etwa in Nigeria, Großbritannien, Argentinien und Spanien, 1986 in Indien. Die internationale Reaktion auf die Ereignisse vom Mai 1981 ließ keinen Zweifel daran, wieviel Liebe dem Papst in der ganzen Welt entgegengebracht wird, wie stark die Position des modernen Papsttums ist und welche Faszination es auf Kritiker wie Anhänger ausübt.

Für die deutsche Ausgabe dieses Buches habe ich die Namen der Inhaber verschiedener Führungspositionen in der römischen Kurie auf den neuesten Stand gebracht, einen Kommentar zu den Entwicklungen der Vatikanfinanzen im entsprechenden Kapitel eingefügt und das Nachwort unter besonderer Berücksichtigung der Haltung des Vatikans zur Befreiungstheologie erweitert.

Was ich den zahlreichen Mitarbeitern des Heiligen Stuhls und der Vatikanstadt an Dank schulde, wird aus den folgenden Seiten ersichtlich. Großzügig haben sie mir ihre Zeit geopfert und auf mündliche wie schriftliche Fragen immer höflich und ausführlich, wenn auch manchmal vorsichtig geantwortet. Ein oder zwei Mal wurde ich um Anonymität gebeten. Ich hoffe, daß ich Ton wie Kern der jeweiligen Aussage immer richtig wiedergeben konnte.

Es scheint mir unpassend, dieser generellen Danksagung noch eine Namensliste anzufügen; doch besonders viel verdanke ich Adrian Turner, dessen Klarsicht mich vor falschen Vorstellungen bewahrte, die ich mir bis dahin vom Papsttum gemacht hatte, und der sein immenses Wissen über den Vatikan auf unterhaltsame Art mitzuteilen weiß.

Der ursprüngliche Gedanke und Anstoß zu diesem Buch stammt von Jim Cochrane vom Hutchinson Verlag, einem anspruchsvollen und dabei äußerst kooperativen Herausgeber.

KAPITEL 1

Innerhalb der Mauern

Ungezählte Male habe ich auf dem Weg zum Vatikan den träge fließenden, schlammigen Tiber auf der Sant'Angelo-Brücke überquert, vorbei an den zehn stämmigen Engeln Giovanni Berninis. 1688, im Jahr der *Glorious Revolution* in England und des Exils König James' II. (der vier Jahre zuvor als Herzog von York New Jersey an zwei amerikanische Siedler verkauft hatte), wurden diese Marmorstatuen aufgestellt.

Die alte römische Brücke an dieser Stelle war nach Kaiser Hadrian benannt, der auch den britischen Hadrianswall zur Verteidigung jener fernen Provinz gegen die Barbarenstämme aus dem Norden bauen ließ. Lucrezia Borgia schritt in der Prozession des Jubeljahres 1500 über diese Brücke, von der nahen Burg aus eifersüchtig beobachtet von ihrem Vater, Papst Alexander VI. Stromabwärts drängt sich der moderne Verkehr geräuschvoll über den Ponte Vittorio Emanuele; er wurde Anfang dieses Jahrhunderts als Fortsetzung einer der Hauptverkehrsadern des modernen Rom, des Corso, gebaut und nach Viktor Emanuel II. benannt, dem ersten König eines vereinigten Italien.

Mit so mannigfaltigen, zwei Jahrtausende überspannenden Assoziationen bemächtigt sich die weltliche und kirchliche Geschichte der Phantasie des Vatikanbesuchers, und auch der Mann, der von Stuhl und Patrimonium Petri Besitz ergreift, lebt fortan in diesem Bewußtsein.

Aller Wahrscheinlichkeit nach ist auch der Papst, als er noch einfacher Priester oder Kardinal war, von einem der vielen päpstlichen Kollegien oder Ordenshäuser Roms aus oft denselben Weg wie die Studenten und Besucher zum Petersplatz gegangen. Auf der anderen Seite der Brücke geht man am Castel Sant'Angelo, der Engelsburg, vorbei; das ursprüngliche Mausoleum Kaiser Hadrians ist jetzt Historisches, Skulpturen- und Militärmuseum, dessen zylindrische Mauern aus Peperin und Travertin zum Bersten mit Erinnerungen an die päpstliche Vergangenheit gefüllt sind: Kerker und Hinrichtungsstätte ebenso wie Fresken, Loggien und Wohnräume.

Besondere Berühmtheit unter den Geistern der Vergangenheit erlangte der Goldschmied und Bildhauer Benvenuto Cellini. Er floh 1527 am selben Tag wie der Medici-Papst Clemens VII. (1523–34) vor den rasenden deutschen und spanischen kaiserlichen Truppen in die Burg und half während der Plünderung Roms, das Gold des Papstes einzuschmelzen und seine Juwelen zu verstecken. Später lernte er die Zellen als Gefangener kennen und brach sich bei der Flucht über die Festungsmauern ein Bein.

Der *passetto*, ein Gang auf der Mauer zwischen Vatikan und Engelsburg (über ihn floh Papst Clemens mit seinen Kardinälen, die weißen Gewänder hastig verhüllt, um nicht aufzufallen), steht noch heute, seit langer Zeit unbenutzt. Das Gebiet zwischen Burg und Grenze zum Vatikanstaat hat sich in den letzten fünfzig Jahren bis zur Unkenntlichkeit verändert.

Der normale Weg zum Vatikan nach Überqueren des Flusses auf der Sant'Angelo-Brücke führte über den Borgo Nuovo. Zu Cellinis Zeit, als Luther diesen Weg von seinem Augustinerkonvent aus nahm, hieß er Via Alessandrina. Er war eine von vier westlich der Engelsburg verlaufenden Straßen. Auf halber Strecke öffnete sie sich zur Piazza Scossa Cavalli, führte an der alten Kirche Santa Maria Traspontina vorbei, vorbei an dem noch älteren Palazzo Giraud (heute Palazzo Toreonia), am Palazzo dei Penitenzieri und dem Palazzo dei Convertendi (auf dessen Platz einst ein Haus stand, das Raffael gehörte) zu einer kleinen Piazza, die an den Petersplatz grenzte. An dieser Stelle ragte jahrhundertelang plötzlich und völlig unvermittelt die großartige Kuppel von Sankt Peter empor, und überwältigt stand der Pilger oder Tourist da angesichts dieses kunstvoll in Szene gesetzten Wunders.

Zur Erinnerung an die Lateranverträge, die *Conciliazione* (Versöhnung), ließ Mussolini die alten krummen Straßen der Spina dei Borghi abreißen. An ihrer Stelle wurde eine sehr breite, prächtige, militärisch gerade Zufahrtsstraße zum Petersdom gebaut.

Diese Prachtstraße wurde im Heiligen Jahr 1950 fertig und wird von Steinbänken und imitierten Obelisken (eine nachträgliche Zutat) flankiert. Sie verengen die Straße für den noch immer erschreckend breiten Verkehrsstrom, der sich hupend auf St. Peter zuwälzt. Inmitten all des Verkehrslärms und der Cafés, die sich dicht an dicht mit den Andenkenläden und ihrem grellen Durcheinander von bunten Papstbildern, Davids mit Feigenblatt und geschnitzten, bemalten Madonnen drängen, kann man noch ahnen, wie es einmal gewesen sein muß.

Die Karmeliterkirche und die drei Palazzi des Borgo Nuovo hat man sorgfältig erhalten, der Palazzo dei Convertendi stand allerdings früher an einem anderen Platz. In ihm befinden sich heute verschiedene vatikanische Büros und eine ausgezeichnete Ikonensammlung. Auf der linken, der Südseite, der Via della Conciliazione liegen die Ordenshäuser der Salvatorianer und der Söhne der Maria Immaculata mit ihren stillen Innenhöfen; das Hotel Columbus, das den Rittern vom Heiligen Grabe gehört, ist der frühere Palazzo dei Penitenzieri. Auf der Nordseite endet die Via della Conciliazione in einer Ansammlung langweiliger moderner Büro- und Geschäftshäuser. An der Ecke führen an der Piazza Pio II (an der Stelle der früheren Piazza mit dem hübschen Namen Rusticucci) große Glastüren zum Zentrum für Pressekonferenzen und zum Pressebüro des Vatikans.

Mussolini war nicht der erste, der die Idee hatte, eine neue Straße durch die alten *Borghi*, wo einst die Sachsen siedelten und Heinrich VIII. sein Ministerium hatte, bis an die Schwelle des Vatikans zu legen. Als Stendhal 1827 im Landauer über die Engelsbrücke fuhr und gerade einen kurzen Blick auf Sankt Peter am Ende einer engen Straße erhaschte, schrieb er:

Napoleon hatte verkündet, er werde bei seinem Einzug in Rom mit dem Kauf und Abbruch aller Häuser auf der linken Seite dieser Straße ein Zeichen setzen. Er sagte einmal, sein Sohn werde diese Verfügung durchsetzen. Doch die Welt ist wieder in ihr kleinliches Schrittmaß zurückgefallen, und das konstitutionelle Regime ist viel zu vernünftig und sparsam, als daß es sich je auf solche wahnsinnigen Ausgaben einlassen würde.

Die alten Ziegelbastionen, die sich recht bedrohlich um den größten Teil des Stadtstaates erheben, bilden den Hauptabschnitt seiner Grenzen. Doch die Ostgrenze zur Via della Conciliazione hin bilden die offene Seite des Petersplatzes und die riesigen Kolonnaden. Man braucht keinen Paß, um sie zu überschreiten, und keine Formalitäten sind nötig, obwohl die Soldaten über moderne Waffen verfügen.

Es sind viele tausend Menschen, die Tag für Tag zu Fuß, mit PKWs oder Lastwagen in den Vatikan kommen – Kardinäle und Bischöfe, Mönche und Nonnen, außerhalb wohnende Angestellte, offizielle Besucher, Touristen und Gäste aus Rom strömen durch das Portal unter dem Glockenturm links von der Peterskirche, durch das man an der Sakristei vorbei zum Gouverneurspalast und in die Gärten gelangt; durch die Portale von Sankt Peter in die Basilika; durch das alte Bronzeportal, das zum Haupteingang des Apostolischen Palastes, durch die Porta Sant'Anna, die zum Komplex der vatikanischen Büros, Werkstätten, Läden und zu den Kasernen führt; und durch den Eingang zu den Museen, zu dem man den Viale Vaticano ein Stück weit hinaufsteigen muß.

Der Bogen unter dem Glockenturm ist die Hauptzufahrt für Autos (außerdem läuft ein lebhafter Geschäftsverkehr über die Porta Sant'Anna). Die Straße führt auf der Rückseite der Peterskirche durch den Cortile della Sentinella, wo sie mit der Straße zusammentrifft, die von der Porta Sant'Anna aus Richtung der Museen kommt. Hinter dem Cortile dei Pappagalli führt die Straße zum Cortile San Damaso, dem Damaso-Hof, wo Besucher der päpstlichen Appartements oder der Büros des vatikanischen Staatssekretariats aussteigen und den Aufzug benutzen.

Man braucht fast eine Dreiviertelstunde, um den Vatikan zu Fuß zu umrunden; dabei folgt man ein gutes Stück dem hügelaufwärts führenden Viale Vaticano. Mir ist nicht bekannt, daß je ein Papst diesen Rundgang gemacht hat, obwohl es bei Wojtyla, dem sportlichsten Papst seit dem Alpinisten Pius XI., durchaus denkbar wäre.

Der gesamte Staat hat eine Fläche von etwas mehr als 44 Hektar in der Form eines ungleichmäßigen, trapezähnlichen Vierecks, von dem ein Drittel aus gepflasterten Höfen und Plätzen besteht, ein Drittel an den Rändern der Hänge und auf ansteigendem Gelände aus verschieden gestalteten Gärten, und ein Drittel wird von Gebäuden sämtlicher Stilrichtungen eingenommen, die Gottesdienst, Verwaltung, Wohnen und Erholung dienen.

Das sumpfige Gelände am Tiberufer wurde in klassischer Zeit *Ager Vaticanus* genannt, eine Bezeichnung, die von einem etruskischen Dorf herrühren könnte. Auf diesem Boden, zwischen den heutigen Gebäuden des alten Heiligen Offiziums und der Sakristei von St. Peter, ließ der Kaiser Gaius Germanicus, auch Caligula genannt, einen Zirkus und ein Hippodrom bauen und einen aus Ägypten importierten Obelisken aufstellen, der jetzt dank Papst Sixtus V. (1585–90) auf dem Petersplatz steht. Hier marterte und verbrannte Kaiser Nero im ersten Jahrhundert n. Christus nach dem Brand von Rom die christlichen Märtyrer. Der heilige Petrus wurde hier gekreuzigt, der heilige Paulus geköpft. Und hier an einem Ort, fast genau unterhalb der Stelle, wo der Hauptaltar der Basilika errichtet wurde, wurden die Gebeine des ersten Papstes bestattet und verehrt.

Die Existenz des Vatikans, seine grundlegende *raison d'être*, basiert auf der Tradition, daß der heilige Petrus am Standort der Basilika des Konstantin bestattet wurde, die in der Renaissance für den Bau der Petersbasilika abgerissen wurde. Der Vatikan ist zunächst einmal ein Grab. Hier war die letzte Ruhestätte von Petrus und anderen frühen Christen, dann wurde die Stätte ein Ort des

Gottesdienstes und der Administration. Erst im 15. Jahrhundert wurde daraus nach der Rückkehr der Päpste aus dem Exil von Avignon und dem Ende des großen abendländischen Schisma schließlich der reguläre päpstliche Wohnsitz.

Zu diesem Zeitpunkt waren die Hauptzüge seiner weiteren architektonischen Entwicklung bereits festgelegt. Eine turmbekrönte Mauer, von der Teile noch existieren, hatte Papst Leo IV. (847–55) um die alte Kirche und ihre Nebengebäude ziehen lassen. Im Jahre 852 wurde sie in einer Prozession von Priestern mit sieben Kardinälen an der Spitze mit Weihwasser eingesegnet. Die Mauer begründete die *Leostadt* und befestigte sie gegen die Sarazenen. Eine zweite, innere Mauer und weitere Teile des Palastes und Büros der Kurie wurden im frühen 13. Jahrhundert von Papst Innozenz III. (1198–1216) hinzugefügt, dem umstrittensten und größten der mittelalterlichen Päpste, Initiator des vierten Kreuzzugs und Vernichter der provenzalischen Albigenser.

Der Orsini-Papst Nikolaus III. (1277–80) begann mit den Arbeiten an einem neuen zweigeschossigen Palast, dessen Plan und Dimensionen in Form und Geist für alle weitere Bautätigkeit und Verschönerungsarbeiten von der frühen Renaissance bis ins 20. Jahrhundert Maßstäbe setzten. Die Sixtinische Kapelle steht auf der alten palatinischen Kapelle des Mittelalters. Der Damaso-Hof war der Privatgarten, *hortus secretus*, der Päpste des Mittelalters und der Renaissance. Die ersten Mauern aus der Zeit Nikolaus' III. stehen noch heute unterhalb der von Bramante und Raffael hinzugefügten Loggien.

Der Vatikanbesucher blickt zuerst zur riesigen Kuppel empor, zum *cupolone* von St. Peter; dann wandert sein Blick zu den Palastfenstern in dem Flügel, der über die rechte Kolonnade des Petersplatzes hinwegsieht. Wenn der Papst an Sonn- und Feiertagen zwischen den geöffneten metallenen Fensterläden seiner Wohnung steht und vom Balkon aus das Mittagsgebet spricht, sieht er die Menge umschlossen von den beiden riesigen halbkreisförmigen Steinkolonnaden mit ihren je vier Reihen dorischer Säulen; sie bilden rings um den Platz breite überdachte Gänge und tragen auf ihren hohen Balustraden 162 barocke Heiligenstatuen. Als man 1657 mit dem Bau der Kolonnade begann, sah Berninis Plan eine dritte Säulenreihe im Osten des Platzes vor. Sie wurde jedoch nie gebaut; die Arme bleiben also geöffnet.

In überraschendem, anmutigem Kontrast zu der fast einschüchternden Großartigkeit der Kolonnaden erhebt sich der Obelisk in der Mitte des Platzes; er ruht, gehalten durch seine eigenen 320 Tonnen Gewicht, auf vier Löwen und einer großen Plinthe. Rechts und links des Obelisken steigen Springbrunnen auf, und zwischen den Brunnen und dem Obelisken markieren zwei runde Porphyrplatten die Stelle, von der aus jede vierfache Säulenreihe für das Auge wie eine einzige Säule wirkt.

Bei historischen Anlässen wie der Verkündigung der Wahl eines neuen Papstes oder beim Begräbnis des verstorbenen drängen sich auf dem Petersplatz 300 000 Menschen und mehr. Doch meistens sieht man nur die Tauben und Touristen, die sich in Grüppchen auf die Basilika zubewegen oder einzeln und zu zweit an den Basen der Säulen und Pilaster hocken. Wenn der Platz leer im Regen glänzt oder in der Sommerhitze glüht, kann er leblos und monoton wirken, trotz der zauberhaften Grau- und Silbertöne bei bestimmter Beleuchtung und dem Rahmen aus stahlblauem Himmel und dunkelgrünen Zypressen auf den Hügeln. Er braucht die Menschen, die ihn füllen, die römische Menge, die die Fremden anrempelt, um die warme Atmosphäre des vertrauten heiligen Versammlungsplatzes für alle die zu entfalten, die den Papst sehen wollen, ihn berühren wollen, den Heiligen Vater.

Von seinen Gemächern im Palast aus, seiner Wohnung und seinem Büro (dem privaten und offiziellen), leitet und verantwortet der Papst in letzter Instanz die Aktivitäten des Heiligen Stuhls und des Staates der Vatikanstadt. Als realen Ort kann man seine Domäne in verschiedene Bereiche einteilen, wie der Papst sie vielleicht selbst sieht, wenn er mit dem Hubschrauber vom bescheidenen Landeplatz des Vatikans auf dem Hügel aufsteigt, ganz hinten, wo ehemals die Tennisplätze lagen, die die Mitglieder der britischen Gesandtschaft beim Heiligen Stuhl benutzten, als sie während des Zweiten Weltkriegs im Vatikan eingesperrt waren.

Da die Basilika direkt vor seinem Schlafzimmer liegt und der private Teil des Palastes mit Sorgfalt gebaut wurde, um die Aussicht nicht zu verderben, hat der Papst St. Peter täglich vor Augen.

Papst Paul VI. liebte Michelangelo und wußte viel über ihn. Er freute sich am Tambour der Basilika, wenn er ihn von seiner Wohnung aus betrachtete und die trotz der fehlenden Statuen perfekte Wirkung der Doppelsäulen bewunderte.

Ein Namensvetter Papst Pauls VI., Papst Paul V. Borghese (1605 – 21), der mit seiner Bauleidenschaft die Architektur Roms vor allem um Brunnen bereicherte, ließ auch das Schiff der Peterskirche verlängern und eine von Carlo Maderna entworfene Fassade anbringen. Auf dem Fries von Madernas 1612 vollendetem Portikus befindet sich die einzige Inschrift außen an der Kirche. Sie erinnert auf wenig bescheidene Art an die Initiative Pauls V. – bis heute zur Schande der Familie Borghese.

Auf der Balustrade erheben sich die fast sechs Meter hohen Statuen des kreuztragenden Jesus, Johannes des Täufers und aller Apostel außer Petrus, dessen Statue in der Kirche steht. Diese Statuen und zwei große Uhren (von denen nur eine geht) kommen ins Blickfeld des Besuchers, der er über den Platz geht und zur Kuppel und dem Tambour der Peterskirche aufblickt. Die Zusammenarbeit Pauls V. mit Maderna veränderte den Grundriß der Basilika von einem griechischen zu einem lateinischen Kreuz, und die Fassade beraubt Michelangelos Kuppel und Tambour der von ihm angestrebten Wirkung.

Doch St. Peter war und ist bis heute die großartigste, strahlendste katholische Kirche der Welt, der Größe nach die imposanteste, ihrem Erscheinungsbild nach die schönste Verschmelzung von Renaissance- und Barockstrukturen. Sie ist weder der Bischofssitz des Papstes in seiner Eigenschaft als Bischof von Rom (das ist die Basilika St. Johannes im Lateran) noch seine Pfarrkirche (das ist für den Vatikanstaat die kleine Kirche Sant'Anna beim Tor gleichen Namens). Eine Gedenkstätte zur Erinnerung an den ersten Papst wurde von Konstantin in die erste großartige Peterskirche umgewandelt, eine Patriarchalbasilika für den Papst als Patriarchen des Abendlandes und ein Zentrum für die gesamte katholische Kirche und ihre Zeremonien und Feierlichkeiten.

Die zeremonielle Funktion der Basilika kulminiert in der Person des Papstes, der St. Peter durch eines der Organe der Palatinischen (oder Palast-)Administration verwaltet. Für den Heiligen Vater ist St. Peter ein immer gegenwärtiges Symbol der Macht und Verantwortung seines Amtes und eine Mahnung an seine eigene Sterblichkeit.

Nach der Verkündigung seiner Wahl erscheint der neue Papst auf dem Balkon über der Eingangshalle der Peterskirche und erteilt der Stadt Rom und der Welt seinen ersten Apostolischen Segen: *urbi et orbi.* Früher wurde er in der Basilika am Hochaltar nahe der Bronzestatue des heiligen Petrus gekrönt, aber die Amtseinführungen der letzten Päpste fanden draußen vor der Basilika statt. Der Papst wendet sich häufig von der Benediktionsloggia aus an die Menge auf dem Petersplatz und zelebriert an Festtagen die Messe am Hochaltar. Vor allem zu Ostern leitet er den feierlichen Gottesdienst in der Basilika. Die meisten seiner Vorgänger sind in der Krypta oder den Grotten der Basilika bestattet, und sein eigener Leichnam wird nach seinem Tod in der Kirche aufgebahrt werden.

Die Geschichte der Peterskirche steht dem Papst wie die Geschichte des Palastes, in dem er lebt, in Architektur und Plastik vor Augen: Zeugen eines unvergleichlichen, jahrhundertealten Zusammenwirkens von geistigen und ästhetischen Zielen, päpstlichem Patronat und künstlerischer Energie. Hinter der wuchtigen Struktur von Michelangelos und Berninis Basilika steht wie die Sinopie eines Freskos die Erinnerung an die von Konstantin errichtete Kirche mit ihrem gewaltigen Schiff, fünf Portalen – das Hauptportal aus Silber –, Marmortreppen und Mosaiken im Inneren und an der Fassade.

In der Krypta, den sogenannten «Grotten» unter dem jetzigen

Kirchenboden, steht man in dem Teil, der von der Konstantinsbasilika übrigblieb. Darunter liegen die kürzlich freigelegten Gräber und Grabmäler von Römern und Christen, von denen einige eng um das Grab des Apostels Petrus angeordnet sind. Überall in der Krypta sieht man Grabmäler von Päpsten; darüber ergeben sich durch die Oberlichter faszinierende Durchblicke in die neue Basilika und ein noch überwältigenderes Gefühl der Höhe der fernen Kuppel.

Der erste, der auf den Gedanken kam, die verfallende Basilika des Konstantin durch einen Neubau zu ersetzen, war Papst Nikolaus V. (1447–55); er war von den großartig-ambitiösen Plänen Leon Battista Albertis für ganz Rom begeistert. Julius II., überzeugt, daß eine neue Petersbasilika der angemessene Rahmen für sein Grab wäre, beschaffte sich Pläne von Bramante, dessen Entwurf die Basilika als griechisches Kreuz mit einer großen halbkugelförmigen zentralen Kuppel zeigte, die von vier kleineren Kuppeln umgeben war. Nach Bramantes Tod entwarfen Sangallo, Raffael und Fra Giocondo da Verona einen neuen Plan, und als Raffael und Fra Giocondo starben, fertigten Sangallo und Baldassare Peruzzi noch einen weiteren an.

Sangallo hob das Bodenniveau der neuen Basilika an, wodurch sich der Raum für die vatikanischen Grotten ergab. Als Sangallo voller Vorahnungen starb, übernahm Michelangelo 1547 widerwillig von Papst Paul III. das Amt des obersten Baumeisters. Bis zu seinem Tod siebzehn Jahre später trug er die Verantwortung für dieses gewaltige Unternehmen und diente nacheinander den Päpsten Julius III., Paul IV., Pius IV. und Pius V.

Michelangelo, aufgerieben zwischen rivalisierenden Cliquen, versinkend in einem Morast von Intrigen und Korruption, den das große Bauprojekt förderte, betonte den mächtigen Zentralraum der Basilika. Er hinterließ ein Modell des Doms und hatte bis 1564 das Werk bis zur Vollendung des Tambours geführt. Als er im selben Jahr starb, war alles so weit gediehen, daß St. Peter fortan vor allem in den fließenden Linien der Pilaster, Säulen und Fenster seine Handschrift trug.

Papst Sixtus V. fand, daß die Basilika ohne Kuppel wie ein Körper ohne Kopf aussehe, und trieb das Geld auf, das Giacomo della Porta und Domenico Fontana ermöglichte, 1588 (im Jahr der spanischen Armada) die Vollendung von Michelangelos Werk in Angriff zu nehmen. Innerhalb von zwei Jahren bauten und verkleideten sie die Kuppel (eine abgewandelte Version von Michelangelos ursprünglichem Plan, der die Wölbung der beiden Schalen gefährlich überhöhte), stellten die Säulen der Laterne auf und setzten die Kugel und das Kreuz auf die Spitze.

Unter Papst Paul V. wurden die Reste der alten Konstantinsbasilika endgültig abgerissen und der Zentralbau durch ein Langhaus erweitert. Madernas Fassade wurde 1612 vollendet. Einige prächtige Erinnerungsstücke an die alte Kirche wurden übernommen, unter anderem Filaretes Bronzetüren, die das neue Hauptportal schließen, und Giottos *Navicella*-Mosaik.

Als die neue Basilika durch Papst Urban VIII. (1623–44) geweiht wurde, erhöhte man gleichzeitig den Hauptaltar, eine Vorbereitungsmaßnahme für Gian Lorenzo Berninis grandioses Altarziborium, den *baldacchino*, dessen Bronze größtenteils vom Portikus des Pantheon stammte. Als Bernini 1680 starb, waren Bau und äußere Gestalt der Petersbasilika vollendet. Die Dekorationsarbeiten im Kircheninneren waren nach Jahrzehnten emsigster und manchmal lebenslanger Tätigkeit von Architekten, Bildhauern, Malern, Goldschmieden, Schreinern und Kunsthandwerkern jeglicher Art, die in Holz, Metall, Stein, Gold, Stuck, Mosaik und Glas arbeiteten und deren Zahl in Spitzenjahren auf sieben- bis achthundert anschwoll, nahezu abgeschlossen.

Einer der Stukkateure, ein gewisser Rocco Solaro, hat seinen Namen auf den Tambour von St. Peter gekritzelt. Bernini hatte es nicht nötig, seine bombastischen Meisterwerke zu signieren: den *baldacchino* und die *Cathedra Petri*, den monumentalen, von vier Kirchenvätern gestützten Thron in der Chorapsis, der den von der Legende als Bischofsstuhl Petri angesehenen elfenbeinverzierten hölzernen Armsessel umschließt. Mit diesen mächtigen Prunkstükken vollzog er die Metamorphose des Petersdoms von einer Renaissance- zu einer Barockkirche.

Berninis Arbeit an St. Peter verwandelte Michelangelos vergeistigte Schöpfung in einen zeitlosen Rahmen für die kühne, glänzende Demonstration des päpstlichen Primats. Auf dem Fries unter dem Tambour der Basilika verkündet eine lateinische Inschrift in zwei Meter hohen Lettern einen der drei wichtigsten Petrustexte: «Du bist Petrus, und auf diesem Felsen will ich meine Kirche bauen, und dir werde ich die Schlüssel des Himmelreiches geben.»

In der Peterskirche gibt es nur wenige Bilder. Bildhaften Ausdruck findet der Katholizismus zwischen den 29 Altären und 148 Säulen hauptsächlich in Stuck, Marmor und Bronze. Der blanke rechte Fuß von Arnolfo di Cambios Bronzestatue des heiligen Petrus wird noch immer von den Gläubigen geküßt. Die drei hübschen Bienen aus dem Wappen der Barberini, Symbol der Freigebigkeit dieser Familie, schwärmen im schwarz-goldenen Grabmal für Urban VIII. Der imposante Eindruck der zahllosen Grabmäler wird durch zarte Hinweise auf die menschlichen Schwächen der Päpste und der ihnen dienenden Künstler gemildert. Der bescheidene Papst Johannes XXIII. ließ sein Wappen aus verschiedenfarbigem Marmor von Giacomo Manz anfertigen; von ihm stammt auch eines der fünf Bronzeportale der Basilika. Die schimmernde Jungfrau mit dem Christusleichnam, die *Pietà*, wurde 1965 großzügigerweise in den USA ausgestellt und 1972 von einem Geistesgestörten mit einem Hammer beschädigt; sie ist die einzige Skulptur, die Michelangelo je signiert hat, weil er zufällig hörte, wie Besucher aus der Provinz behaupteten, sie sei von jemand anderem.

Vor dem Zweiten Vatikanischen Konzil entsprach der Geist der in St. Peter abgehaltenen feierlichen Zeremonien den hochgesteckten Ansprüchen des Papsttums auf Selbstdarstellung, wie sie auch in Dekoration und Architektur des Baus zum Ausdruck kommen. Theologische und zeremonielle Emphase haben sich seither verändert, doch die Petersbasilika bleibt das beredte, mächtigste Symbol päpstlicher Macht und Prärogative. Ihre Größe allein ist ein religiöses Bekenntnis.

Die Maßangaben von St. Peter in den verschiedenen Quellen differieren. Die Größenordnung ist atemberaubend. Die Länge der Basilika wird gewöhnlich mit 186,36 Metern angegeben, das Innenmaß des Querschiffs mit 150 Meter Länge. Die große, entsprechend den Fenstern im Tambour durch 16 Rippen gegliederte Kuppel hat einen Durchmesser von 42 Metern und eine Höhe von 131 Metern über dem Boden der Basilika. Die gewundenen Bronzesäulen von Berninis *baldacchino* sind 30 Meter hoch.

Goethe, der im Schatten des großen Obelisken auf dem Petersplatz Trauben aß, sagte danach, St. Peter habe ihn gelehrt, daß die Kunst wie die Natur jedes menschliche Maß aufheben könne.

Doch zur Zeit der vielbesuchten Gottesdienste wird meine ehrfürchtige Ergriffenheit durch den Anblick der Menschenschlangen relativiert, die geduldig vor den für die verschiedenen Nationalitäten gekennzeichneten Beichtstühlen warten, und durch das Gemurmel Dutzender von Messen, die in sehr sachlichem Ton vor den Altären zelebriert werden. Selbst wenn der Papst hereinkäme, würde er die Menschen kaum ablenken.

Der Platz vor St. Peter erhielt seine einzigartige Gestalt durch Bernini, der ihm seine elliptische Form mit den Halbkreisen der Kolonnaden gab. Von Maderna stammt der nördliche, von Fontana der südliche Springbrunnen.

Die riesige, durch einen Korridor mit der Basilika verbundene Sakristei wurde von Pius IV. in Auftrag gegeben, der während der Revolutionskriege als Gefangener der Franzosen starb. Sie ist das 1784 vollendete Werk Carlo Marchionnis und enthält drei Kapellen und die oft geplünderte, aber immer noch reiche Schatzkammer von St. Peter voller heiliger Reliquien, Gewänder, Kelche, Kandelaber und Prunkstücke aus Edelmetall, darunter auch die *Crux Vaticana*, ein Geschenk des Kaisers Justinus II. Im selben Gebäude befinden sich auch die Archive von St. Peter.

Unter der Sakristei und der Basilika liegen die Vatikanischen Grotten. Sie wurden ursprünglich von Renaissance-Baumeistern unter dem Niveau der Basilika Bramantes und Michelangelos und über der konstantinischen Kirche gebaut und enthalten die Gräber von neunzehn Päpsten.

Die Grotten erfüllen den Besucher mit Scheu, und die Atmosphäre in der Basilika ist meistens sehr feierlich. Erleichtert erblickt man hier und da die *sampietrini* («Sanktpetrianer»), wie die Arbeiter der Reverenda Fabbrica di San Pietro, der für die Unterhaltung der Basilika zuständigen Behörde, in Rom und in offiziellen Dokumenten liebevoll genannt werden. Als sachverständige Handwerker der größten christlichen Kirche der Welt sind sie für die fortwährend anfallenden Reparatur- und Änderungsarbeiten an Bauten und Kunstwerken sowie für den Auf- und Abbau der Tribünen, Plattformen und Schranken zuständig, die für die zahllosen zeremoniellen Funktionen St. Peters erforderlich sind.

Man hört förmlich den Seufzer hinter der Bemerkung im Jahrbuch des Vatikans *(L'Attività della Santa Sede)*, daß die *sampietrini* und das gesamte Personal von St. Peter 1978 im Jahr der drei Päpste Tag und Nacht Außerordentliches geleistet haben, als sie die Sarkophage aufstellen, Altäre bauen, die Basilika und die Piazza für die Menschenmengen vorbereiten und dazu noch ihre laufenden Pflichten erfüllen mußten.

Es waren auch *sampietrini*, die während des Pontifikats Pius' XII. mit den Ausgrabungsarbeiten unter der Krypta von St. Peter begannen. Als erstes stießen sie auf eine kleine, Verwirrung auslösende Bacchus-Statue. Dann brachen die Ausgrabungsarbeiter durch das Fundament der Konstantinsbasilika und entdeckten eine doppelte Reihe von Mausoleen und eine Gruppe von Gräbern unter dem Hochaltar, unter denen sich vermutlich auch das Grab des ersten Papstes, des heiligen Petrus selbst, befindet.

Der Vatikanische Palast im Nordosten des Vatikanstaates ist ein heterogener Komplex von Gebäuden der verschiedensten Epochen und Bestimmungen, der sich unüberschaubar verschachtelt bis zu den Mauern am Nordende der Stadt und dem öffentlichen Eingang zu den Museen hinzieht. Sein historisches Herz ist der riesengroße, abweisend wirkende San-Damaso-Hof mit den päpstlichen Gemächern in den Obergeschossen. Um ihn gruppieren sich in verschiedenem Winkel und Abstand acht weitere Höfe.

Wenn ich an das Palastinnere denke, kommt mir zuerst ein kleines, wunderschönes Bad in den Sinn: das von Raffael entworfene und ausgemalte, hinreißende und leicht skandalöse Kabinett des Kardinals Bibbiena in der Nähe der Büros des Staatssekretariats. Ein junger Monsignore zeigte es mir auf dem Weg zu einer Unterredung mit seinem Kardinal.

Ich erinnere mich auch an private Szenen mit den letzten Päpsten: an Pius XII. von fast durchscheinender Zerbrechlichkeit; an den stämmigen Johannes XXIII., über den man murrte, weil er zu wenig an seinem Schreibtisch saß; an Johannes Paul I., der mir in Venedig wenige Monate vor seiner Inthronisation schüchtern ein Buch überreichte und mir die Räume zweier früherer Patriarchen und Päpste zeigte; und an Johannes Paul II., einen Mann mit Vergnügen am Schauspiel, der nur zögernd das Fenster verließ, nachdem er den Rosenkranz für die Menge gebetet hatte. Hinter ihnen steht (ein Gedanke, der einem angesichts des lebenden Papstes den Atem verschlagen kann) eine bis auf Petrus zurückreichende Reihe von Päpsten. In immer neuen Bauwellen errichteten sie die Palastanlagen und bedienten sich dabei der Energien und Talente einer endlosen Prozession von Malern, Bildhauern, Architekten und Handwerkern. Die Gebäude des Apostolischen Palastes sind Ausdruck einer erstaunlichen Kontinuität religiösen Patronats, das den ursprünglichen, burgähnlichen Kern der päpstlichen Residenz und der Kurienbüros in die reichste Konzentration von Kunstwerken auf der ganzen Welt und in ein Zentrum internationaler Diplomatie und Administration verwandelte.

Der Gesamtkomplex umfaßt etwa 1400 Kapellen, Säle, Galerien, Privatgemächer und Büroräume. Die Museen und Monumente, die Vatikanische Bibliothek und die Geheimarchive, die Papstappartements und die Büros erstrecken sich ohne die Gärten über 5,7 Hektar Grundfläche.

Das Gebiet zwischen Papstpalast und Petersplatz erhielt seine heutige komplizierte Gestalt im 17. Jahrhundert vor allem durch den genialen Bernini und die Schirmherrschaft einer Reihe von Päpsten mit klangvollen römischen Namen: Paul V. Borghese, Urban VIII. Barberini, Innozenz X. Pamfili und Alexander VII. Chigi. Bernini schuf nicht nur die großartige Innenausstattung der Basilika und die große Kolonnade für die Piazza, sondern entwarf auch die atemberaubende *Scala Regia* im Innern des Palastes.

Berninis Treppe ist ein Wunder ingeniöser Baukunst und räumlicher Schönheit. Sie ist der ideale Zugang zur Residenz der Päpste, der einem ihre weltliche wie geistliche Größe in besonderem Maße zu Bewußtsein bringt. Man erreicht sie entweder vom Atrium St. Peters aus oder durch das Bronzeportal und den Konstantinsbogen. Zwei lange Fluchten von Marmorstufen führen nach oben; die Abstände zwischen Pilastern, Paneelen und Säulen, die Architrave und Tonnengewölbe tragen, nehmen graduell ab, um den perspektivischen Eindruck unglaublicher Länge und Anmut zu erzielen.

Wenn ich in den vatikanischen Büros in der Nähe der päpstlichen Appartements zu tun habe, gehe ich gewöhnlich durch das Bronzetor und dann nach rechts und die Treppe hinauf zum Damaso-Hof. Manchmal, wenn ich durch die vatikanischen Gärten auf der anderen Seite des Palastes schlenderte, bin ich auch die *Scala Regia* hinuntergestiegen – ein Abstieg aus einer zeitlosen Welt.

Die große Treppe führt zur *Sala Regia*, dem zeremoniellen Zentrum des Apostolischen Palastes. Sie ist ein großer Saal mit Tonnengewölbe, Wandmalereien und Marmorboden. Man fühlt sich sehr exponiert, wenn man ihn durchquert. Vor einigen Jahren fand dort ein «surrealistisches» Ereignis statt, wie Papst Johannes Paul II. es amüsiert nannte, als über tausend katholische Studenten in polnischer und italienischer Sprache für ihn sangen. Der Saal hat Ausgänge zur *Scala Regia*, zur Sakristei, der Paulinischen und der Sixtinischen Kapelle. Die Schweizergarde ist immer im Dienst.

In der *Sala Regia* befindet man sich nahe der Stelle des Vatikans, wo die Päpste im ursprünglichen Palast ihre erste Wohnung hatten. Er umschloß von drei Seiten den heutigen Cortile dei Pappagalli; im 15. Jahrhundert beschäftigte Papst Nikolaus V. dort Fra Angelico. Die Sixtinische Kapelle, in der sich frühlingshafte Renaissance mit Michelangelos düsterem Klassizismus verbindet, gehört zu den beeindruckendsten religiösen Bauten der Welt. Sie ist die vatikanische Hofkapelle, wo das Konklave für die Papstwahl abgehalten wird. Sie verbindet zwei Palastteile, und gelegentlich teilt sich die hälserreckende Touristenschar wie das Rote Meer vor einer Reihe Monsignori, die zur einen Tür hereinkommen und zur anderen hinausgehen. Die *Cappella Sistina* enthält kostbare Fresken von Botticelli, Luca Signorelli, Rosselli und Perugino und vor allem natürlich Michelangelos großartige Gemälde der *Schöpfung* an der Decke und des *Jüngsten Gerichts* an der Altarwand. Nach den Maßen des salomonischen Tempels wurde die Kapelle von dem offen Nepotismus treibenden Della-Rovere-Papst Sixtus IV. (1471–84) erbaut; sie sollte vor allem die Verteidigungsfähigkeit des Palastes verbessern.

Im Norden des Palastes plante Sixtus' Nachfolger Innozenz VIII. (1484–92) eine Loggia mit Garten, die zu einer eleganten Sommervilla führt und wegen ihrer schönen Aussicht *Belvedere* genannt wurde. Julius II., der seine Erweiterungen nicht bauen, sondern «wie durch Zauberei» wachsen lassen wollte, beauftragte Bramante mit einer neuen Fassade des Apostolischen Palastes auf der Rom zugewandten Seite und mit dem Bau zweier kunstvoll geplanter dreistöckiger Verbindungskorridore zwischen dem Palast und dem Belvedere. Diese mächtigen Werke der Ingenieurs- und Baukunst – die langen Loggien erstrecken sich vom Palast zu verschiedenen Endpunkten hügelaufwärts und überbrükken die Steigung wie eine Reihe von Schleusen durch spiralartig gewundene Treppen, Rampen und Piazzas – bilden den prächtigen Belvederehof. Er wurde erst nach Bramantes Tod fertig und wurde für Turniere, Spiele und Stierkämpfe benutzt.

Wenn man von dem Tumult an den Eingängen und gelegentlichen geräuschvollen Festlichkeiten und Empfängen absieht, ist der Vatikanpalast ein stiller Ort lautloser Korridore und gedämpfter

Stimmen. In den Privaträumen vermitteln nur die klingelnden Telefone und lebhaften Gespräche einen Eindruck von der geschäftigen dienstlichen Tätigkeit, die sich hier in den Morgenstunden und am späten Nachmittag entfaltet. Wohin man auch kommt, man spürt die Nähe des Papstes – er besitzt die Zuneigung aller, die hier arbeiten. Ironischerweise schuf ausgerechnet einer der gewalttätigsten Päpste durch seinen Auftrag für einen neuen Palast den Rahmen, in dem friedfertige moderne Päpste ihrer täglichen Arbeit nachgehen. Das war der Franziskaner und Inquisitor Sixtus V. (1585–90), der in der kirchlichen Disziplin scharf durchgriff und die Köpfe hingerichteter römischer Banditen auf der Engelsbrücke ausstellen ließ. Der Architekt, Domenico Fontana, ließ auch den großen Obelisken des Caligula an seinem heutigen Standort aufstellen, baute den Palazzo Monte Cavallo (den Quirinal), einen neuen Lateranpalast und die neue Bibliothek, den *Salone Sistino*, der leider den weiträumigen Belvedere-Hof in zwei Teile zerschnitt.

Fontanas Palast führt die Erweiterung des alten Apostolischen Palastes, der den Damaso-Hof mit zwei Flügeln umschloß und den Ausblick auf St. Peter freiließ, nach Osten fort. Ein kürzerer Flügel wurde im Osten von San Damaso angebaut, und ein neuer vierseitiger Palast erhob sich um den neuen Hof. Unter Papst Clemens VIII. wurde dieser Palast durch den Bau des hohen, von Giovanni, Cherubino Alberti und Paul Bril ausgemalten Clementinischen Saales vollendet. Er dient heute als gewölbtes Vestibül zu den Privatgemächern des Papstes.

Festung, Residenz, Vergnügungsort – der in einem Zeitraum von fünf Jahrhunderten um die ursprünglichen Räume der päpstlichen Kurie errichtete Baukomplex wurde nach einer hundertjährigen Pause nach dem Tod Alexanders VII. für die Neuzeit zur architektonischen Hülle der ältesten wissenschaftlich aufgebauten und reichsten Museen der Welt. Die langen, gerade nach Norden verlaufenden Flügel der Belvedere-Korridore veränderte man im 19. Jahrhundert noch durch zahllose Erweiterungen und Renovierungen: Der Vatikan wurde zu einem unvergleichlichen Ausstellungsort für die Kunst aller Zeiten und Kulturen.

Die Vatikanischen Museen erreicht man vom Viale del Vaticano außerhalb der Vatikanmauern aus durch ein mächtiges Portal; es wurde 1932 durch die gewaltige, tief abfallende Nordmauer gebrochen. Die Umgebung draußen wirkt trotz des schönen Tores öde und vernachlässigt, als solle der Durchbruch unauffällig bleiben. Drinnen trifft man auf einen der merkwürdigsten Treppenaufgänge der Welt, eine wie ein Korkenzieher gewundene Doppelrampe für den ziemlich unbequemen getrennten Auf- und Abstieg.

Die Kunstwerke in den Museen demonstrieren auf eindrückliche, kontroverse Art den instinktiven Humanismus selbst jener Päpste, die gelegentlich die Darstellung von Nacktheit auf Gemälden zensierten. Die Museumsleitung hat dem Besucher die Orientierung in den letzten Jahren durch ein System markierter Einbahnstraßen erleichtert. Wenn man den richtigen Buchstabenfarben auf dem Boden folgt, kann man entweder den gesamten Bestand sehen oder etwa zwei Drittel des Rundgangs absolvieren oder auch nur die Sixtinische Kapelle besichtigen.

Die Päpste des Mittelalters und der Renaissance schufen die Grundlage und errichteten die meisten Gebäude. Papst Julius II. ließ im Innenhof des Palazzetto Belvedere eine Gruppe von Statuen aufstellen, den Kern der großen zukünftigen Kunstsammlungen. Vom 18. Jahrhundert an steuerte fast jeder Papst eine architektonische Erweiterung bei, gab den Sammlungen eine neue Ordnung oder vermehrte sie. Papst Clemens XIV. (1769–74) legte den Grundstein zum Museo Pio-Clementino und baute den achteckigen *Cortile Ottagono* an der Stelle des Statuenhofes Julius' II. Pius VI. (1775–99) zerstörte die Mantegna-Kapelle, baute aber auch eine untereinander verbundene Reihe geräumiger Säle, die sich wie ein Spitzenband von der erweiterten *Galleria delle Statue* durch den Saal der Tiere, den achteckigen Saal der Musen, die *Sala Rotonda* (mit einer Kuppel nach dem Vorbild des Pantheon) zum Saal des Griechischen Kreuzes und der *Scala Si-*

monetti in der Achse der Belvedere-Loggia hinziehen. Pius VII. (1800–23) baute auf Rat des Bildhauers Canova einen neuen Flügel für die Sammlung antiker Statuen und veränderte damit die vatikanische Landschaft erneut. Der *Braccio Nuovo* (Neuer Flügel), ein langer Querkorridor parallel zur Sixtinischen Bibliothek, veränderte nochmals Bramantes Konzept des großartigen Belvederehofes, der schon zwei- und jetzt sogar dreigeteilt war – in den *Cortile della Pigna*, den *Cortile della Biblioteca* und den reduzierten *Cortile del Belvedere.*

Der Neue Flügel ist von klassischer Schönheit und äußerst funktional – ein Triumph und innovatorischer Glücksfall in der Museumsgeschichte. Von der gewölbten Decke des langen Korridors fällt Tageslicht auf 28 Nischen für die Statuen und auf die Reihen von Säulen und Konsolen mit griechischen und römischen Büsten; in der Mitte öffnet sich eine von vier Bögen getragene Kuppel. Der Innenraum wie die strenge Fassade wirken kühl, ruhig und licht.

Wie der Trieb nach neuen Grenzen die Amerikaner, so treibt die Baulust auch die modernen Päpste so heftig wie ihre Vorgänger in vergangenen Jahrhunderten. Papst Johannes XXIII., der vom Vatikan aus neue – symbolträchtige – Fenster zur Außenwelt aufstieß, gab einen modernen Neubau zur Unterbringung der Sammlungen des *Museo Gregoriano Profano*, des *Museo Pio Cristiano* und des *Museo Missionario Etnologico* in Auftrag. Er entstand westlich des Cortile della Pigna parallel zum Viale Vaticano und wurde unter dem Pontifikat Papst Pauls VI. eröffnet, ein funktionaler, gut abgestimmter Bau mit kühnen, fließenden Linien und viel Tageslicht aus dem Garten und von oben.

Kurz vor dem Tod Papst Pauls VI. erzählte mir Dr. Redig de Campos bei einem Gespräch in seinem Büro im Museum, daß die vier Päpste, unter denen er gearbeitet habe, alle äußerst kunstinteressiert waren. Ein Amerikaner, fügte er hinzu, habe einmal in einer Auseinandersetzung mit ihm verlangt, die Kirche solle einen großen Teil der Schätze im Apostolischen Palast verkaufen und das Geld den Armen geben. «Dies . . .», habe de

Campos gesagt, indem er dem Kritiker ein paar Lire reichte, «wäre Ihr Anteil . . .»

Teile seines Besitzes erinnern den Papst auch an die leidenschaftliche Verehrung seiner Vorgänger für die Wissenschaft. Papst Gregor XIII. (1572–85) baute den Turm der Winde (wo er sein Observatorium hatte), der nördlich von Ligorios Belvedere-Korridor einen atemberaubenden Blick auf die römische Altstadt und die Flanke von St. Peter eröffnet. An den Wänden des obersten Turmzimmers sieht man noch die Markierungen des Sonnenstandes, die 1582 zur Kalenderreform führten.

Die *Casina* – die Sommervilla – Pius' IV. ist ein Kleinod inmitten von Palmen in den Vatikanischen Gärten. In den ersten Monaten seines Pontifikats ging Johannes Paul II. oft an dem weißen, frisch wirkenden Gebäude vorbei, zögerte aber, es zu betreten. Schließlich beschloß er, bis zu einer Plenarsitzung der Akademie anläßlich des hundertsten Geburtstags von Einstein zu warten; mit den Akademiemitgliedern machte er dann einen Rundgang und unterhielt sich mit ihnen über seine Neigung zur Wissenschaft.

Bis vor kurzem waren die Vatikanischen Gärten der Öffentlichkeit verschlossen. Papst Pius XII. mochte nicht einmal Gärtner sehen, wenn er dort spazierenging. Heute werden unregelmäßig Besuche kleiner Gruppen gestattet, doch die Gärten und die Gebäude darin haben die Atmosphäre eines stillen Refugiums bewahrt.

Wenn man durch die Höfe und Parkanlagen streift, trifft man auch auf Unerwartetes und Vergessenes. Als ich 1978 dort war, sah ich die gebeugte Gestalt des ukrainischen Kardinals Josef Slipyj, der unter einem breitkrempigen schwarzen Hut über den Rasen wanderte und sein Brevier las; nach achtzehn Jahren sowjetischer Lagerhaft lebte er schon lange hier im Exil. Von einem Begleiter erfuhr ich auch, daß St. Peter im Zweiten Weltkrieg fast von einer deutschen Bombe getroffen worden wäre.

Auf dem Weg zu den Gärten kommt man in der Südostecke des Vatikanterritoriums an einigen dem Papst sehr vertrauten Gebäuden vorbei, unter anderem auch am Palast des Heiligen Offiziums, der in Wirklichkeit gerade außerhalb des Vatikanstaats liegt, aber noch dazuzählt.

Das Heilige Offizium, die Inquisition, wurde im 16. Jahrhundert von Papst Paul III. zur Bekämpfung der Ketzerei gegründet. Der Papst ist nicht mehr ihr Präfekt, und das Heilige Offizium wurde umbenannt in die Kongregation für die Glaubenslehre. Die Beziehung zwischen dem Papst und dieser Kongregation ist immer noch ungewöhnlich eng.

Hinter dem alten Palast des Heiligen Offiziums (dessen eine Seite an der Fassade des Petersdoms vorbei auf das Fenster des Papstes sieht) steht das neueste Gebäude des Vatikans, die Audienz- oder Nervi-Halle. Nach dem Tode Papst Pauls VI. wurde sie in Papst-Paul-VI.-Halle umbenannt. Sie liegt je zur Hälfte innerhalb und außerhalb des Vatikangeländes und ist eines der wichtigsten und eindrucksvollsten architektonischen Werke der letzten zweihundert Jahre Vatikangeschichte.

In der Audienzhalle sah ich Papst Paul VI. zum letzten Mal bei einer seiner regelmäßigen Generalaudienzen; er war schon schwach, appellierte aber voll innerer Bewegung an die Entführer seines Freundes, des italienischen Premierministers Aldo Moro, ihn freizulassen. Die gebrechliche weiße Gestalt, die sich am Schluß nur mit Mühe fortschleppte, mußte kurz darauf erfahren, daß man Moro in einer Straße auf der anderen Seite des Tibers tot aufgefunden hatte.

Wenn der Papst in der Halle erscheint, mischen sich auch Sicherheitspolizisten unter das Publikum. In seiner weißen Kleidung und so plaziert, daß jeder ihn gut sehen kann, bietet er eine nicht zu verfehlende Zielscheibe. Wenn er durch die unabsehbaren Menschenmassen auf dem Petersplatz geht oder gefahren wird, ist das jedesmal ein Alptraum für die Sicherheitskräfte.

Papst Paul ließ die Halle für sich bauen, um den Menschen entgegenzukommen – früher war es Tradition, daß die Menschenmenge in die Petersbasilika kam – und ihnen seine Gedanken zu erläutern. Normalerweise bietet sie etwas über 6000 Sitzplätze, kann aber bis zu 12 000 stehende Menschen fassen. Den Auftrag gab Paul dem Architekten Pier Luigi Nervi, der anfangs davor zurückschrak, einen riesigen modernen Zweckbau auf Tuchfühlung neben St. Peter zu setzen. Doch die Audienzhalle, leicht unter Bodenniveau abgesenkt, wirkt unaufdringlich und eher harmlos, fast so, als sei sie auf ihren Platz geschwebt.

Sie ist wie eine Doppelparabel gewölbt und so konzipiert, daß die Gestalt auf dem Podium von jedem Platz aus sichtbar ist. Die Beleuchtung verstärkt den Eindruck von Weite und lichter Ruhe. Die beiden riesigen ovalen Fenster des ungarischen Künstlers Giovanni Hajnal nehmen mit ihren Rippen und Farben die Linienführung der Decke auf. Die erste Audienz in der Halle, bei der sie gesegnet und eingeweiht wurde, fand am achten Jahrestag der Krönung Papst Pauls VI. statt. Die große fließende Figur des auferstandenen Christus von Pericle Fazzini an der Rückwand vor einem Hintergrund zerklüfteter, aufgerauhter Bronze wurde 1977 zu Papst Pauls 80. Geburtstag fertig. Nervi mochte die Fenster für seine Halle nicht und kam deshalb nicht zu der Feier. Als er im Januar 1979 starb, pries Papst Johannes Paul II. die Eleganz und Kühnheit, Harmonie und Funktionalität seiner sanft geschwungenen Stahlbetonkonstruktion. Er benutzte die Halle zu seinem ersten großen Fest im Vatikan, einer abendlichen Geburtstagsfeier im Mai 1979, zu der er 6000 Landsleute einlud.

Außer einer Reihe von Räumen für päpstliche Privataudienzen (mindestens einer davon enthält eine Gruppe von drei Papstthronen) gibt es in der Audienzhalle für größere Veranstaltungen wie die Bischofssynode auch noch einen kleineren Saal mit einer Simultanübersetzungsanlage für sechs Sprachen – einschließlich Latein – zur Berichterstattung durch Presse und Fernsehen.

Die Geschichte des Deutschen Kollegs *(Campo Santo Teutonico)* zwischen der Audienzhalle und der Sakristei von St. Peter reicht bis auf Karl den Großen zurück; es diente viele Jahrhunderte als Pilgerhospiz und Friedhof. Heute pflegt es enge Verbindungen zu Irland und enthält ein Haus für Priesterstudenten, die *camposantini*, eine wertvolle archäologische Sammlung und die restaurierte Renaissancekirche.

Das Kolleg grenzt mit einer Seite an die Piazza dei Protomartiri Romani, den Platz der ersten römischen Märtyrer; dort markiert eine Marmorscheibe den ursprünglichen Standort des Obelisken, der jetzt auf dem Petersplatz steht, in Neros Zirkus (damals gehörte er zu einem Obeliskenpaar).

In den Obergeschossen der Sakristei befinden sich Wohnungen für die Kanoniker von St. Peter. Dahinter liegt die Piazza di Santa Marta, der zweitgrößte Platz des Vatikans, den der Wagen des Papstes passiert, wenn er vom Palast um den Chor der Basilika herum zur Audienzhalle am großen Platz fährt. Im Zweiten Weltkrieg wohnten die Mitglieder der britischen Gesandtschaft im Hospiz Santa Marta. Gegenüber, wiederum auf der Grenze des vatikanischen Territoriums, liegt der Palazzo San Carlo, Sitz der Päpstlichen Kommission für die Instrumente der sozialen Kommunikation. Dort begegnete ich zum ersten Mal dem polnischen Landsmann und engen Freund Johannes Pauls, dem Erzbischof Andrzej Deskur. Vor dem Palast und den Nachbargebäuden steht die Tankstelle der Stadt; die drei Zapfsäulen werden nur lässig gewartet.

Jenseits der gepflegten Anlage der Piazza di Santa Marta steht die kleine alte Kirche S. Stefano degli Abissini. Ein Stück weiter die Straße hinauf, die zur Kuppe des Vatikanischen Hügels führt, stößt man auf die Mosaikfabrik des Vatikans.

Von hier aus hat man die gesamte Breite des vatikanischen Hügels mit seinen leeren Straßen und gewundenen Pfaden im Blick. Von jedem Punkt der Gärten aus sieht man die Kuppel von St. Peter, und erst vom Rand der Anlagen her erfaßt man die ganze Großartigkeit von Michelangelos gewaltiger Baukonzeption.

Vor dem Bauboom, der durch das 1929 zwischen Pius XI. und der italienischen Regierung geschlossene Abkommen ausgelöst wurde, waren die Gärten wilder und ausgedehnter. George Seldes, der damals über den Vatikan berichtete, bemerkte, man habe im Hügel eine Quelle zum Mörtelmischen entdeckt, und von der ganzen Betriebsamkeit «bebe der heilige Hügel wie ein Sheffielder

Stahlwerk». Eines der größten Gebäude (ein Werk des Architekten Giuseppe Momo, eines Freundes von Pius XI., der auch den vatikanischen Bahnhof, das Äthiopische Kolleg und die *Pinacoteca* baute) war der 1931 vollendete Gouverneurspalast.

Dieser große weiße, ziemlich prätentiöse Bau aus Ziegeln und Naturstein war als Seminar geplant, wurde dann aber zum Sitz der Päpstlichen Kommission, durch die der Papst den Vatikanstaat verwaltet, und für das *Governatorato*, die Ziviladministration mit ihren zahlreichen Büros. Das *Governorato* oder Regierungsgebäude ist die Residenz des Kardinals Sergio Guerri, des leutseligen Pro-Präsidenten der Päpstlichen Kommission, und hat bei wichtigen Staatsbesuchen als Gästehaus gedient. Es erhebt sich über einem weitläufigen Warenlager für Güter aller Art, die Exporte und Importe der Vatikanstadt einschließlich der Autos und Zigaretten, die man im *magazzino* kaufen kann. Die Büros erfüllen eine verwirrende Vielfalt von Leitungsfunktionen, die von Gehaltsabrechnungen bis zu Sicherheitsmaßnahmen reichen. Von außen wirkt das *Governorato* so verschlafen und anonym wie ein Regierungsgebäude in Whitehall.

Nicht weit davon bietet der vatikanische Bahnhof – von seltenen Ausnahmen abgesehen – einen noch verträumteren Anblick. Seit seinem Bau als Ende einer Nebenlinie von Viterbo Anfang der dreißiger Jahre ist er gelegentlich sogar von Päpsten benutzt worden, so etwa 1962, als Papst Johannes XXIII. seine Pilgerreise nach Loreto und Assisi machte. Einem Chor der Sixtinischen Kapelle fällt bei solchen Gelegenheiten die Aufgabe zu, Psalmen zu singen. Doch heute beschränkt sich die Funktion der Bahnlinie darauf, die Produkte der vatikanischen Mosaikfabrik zu befördern oder Handelsgüter anzuliefern.

Die Fassade dieses stuck- und marmorverzierten, mit hohen ionischen Säulen geschmückten Baus zeigt auf zwei Basreliefs Elija auf seinem Wagen und den wunderbaren Fischfang des Petrus. Neben Elija sieht man an der Wand noch die schwarzen Spuren von der Bombe, die fast die Peterskirche getroffen hätte.

Die Bombe wurde offensichtlich nicht gezielt von einem deutschen Piloten abgeworfen.

Der Gouverneurspalast hat eine eigene Piazza und davor eine riesige Rabatte, die in Blumen und Grünpflanzen farbenprächtig das Wappen des amtierenden Papstes darstellt. Weitere funktionelle, phantasievolle und dekorative Gebäude sieht man über den ganzen Hügel verstreut; an seinem wie eine Speerspitze geformten höchsten Punkt liegt der Hubschrauber-Landeplatz. Das loggienbekrönte Äthiopische Kolleg, eines von Roms etwa zwanzig kirchlichen Kollegs unter päpstlicher Oberaufsicht, steht in einem geschützten Winkel des Parks am langen Viale del Osservatorio. Das Büro des Generaldirektors von Radio Vatikan und sein Studio «Nr.1» sind in einem von Papst Leo XIII. erbauten Pseudo-Palast und dem Hauptturm der alten Befestigungsmauer Nikolaus' V. untergebracht, von der noch massive, guterhaltene Teile parallel zur jetzigen Westmauer der Stadt verlaufen. Die Palazzina Leone XIII. wurde ursprünglich als Sommerresidenz für den Papst auf dem höchsten Teil des Vatikanischen Hügels erbaut und gehörte später zur vatikanischen Sternwarte.

Einen anderen Turm der alten Mauer Nikolaus' V. ließ sich Papst Johannes XXIII. als ruhigen Arbeitsplatz herrichten; er diente auch als Gästehaus, etwa für Athenagoras I., den Patriarchen von Konstantinopel. Kardinal Mindszenty, der frühere Primas von Ungarn, lebte eine Weile dort nach Beendigung seines fünfzehnjährigen Exils in der amerikanischen Botschaft in Budapest 1971, und 1979 wohnte Papst Johannes Paul II. in dem Turm, während seine Appartements renoviert und die Decken repariert wurden.

Jedes Bauwerk in den Vatikanischen Gärten kann wieder in neue Bauten einbezogen oder für andere Zwecke nutzbar gemacht werden. Hügelabwärts westlich von St. Peter bilden die Überreste eines Turms, der vielleicht einmal zur Mauer Papst Innozenz' III. gehört hat, Teile des Gärtnerhauses, Sitz der Kommission für Archäologische Studien und Forschungen. Etwas tiefer befindet sich seit 1922 in dem Gebäude, das an die ursprüngliche Casina

Pius' IV. grenzt, die Päpstliche Akademie der Wissenschaften. Die beiden durch einen Hof getrennten Hauptgebäude der Casina sind die Villa mit den reichen Stuckverzierungen und die Loggia mit Brunnen und Seerosenteich.

Ein ordnungsliebender Geist könnte vor dem Anblick der Gärten zurückschrecken, wie er sich beim Anstieg zum Johannesturm und beim Abstieg zum Palais der Münze und dem von Papst Paul V. in Auftrag gegebenen Gebäude bietet, das den Übergang zwischen Gärten und Apostolischem Palast bildet. Sie möchten den Eindruck von Ordnung und Natürlichkeit französischer und englischer Parks erwecken und bleiben doch unverbesserlich von Hitzeperioden und dem Fehlen eines Gesamtplans frustrierte italienische Gärten.

Ihr Reiz zeigt sich in bezaubernden Pflanzengruppen und Arrangements. Knirschende Kieswege und grüne Pfade führen an Buchsbaumhecken und hohen Palmen, Weiden und Bananenstauden vorbei, und es gibt Steingärten mit Sukkulenten und Dickblattgewächsen.

Vor allem die Brunnen, Grotten und Statuen sind Ausdruck der naiven Frömmigkeit, die für Menschen, die nach sichtbaren Symbolen des Glaubens an das Wunderbare und Ewige hungern, ein wesentliches Element der Anziehungskraft des Papsttums ist. Symbole päpstlichen Stolzes sind die beiden großen Brunnen, die der Holländer van Santen zur Zeit der Gegenreformation baute: der riesige Felsenbrunnen mit dem mächtigen steinernen Adler und der von einem großen Drachen aus dem Familienwappen der Borghese bewachte Sakramentsbrunnen. Zwischen den Brunnen, die mit Wasser aus dem Braccianer See gespeist werden, steht in einem der stillsten Winkel des Parks mit Marmorbänken und schattigen Plätzen eine Petrusstatue (sie scheint den Ausdruck bestürzter, überwältigender Erkenntnis nach seiner Befreiung aus dem Gefängnis festzuhalten). Sie ist die Arbeit einer französischen Künstlerin, Amalia Dupré, und war ursprünglich Teil eines Denkmals zur Erinnerung an das Erste Vatikanische Konzil und die Erklärung der päpstlichen Unfehlbarkeit. In der bunten Vielfalt religiöser und künstlerischer Dekorationsstücke finden sich auch Geschenke von Gläubigen an den Papst: eine Nachbildung der Grotte von Lourdes, wo Bernadette ihre Vision der Jungfrau hatte, oder eine Kopie der Statue Unserer Lieben Frau von Guadalupe, die in Mexiko dem Indianer Juan Diego erschien und ihr Bildnis auf seiner Schürze hinterlassen hatte, als er aus ihr die Rosen schüttete.

Papst Paul VI. baute sich zur Erholung einen Dachgarten (er wird durch ein falsches Dach verborgen). Papst Johannes XXIII. liebte bestimmte Teile des Parks besonders, vor allem in der Nähe des Turms. Papst Johannes Paul I. war wenig Zeit vergönnt, die Gärten zu erforschen. Es heißt aber, er sei dort hingegangen, um über die Berge von Akten zu seufzen, mit denen seine Mitarbeiter ihn überhäuften. Johannes Paul II. sah sofort, welch idealer Ort für ein Schwimmbad dies wäre, ließ es dann aber in Castel Gandolfo bauen. Die Gärten sind der normalste Teil des Vatikans, sie haben das menschlichste Gesicht.

Am prosaischsten Eingang zum Vatikan, dem einzigen mit einer Ampel, gibt es am meisten zu sehen, wenn man an der Porta Sant'Anna in der Via di Porta Angelica rechts von Berninis Kolonnade steht.

In der Mitte der kleinen Via del Belvedere greift ein Schweizer Gardist gelegentlich in den Verkehr ein, befragt Fremde, grüßt Bekannte oder salutiert, wenn es angebracht ist. Pausenlos passieren Last-, Liefer- und Privatwagen das Tor, und Besucher aller Art strömen über das Pflaster. Dies ist der geräuschvolle Ort, wo man die traditionelle Ordenskleidung der Mönche, Ordensbrüder und Nonnen noch immer am besten sehen kann: die braunen Kutten und Sandalen der Franziskaner, das schwarze Habit der Benediktiner und das weiße der Dominikaner – aufleuchtendes Rot oder Purpur signalisieren einen Bischof oder Kardinal –, die kahlgeschorenen Köpfe und langen Bärte, die unterschiedliche Haltung und Gestik und zuweilen exotische

Kleidung von Klerikern aus der ganzen Welt, die im Vatikan ein und aus gehen.

Gehört der Vatikanbesucher zur Geistlichkeit, hängt der Gruß vom Kennzeichen seines geistlichen Ranges ab. Autos erkennt man an den Nummernschildern, und ein Diplomatenwagen wird gegrüßt. Laien zu Fuß werden nach Merkmalen ihrer Kleidung eingeordnet: Eine Rosette ist Hinweis auf einen päpstlichen Ritterorden, besonders auf silbernem (Komtur) oder goldenem Grund (Ritter mit Großkreuz). Da wird salutiert, ebenso bei einem Cut – nie jedoch bei Bluejeans. Ich bin immer gegrüßt worden, zumindest bei *Verlassen* des Vatikans durch das Bronzeportal oder den Bogen unter dem Glockenturm. An der Porta Sant'Anna kann man nie sicher sein, aber das ist auch, wie ein Vatikandiplomat mir einmal erklärte, der Lieferanteneingang. Am Glockenturm oder den Haupteingängen zum Vatikanpalast trägt die Schweizergarde ihre farbenprächtige Gala-Uniform, an der Porta Sant'Anna nur die kleine schwarz-blaue Uniform.

In die Nordecke zwischen Basilika, Palast und Museen kommen der Papst oder die Touristen, die ihn sehen wollen, nur selten. Dennoch interessiert der Papst sich für alles, was dort in der Wirtschaftsverwaltung und vor allem in den Büros der Vatikanpresse vor sich geht. Wer die Via del Belvedere entlangläuft, will entweder zu seinem Arbeitsplatz in den Büros und Läden des Viertels oder zur Vatikanischen Bibliothek und den Geheimarchiven. Oder er nimmt diesen Weg, um – wie ich öfter – durch die Unterführung in den Belvedere-Hof und nach oben zu den Büros des Staatssekretariats im Palast zu gelangen.

Die Pfarrkirche des Papstes rechts hinter dem Tor heißt Sant'Anna dei Palafrenieri. Sie wurde 1573 von dem einflußreichen Barockkünstler Giacomo da Vignola, Michelangelos Nachfolger als Architekt von St. Peter, für die päpstlichen Pferdeknechte *(palafrenieri)* gebaut. Gegenüber dieser Kirche mit ovalem Grundriß liegen die komfortablen Kasernen der Schweizergarde.

Geht man die Via del Belvedere an der Schweizergarde und den päpstlichen Gendarmen vorbei, kommt man an der Ecke der nach rechts führenden Straße, der Via Pellegrino, zur Druckerei des Vatikans, der *Tipografia Poliglotta Vaticana*, die in den ehemaligen Stallungen der aufgelösten Ehrengarde untergebracht ist. Daneben liegt eine Apotheke; sie wird von den *Fate Bene Fratelli*, den Barmherzigen Brüdern vom Orden des Heiligen Johannes von Gott, betrieben, einem alten Pflegeorden, dessen Mitglieder das Gelübde abgelegt haben, den Kranken zu helfen. Die Apotheke ist modern, es riecht süßlich und es ist immer voll.

Auf der gegenüberliegenden Seite der gekrümmten Straße liegen der Selbstbedienungs-Supermarkt und die Büros und Druckerei des *Osservatore Romano* sowie der ihm angegliederten Zeitschriften und Publikationen. Die Tageszeitung wurde 1861 gegründet und von Leo XIII. 1890 für den Vatikan aufgekauft. Man hört von der Straße aus das Rattern der Rotationspresse. Nicht weit davon drängen sich zur Mauer hin verschiedene Werkstätten und das Elektrizitätswerk der Stadt.

Weiter in Richtung des Belvedere-Hofs liegt ein anderer Gebäudekomplex, der das Postamt, das Gesundheitszentrum, die Telefonzentrale und die öffentlichen Schalter der Vatikanbank beherbergt. Der Parkplatz zwischen diesen Gebäuden und Bramantes alter Mauer wurde über einer zweiten römischen Nekropole angelegt, die sorgfältig freigelegt und konserviert wurde.

Unter den Leuten, die in der Post Briefmarken kaufen, Schecks in der Bank einlösen oder ihre Autos auf dem Parkplatz abstellen, kann ausnahmsweise auch einmal ein Besucher wie ich sein. Doch normalerweise ist dieser Teil des Staatswesens ein Privatdorf voller Betriebsamkeit und Klatsch, ganz auf sich bezogen und abgeschottet gegen neugierige Blicke Außenstehender, die nicht im Vatikan wohnen und arbeiten.

Über ganz Rom verstreut liegen die Gebäude des Heiligen Stuhles zur Verwaltung der Kirche. Sie befinden sich außerhalb des souveränen Vatikanstaates auf italienischem Territorium, genießen aber Steuerfreiheit und diplomatische Immunität. Sie sind eng mit den Päpsten und ihrer Geschichte verbunden.

Etwa 69 Hektar haben exterritorialen Status. Die Gebäude liegen alle nur wenige Kilometer vom Vatikan entfernt, mit Ausnahme von Castel Gandolfo in den Albaner Hügeln etwa 32 Kilometer südöstlich von Rom. Außer der päpstlichen Sommerresidenz in Castel Gandolfo und dem Gebäude des Heiligen Offiziums gehören dazu die Basilika von S. Giovanni im Lateran samt Nebengebäuden, S. Maria Maggiore, S. Paolo fuori le Mura und S. Lorenzo fuori le Mura, ferner der Palast in Borgo Santo Spirito, in dem sich der Sitz des Jesuitenordens befindet, der Palazzo della Cancelleria, der Palazzo San Callisto in Trastevere, der Palazzo di Propaganda Fide (der Kongregation für die Glaubensverbreitung) an der Piazza di Spagna und das Krankenhaus vom Kinde Jesu auf dem Gianicolo. Mehrere andere Institutionen wie die Gregoriana und das Bibelinstitut genießen das Privileg der Befreiung von Zwangsvollstreckungen und Abgaben.

Castel Gandolfo ist eines der *castelli romani* – der alten Weinorte mit Blick über die Campagna und ihre berühmten Weinberge.

Engstens verbunden mit der Institution des Papsttums und den Ansprüchen wie Vorlieben vieler Päpste ist der Gebäudekomplex des Laterans, vor allem die Basilika und der Palast. Etwa tausend Jahre lang, bis zum Exil von Avignon, lebten die Päpste im gesünderen Klima des Lateranpalastes statt auf der anderen Seite des Tibers im Vatikan. Bis 1870 wurden die Päpste in der Lateranbasilika gekrönt. Im Februar 1929 wurden die Lateranverträge im Saal der Päpste im Lateranpalast unterzeichnet. Jedes Jahr zum Himmelfahrtsfest sprach der amtierende Papst den Segen von den Arkaden der Loggia der Basilika aus.

Im Bewußtsein der großen historischen Bedeutung des Laterans für die Römer ließen Papst Johannes XXIII. und Paul VI. ihn vollständig restaurieren, um dort die Verwaltung der Diözese Rom unterzubringen, das pastorale und administrative Zentrum des eigenen Bistums des Papstes, das früher seinen Sitz im Palazzo San Callisto hatte. Der Päpstliche Generalvikar (seit 1558 immer ein Kardinal) wohnt neben dem Palast. Er hat seine eigene Kurie und eigene Weihbischöfe.

Über der Fassade der Basilika St. Johannes im Lateran, die ihre Geschichte auf die Konstantinische Schenkung zurückführt, stehen die Worte: *Sacrosancta Lateranensis ecclesia omnium urbis et orbis ecclesiarum caput* – dies ist die Kathedrale Roms und der ganzen Welt.

Die architektonische und geistliche Geschichte der Lateranbasilika ist mit dem Aufstieg des mittelalterlichen Papsttums zur Höhe seiner Macht eng verbunden. Fünf Ökumenische Konzilien wurden hier abgehalten einschließlich des 1215 von Papst Innozenz III. eröffneten Vierten Laterankonzils, an dem Vertreter von zwei Kaisern und fünf Königen teilnahmen; auf ihm wurde der bevorstehende Kreuzzug vorbereitet, der Glaubenssatz von der absoluten Einheit Gottes und die katholische Lehre von den Sakramenten und der Supremat Roms definiert.

Zweimal wurde die Kathedrale im Mittelalter durch Feuer zerstört und wieder aufgebaut und seither in jedem Jahrhundert erweitert. Die mächtige, 140 Meter lange Basilika ist eine großartige Schatzkammer christlicher Kunst von der Gotik bis zum Barock, von frühchristlichen wie klassischen Zeugnissen und Kunstwerken: Sie enthält Werke von Giotto, Giacamo da Vignola, Filarete, Marmor- und Mosaikarbeiten der Cosmaten, die Bronzetüren des alten römischen Senatsgebäudes, die Häupter der heiligen Peter und Paul, die Gräber der großen Päpste Innozenz III. und Leo XIII. und die letzte Kapelle, die für eine römische Adelsfamilie gebaut wurde, die Torlonia. Die Altarmensa des Papstaltars im Querschiff soll der Legende nach noch aus der Zeit des Apostels Petrus stammen; heute darf nur der Papst dort die Messe feiern.

Der jetzige Lateranpalast, der auf dem Platz der ursprünglichen Papstresidenz steht, wurde im 16. Jahrhundert von Domenico Fontana neu gebaut. Seine beeindruckenden Kunstsammlungen – das Christliche, Profane und Ethnologische Missions-Museum – wurden in den Vatikan verlegt, als der Lateranpalast Verwaltungssitz der Diözese Rom wurde.

Wenn man sich ansieht, was von dem ersten Palast übriggeblieben ist, muß man die Zerstörung des baufälligen alten Gebäudes durch den planungswütigen Sixtus für schieren Vandalismus halten. Erhalten blieben das *Triclinium* und die *Sancta Sanctorum*, die alte Privatkapelle der Päpste. Diese Kapelle von San Lorenzo quillt über von Relikten der Vergangenheit, darunter das älteste Christusbildnis, eine silberbeschlagene Holztafel aus dem 6. oder 7. Jahrhundert. Zu ihm führt die *Scala Santa*, 28 heute holzverkleidete Marmorstufen; der Überlieferung nach soll über diese Treppe Christus zum Palast des Pilatus hinaufgestiegen sein. Jetzt rutschen viele Gläubige auf Knien hinauf. Bei manchen Menschen mag dieses Schauspiel den Glauben stärken, bei anderen wie Charles Dickens etwa weckt es die alten Ängste vor papistischem Aberglauben. Dickens, der bei seinem Rombesuch in den 40er Jahren des vorigen Jahrhunderts beobachtete, wie ein Mann schummelte, indem er auf der steilen Treppe mit seinem Regenschirm ein bißchen nachhalf (an einem sonnigen Tag), protestierte: «Noch nie im Leben habe ich so etwas Lächerliches und dabei Unerfreuliches gesehen – lächerlich wegen der zwangsläufig damit verbundenen absurden Vorfälle, unerfreulich wegen der sinnlosen und bedeutungsleeren Erniedrigung.»

Wie im Vatikan verschmelzen auch im Laterankomplex die geistigen Elemente des Papsttums mit dem äußeren Erscheinungsbild weltlicher Prachtentfaltung und Schönheit. Außerhalb Roms gibt es noch einen exterritorialen Besitz, wo Vergangenheit und Gegenwart auf weniger prätentiöse Art ineinander übergehen.

Päpste können in der Villa von Castel Gandolfo sterben, wie Pius XII. 1958 auf tragische Weise. Papst Johannes XXIII. brüskierte die Dorfbewohner mit der Drohung, er werde sich öfter in seinen wiederhergerichteten Turm in den Vatikanischen Gärten zurückziehen, statt die übliche Urlaubsreise im Sommer und Winter nach Castel Gandolfo zu machen. Der Touristenverkehr ist beträchtlich, und der päpstliche Sommerpalast besitzt einen großen Saal, der bei Audienzen bis zu 8000 Menschen faßt.

Dieser für Pius XII. gebaute Audienzsaal wurde 1958 von Papst Johannes XXIII. eingeweiht. An Sonntagen betet der Papst vom Balkon des Palastes aus gemeinsam mit den im Hof versammelten

Gläubigen den Angelus. In seinen späteren Jahren flog Papst Paul VI. mittwochs immer von Castel Gandolfo aus mit dem Hubschrauber zu den Generalaudienzen nach Rom.

Vor 1870 konnte man Papst Pius IX. auf einem weißen Maultier über die Terrassen reiten sehen, gefolgt von Kardinälen in scharlachroten Roben. Von 1870 bis nach den Lateranverträgen kam kein Papst mehr nach Castel Gandolfo; danach ließ Pius XI. die meisten Gebäude einschließlich der Villa Barberini wiederherstellen. Nach seinem ersten Pontifikatsjahr ließ Papst Johannes Paul II. ein Schwimmbecken von 16 mal 27 Metern bauen. Als man Bemerkungen über die Kosten machte, meinte er, es sei immer noch billiger als ein neuer Papst.

Die Paläste von Castel Gandolfo und der Ort mit seinen 3000 Einwohnern sind seit fast 400 Jahren mit den Päpsten verbunden. In der Nähe lag in den Albaner Bergen einst eine Villa des Kaisers Diokletian, des Christenverfolgers. Die Ruinen kann man heute noch sehen. 1596 verkaufte die römische Familie Savelli ein altes Schloß und das dazugehörige Land in Castel Gandolfo an Papst Urban VIII. Die heutige Villa wurde für Papst Urban nach dem Entwurf von Carlo Maderna und auf Rat seiner Ärzte gebaut. Die alten Befestigungen sind noch sichtbar. Die Villa wurde von Papst Alexander VII. vergrößert und von Papst Clemens XIII. vollendet.

Castel Gandolfo stellt einen Grundbesitz von etwa 47 Hektar dar, auf denen der Papstpalast, die Cybo-Villa und der Cybo-Palast sowie die Villa Barberini stehen. Die eigene, geräumig und kostbar möblierte Villa des Papstes wirkt wie eine gegen die Welt befestigte Bastion und ist im Vergleich zur Villa Barberini architektonisch uninteressant. Aber von der Wohnung aus hat man einen traumhaften Blick auf den See und die Hügel. In der Nähe sieht man die beiden Kuppeln der Vatikanischen Sternwarte (von Jesuiten geleitet), die Pius XI. 1935 nach Castel Gandolfo umsiedelte.

Das Anwesen zieren französische und italienische Gärten und ein berühmter, freskengeschmückter überdeckter Wandelgang. Das ist der über 90 Meter lange, großartige Cryptoporticus vom

Palast des Domitian, der im Zweiten Weltkrieg Hunderten von wohnungslosen Menschen Obdach bot. Ein Bauernhof liefert Gemüse und Fleisch für den Bedarf am Ort oder für den Verkauf im Vatikan. Der Blick über die römische Landschaft, besonders von der Terrasse der italienischen Gärten aus, ist atemberaubend. Die meisten Besucher von Castel Gandolfo benutzen den Aufzug und verpassen so die Haupt«treppe», die seltsame gewundene Rampe, über die früher auch Esel bequem hinaufsteigen konnten.

Die gesunde Luft der Albaner Berge macht den Palast von Castel Gandolfo für den Papst zum unentbehrlichen Ferienrefugium, während in der Stadt die erstickende römischen Sommerhitze herrscht. Er wird von einigen Mitgliedern des Päpstlichen Hauses und einigen Schweizer Gardisten begleitet, deren Aufgabe unter anderem auch ist, die Eingangstore der Villen zu schließen, wenn ein Papst stirbt.

Kapitel 2

Rund um den Stadtstaat

Ein finsterer Sturm wütete über dem Vatikan, als einige hundert karmesinrot- und weißgekleidete Kardinäle, Bischöfe und Äbte am Montag, dem 18. Juli 1870, in der Petersbasilika über das Dekret abstimmten, das den Papst für unfehlbar erklärte: die historische Konstitution *Pastor aeternus.*

Thomas Mozley, ein Korrespondent der Londoner *Times,* beschrieb die Szene in einem bewegten Brief nach Hause:

> «Placet», riefen Seine Eminenz oder Seine Exzellenz, und ein lauter Donnerschlag folgte als Antwort. Dann schossen die Blitze um den Baldachin und durch die ganze Kirche und den Konzilssaal, als wollten sie die nächste Antwort ankündigen ...

Das Abstimmungsergebnis – 533 zu 2 – wurde von den Bischöfen, die auf dieser folgenschweren öffentlichen Sitzung des Ersten Vatikanischen Konzils noch anwesend waren, mit Händeklatschen und Hochrufen begrüßt. Ein neuer ultramontaner Kurs war damit für die katholische Kirche festgelegt.

Genau am nächsten Tag, dem 19. Juli, wurde der Krieg zwischen Preußen und Frankreich erklärt. Anfang August berief der französische Kaiser Napoleon III. seine zum Schutz des päpstlichen Territoriums in Rom stationierte Garnison ab. Anfang September, als die Nachricht von der französischen Niederlage bei Sedan Turin erreichte, schickte Viktor Emanuel, dessen Bemühen, ganz Italien in einem Königreich zu vereinigen, von den Österreichern im Norden und vom Papst in den geschrumpften Gebieten des Kirchenstaates bis dahin blockiert worden war, seine Armee gegen Rom. Nach einer Bombardierung von einigen Stunden marschierten die italienischen Truppen am 20. September durch zwei Breschen in der Aurelischen Mauer beidseits der Porta Pia in Rom ein. Papst Pius IX. befahl den päpstlichen Truppen, einschließlich der Schweizergarde und Zuaven-Freiwilligen aus ganz Europa, nicht zu kämpfen. Ein Volksentscheid verleibte den alten Kirchenstaat dem Königreich Italien ein.

Das alte Rom der Päpste wurde verklärt in nostalgischer Erinnerung. Augustus Hare schrieb, innerhalb von drei Jahren sei alles untergegangen, was den Charakter der Stadt ausgemacht habe, und beschuldigte die neue Regierung der Barbarei und Ungerechtigkeit. Das von Piranesi gezeichnete, von Byron beschriebene Rom verschwand, und mit ihm die Märkte und die weißen Ochsen des Campo Vaccino, die Märtyreraltäre im Kolosseum, die Prozessionen von Kardinälen und Mönchen in den Straßen und sogar die *pifferari*, die flötespielenden Schäfer von den Hügeln. Eine reiche, noch halb mittelalterliche Kultur wurde vernichtet (und mit ihr verschwand auch bald eine Art literarischer Subkultur von Joachim du Bellay bis zu G. G. Belli).

Von 1870 an bestanden fünf aufeinanderfolgende Päpste darauf, als Gefangene des Vatikans zu leben. Sie weigerten sich, das Garantiegesetz zu akzeptieren, das die italienische Regierung als Ausgleichsregelung anbot, und unterhielten ihre eigenen diplomatischen Beziehungen mit anderen Staaten. Ihre Haltung erwies sich als entscheidend für die Bewahrung des einzigartigen Status des Heiligen Stuhls in der heutigen Welt. Der letzte der fünf «Gefangenen-Päpste», Pius XI., löste nach mehrjährigen Verhandlungen die «Römische Frage» und regelte die Beziehungen zwischen der katholischen Kirche und dem italienischen Staat.

Heute bildet der Staat der Vatikanstadt die kleine territoriale Basis des Heiligen Stuhls, dessen Anspruch auf Souveränität und Unabhängigkeit seit den Anfängen des Christentums anerkannt worden ist. Dieser Anspruch besteht unabhängig von der territorialen Situation des Vatikans, und diese Differenzierung ist entscheidend für ein Verständnis des Papsttums überhaupt.

Der Vatikanstaat entstand am 11. Februar 1929, als Benito Mussolini in gehobener Stimmung für Italien und Kardinal Pietro Gasparri für den Heiligen Stuhl die Lateranverträge unterzeichneten. Dazu gehörten ein Staatsvertrag, ein Konkordat über die Beziehungen zwischen Kirche und Staat in Italien und ein Finanzvertrag. An einem kalten Regentag signierten der Duce und der Kardinal im Konzilssaal des Lateranpalastes die Dokumente mit einer goldenen Feder, die kurz zuvor Achille Ratti, Papst Pius XI., gesegnet hatte.

Die Verträge verliehen dem Heiligen Stuhl die vollständige Souveränität über ein neues Staatswesen, errichtet als Symbol und zur Garantie seiner Freiheit und Unabhängigkeit. Im Juni 1929 wurden sie ratifiziert, und der neue Staat wurde von den dreißig Mächten, deren diplomatische Vertreter beim Heiligen Stuhl akkreditiert waren, stillschweigend anerkannt.

Die Größe des neuen Staates, der eigentlich auch einen Teil des Gebietes zwischen St. Peter und dem Tiber umfassen sollte, wurde von Pius XI. in letzter Minute noch reduziert. Er wünschte, daß der Vatikan so klein wie möglich wirken solle. Geographisch umfaßte die neue Nation die vatikanischen Paläste, die Gärten, Petersplatz und Petersbasilika sowie mehrere Nachbarbauten. Eine Reihe von weiteren Gebäuden und die prächtige päpstliche Sommerresidenz in Castel Gandolfo erhielten exterritorialen Status. Zur Verschönerung dieses Besitzes setzte der unternehmungslustige Papst Pius XI. sofort großangelegte Bau- und Renovierungsprogramme in Gang. Er gab die Pinakothek in Auftrag und erwog eine Zeitlang sogar, die vatikanische Sternwarte und ihre Astronomen in die glasklare Luft der äthiopischen Hochebene zu versetzen.

Der neue Staat wurde als Wahlmonarchie unter der Hoheit des Papstes definiert, der die oberste legislative, exekutive und juridische Gewalt ausübt. Seine konstituierenden Gesetze wurden bei der Ratifizierung der Lateranverträge promulgiert: Zu ihnen gehört die Staatsverfassung, die seinen Charakter und seine öffentlichen Institutionen definiert.

Nach dem Lateranvertrag ist es dem italienischen Staat verboten, das Gebiet des Vatikans zu untertunneln oder den Stadtstaat zu überfliegen. (Diese Einschränkungen gelten nicht für Weltraumsatelliten.) Die Haager Konvention vom 14. Mai 1954 stellte auf Initiative der UNESCO das gesamte Territorium des Vatikans als kulturelles Welterbe unter Denkmalschutz.

Die Flagge des Vatikans, das päpstliche Banner, das während der Reisen Pauls VI. und Johannes Pauls II. wie nie zuvor in den verschiedenen Teilen der Welt flatterte, besteht aus zwei vertikalen Feldern, einem gelben zur Fahnenstange hin und einem weißen mit den päpstlichen Schlüsseln und der Tiara. Innerhalb des Staates darf kein Bewohner Grund und Boden besitzen, denn der Vatikanstaat ist die Privatdomäne des Heiligen Stuhls unter der obersten Leitung des Papstes. Die Gesetze und Bräuche dieses Staates sind ein Gemisch aus mittelalterlichen und modernen Elementen. Für den Heiligen Stuhl ist die wichtigste Bedingung, daß die Vatikanstadt nach internationalem Recht sichtbar als unabhängiges souveränes Gebilde anerkannt wird.

Der Staat der Vatikanstadt ist keine unabdingbare Voraussetzung für die Souveränität des Heiligen Stuhls (die auch nach 1871 intakt blieb, als das Garantiegesetz der italienischen Regierung den Papst seiner alten souveränen Rechte über ein Territorium von 13 000 Quadratkilometern beraubte). Er erfüllt eine Reihe praktischer Funktionen, von der physischen Basis für die Aktivitäten des Heiligen Stuhls bis zur Unterbringung und Erhaltung des einzigartigen kulturellen Erbes des Papsttums. Er verringert die Gefahr der Einflußnahme einer weltlichen Macht auf das Papsttum. Doch in erster Linie ist er das Symbol der Unabhängigkeit des Heiligen Stuhls, die nützliche Fiktion einer geographischen Bedeutung, die de facto immer geringer geworden ist. So wichtig der Vatikan für den geistlichen Fortschritt oder das Überleben der Menschheit sein mag – der Heilige Stuhl, dessen Sitz er ist, ist gleichzeitig eine mächtige Institution, für die der Mangel an Territorium und Bevölkerung kein Hindernis war, sogar mit Supermächten auf gleicher Ebene zu verhandeln; sie unterhält diesen kleinen souveränen Staat in Rom (statt von ihm unterhalten zu werden), der von ergebenen Beamten im Zentrum eines weltweiten kirchlichen Netzes verwaltet wird.

Zu den zahlreichen paradoxen Aspekten dieses Staates zählt auch die vatikanische Staatsangehörigkeit. Nach der Verfassung des Vatikans gibt es keine eigene Nationalität, aber es gibt ein Prinzip der Staatsbürgerschaft. Die Staatsbürgerschaft wird auf der Grundlage einer gesetzlichen Bindung zwischen einem Individuum und dem Stadtstaat verliehen. Vatikanbürger müssen einen festen Wohnsitz oder eine feste Beschäftigung im Vatikan haben (und die nahen Verwandten eines Vatikanbürgers kommen für die Dauer ihres Aufenthalts dort ebenfalls in den Genuß der Staatsbürgerschaft). Zur Zeit besitzen etwa 400 Personen die vatikanische Staatsbürgerschaft, von denen ungefähr 160 den Heiligen Stuhl im Ausland vertreten.

Eine begrenzte Anzahl von Personen verfügt über einen Paß des Staates der Vatikanstadt; die meisten Pässe werden für diplomatische Zwecke im Dienste des Heiligen Stuhles ausgegeben. (Der Besitz eines Diplomatenpasses des Heiligen Stuhles ist nicht gleichbedeutend mit der permanenten Staatsbürgerschaft des Vatikanstaates und beinhaltet nicht das Recht des freien Zugangs oder des Wohnsitzes dort.) Die Kurienkardinäle und die diplomatischen Vertreter des Vatikans haben solche Pässe, die auch an nicht der Kurie angehörende Kardinäle ausgegeben werden können. Die Schweizer Gardisten haben (nichtdiplomatische) Dienstpässe des Heiligen Stuhles.

Mit dem Augenblick seiner kanonischen Wahl zum Oberhirten der katholischen Kirche wird der Papst Souverän des Staates der Vatikanstadt. Seine Einsetzung als Staatsoberhaupt ist mit keinen besonderen Zeremonien verbunden, doch fast als erste Amtshandlung empfängt er offiziell seine politischen Mitarbeiter und bleibt ständig mit ihnen in engem Kontakt. Der Staat unterhält diplomatische Beziehungen zu zahlreichen staatlichen und nicht-staatlichen internationalen Organisationen. Diese wurden besonders nach dem Zweiten Weltkrieg gepflegt, als der Heilige Stuhl eine stärkere Betonung auf die Rolle des Stadtstaates legte als heute. Zu den Organisationen, deren Aktivitäten der Vatikan um eine geistliche Dimension erweitern möchte, wenn auch sein praktisches Engagement deutlich begrenzt ist, zählen unter anderem der Weltpostverein, die Internationale Fernmeldeunion und der Internationale Weizenrat.

Die Lösung der «Römischen Frage» war das Ergebnis der geschickten Diplomatie Mussolinis und Kardinal Gasparris. Für die katholische Kirche bot sich damit eine akzeptable Konstruktion, die sowohl die Wahrung ihrer Würde als auch die Unabhängigkeit des Heiligen Stuhles garantierte: der künstliche, doch rechtsgültige Staat der Vatikanstadt mit Territorium, Bevölkerung und Souveränität. Er hat eine Regierung, und seine Geschäfte müssen wie die anderer Kleinstaaten geführt werden, so sehr er sich auch sonst durch seine Neutralität, seinen Absolutismus und seinen religiösen Daseinszweck unterscheidet.

Von 1929 bis zu seinem Tode 1952 war ein Laie Gouverneur der Vatikanstadt, Camillo Serafini, früherer Leiter des Münzkabinetts der Vatikanischen Museen und Bruder eines berühmten Kardinals. Er war dem Papst unmittelbar verantwortlich, doch 1939 wurde ihm ein Verwaltungsgremium aus drei Kardinälen und einem geistlichen Sekretär übergeordnet. Heute wird die Verwaltung des Stadtstaates durch ein Gesetz geregelt, das im Juli 1969 in Kraft trat. Nach diesem Gesetz übt der Papst seine legislative und exekutive Gewalt durch eine auf fünf Jahre ernannte Kommission aus. Sie besteht aus sieben Kardinälen, ihr Präsident ist Kardinal Casaroli in seiner Eigenschaft als Staatssekretär. Der für die laufenden Regierungsgeschäfte zuständige *delegato speciale*, der Laienbeauftragte der Kommission, wird vom Papst ernannt. Zur Zeit ist dies Marchese Don Giulio Sacchetti.

Marchese Sacchetti ist der Verwaltungsdirektor des Vatikanstaates; sein Zuständigkeitsbereich umfaßt die Bediensteten des Heiligen Stuhls, die technischen Dienste und die allgemeine Ordnung. Seine offizielle Aufgabe ist, seinen Beamten die Wünsche der Päpstlichen Kommission mitzuteilen. Der Vizepräsident der

Kommission, Kardinal Guerri, wohnt über dem Laden im Gouvernementsgebäude und hält engen Kontakt zur Administration. Die gesamte Kommission tritt mindestens zweimal jährlich zusammen, um das Budget zu prüfen und zu bestätigen und größeren Bauvorhaben oder anderen Projekten ihre Zustimmung zu geben.

Außerdem wird Marchese Sacchetti von einem Staatsrat *(Consulta)* unterstützt, dessen Präsident er ist. Einschließlich dreier Ehrenmitglieder besteht er aus vierundzwanzig Mitgliedern. Viele von ihnen stammen aus Familien, die dem Papsttum historisch eng verbunden sind: Prìncipe Colonna führt die Liste an, gefolgt von Prìncipe Torlonia, Prìncipe Massimo, Prìncipe Del Drago und Marchese Patrizi.

Sacchetti ist ein vornehmer Vertreter jener italienischen Adelsfamilien, die auf eine jahrhundertealte Tradition persönlichen Dienstes am Papst zurückblicken. Im römischen Leben nehmen sie immer noch eine besondere Stellung ein, erzählt er mir, obwohl ihre *usi e costumi*, ihre Sitten und Gebräuche, sich geändert haben. Die meiste Zeit lebt er in Rom unweit des Vatikans, wo die Sacchettis im alten toskanischen Viertel an der Via Giulia einen riesengroßen, schönen Palast besitzen. Die Familie kam im 16. Jahrhundert nach Rom; zu den Vorfahren gehört auch Franco Sacchetti, der eigenwillige Geschichtenerzähler aus dem 14. Jahrhundert. Die Sacchettis müssen viele der päpstlichen Familien, denen sie dienten, als Emporkömmlinge betrachtet haben.

Don Giulio Sacchetti setzt die Familientradition gerne fort und empfindet den Dienst am Heiligen Stuhl als Vergnügen und Privileg. Während der normalen Dienststunden im Vatikan sitzt er an einem großen antiken Schreibtisch in einem geräumigen Büro im zweiten Stock des wenig ansprechend wirkenden Gouvernementsgebäudes, in dem das Generalsekretariat des Vatikanstaates, die Büros der Päpstlichen Kommission und die Diensträume der technischen Dienste und der Wirtschaftsdirektion untergebracht sind. Ganz oben liegt Kardinal Guerris Wohnung. Die hohen Fenster von Sacchettis Büro zum Chor der Basilika hin umrahmen einen Ausblick auf Kuppel und Tambour, der einen nicht leicht losläßt.

Als *delegato speciale* für den Staat ist Sacchetti der Kardinalskommission gegenüber für die Löhne und Gehälter von etwa 1400 Menschen verantwortlich. Mit den Worten Papst Pius' XI. erzählt er dem Besucher, daß der Staat der Vatikanstadt einfach ein kleines Stück Land sei, das die Kirche für ihre Unabhängigkeit brauche. Manchmal murrt der eine oder andere über das Gehalt oder die Arbeitsbedingungen, doch normalerweise herrscht ein friedliches Arbeitsklima.

In religiöser Hinsicht ist der Vatikan Teil der Diözese Rom, hat aber seine eigene religiöse Administration unter Bischof van Lierde, der unter fünf aufeinanderfolgenden Päpsten Generalvikar für die Vatikanstadt war.

Juristisch wird das Staatssystem von einem Richter geleitet, der im Namen des Papstes handelt, von einem Gericht erster Instanz, einem Appellationshof und einem Kassationshof, der sich mit juristischen Form- und Verfahrensfehlern befaßt. Etwa vierzig Juristen gehören dazu, die allerdings von Vatikanangelegenheiten nicht sehr belastet werden. Für den Richter fallen jährlich ein paar Zivilfälle an, in denen es etwa um ein oder zwei Zeugenladungen unter Strafandrohung oder um die Feststellung eines Todesfalles geht. Dutzende von Straffällen (nach italienischem Recht) sind jedes Jahr zu bearbeiten; sie werden hauptsächlich vom Sicherheitsamt des Vatikans eingeleitet und betreffen in der Mehrzahl Verkehrsdelikte.

Zwar unterscheidet der Vatikanstaat sich in seinen Zielen deutlich von normalen Staaten, teilt jedoch zahlreiche praktische Züge mit ihnen. Er hat nicht nur einen eigenen Paß, eine päpstliche Flagge und eine eigene Eisenbahn, er prägt auch seine eigenen Münzen und Medaillen und druckt seine eigenen Briefmarken – teils als Zeichen seiner Souveränität, teils, weil sie gewinnbringend sind, teils, um religiöse Botschaften zu verbreiten.

Ein 1930 mit der italienischen Regierung geschlossenes Abkommen stellt dem Vatikan die italienische Münze (vor 1871 die Münze des Kirchenstaates) zur Herstellung seiner eigenen Münzen zur Verfügung, und der Vatikan darf keine andere Münze zum Prägen benutzen. Die vatikanischen Münzen müssen dieselbe Größe, denselben Metallgehalt und nominellen wie spezifischen Wert wie die entsprechenden italienischen Münzen haben. Nach einem 1962 revidierten Abkommen darf der Gesamtwert der in einem Jahr ausgegebenen vatikanischen Münzen 100 Millionen Lire (etwa 150 000 DM) nicht überschreiten, darf aber zur Zeit einer Sedisvakanz – zwischen zwei Pontifikaten also – auf 200 Millionen erhöht werden und bei Eröffnung eines Konzils auf 300 Millionen.

Die vatikanischen Münzen gelten in Italien und San Marino als legales Zahlungsmittel, aber ich habe in meinem Kleingeld fast nie welche gefunden. Eine der letzten Prägungen war eine Gedenkmünze anläßlich der Polenreise Papst Johannes Pauls' II. (sie wird im Vatikan verkauft, wobei eine bestimmte Anzahl zur Verfügung des Papstes gehalten wird). Eine sehr hübsche Serie wurde 1979 zur Erinnerung an den Jahrestag der Wahl Papst Pauls VI. herausgegeben. Sieben Münzen mit der Jahreszahl 1978 und Werten zwischen 5 und 500 Lire zeigen das Wappen des verstorbenen Papstes auf der Vorderseite und Szenen aus den Evangelien auf der Rückseite. Diese Ausgaben werden auf dem Petersplatz frei verkauft; Vatikanbeamte und auswärtige Münzenhändler können sie im voraus bestellen.

Vatikanische Briefmarken werden eher benutzt als einfach nur gesammelt. Sie sind heitere Farbflecke auf Umschlägen, die so vielleicht mit einem fröhlichen «*Gloria in Excelsis Deo*» frankiert sind. Unter Philatelisten sind sie nie auf mehr als mäßiges Interesse gestoßen, aber die Mode kann sich ändern. Diese Briefmarken gelten nicht in Italien, und staatliche italienische Briefmarken gelten nicht für den Versand vom Vatikan aus. Seit 1929 hat das vatikanische Postamt seine regulären Briefmarkenserien für jedes Pontifikat durch eine Unzahl von Sondermarken ergänzt – anläßlich Heiliger Jahre, der Wahl oder des Todes von Päpsten, religiöser Gedenktage oder für besondere karitative Zwecke. Die ersten Luftpostmarken erschienen 1939. Sinnigerweise zeigten sie das Heilige Haus von Loreto, das der Legende nach durch Engel von

Nazareth nach Italien gebracht wurde, die Taube mit dem Ölzweig, die zur Arche zurückfliegt, Elijas Wagen auf dem Weg zum Himmel und den heiligen Petrus.

Das Briefmarken- und Münzamt ist eines der vom Generalsekretariat des Gouvernorats des Vatikanstaats verwalteten acht Ämter. Die anderen sind das Rechtsamt, das Personal- und Standesamt, die zentrale Buchhaltung, das Post- und Telegrafenamt, das Handelsamt, das Sicherheitsamt und das Informationsamt für Pilger und Touristen.

Etwa achtzig Eheschließungen registriert der Vatikan jedes Jahr. Der Grund für viele von ihnen wird aus der Heiratsurkunde ersichtlich, die ausreichend Platz vorsieht für «Daten aller Kinder, die durch diese Ehe legalisiert werden sollen». Die meisten Christen lassen sich in ihrer eigenen Gemeinde trauen, wo man sie kennt; aber für ein Paar, das seit Jahren zusammenlebt und gemeinsame Kinder hat, ist es schwierig, in einer öffentlichen Zeremonie zu bekennen, daß es erst jetzt heiratet.

Alle Tätigkeiten des Vatikanstaats werden unter der Oberaufsicht Marchese Sacchettis und des Generalsekretärs Vittorio Trocchi von einem Personal ausgeführt, das zu 90 Prozent aus Laien und Frauen besteht. Insgesamt arbeiten 180 festangestellte Laien im Sekretariat, für die Generaldirektion der Denkmäler, Museen und Päpstlichen Galerien, die Generaldirektion der technischen Dienste, die Sanitätsdirektion, die Direktion der vatikanischen Sternwarte, die Direktion der Archäologischen Studien und Forschungen und die Direktion der Päpstlichen Villen. Die Angestellten des Stadtstaates, die meisten von ihnen Italiener verschiedenster sozialer Herkunft, halten den gesamten Dienstleistungsbetrieb aufrecht und tragen bei zu der vielfarbigen Kultur des Vatikanstaates und des Heiligen Stuhles.

Als Papst Johannes XXIII. auf die Frage «Wieviele Menschen arbeiten im Vatikan?» antwortete: «Etwa die Hälfte», war das nicht nur ein Scherz, sondern auch eine Ausflucht: Es gibt keine einfache Antwort auf Fragen nach der Zahl der im Vatikan angestellten Personen.

Die Abteilungen der römischen Kurie beschäftigen etwa 3000 Menschen im Vergleich zu 1400 Beschäftigten – größtenteils Laien – der Zivilverwaltung des Vatikanstaats. Rund 350 Personen (die ihre eigene Nationalität behalten) haben das Recht, im Stadtstaat zu wohnen, und fast 3000 wohnen in exterritorialen oder von Abgaben befreiten Gebäuden des Heiligen Stuhls.

Die Schweizergarde, einige Jesuiten von Radio Vatikan, die Handvoll Kardinäle und Erzbischöfe, die Arbeiter des Stadtstaats, die Bediensteten des Heiligen Stuhles, die Studenten am Deutschen Kolleg, die Nonnen – all die verschiedenen, durch das Phänomen des Heiligen Stuhls ins Leben gerufenen Gruppen bilden ein Mosaik farbigen Lebens um ein strahlendes Zentrum von Prunk und Macht.

Der von Gounod komponierte päpstliche Marsch für den Vatikan, seit 1949 die offizielle Hymne ohne Worte des Heiligen Stuhls, beginnt *allegretto maestoso* ... Auch die Umgebung derer, die im Vatikan und seinen römischen Außenstellen für den Heiligen Stuhl arbeiten, ist oft noch sehr malerisch, doch die Prachtentfaltung kirchlichen Lebens wurde durch die Inflation und die Vernunft der modernen Päpste zurückgeschnitten. Der alte päpstliche Adel, die «schwarze Aristokratie», die eine halbfeudale Aura und einen Schimmer vergangenen Ruhms verbreitete, ist dahingegangen. Mit ihren Ansprüchen auf zahllose zeremonielle und leitende Funktionen im Vatikan schwand auch ihre soziale Bedeutung. In der Zivilverwaltung des Stadtstaates ist noch immer Platz für wichtige Laien; doch es fiel auf, daß Papst Paul VI. viele Stellen unbesetzt ließ.

Als Nichtitaliener im Vatikan noch selten waren, blühten enge gesellschaftliche Beziehungen unter den Familien der geistlichen Würdenträger der päpstlichen Regierung; wie die Brüder und Neffen Eugenio Pacellis, Papst Pius' XII., wurden die Verwandten mitgebracht, um bei den irdischen Geschäften der Kirche mit Hand anzulegen. Unter den «Kammerherren Seiner Heiligkeit» in der päpstlichen Familie sind noch immer vier Pacellis. Heute finden die vielen ausländischen Priester und Nonnen das Leben in

Rom oft schwierig und einsam. Sie halten sich meist eng an ihre Landsleute oder Ordenshäuser.

Die päpstliche Kurie arbeitet noch immer nach italienischen Uhren, und die Atmosphäre dort ähnelt eher der einer großen Familie als einer profanen staatlichen Behörde. Es herrscht noch ein echtes Gefühl der Zugehörigkeit. Es gibt leidenschaftliche Emotionen und enge persönliche Bindungen, plötzlichen Aufstieg in der Gunst und tiefen Fall aus der Gnade, und es gibt sichere Prüfsteine für treue Ergebenheit, allem voran die Enzyklika *Humanae Vitae*.

Prälaten, die sich nach außen jovial geben, können mitunter ganz andere Saiten aufziehen, wenn sie über Privatangelegenheiten in ihrem eigenen Zuständigkeitsbereich zu befinden haben. Gelegentlich verhält es sich aber auch umgekehrt. Aus einer Korrespondenz in den Akten des Staatssekretariats geht hervor, daß Msgr. Giovanni Benelli zu einer Zeit, als er der wichtigste Mitarbeiter des Papstes war, einem Laienbeamten erlaubte, eine Katze in seiner Privatwohnung zu halten, und so das generelle Verbot der Haltung von Haustieren umging. Übrigens haben die Katzen hinter der Peterskirche eine Kontroverse darüber ausgelöst, ob es sich bei ihnen um Katzen des Heiligen Stuhls oder des Vatikans handelt und wer für sie zuständig ist.

Die Kurienkardinäle wohnen in einer Vielzahl besonderer, aber nicht unbedingt besonders großartiger Penthouses und Appartements; einige davon liegen auf Vatikangebiet, unzählige aber in Trastevere, an der Via della Conciliazione oder an der Piazza della Città Leonina.

Die für den Heiligen Stuhl arbeitenden Laien können etwa eine Wohnung in einem herrschaftlichen römischen Palast wie dem vatikaneigenen Palazzo San Callisto in einem malerischen, verwinkelten Teil von Trastevere bekommen; doch die meisten suchen sich selbst etwas. Die Laienbeamten zählen zwar nicht gleichwertig in der Hierarchie, aber sie haben beträchtlichen Einfluß, besonders wenn sie Italiener sind und Beziehungen haben. Manche äußern sich sarkastisch über den Dilettantismus der ihnen vor die

Nase gesetzten Kleriker, und manche sind schockiert über das ehrgeizige Karrierestreben einiger Geistlichen. Alle, die ich kenne, sind den Vorzügen des Klimas erlegen, der fruchtbaren Unordnung des römischen Lebens und der Anziehungskraft des päpstlichen Dienstes.

Das Gesellschaftsleben spielt eine wichtige Rolle in der römischen und daher auch der vatikanischen Kultur. Es bewegt sich in verschiedenen klar abgegrenzten Kreisen, die sich gelegentlich überschneiden. Zentren römischen Gesellschaftslebens sind der Quirinal – die italienische Regierung –, die Filmindustrie, die Kurienbeamten, die religiösen Orden und einige alte aristokratische Familien.

Angestellte des Vatikans zahlen keine Einkommensteuer und keinen Zoll auf Benzin und Waren, die sie im Laden des Vatikans kaufen; als Nichtitaliener erhalten sie Zuschläge von bis zu 15 Prozent zu ihren Monatsgehältern. Diese bewegten sich 1979 zwischen 850 000 Lire an der Spitze der Kurie und 300 000 Lire. Die Gesundheitsfürsorge und die Pensionen sind gut, werden aber durch Gehaltsabzüge finanziert. In den siebziger Jahren stiegen die italienischen Gehälter sprunghaft an, während im Vatikan nur der Anstieg der Lebenshaltungskosten ausgeglichen wurde. Doch in den Jahren 1979–81 gab es vernünftige Gehaltserhöhungen, durch die ein Kardinalsgehalt auf rund 1,5 Millionen Lire angehoben wurde.

Kardinäle sind sich nicht zu vornehm, auf ihre kleinen Gehälter hinzuweisen, aber die stärksten Erdstöße ökonomischer und sozialer Unzufriedenheit sind in den unteren Regionen des Weinbergs zu verspüren. 1975 gab es einen (folgenlosen) Aufruhr, als die Vatikanbäckerei schloß. Zwar richtete Papst Paul VI. eine Stelle für Arbeitsbeziehungen im Stadtstaat ein, doch 1980 gründeten einige Laienangestellte des Vatikans eine Gewerkschaft in der Erkenntnis, daß die traditionellen Vergütungen die steigenden Lebenshaltungskosten unmöglich mehr decken konnten.

Manche Mitarbeiter auf den unteren Sprossen der vatikanischen Leiter fristen ein spartanisches Leben; doch alle Angestellten des

Heiligen Stuhls, vom Kardinal bis zum Türhüter, verfügen aufgrund der 33-Stunden-Woche und zahlreicher kirchlicher Feiertage über reichlich Freizeit. Sie wird für Seelsorgearbeit genutzt (die gewissenhaft geleistet wird von allen Kardinälen, mit denen ich sprach, und die Papst Johannes Paul II. allen Kurienpriestern dringend ans Herz gelegt hat), für Hobbys oder für eine Nebentätigkeit.

Vor einem Block mit Vatikanbüros an der Via dell'Erba unweit des Petersplatzes erzählte mir ein hochgewachsener *commesso* im grauen Anzug, daß er neunundzwanzig Jahre im Dienst des Vatikans gestanden – anfangs als Türhüter oder *usciere* – und so das Kommen und Gehen von fünf Päpsten und noch viel mehr Kardinälen miterlebt habe. Voller Würde auch an der Basis der Pyramide erinnert er daran, daß der Vatikan Hunderten von Römern mit ihren Familien Arbeitsplätze bietet.

Die äußere Verteidigung des Vatikanstaats liegt in der Verantwortung der jungen Schweizer aus katholischen Familien, die als Soldaten des Papstes dienen; der Vatikanbesucher sieht sie zu zweit oder zu dritt an den Eingangstoren Dienst tun: einer in Habachtstellung mit der Pike, ein anderer, der ein Schwert trägt und vielleicht gerade einen Fremden kontrolliert, und hinter dem Bronzetor ein Unteroffizier an einem Tisch.

Das Korps der Schweizergarde, *Cohors Helvetica*, ist die einzige noch existierende Einheit der alten bewaffneten Truppen des Papsttums. Die Schweizergarde ist direkt der Autorität des Papstes unterstellt (obwohl sie notfalls auch vom Gouvernorat des Stadtstaates gerufen werden kann) und ist ausschließlich mit dem Schutz des Apostolischen Stuhls beauftragt. Ob der Papst die Messe in der Peterskirche feiert oder St. Johannes im Lateran besucht oder nach Castel Gandolfo fährt, immer begleiten ihn Schweizer Gardisten.

Die prächtige Nobelgarde und die Palatinische Ehrengarde sind von der Bildfläche verschwunden. Die erstere bestand früher aus Offizieren, die aus der gesamten italienischen Aristokratie rekrutiert wurden; ihr Kommandeur (der letzte ist Prìncipe Don Mario del Drago) wurde vom Papst persönlich aus den römischen Adelsfamilien ausgewählt. Bevor Papst Paul VI. sie auflöste, zählte die Nobelgarde unter dem Kommandeur und dem Standartenträger neun «Wachen» im Rang eines Hauptmanns, und eine Abteilung in Stiefeln und Helmen tat ständig Dienst als Eskorte des Papstes. Die unbezahlten Freiwilligen der Palatinischen Ehrengarde, die ebenfalls von Papst Paul VI. aufgelöst wurde, kamen aus allen sozialen Schichten, waren aber immer Römer von Geburt. Ihre Aufgabe war die einer Art Ehrengarde für den Papst bei besonderen Gelegenheiten. Der letzte öffentliche Auftritt, wenn man so sagen will, der Nobelgarde wie der Palatinischen Ehrengarde fand im August 1970 in Castel Gandolfo statt, als der britische Minister am Heiligen Stuhl, Desmond Crawley, sein Beglaubigungsschreiben überreichte.

Heute ist die nüchtern gekleidete *Vigilanza*, die Zivilgarde des Zentralen Sicherheitsamts des Vatikans, die Nachfolgerin der alten *Gendarmeria Pontificia*, für den Polizeischutz der Vatikanstadt und einiger römischer Besitzungen des Vatikans zuständig.

Die Schweizergarde als Erbin der martialischen Tradition des Papsttums rangiert als eines der Kurienämter des päpstlichen Hauses und ist mit dem persönlichen Schutz des Papstes und der Verteidigung seiner Territorien betraut. Unter ihrem Kommandeur kann die Garde in voller Stärke eine Hundertschaft aufbieten; dazu gehören vier Offiziere, ein Kaplan, dreiundzwanzig Unteroffiziere *(sottufficiali)*, sechzig Hellebardiere und zwei Trommler. Ihre bekannteste Uniform ist das üppige Renaissancekostüm mit den dunkelblauen, orangen und gelben Streifen.

Die Gardisten müssen ihrem Oberst, einem anderen Offizier und ihrem Unteroffizier gehorchen, die alle eine Feder gleicher Farbe tragen. Die anderen Offiziere sind überzählig, ihre Weisungen dürfen ignoriert werden.

Neue Rekruten werden bei einer eindrucksvollen jährlichen Zeremonie vereidigt, bei der auch der Schweizer Botschafter am Quirinal anwesend ist. Jeder Rekrut hält die Fahne mit der linken behandschuhten Hand und hebt die rechte, zwei Finger und den

Daumen ausgestreckt (als Symbol der Trinität), während er in seiner Muttersprache – Französisch, Deutsch oder Italienisch – den Fahneneid ablegt.

Ein besonderes Abkommen zwischen der Schweiz und dem Heiligen Stuhl regelt die Rekrutierung. Der Heilige Stuhl akzeptiert nur Schweizer, die über zwanzig Jahre alt sind, ihren Militärdienst in der schweizerischen Armee schon abgeleistet haben und deren Dienstzeugnis tadellos ist; als Gegenleistung wird den Schweizer Gardisten der Reservedienst zu Hause erspart.

Die Gardisten sind echte Soldaten voller Disziplin und Hingabe, keine Operettensoldaten. Sie sind immer Katholiken, in der Regel aus der Mittelschicht. Die meisten dienen zwei Jahre und kehren dann in die Schweiz zurück, wo es mehrere Vereinigungen ehemaliger Angehöriger der Schweizergarde in verschiedenen Städten gibt. (Das erleichtert die Rekrutierung, die in aller Stille vor sich gehen muß.) Es gibt auch eine pensionsberechtigte Dienstzeit von elf plus neun Jahren.

Die Kaserne der Schweizergarde befindet sich gleich hinter der Porta Sant'Anna im Vatikan. Das Gebäude ist alt, aber die Räume sind modernisiert und recht bequem eingerichtet und werden von je zwei der meist unverheirateten Soldaten bewohnt. Der Sold eines einfachen Gardisten beläuft sich auf etwa 500 000 Lire monatlich (rund 750 DM), was eine erhebliche Verbesserung gegenüber der Besoldung vor zehn Jahren darstellt, als die schlechte Zukunftssicherung die Rekrutierung erschwerte. Die Gardisten erhalten einen Monat Jahresurlaub, freie Kost und Logis und Anrechtscheine für billiges Benzin.

Diejenigen, die viele Jahre in der Garde dienen, fühlen sich durch «persönliche Berufung» motiviert. Diesen Ausdruck benutzte der Unteroffizier Hans Roggan, als ich mich mit ihm über den ungewöhnlichen Beruf eines päpstlichen Soldaten unterhielt. Als ich ihn kennenlernte, war er gerade im Dienst, trug Uniform und patroullierte am Fuß der Treppe, die zum San Damaso-Hof im Apostolischen Palast führt, wo er ein achtsames Auge auf die kommenden und gehenden Passanten hatte. Er gehört seit über fünfundzwanzig Jahren der Schweizergarde an. In Uniform trägt er eine Reihe päpstlicher Medaillen: *Cavaliere di San Silvestro*, das Kreuz *Pro Ecclesia e Pontifice*, die Medaille *Benemerenti* ...

Hans Roggan, der mit einer Amerikanerin verheiratet ist und deshalb eine Privatwohnung im Vatikan hat, betont das Element der Berufung in seiner Tätigkeit: «Ich kam, um dem Papst und der Kirche zu dienen.» Er genießt die vielen Kontakte und Freundschaften, die die Arbeit mit sich bringt, und er mag Rom, vor allem wegen der Kunst und trotz der besorgniserregend angestiegenen Gewalttätigkeit in der Stadt.

Roggan bemerkt, daß die Schweizer Gardisten sich meist mit Nichtitalienern anfreunden und meinen, daß die im Vatikan arbeitenden Italiener sehr stark zusammenhalten und ganz auf ihre eigene Gruppe oder Familie ausgerichtet sind. Die Gardisten, die im Vatikan wohnen und Dienst tun, verteidigen ihre alten Traditionen. Vor einigen Jahren löste die Einsetzung eines «Außenseiters» zum Kommandeur erhebliche Unzufriedenheit aus. Jetzt haben sie wieder einen Oberst aus ihren eigenen Reihen.

Die Wachen sind meist Deutschschweizer, und ihre offizielle Sprache ist Deutsch. Ihr Berufsleben besteht aus Exerzieren, Paraden und Wachdienst. Geselligkeit suchen sie in Rom; sie sind angewiesen, sich dort «diskret» zu verhalten und nicht aufzufallen. Um Mitternacht, wenn die Tore des Stadtstaats geschlossen werden, müssen sie wieder in der Kaserne sein; andernfalls müssen sie die Klingel benutzen und ihren Namen aufschreiben lassen.

Im täglichen Leben am Heiligen Stuhl bilden sie einen Farbtupfer, ein fremdes Element in der sie umgebenden italienischen Kultur. Ihr Waffendienst für die päpstliche Sache beruht wie die Arbeit der meisten anderen Vatikanangestellten auf einer Loyalität sehr persönlicher Prägung.

KAPITEL 3

Leben und Pflichten des Papstes

Tausende, die keinen Fuß in die Vatikangebäude setzen, nicht einmal in die Petersbasilika, stehen einfach auf dem Petersplatz und starren auf das hohe Fenster des Palastes, der sich schräg hinter Berninis Kolonnade erhebt – dorthin, wo der Papst erscheint, eine einsame Gestalt in Weiß. Immer sieht er voller Interesse auf die Menge hinunter, die auf alle seine Gesten und Worte lebhaft reagiert. Bei Generalaudienzen bewegt er sich inmitten der dichten Menschenmenge auf der Piazza.

Der Vatikan als winziger souveräner Staat und administratives und geistliches Zentrum des römischen Katholizismus wird allein durch die Gegenwart dieses Priesters beseelt.

Die Wahl zum Papst bedeutet lebenslange physische Entfremdung von Familie und Freunden, eine zusätzliche Verschärfung der Einsamkeit, die das Los des Stellvertreters Christi auf Erden bedeutet. Instinktiv versuchen die Kardinäle, aus deren Reihen der Papst gewählt wird, diesen Kelch an sich vorübergehen zu lassen.

Das war nicht immer so. Man erzählt sich die Geschichte von einem Papst, der als Kardinal immer ein großes Fischernetz zu Hause aufgehängt hatte, um, wie er sagte, nie die bescheidene Herkunft des heiligen Petrus zu vergessen. Nach seiner Inthronisierung wurde bald bemerkt, daß das Netz verschwunden war. «Wozu braucht man das Netz noch», antwortete er auf Befragen, «wenn der Fisch gefangen ist?»

Paul II. (1464–71), der Venezianer Pietro Barbo, irritierte bei seiner Wahl die Kardinäle, als er zuerst den Namen «Formosus» annehmen wollte – Ausdruck des Wohlgefallens an seiner eigenen Erscheinung, wie sie meinten. Papst Julius II., der Feldherr, war bei seiner Wahl im Jahre 1503 überglücklich und konnte die Einkleidung kaum erwarten. Zehn Jahre später sagte der Medici-Papst Leo X. angeblich im Vertrauen zu seinem Bruder Giuliano, daß er das Papsttum, da Gott es ihm geschenkt habe, auch zu genießen gedenke: «*Godiamoci il papato, poichè Dio ci l'ha dato.*»

Seit dem Konzil von Trient 1563 ist das Privatleben der Päpste weitgehend ohne Skandale geblieben. Doch die mit dem Anspruch fürstlicher Herrschaft verbundene Zurschaustellung und Prachtentfaltung überdauerte bis zur Umwälzung des Zweiten Vatikanischen Konzils 1962-65. Von da an wurde die problematische Staffage päpstlicher Pracht und Herrlichkeit nach und nach abgeworfen. In den letzten Jahren hat eine symbolische Verbrennung der Flitter und Symbole irdischer Macht und geistlichen Triumphes stattgefunden, motiviert von Inflation und schwindenden Ressourcen wie durch eine veränderte Einstellung zur Religion. Die alten bewaffneten Truppen der Päpste mit ihren prächtigen Uniformen und Waffen – die Ehrengarde, die Gendarmerie, die Palatinische Ehrengarde – wurden aufgelöst. Die *flabelli* genannten Wedel aus weißen Pfauenfedern, die zu beiden Seiten der *sedia gestatoria* (des tragbaren Throns des Papstes) geschwenkt wurden, setzen Staub an.

Die Vereinfachung des päpstlichen Lebens und seiner Zeremonien unter Papst Johannes XXIII. und Papst Paul VI. war teils eine natürliche Anpassung an den zwangloseren Stil der Neuzeit, teils ein Reflex der gewaltigen theologischen Veränderungen in der römisch-katholischen Kirche, die auf dem Zweiten Vatikanischen Konzil sichtbar und kodifiziert wurden. Als Papst Johannes Paul I. zu Beginn seiner kurzen Amtszeit 1978 aus Venedig kam, verzichtete er auf das Tragen der päpstlichen Tiara; er wurde eher bescheiden als Seelenhirte eingesetzt denn als Papst gekrönt.

In der päpstlichen Schatzkammer gibt es neun Tiaren. Eine dieser dreifachen Kronen, die bei der Krönung Papst Pius' X. benutzt wurde und die Form eines reichbestickten Bienenstocks hat, ist mit 32 Rubinen, 19 Smaragden, 11 Saphiren, 529 Diamanten und 252 Perlen besetzt. Papst Paul VI. bekam zu seiner Krönung eine Tiara von der Stadt Mailand geschenkt. Am 13. November 1964 trug er sie zum letzten Mal und verkündete, er werde sie den Armen stiften. Sie wurde dann von Kardinal Spellman, dem Erzbischof von New York, gekauft.

Am Tage seiner Amtseinführung am 22. Oktober 1978 erinnerte Papst Johannes Paul II. an die Entscheidung Pauls VI., jetzt sei nicht die Zeit, «zu einer Zeremonie und einer Kopfbedeckung zurückzukehren, die fälschlich als Symbole der weltlichen Macht der Päpste betrachtet werden. Unsere Zeit ruft, drängt, ja verpflichtet uns, auf den Herrn zu blicken und uns in demütige und andächtige Meditation über das Mysterium der höchsten Macht, Christi selbst, zu versenken.»

Symbole weltlicher Macht oder nicht, die Tiaren mit ihren byzantinischen und weltlichen Assoziationen bleiben unter Verschluß. Kein Papst wird mehr unter der Loggia von St. Peter gekrönt werden und die Worte hören: «Empfanget die mit drei Kronen geschmückte Tiara und wisset, daß Ihr der Vater der Fürsten und Könige seid, der Führer der Welt, der irdische Stellvertreter unseres Erlösers Jesus Christus.»

Sobald der neue Papst seine Wahl durch die Kardinäle angenommen und gesagt hat, welchen neuen Namen er tragen will, wird er in einen kleinen Raum hinter der Sixtinischen Kapelle geführt und als Papst eingekleidet. Er wählt eine der in drei Größen ausgelegten Seidensoutanen und kleidet sich mit einer weißen Seidenschärpe, roten Schnürpantoffeln und einem scharlachfarbenen Cape. Dieser Raum wird genannt: Kapelle der Tränen.

Angelo Roncalli, der väterliche Johannes XXIII., befand, daß sein Leben als Diener der Diener Gottes ein «wahres Martyrium» sei. Giovanni Battista Montini, der sensible, selbstkritische Paul VI., betrachtete das von Johannes übernommene Erbe als schreckliche Bürde. Albino Luciani, der bescheidene Johannes Paul I., reagierte öffentlich mit Freude auf seine unerwartete Wahl im September 1978, betete aber zu Gott um Vergebung für die Kardinäle, die ihm dies angetan hatten. Diese drei Päpste hatten schmerzlich erkennen müssen, daß sie, wenn sie sich auch Verwandte in ihre Nähe holen konnten, den Vatikan nie wieder verlassen würden, um zu Hause im Kreise ihrer Familie zu leben.

Am Montag, dem 16. Oktober 1978, wurde Kardinal Karol Wojtyla zum Papst gewählt und nahm den Namen Johannes Paul II. an. Als er in den Tagen danach die Predigt für seine erste Sonntagsmesse als Papst vorbereitete, mußte er an die Werke des großen polnischen Schriftstellers und Patrioten Henryk Sienkiewicz denken, besonders an dessen Roman *Quo Vadis?*

Quo Vadis, 1896 geschrieben und zum Teil durch den Anblick der Petersbasilika inspiriert, enthält mehrere Bedeutungsschichten. Der Roman spielt im alten Rom zur Zeit Kaiser Neros. Der Triumph des Geistes (der verfolgten Christen) über die brutale Gewalt (der Herrscher des kaiserlichen Roms), der hier gefeiert wird, weist auch voller Hoffnung auf den Triumph der verfolgten Polen des 19. Jahrhunderts über die Besatzungsarmeen Rußlands, Preußens und Österreichs. Sienkiewicz zitieren bedeutet, indirekt für nationale und religiöse Freiheit zu plädieren.

Direkt zitierte Papst Johannes Paul II. seinen Landsmann jedoch, um in Worte zu fassen, was er bei seiner Wahl empfunden hatte. Er erinnerte daran, daß der erste Papst und Bischof von Rom lieber mit seinem Boot und seinen Netzen am See Genezareth geblieben wäre, statt ins Zentrum des Römischen Reiches zu reisen. Dann erzählte er die in langer Tradition auf uns gekommene Geschichte – die «wunderbaren literarischen Ausdruck» bei Sienkiewicz gefunden habe –, wie der aus Rom fliehende Petrus eine Vision Christi hatte und auf seine Frage: «*Quo vadis, Domine?*» – «Herr, wohin gehst du?» – erfuhr, daß Er nach Rom gehe, um sich noch einmal kreuzigen zu lassen. «Petrus ging nach Rom zurück und blieb dort bis zu seiner Kreuzigung.»

Kardinal Wojtyla hatte am Abend vor der Sitzung des Konklaves, in der er dann gewählt wurde, einen frühen Rückflug nach Krakau gebucht. Statt dessen wurde er im Alter von achtundfünfzig Jahren Papst. Nie mehr würde er wirklich nach Polen zurückkehren. Selbst ein Besuch dort hätte sich als unmöglich erweisen können (was dann nicht der Fall war). In seiner ersten «Botschaft an die Welt» schrieb er von dem «erdrückenden Joch», das seine Vorgänger getragen hätten und das ihm nun auferlegt worden sei. Karol Wojtyla ist der erste polnische Papst in der Geschichte, der erste nichtitalienische Papst seit 450 Jahren und, obwohl schon grauhaarig, der jüngste seit 150 Jahren.

Es war schon etwas Besonderes, als Papst Johannes XXIII. am Vorabend des Zweiten Vatikanischen Konzils mit dem Zug vom Vatikan aus nach Assisi fuhr, um dort zu beten, und Papst Paul VI. hat bereits eine Reihe bemerkenswerter Pilgerreisen nach Amerika, Indien und ins Heilige Land gemacht. Der jetzige Papst zeigte sich von Anfang an zum Reisen entschlossen, doch selbst er wird die meiste Zeit seines Pontifikats, vielleicht Jahrzehnte, innerhalb der Mauern des Vatikans verbringen.

Im Laufe der Zeit beginnt der Papst sich in den weiten Räumen des Palastes und in seiner Umgebung heimisch zu fühlen und ihnen seinen eigenen deutlichen künstlerischen und architektonischen Stempel aufzudrücken; dort wird er auch begraben werden. Er ändert das Protokoll entsprechend seinem persönlichen Gutdünken und prägt mit seiner starken Persönlichkeit das Leben aller, die im Vatikan leben und arbeiten. Er ist absoluter Herrscher über den kleinsten Staat der Welt.

Im Oktober 1978 suchten die Kardinäle einen Papst mit guter Gesundheit, einen theologischen Traditionalisten, einen Mann mit Führungsqualitäten, aber mit Erfahrung als Seelsorger und menschlicher Wärme, die der gütigen Art seines Vorgängers Johannes Pauls I. entspräche. Ein Papst aus einem kommunistischen Land konnte provozierend wirken – aber warum nicht, wenn alles andere stimmte? Doch wurde offensichtlich lange um eine Entscheidung gerungen, denn erst nach mehreren Wahlgängen, nämlich acht, kräuselte sich der weiße Rauch über dem Schornstein der Sixtinischen Kapelle.

Die verborgenen politischen Aktivitäten der katholischen Kirche sind bei jedem Konklave mit im Spiel. Es gibt Gruppierungen aller Arten, Bündnisse und Verbindlichkeiten auf rassischer, nationaler und kontinentaler Ebene, auf der Grundlage gleicher Temperamente, theologischer oder sozialpolitischer Überzeugungen, sogar aus Eigeninteresse. Dennoch glauben die Kardinäle und alle Katholiken, daß die Wahlberechtigten bei der Bestimmung ihres Oberhaupts vom Heiligen Geist geleitet werden.

Ein italienischer Kardinal, der an zwei Papstwahlen beteiligt war und selbst schon als Kandidat zur Debatte stand, sagte zu mir, indem er emphatisch die Hand aufs Herz legte: «In einem Konklave kann man die Gegenwart des Heiligen Geistes spüren. Man weiß, daß man an etwas teilnimmt, das über alles normale Verstehen hinausgeht, und daß bestimmte menschliche Wesen von der göttlichen Vorsehung dazu benutzt werden, den Nachfolger Petri zu wählen. Das römische Sprichwort bewahrheitet sich oft: Der Mann, der als Papst ins Konklave hineingeht, kommt als Kardinal wieder heraus . . .»

Viele, die Kardinal Roncalli, dem zukünftigen Johannes XXIII., nahestanden, sogar seine Freunde und Mitarbeiter, konnten ihn sich nicht einmal als Kandidaten vorstellen. Als ich mich 1978 mit dem Sekretär des Patriarchen von Venedig darüber unterhielt, wer wohl der nächste Papst werden könne, meinte der lebhaft, es müsse unbedingt ein pastoraler, frommer Priester sein, doch er ahnte nicht im geringsten, daß es der Mann sein würde, mit dem wir gerade gesprochen hatten – Albino Luciani.

Der Mann, der zum Papst gewählt wird, unterliegt psychologischen Veränderungen. Es kann sein, daß er der treibenden Kraft der Kurie in einer Weise nachgeben muß, wie sie Papst Johannes' fast resignierende Bemerkung verriet: «Ich bin hier nur der Papst . . .» – doch er beginnt seine Amtszeit als Oberhaupt der katholischen Kirche von Kraft und Ehrfurcht erfüllt durch den Glauben, den der gegenwärtige Papst ständig wiederholt: «Ich bin Petrus.» Als Kardinal Wojtyla Papst wurde, schien er instinktiv eine neue Geste anzunehmen, die man nie zuvor bei ihm gesehen hatte – ein schnelles Ausbreiten und Heben der Arme, mächtig und gebieterisch.

Trotz seiner neuen *persona* bringt der Papst all die Gewohnheiten, Vorstellungen und Verschrobenheiten mit in sein tägliches

Leben im Vatikan, die Geburt und Erziehung ihm aufgeprägt haben. Sie beeinflussen den Stil seines Pontifikats in häuslichen Kleinigkeiten wie in der Behandlung großer politischer Themen. Das Privatleben eines Papstes ist ein Kompromiß zwischen den Gewohnheiten und Vorlieben eines reifen, oft schon alten Mannes und dem überlieferten Protokoll und den festen Vorstellungen, nach denen all jene verfahren, die ihm am nächsten sind und ergeben dienen.

Von den drei Päpsten des Jahres 1978 kam Giovanni Battista Montini aus der gehobenen Mittelschicht Norditaliens auf den Papstthron. Sein Vater, ein überzeugter Katholik, war ein reicher Gutsbesitzer, der früher einmal eine katholische Zeitung herausgegeben hatte und Brescia in der italienischen Abgeordnetenkammer vertrat. Seine Mutter, die er sehr verehrte, war eine engagierte Katholikin von großer Willenskraft aus dem niederen Adel. Sie hatte drei Söhne. Montini wurde im Alter von sechsundsechzig Jahren Papst; er war jesuitisch erzogen, wurde mit dreiundzwanzig Jahren zum Priester geweiht und verbrachte die meisten Jahre seines Arbeitslebens im Staatssekretariat. Die langjährige Büroroutine förderte den systematischen und diplomatischen Stil seines Denkens, seine Dienstjahre als Erzbischof von Mailand hingegen eröffneten ihm Einblicke in menschliche und seelsorgerliche Bedürfnisse.

Gegen Ende seines Pontifikats neigte er dazu, Entscheidungen aufzuschieben, und wirkte immer unzufriedener, aber nach wie vor verausgabte er sich bei seinen öffentlichen Auftritten und zeigte privat die Schlagfertigkeit und Spontaneität, die ihn immer ausgezeichnet hatten. Er liebte schöne Dinge wie edel gebundene Bücher und Gemälde. Er war zart, aber zäh, intelligent, doch intellektuell kein Abenteurer, äußerst gewissenhaft und sensibel. Diese Eigenschaften beeinflußten die wichtigen Entscheidungen seiner Amtszeit, vor allem die behutsame, offene Durchführung des Zweiten Vatikanischen Konzils, seine entschlossene persönliche Bekräftigung der Enzyklika *Humanae Vitae*, die Verurteilung des rebellischen «Traditionalisten» Erzbischof Lefèvbre und das Bemühen um internationalen Einfluß im Kampf um den Frieden.

Der Tageslauf Papst Pauls VI. reflektierte seine liebenswürdige und ordnungsliebende Art. Kennzeichnend für seine Güte ist das folgende Beispiel. Um dem alten Kardinal Ottaviani, der im Heiligen Offizium wohnte, die Aufregung zu ersparen, ließ er das schöne alte Gebäude nicht abreißen, um Platz für den neuen Audienzsaal zu schaffen, sondern ihn an seinem jetzigen Standort bauen. Er hatte einen stillen Humor. Als Bischof van Lierde (ein Pedant in allen formellen Dingen) nicht rechtzeitig auftauchte, um den Papst und sein Gefolge zu einer Audienz zu begleiten, wandte sich Papst Paul einem anderen Bischof zu und fragte «Meinen Sie, daß sie ohne ihn überhaupt gültig ist?»

Während der letzten Jahre seines fünfzehnjährigen Pontifikats litt Montini unter ständigen Arthritisschmerzen. In der Öffentlichkeit verstärkte sein offensichtliches physisches Leiden noch den Eindruck der Niedergeschlagenheit, den seine besorgten Äußerungen über die Kirche und die Welt verbreiteten. Privat konnte er immer noch herzlich, manchmal sogar vergnügt sein. Er hatte Sinn für Situationskomik: den Kardinal Suenens, einen besonders würdigen Kardinal, der sich stark in der «charismatischen Bewegung» engagierte, begrüßte Papst Paul einmal mit erhobenen Armen und einem enthusiastischen «Halleluja!»

Albino Luciani, Johannes Paul I., kam aus einer Arbeiterfamilie in den Dolomiten. Sein Vater, ein Maurer, war als Gastarbeiter in der Schweiz gewesen, bevor er bei den Glasbläsern von Murano Arbeit fand. Im Alter von acht Jahren kam Luciani in ein Knaben-Seminar, wurde mit dreiundzwanzig Jahren zum Priester geweiht und studierte Theologie an der Gregoriana in Rom. Mit sechsundvierzig wurde er Bischof, doch erst mit siebenundfünfzig ging er als Patriarch nach Venedig. Wie sein Vorgänger wurde er mit sechsundsechzig zum Papst gewählt. Luciano war feinfühlig und spontan. Er haßte leeres Gerede. In Venedig war er wegen seiner zurückhaltenden Art, seiner Abneigung gegen Besitz und Prachtentfaltung und seines Mangels an rhetorischem Glanz nie wirklich populär. Nach der Strenge Papst Pauls VI. fand der lächelnde, verletzlich wirkende Charme des neuen Papstes sofort ein begeistertes Echo. Wenn Luciani nicht Priester geworden wäre, wäre er gern Journalist gewesen, hat er gesagt. Sein Buch *Illustrissimi* – Briefe an Heilige, Schriftsteller und fiktive Gestalten, darunter G. K. Chesterton, Dickens, Mark Twain und Walter Scott – ist eine unterhaltsame Lektüre, gespickt mit Scharfsinn und gesundem Menschenverstand. Er war zu zart für die Bürde des Papsttums und starb nach vierunddreißig Tagen an Herzversagen.

Ein Kurienkardinal sagte einmal zu mir, als wir rückblickend über Luciani sprachen: «Er starb an Demut ... Als seine Mitarbeiter ihn baten, die *sedia gestatoria* zu benutzen, griffen sie zu einem neuen Argument: Wenn er sich dem Wunsch der Gläubigen beuge, ihn bei den Audienzen besser sehen zu können, sei das ein Akt der Demut; denn der Gedanke, sich von anderen Menschen auf den Schultern tragen zu lassen, verwirrte und beschämte ihn.» Lucianis Veränderungen des vatikanischen Lebensstils hätten zu einer schlichteren Etikette geführt.

Karol Wojtyla wurde 1920 in der kleinen Stadt Wadowice in der Nähe von Krakau geboren, nur ein Jahr nach Gründung des ersten freien polnischen Staates seit fast 150 Jahren. Sein Vater war Hauptmann im Ruhestand; seine Mutter, deren Aussehen er erbte, starb, als er neun Jahre alt war. Sein Bruder starb wenige Jahre später, und Karol, Lolek genannt, lebte als Jugendlicher mit seinem Vater allein. Er besuchte das Gymnasium und studierte dann polnische Philosophie an der Krakauer Jagellonen-Universität. Nach der Invasion der Deutschen arbeitete er in einem Steinbruch, um seinen Vater zu unterstützen und der Deportation zu entgehen, beteiligte sich an einer Art Untergrundtheater und trat nach dem schmerzlichen Einschnitt, den der Tod seines Vaters für ihn bedeutete, in ein heimliches Seminar in Krakau ein.

Wojtyla wurde 1946 zum Priester geweiht und studierte danach in Rom an der in strenger Disziplin von den Dominikanern geleiteten Angelicum-Universität; um sein Französisch zu verbessern, wohnte er im Belgischen Kolleg. 1948 kehrte er in das kommunistisch regierte Polen zurück und machte während der Jahre der stalinistischen Unterdrückung eine glänzende Universitätskarriere, bis er 1958 zum Bischof ernannt wurde. 1964 wurde er Erzbischof von Krakau. Papst Paul VI. ernannte ihn 1967 im ungewöhnlich frühen Alter von sechsundvierzig Jahren zum Kardinal.

Für seine Rolle als Papst bringt Wojtyla Gefühlstiefe, physische Robustheit und Belastbarkeit, durch scholastische Disziplin geregelte intellektuelle Neugier und schauspielerische Begabung mit. Nach außen verbindet er die freundlich-väterliche Art von Papst Johannes XXIII. mit beeindruckender sportlicher Kondition und einem guten Aussehen. Er wirkt gedrungen und stämmig wie ein Fußballmittelstürmer. Sein Mienenspiel wechselt wie das englische Wetter, aber es ist ein charaktervolles Gesicht. Die renaissancehafte Vielseitigkeit des Papstes als Dichter, Philosoph, Sänger und Sportler lenkt von den wichtigeren Charakterzügen und Erfahrungen ab, die er in sein Amt einbringt: sein Selbstbewußtsein, seine slawische Emotionalität, seinen polnischen Nationalismus, seinen unerschütterlichen Sinn für römisch-katholische Orthodoxie und vor allem seine feste Überzeugung, daß eine straff geführte, vereinte Kirche die Grundvoraussetzung für den erfolgreichen Kampf gegen alle dem Katholizismus feindlichen Kräfte, insbesondere gegen den atheistischen Kommunismus ist. Er ist sicher, daß Meinungsstreitigkeiten und Experimente gefährlich sein können. Als Papst Johannes Paul II. sein Amt übernahm, bestätigten seine Worte und Handlungen bald zunehmend seine Entschlossenheit, die Kirche in Glauben und Praxis zu disziplinieren und seine Entscheidungsfreiheit in internen Angelegenheiten wie auch in seine Reisen betreffenden Fragen zu verteidigen.

Die meiste Zeit verbringt der Papst in seinen päpstlichen Privatgemächern im Apostolischen Palast, unterbrochen durch häufige Besuche der Petersbasilika, der Audienzhalle und der Vatikanischen Gärten. Die persönlichen Räume des Papstes liegen im obersten Stockwerk, und die meisten Fenster haben den Blick nach Süden über die rechte Kolonnade des Petersplatzes hinweg.

Der Papst selbst erreicht die päpstliche Wohnung meist mit dem

Aufzug vom Damaso-Hof aus. Der Aufzug kommt aus dem Souterrain, das sich, da der Vatikan auf einem Hügel liegt, auf gleicher Ebene wie das Belvedere befindet, zu dem es einen Ausgang gibt. Das Erdgeschoß ist San Damaso. Im ersten Stock liegen die Sala Ducale, das Borgia-Appartement und die Sixtinische Kapelle. Das zweite Stockwerk ist die Ebene der offiziellen päpstlichen Räume – der Bibliothek, der Suite für die Audienzen einschließlich der Sala Clementina und des Konsistoriensaals – und der Stanzen Raffaels. Im dritten Stockwerk befinden sich das Staatssekretariat und der Rat für die öffentlichen Angelegenheiten der Kirche. Hier sind auch die päpstlichen Privatgemächer, doch dazwischen liegt die obere Hälfte der zweistöckigen Sala Clementina. Im dritten Stockwerk führt eine breite, helle Galerie in einer Richtung zu den Büros des Staatssekretariats, in der anderen zu einem Vorzimmer und den beiden Stockwerken mit den Räumen, die seit Pius X. dem Papst und seinen persönlichen Bediensteten vorbehalten sind.

Ganz oben liegen eine kleine Bibliothek, ein Büro für den Privatsekretär, das private Arbeitszimmer, das Schlafzimmer, die Privatkapelle und das Speisezimmer des Papstes. In der Nähe liegen das Zimmer von Chauffeur und Diener des Papstes und ein abgeschiedener Raum für die polnischen Schwestern vom Maria-Bambina-Orden, die für den Papst kochen, die Wohnung sauberhalten und für seine Wäsche sorgen. Im Stockwerk darunter befinden sich die Büros der Sekretäre, im Zwischengeschoß die Hauptbibliothek des Papstes. Auf dem Dach, gegen Beobachtung diskret durch ein falsches Dach geschützt, verbirgt sich der päpstliche Garten mit Spalieren und Wegen, Brunnen und Sträuchern.

Die Strenge der päpstlichen Privatkapelle wird betont durch die weißen Marmorwände mit einem Kreuzweg von Lello Scorzelli. Durch die inneren, buntverglasten Fenster fallen breite Flecken farbigen Lichts. Papst Paul VI. begann jeden Tag damit, daß er hier inmitten der von zeitgenössischen italienischen Künstlern gestifteten Werke die Messe feierte. Er ließ die Privat- oder Audienzbibliothek zu Beginn seines Pontifikats neu einrichten und heller gestalten. Nach seinem guten, maßvollen norditalienischen

Geschmack ließ er das Durcheinander alter päpstlicher Sammlungen, Möbel und Büsten durch wenige, bequeme antike Stühle und Tische und Ölgemälde aus dem 17. Jahrhundert ersetzen. Die Wände wurden cremefarben gestrichen, der schwarz-weiße Marmorboden mit ein paar schweren Teppichen aufgehellt. Eine Tapisserie nach Raffael zeigt die Einsetzung Petri durch Christus.

Päpste tragen Rot oder Weiß. Die Garderobe Papst Pauls VI. enthielt mehrere weiße Soutanen, einen roten und einen weißen Mantel, zwei rote Hüte und mehrere weiße *zucchetti* oder Käppchen, dazu viele weiße Hemden, Kollare und rote oder weiße Schuhe in Größe achteinhalb. Papst Johannes Paul II. trägt normalerweise bei seinen täglichen Auftritten eine weiße Soutane mit einem kurzen Schulterkragen, einen *zucchetto* und ein Brustkreuz sowie ein breites Zingulum.

Jeder neue Papst führt Neuerungen ein, manchmal umwälzende. Papst Pius XI., der auf die unbeschwerten Jahre Benedikts XV. folgte, verordnete der Kurie in den 20er Jahren einen regelrechten Frühjahrsputz; Frauen mußten bei seinen Audienzen wieder hochgeschlossene Kleider mit bodenlangen Röcken tragen, und seine Mahlzeiten waren äußerst eintönig. Papst Paul VI., dem anspruchsvollen Erbe der Reformen des Zweiten Vatikanischen Konzils verpflichtet, erneuerte die Regeln und Vorschriften der Kurie mit der sorgfältigen Aufmerksamkeit, die er allen seinen Pflichten widmete; in den Akten, die das Staatssekretariat ihm vorlegte, findet man manche Kommentare, Unterstreichungen und Randbemerkungen in seinen feinen, spinnwebzarten Schriftzügen. Vor allem war er es, der mit den internationalen Reisen begann, fort vom Vatikan und von Rom.

Papst Johannes Paul II. hat Gestaltung und Möbel der päpstlichen Appartements nicht wesentlich verändert, doch Stil und Rhythmik seines Tagesablaufs und seiner Kontakte sind von denen Montinis grundverschieden. In den ersten Wochen seiner Amtszeit begannen die Römer ihn den geselligen Papst zu nennen. Die Veränderungen erwiesen sich aber als viel tiefgreifender, als dies vermuten ließ. 1979 hörte man unter dem Vatikanpersonal schon verstörtes Murmeln über die unerschöpflichen Energien des Papstes und die Anforderungen, die seine rasch wechselnden Tätigkeiten und Auslandsreisen mit sich brachten.

Papst Johannes Paul II. ist eine subtile, paradoxe Persönlichkeit. Er kann geduldig zuhören, den schweren Kopf auf die Seite geneigt oder in die Hand gestützt, aber er weiß, was er will, und ist nicht leicht durch Argumente zu beeindrucken. Seine wohlformulierten Antworten sind eher intellektueller denn visueller Natur. Er interessiert sich weniger für seine unmittelbare Umgebung als für das, was es für ihn jenseits davon noch zu erforschen gibt. Als geborener Schauspieler geht er instinktiv auf die Herausforderung der ihm gebotenen Bühne ein.

Immer begegnet er anderen Menschen mit Zuneigung und Respekt. Er sieht jedem Menschen ins Gesicht, nie durch jemanden hindurch. Wenn er ein bißchen schauspielert, amüsiert er sich selbst so gut wie die anderen – ihn reizt ihre Reaktion, es macht ihm Spaß, darauf einzugehen. Ob ein Katholik ihn als den Summus Pontifex aufsucht oder ein Nichtkatholik einfach als frommes religiöses Oberhaupt, er wirkt immer offen und zugänglich. Bei seinem Polenbesuch 1979 hinterließ er bei den Menschen dort, besonders bei den jungen Leuten, den Eindruck, er habe so aufrichtig zu ihnen gesprochen wie sonst noch nie eine Persönlichkeit des öffentlichen Lebens. Er liegt ihm nicht, zu freier, offener Diskussion aller möglichen Themen aufzufordern, von der Kleidung der Nonnen bis zum Umgang mit Priestern, die in den Laienstand zurückversetzt werden. Doch letzten Endes besteht er auf Disziplin und Konformität, darauf, die Regeln religiösen Verhaltens und Glaubens zu klären und zu kodifizieren – wie ein Heerführer, der sich auf die Schlacht vorbereitet.

Johannes Pauls' II. geschickter Umgang mit einzelnen Menschen wie mit der Masse ist spontan; desgleichen seine stete Neigung, andere zu berühren, Hände zu schütteln, Leute zu umarmen oder zu küssen. Da ist nichts kalkuliert, auch wenn er sich der Wirkung sehr wohl bewußt ist.

Die Liebe des Papstes zur Musik ist ein sehr spontanes, soziales

Gefühl. Wenn ein Chor auf dem Petersplatz unter seinem Fenster singt, stimmt er mit ein. Seine Gedichte sind Ausdruck seines tief nachdenklichen Wesens und eines religiösen Empfindens von großer Intensität, das sich mit humanistischen und patriotischen Gefühlen mischt. In den Versen drängen sich ungewöhnliche Bilder und Metaphern voll genau beobachteter realistischer Details und vielfältiger Bewegungsimpressionen.

Das Engagement des Papstes für die Menschenrechte steht in unmittelbarem Zusammenhang mit dem Überlebenskampf der katholischen Kirche in den kommunistischen Ländern. Dies ist das Thema, das er bei allen diplomatischen Kontakten mit der Sowjetunion und Osteuropa in den Vordergrund stellt. Als er selbst das Kloster Jasna Gora in Tschenstochau besuchte, wies er auf den Zusammenhang zwischen dem Menschenrecht der freien Religionsausübung und dem Recht der Kirche auf freie Kommunikation und Organisation hin.

Diplomaten, selbst wenn sie nur kurz mit Johannes Paul II. zusammengetroffen sind, erinnern sich daran, wie herzlich die Begrüßung war und wie locker er Protokoll und Zeremoniell handhabte. Seine ungezwungene Freundlichkeit erscheint ihnen menschlicher als die reservierte Frömmigkeit Pauls VI., sogar menschlicher als die Art Johannes' XXIII. Typisch war das Erlebnis eines südafrikanischen Ministers, den Johannes Paul II. nach dem offiziellen Teil ihres Treffens am Arm nahm und zu einem Tisch führte, auf dem ein großer Atlas auf der Seite mit Südafrika aufgeschlagen war. Der Papst deutete darauf und bat den Minister, ihm doch etwas über sein Land zu erzählen.

Johannes Paul II. hat ein ganz erstaunlich frisches Papstbild geprägt: Seiner körperlichen und geistigen Gesundheit zuliebe ist er aktiver Sportler geblieben, springt in Jeeps und Hubschrauber und geht in Begleitung von Journalisten und Beamten auf Reisen um die ganze Welt, um dort überall vor spektakulärem Hintergrund leidenschaftliche Ansprachen zu halten. Dank moderner Technologie, die er sehr schätzt, kann er seine vatikanischen Amtsgeschäfte auch auf Reisen weiterführen. (Bei Abwesenheit des Papstes und auch während der sogenannten *sede vacante* nach dem Tod eines Papstes ist der Camerlengo sein Vertreter. Der frühere Camerlengo, Kardinal Paolo Bertoli, erzählte dem Besucher bescheiden, daß er nur weitgehend gesellschaftliche Pflichten innehabe; wenn der Papst abwesend sei, gebe es «nicht sehr viel zu tun. Die Büros kennen ihre Arbeit, und der Papst kann leicht auf dem laufenden gehalten werden.») Dennoch werden viele Entscheidungen lieber aufgeschoben, wenn der Papst nicht in Rom ist, und man spürt die wachsende Spannung, wenn bei seiner Rückkehr überall hektische Aktivität ausbricht.

Die Energie und Entschlossenheit Johannes Pauls II. spielt eine große Rolle im realen und emotionalen Leben des Apostolischen Palastes und für die Beziehung zwischen dem Papst und seiner unmittelbaren Umgebung. Zum Beispiel ist es schwierig für alle, mit denen er täglich zu tun hat, ähnlich liebevolle Schutzinstinkte ihm gegenüber zu entwickeln wie für den schmerzgeplagten alternden Paul VI. Johannes Pauls Lebensstil läßt seiner Leidenschaft für Sport viel Spielraum. So oft er kann, fährt er nach Castel Gandolfo, und die Wohnräume dort sind fast das ganze Jahr geöffnet, nicht nur zu festen Urlaubszeiten. Sein Tagesablauf im Apostolischen Palast folgt mehr oder weniger dem üblichen Schema, obwohl er früher aufsteht als Paul VI. und oft aus der Routine ausbricht.

Nach dem Aufstehen, normalerweise um fünf Uhr nach fünf Stunden Schlaf, betet der Papst eineinhalb Stunden lang allein. Was er auch betet, man sieht ihn immer mit einem Rosenkranz in den Händen. Einige wenige Teilnehmer, darunter seine beiden Sekretäre und die polnischen Nonnen, finden sich um sieben zur Messe in der Privatkapelle bei ihm ein. Normalerweise ißt er danach ein gutes polnisches Frühstück und freut sich über einen Gesprächspartner bei der Mahlzeit. Nach dem Frühstück widmet er sich der sehr aufmerksamen täglichen Lektüre, bis um elf die Audienzen anfangen, die er in lockerer und leutseliger Art führt. Irgendein morgendlicher Besucher wird vielleicht zum Mittagessen eingeladen, das immer gemeinsam mit Gästen eingenommen wird und aus polnischen wie italienischen Gerichten besteht.

Abends macht Papst Johannes Paul I., meistens in Tennisschuhen, einen raschen Spaziergang durch die Vatikanischen Gärten; dabei spielt er gern den Schrittmacher für einen seiner Sekretäre. Er spricht mit jedem, dem er begegnet. Der Papst bewegt sich mühelos in mehreren Sprachen, wobei sein Französisch besser ist als sein Englisch und sein Deutsch besser als sein Französisch.

Es erinnert etwas an Prinz Florizel, wie Wojtyla nicht selten mit einem Sekretär aus dem Apostolischen Palast schlüpft, um sich an einer der Universitäten oder einem Kolleg zum Abendessen mit meist polnischen Freunden zu treffen. Wenn die Schweizergarden ihn erblicken, sinken sie beim Salutieren auf ein Knie.

Wie entspannt und freundlich er auch ist, der Papst ist immer im Dienst. Die Zölibatäre rings um ihn her haben ein eifersüchtiges Auge auf ihn. Zeitweilig fließen die Informationen über seine Ansichten und Aktivitäten freigebig aus dem Apostolischen Palast, und dann wieder werden lautlos die alten Jalousien der Diskretion heruntergelassen. Doch der römische Klatsch schweigt niemals still.

Eine schöne Anekdote aus der Vergangenheit erzählt, wie Papst Johannes XXIII. (der gern mit alten Bekannten schwatzte, und das manchmal sehr rücksichtslos) einem mit Palmen an der Tür stehenden Mann mit Gesten bedeutete, sie dort abzulegen, während er in seinem Monolog fortfuhr. Das ging bei diesem Besucher aber nicht so einfach – er kam nämlich zur feierlichen alljährlichen Erinnerung an ein Ereignis des Jahres 1586, als der 320 Tonnen schwere Obelisk des Petersplatzes vor dem Umstürzen bewahrt wurde, weil ein Matrose aus Bordighera trotz der Todesdrohung gegen jeden, der das Schweigen brach, gerade noch rechtzeitig «Werft die Taue aufs Wasser!» schrie. Seither besitzt dieses Dorf das Privileg, Palmen für St. Peters Palmsonntagsschmuck zu bringen. Je ärgerlicher Papst Johannes dem Dörfler Zeichen machte, die Palmen dazulassen, desto hartnäckiger wartete dieser auf einen angemessen feierlichen Empfang. Wie lange kann man vergessen, daß man Papst ist?

Die vatikanische Atmosphäre frommer Sachlichkeit schien Papst Johannes Paul II. seit seiner ersten Ansprache an die auf dem Petersplatz versammelten Italiener im Anschluß an seine Wahl absolut vertraut. Das Leben des Papstes ist in fast unglaublichem Maße ein Leben fortgesetzten öffentlichen und privaten Gebets, und in den stilleren Bereichen des Vatikans fühlt man sich weniger an religiöse Offenbarung als an ein völlig natürliches Annehmen des Übernatürlichen wie einst in Galiläa gemahnt.

Traditionell hat der Papst eine ganz besondere Beziehung zu den Römern, und zwar in sehr emotionalem Sinne wie auch in theologischem. Er ist ihr Bischof, der Bischof von Rom. Zwischen ihm und den Gläubigen seiner Diözese stehen diverse klerikale Beamte: ein Kardinalvikar, ein erzbischöflicher Stellvertreter und eine Anzahl von Titularbischöfen; doch Johannes Paul II. hat selbst beharrlich die Begegnung mit den Gemeinden gesucht. Im ersten Jahr seines Pontifikats hat er etwa achtzehn Gemeinden aufgesucht, um mit so vielen der über tausend Priester und ihrer Gemeindemitglieder zu sprechen wie möglich. Immer erinnert er sie daran, daß Christus die Kirche dort haben wollte, wo der heilige Petrus sie gegründet hat.

Im Laufe des Jahres hat der Papst eine enorme Anzahl von Ämtern zu besetzen. Wen er ausgesucht hat und für welchen Posten spricht sich im Vatikan erstaunlich schnell herum und verbreitet sich dann durch Roms Klerikerwelt, wo die Nachricht Ungläubigkeit, Verzweiflung oder freudige Erleichterung auslöst. 1979 und 1980 sorgten die öffentlich bekanntgemachten Stellenbesetzungen Papst Johannes Pauls II. immer für eine Überraschung. Ob man sie für schrecklich konservativ (Kardinal Oddis Aufnahme in die Heilige Kongregation für den Klerus) oder für eine Entscheidung von vorausschauender Klarsicht hielt (Pater, jetzt Bischof Agnellus Andrews Aufnahme in die Kommission für Soziale Kommunikation), es handelte sich immer deutlicher um seine – wenn auch nach Beratung gefaßten – ganz persönlichen Entschlüsse. Unter den Ernennungen von erheblicher religiöser und politischer Tragweite war auch die des jesuitischen Bibelforschers

P. Carlo Maria Martini als Erzbischof von Mailand, einer enorm wichtigen Diözese der katholischen Kirche.

Die am sorgfältigsten formulierten Mitteilungen des Papstes an die Welt sind die Enzykliken, die Apostolischen Briefe und die Apostolischen Konstitutionen, etwas mehr als ein Dutzend pro Jahr. Außerdem unterschreibt er über hundert Briefe und Telegramme etwa anläßlich des Todes eines Kardinals oder einer Flutkatastrophe, verfaßt über hundert Vorträge und Predigten, verkündet sechzig planmäßige und manchmal auch außerplanmäßige Angelus-Botschaften von seinem Fenster aus und spricht bei mehreren hundert Privat- und Generalaudienzen. Dieser pausenlose Strom von Kommentaren, Ermahnungen und Gebeten schwillt noch an, wenn der Papst auf Reisen ist.

Zu Hause hat der Papst ein weitgestreutes Spektrum an Pflichten liturgischer, zeremonieller, pastoraler, administrativer und politischer Art zu erfüllen. Für jedes dieser Gebiete muß er Freunde und Berater aussuchen, deren eigene Vorstellungen und Ideen von manchmal entscheidendem Einfluß auf den Stil seines Pontifikats sein können.

Dem Papst sehr nahe steht ein schlanker, zurückhaltender Priester aus Nordirland, der besonders genauen Einblick in die Lebensweise des Papstes und die päpstlichen Wohnungen hat. Dieser Mann ist P. John Magee, der englischsprachige Sekretär erst Papst Pauls VI. und dann Papst Johannes Pauls II. Der andere und wichtigste Sekretär des Papstes ist ein knapp fünfzigjähriger polnischer Priester, P. Stanislaw Dziwisz, Sohn eines Eisenbahnangestellten, der schon in Krakau zwölf Jahre lang für Kardinal Wojtyla gearbeitet hatte.

P. Magee war es (damals teilte er die Sekretärspflichten mit dem Italiener Msgr. Pasquale Macchi), der in den frühen Morgenstunden des 29. Septembers 1978 in der Privatkapelle nach Papst Johannes Paul I. suchte und ihn dann in seinem Schlafzimmer tot im Bett liegen fand; das Licht war noch angeschaltet. (Dem Protokoll entsprechend mußte er umgehend seine Zimmer im päpstlichen Appartement räumen, bis er wieder einzog, um dem neuen Papst zu dienen.)[1]

Die Privatsekretäre des Papstes, die ihn mehr sehen als irgendein Mensch sonst, gehören zum Stab des Staatssekretariates im zweiten Grad der *officiali minori*. Ihre Bedeutung liegt nicht in ihrer formalen Einstufung in der Kurienhierarchie, sondern in ihrer Nähe zum Papst und ihrer persönlichen Beziehung zu ihm. Im Vatikan sagt der Rang einer Person nicht alles über ihren Einfluß aus. Die Privatsekretäre, die in unmittelbarer Nähe des Papstes leben, gewinnen intimen Einblick in seinen Charakter und sind von allen Vatikanbeamten am strengsten zu Geheimhaltung verpflichtet. Pasquale Macchi, der über fünfzehn Jahre lang für Papst Paul VI. arbeitete, erzählte nach dessen Tod in einer Radiosendung, wie der Papst vorging und was er empfand, als er an die Terroristen der Roten Brigaden appellierte, Aldo Moros Leben zu schonen. Aber solche Enthüllungen sind sehr selten.

Zu einigen Mitgliedern der päpstlichen Regierung, der Kurie, hat der Papst sehr enge Beziehungen, die entweder auf persönlicher Neigung, der Art ihres Amtes oder beidem basieren (wie im Falle des Staatssekretärs Kardinal Casaroli).

Allgemein hat er ein engeres Verhältnis zu bestimmten Mitgliedern der *Famiglia Pontificia*, der Päpstlichen Familie, die zusammen mit der *Cappella Pontificia*, dem Sixtinischen Chor, den Päpstlichen Hof bildet, hauptsächlich zu zeremoniellen und protokollarischen Zwecken.

Diese beiden Kurieneinrichtungen, in denen sich Elemente der Stellung des Papstes als Oberhaupt des Vatikanstaates wie des Heiligen Stuhles vermischen, sind noch immer farbenfrohe, wenn auch längst nicht mehr so prunkvolle Abkömmlinge des alten päpstlichen Hofes, der ja bis zu Papst Johannes XXIII. erhebliche Pracht entfaltete. Das *Annuario Pontificio* von 1965, dem letzten Jahr des Zweiten Vatikanischen Konzils, widmete den verschiedenen Gruppen und einzelnen Mitgliedern des Sixtinischen Chors, das heißt all denen, die bei öffentlichen Funktionen den Hofstaat des Papstes bildeten, achtzehn Seiten. Dazu gehörten das Heilige

Kollegium der Kardinäle, das Kollegium der Patriarchen, Erzbischöfe und Bischöfe im Range von «Thronassistenten», die fürstlichen Thronassistenten, der Majordomus Seiner Heiligkeit, die Sekretäre und Untersekretäre der Kongregationen, die Apostolischen Protonotare, die päpstlichen Zeremonienmeister, das Kollegium der Advokaten des Heiligen Konsistoriums, der Theologe des Päpstlichen Hauses, der Beichtvater der Päpstlichen Familie, das Kollegium der Prokuratoren des Heiligen Apostolischen Palastes, der Klerus der Päpstlichen Kapelle, die Massiers (Stabträger) und die Päpstlichen Boten.

Die Päpstliche Familie, all die Funktionsträger des Päpstlichen Hauses mit protokollarisch festgelegten Pflichten, nahmen zehn Seiten des Jahrbuches ein; zu ihr zählten die Palatinischen Kardinäle, die Attachés und Prälaten des Vorzimmers, die Geheimkämmerer mit Mantel und Degen, die Ehrengarde des Papstes, die Schweizergarde, die Päpstliche Gendarmerie, die Privatkapläne, der Theologe des Päpstlichen Hauses, der Arzt Seiner Heiligkeit und die *bussolanti* oder Diener des Papstes.

Bei öffentlichen Auftritten bot die Päpstliche Familie ein unvergeßliches Bild noblen Glanzes und frommen Ernstes. Ein britischer Diplomat erinnerte sich an eine Festtagsprozession zum feierlichen Hochamt in der Peterskirche zur Zeit von Papst Pius XI.:

> Die große Prozession hat sich jetzt geordnet und ist bereit für ihren langsamen Aufmarsch durch das Mittelschiff der Kirche zum Hochaltar. Zuerst kommt der Päpstliche Zeremonienmeister, begleitet von den Prokuratoren der kirchlichen Kollegien und zwei Schweizer Gardisten. Dann kommt der Kapuzinerprediger des Heiligen Stuhles in seiner braunen Ordenstracht, der Großpönitentiar, traditionsgemäß ein Mitglied des Serviten-Ordens, in Schwarz, dann Vertreter aller wichtigen religiösen Orden, deren Habite in schlichtem Schwarz oder Braun oder Weiß mit dem Purpur der nachfolgenden Monsignori kontrastieren, dann der Kaplan, der die päpstliche Mitra trägt, die Richter der Rota und vatikanische Juristen mit Kerzen; darauf

folgen zwei Diakone, ein lateinischer, ein griechischer, die bei der folgenden Messe assistieren werden, und so weiter bis zu immer höheren Rängen des Klerus. Vor den Äbten, Bischöfen und Erzbischofen des lateinischen Ritus gehen zwei Geistliche mit blumengeschmückten Stäben; dann kommen die Bischöfe, Erzbischöfe und Patriarchen der mit Rom unierten verschiedenen östlichen Kirchen, alle in ihren traditionellen Gewändern. Immer farbenprächtiger wird die Prozession, wenn nun die Kardinäle in ihren karmesinroten Roben kommen, gefolgt von einer einzelnen Gestalt in Schwarz mit seidenen Kniehosen und einem weißen Spitzenfichu, dem päpstlichen Thronassistenten, entweder ein Fürst Colonna oder ein Fürst Orsini aus einer der großen historischen Familien, die im Mittelalter Todfeinde waren, jetzt aber seit langem in diesem traditionellen persönlichen Dienst für den Papst vereint und versöhnt sind.

Dann kommt der Papst hoch oben auf seinem Thron unter einem von acht Monsignori getragenen Baldachin, umgeben von den päpstlichen Kämmerern in ihren Gala-Hofuniformen. Der Papst trägt eine weiße Seidenrobe und ein kurzes rotes Samtcape; seine Tiara scheint drückend schwer, denn es dauert lange, bis die Prozession ihr Ziel erreicht hat. Nach rechts und links segnet er die kniende Menge. Begleitet wird er von Schweizer Gardisten, von denen einige Fahnen mit Wappen der schweizerischen Kantone tragen, von Offizieren der Palatin- und der Ehrengarde, von Rittern des Malteserordens in Schwarz mit dem weißen Malteserkreuz, Rittern vom Heiligen Grabe in Weiß mit roten Kreuzen, zwei Geheimkämmerern, die die *flabelli* tragen, und dem Dekan der Rota, dessen Amt es ist, die Tiara zu halten, wenn der Papst sie endlich abnehmen darf. Den Abschluß bilden der Päpstliche Majordomus, verschiedene andere päpstliche Beamte und die Generaloberen aller religiösen Orden.

Noch immer haben die Päpste die Schweizergarde und die *sedia gestatoria*, den auf Stangen getragenen Thronsitz. Aber wie lange noch? Die Veränderungen im Zeremoniell und Protokoll des Vatikans gehen langsam vor sich, doch dann und wann gibt es einen Sprung vorwärts. 1967 wurden Form und Funktionen der Päpstlichen Kapelle und der Päpstlichen Familie im Rahmen der Generalreform der Kurie durch Papst Paul VI. gründlich revidiert.

In neueren Ausgaben des *Annuario Pontificio* nehmen die *cappella* und *famiglia* des Papstes weit weniger Seiten ein. Hauptopfer der Reform waren die bewaffneten päpstlichen Korps. Die Aufgaben der beiden Einrichtungen wurden eingeschränkt, wenn auch die traditionellen Zeremonien und historischen Titel erhalten blieben: In der Päpstlichen Familie sind zum Beispiel Fürst Don Aspreno Colonna und Fürst Don Alessandro Torlonia immer noch Laien-Thronassistenten. Die von der Päpstlichen Kongregation für die Zeremonien versehenen Funktionen sowie die Ämter des Majordomus, des Kämmerers und der Heraldischen Kommission für den Päpstlichen Hof wurden der *Casa Pontificia* übertragen, einer neuen Institution, die einen alten Namen wieder aufnahm.

Die Präfektur des Päpstlichen Hauses (die *Casa Pontificia*) leitet hauptsächlich die internen Angelegenheiten des päpstlichen Haushalts im Vatikan und in Castel Gandolfo und ist für die Planung der meisten Begegnungen des Papstes verantwortlich. Ihre Beamten sind immer in der Nähe des Pontifex.

Unter Papst Johannes Paul II. haben Bischof Jacques Martin und sein Amt mit mehr unvorhergesehenen Ereignissen als je zuvor zu tun: so etwa, wenn der Papst sich spontan entschließt, sich unter freiem Himmel inmitten der Menschenmenge zu bewegen; wenn sich seine Gespräche in die Länge ziehen, die Zeit aber drängt; oder wenn er, wie so oft, aus heiterem Himmel auf die Bitte eingeht, ein kleines Kind zu taufen oder jugendliche Besucher zu empfangen.

Bischof Martin trifft an den meisten Wochentagen formell oder informell mit dem Papst zusammen. Als einziger Beamter hat er das Recht, den Papst zu sprechen, ohne gerufen worden zu sein, ohne anzuklopfen oder um Erlaubnis zu bitten. Als Präfekt des Päpstlichen Hauses verfügt er über eine Suite von Räumen unterhalb des Niveaus des Cortile San Damaso zur einen Seite hin. Sie sind sehr hübsch möbliert, Decken und Wände sind mit Fresken geschmückt, die im einen Raum sportlich wirkende Cherubine und Satyrn, im anderen religiöse Szenen einschließlich eines schönen in Öl gemalten Tryptichons zeigen.

Bischof Martin verfügt über einen Stab von acht Mitarbeitern, fast alle Priester. «Die Arbeit ist sehr einfach», sagt er, «ich muß die Audienzen des Papstes und die päpstlichen Zeremonien organisieren.»

Dabei sind Papstaudienzen alles andere als einfach. Das gedruckte Protokoll eines Empfanges für ein Staatsoberhaupt zum Beispiel umfaßt etwa sechzehn Seiten Instruktionen. Unter den «allgemeinen Vorbereitungen» für den Besuch Königin Elizabeths und des Herzogs von Edinburgh im Oktober 1980 wurde dem Präfekten des Päpstlichen Hauses aufgetragen, den Almosenpfleger des Papstes, den Generalvikar für die Vatikanstadt, die Prälaten des Vorzimmers, den Thronassistenten, den Sonderdelegierten der Päpstlichen Kommission für die Vatikanstadt, den Staatskonsultor, den Kommandanten der Schweizergarde, die Kammerherren Seiner Heiligkeit, die Attachés des Vorzimmers und die *Sediari*, die Ehrengarde der Schweizergarde und den Sixtinischen Chor einzuberufen.

Zur Ankunft der Queen und ihres fünfzehnköpfigen Gefolges wurde am Bogen unter dem Glockenturm eine Wache aufgestellt, eine Ehrengarde im Damaso-Hof postiert und vier Gardisten auf jeder Seite des Eingangs zu den Aufzügen. Sechs Gardisten und ein Unteroffizier standen in der zweiten Loggia, und ein Zug war im Clementinischen Saal angetreten.

Bei ihrer Ankunft im Rolls-Royce wurden die Königin und Prinz Philip von einer Fanfare und dem Präfekten des Päpstlichen Hauses begrüßt, nahmen dann den Lift zur zweiten Loggia und schritten in genau festgelegter Ordnung zum Clementinischen Saal, vorbei an Gardisten und Diplomaten in genau festgelegten Abständen bis zur Begrüßung mit dem Papst auf der Schwelle seiner Bibliothek.

Aus Rücksicht auf päpstliche Traditionen trug die Königin bei dieser Gelegenheit sogar Schwarz. Die päpstlichen Kleriker trugen wie üblich rotgepaspelte Soutanen mit Schärpen, die zivilen Würdenträger Frack mit Orden und die Schweizergarde Gala-Uniformen.

Diese Sorgfalt auf Protokoll und Zeremoniell wird stets angewandt, wenn der Papst ein Staatsoberhaupt empfängt, obwohl die Prachtentfaltung seit 1967 eingeschränkt wurde. «Wir versuchen, jeden militärischen Eindruck zu vermeiden», sagt Bischof Martin.

Die regelmäßigen Papstbesuche der Kurienkardinäle und der Bischöfe auf ihren *ad limina*-Reisen sind weniger aufwendig im Ritual, erfordern aber dennoch sorgfältigste protokollarische Formerfüllung. Gewöhnlich begrüßt Bischof Martin die Besucher persönlich. Er erinnert sich lebhaft an besondere Begegnungen im Laufe der Amtszeit von fünf Päpsten, etwa an die vier Besuche des sowjetischen Außenministers Gromyko beim Papst – «vermutlich, um über den Frieden zu reden . . .» Besonders genau beschreibt er das Verhalten Papst Pauls VI. bei solchen Begegnungen. «Er traf sehr gern mit Menschen zusammen. Er war ein Apostel, ein mit der Psychologie moderner Menschen bestens vertrauter Lehrer. Vor den Generalaudienzen sagte er oft zu mir: ‹Was kann ich ihnen geben? Das einzige, was ich ihnen schenken kann, sind Worte – *une parole.*›»

Beim Gedanken an die Generalaudienzen und päpstlichen Zeremonien steigert sich das Tempo von Bischof Martins Beschreibungen. Begeistert spricht er von den großen päpstlichen Veranstaltungen, als seien sie choreographische Übungen, eine Oper oder ein historisches Schauspiel, was sie in gewisser Hinsicht ja auch sind. Der Anblick Papst Pauls VI., erinnert er sich, kam ihm dabei immer wie ein merkwürdiges und wunderbares Schauspiel vor – *très curieux.* Der zerbrechlich wirkende Papst rief eine Gruppe nach der anderen auf und sprach zu den Menschen in ihren verschiedenen Sprachen. *«Vraiment un spectacle universel.»*

Bischof Martin weiß noch, wie kalt es im Heiligen Jahr 1975 war, als die Messe im Freien stattfinden mußte. «Die päpstlichen

Zeremonien stellen einen immer wieder vor neue Probleme, aber ich beklage mich nicht, ich mag diese Arbeit. Ich mag das große Publikum . . .*c'est une comédie tout le temps* » – «es ist jedesmal wie Theater». Er spricht vom «Licht der Freude» auf Papst Pauls Gesicht, wenn er zu einer großen Zuhörerschaft sprach oder seine Hand auf den Kopf eines Kindes legte.

Die umfangreichen liturgischen Vorbereitungen, die die Mitarbeiter der *Prefettura* für die Audienzen und Besuche zu treffen haben, müssen nicht nur auf den jeweiligen Anlaß abgestimmt sein (eine Seligsprechung oder eine Papstwahl), sondern auch auf verschiedene Nationalitäten samt den entsprechenden sorgfältigen Übersetzungen und Publikationen. Bischof Martin muß außerdem über Diplomatie und Taktgefühl verfügen; er muß ein waches Auge auf den Tagesablauf des Papstes haben, besonders auf Auslandsreisen, und er hat beträchtlichen Einfluß darauf, wer von den vielen tausend Menschen, die jede Woche anfragen, eine Audienz erhält (privat oder in einer besonderen Gruppe). Es ist nicht immer zu vermeiden, daß seine Abteilung Bewerber enttäuschen muß, und an manchen Tagen können die Audienzen zum Verzweifeln viel Zeit in Anspruch nehmen.

Neben den offiziellen und Generalaudienzen werden die Empfänge der verschiedenen Besuchergruppen klassifiziert als planmäßige Audienzen (*di tabella*, für die Kurienbeamten), private, halbprivate *(baciamano)* und Gruppenaudienzen. Die Privatgespräche, die normalerweise in der Bibliothek des Papstes stattfinden, sind fast generell beschränkt auf Botschafter oder Staatsoberhäupter sowie Kardinäle oder Bischöfe in dringenden Angelegenheiten.

Der Papst sitzt dabei auf einem Stuhl vor einem Gemälde von Perugino und zwei Paar Bücherschränken aus dem 16. Jahrhundert, während seine Besucher ihm auf Stühlen am Rande des Teppichs gegenübersitzen; einer von ihnen erhebt sich dann für die offizielle Vorstellung.

Halbprivate Audienzen erhalten kleine Besuchergruppen, die Anspruch auf bevorzugte Behandlung haben. Sie sind für solche Besucher, die sich aus bestimmten Gründen in Rom aufhalten, vielleicht wegen einer beruflichen Konferenz, einer Heiligsprechung oder im Rahmen einer organisierten Pilgerreise. Meistens hält der Papst eine speziell auf sie zugeschnittene Ansprache. Diese Audienzen finden normalerweise in einem der Säle im zweiten Stockwerk des Apostolischen Palastes unterhalb der Privatwohnung des Papstes statt; dazu gehören der Konsistoriensaal, der Thronsaal, der Saal der Päpste sowie der Kleine Thronsaal. Auch Räume im ersten Stockwerk in der Nähe der *Sala Ducale* werden benutzt. Der Papst verteilt Medaillen, und es werden Photos aufgenommen. Eine Kleiderordnung macht gewisse Auflagen. Unter Papst Johannes Paul II. hat sich die Situation entspannt, da etwas von der Spontaneität des Papstes bei seinen öffentlichen Auftritten auch bei den kleineren Begegnungen zu spüren ist. Immer aber bewegt er sich unter den aufmerksamen Blicken seiner nächsten Beamten.

Bischof Martins Karriere ist ein anschauliches Beispiel für das Leben im Vatikan. Vor etwa vierzig Jahren war er der einzige Franzose im Staatssekretariat. Jetzt sind dort fünf Franzosen. Er studierte am Kolleg Santa Chiara und war anfangs im diplomatischen Dienst tätig, weil das Staatssekretariat einen französischsprachigen Schriftleiter suchte. Er kennt jeden Winkel des Vatikans und alle Schwächen der Päpste. Im Damaso-Hof weist er auf das Krankenzimmer hin, das für Papst Pauls Prostata-Operation im obersten Stockwerk gebaut wurde. Die Palastroutine erfuhr dadurch unglaubliche Umwälzungen. Kürzlich entdeckte er eine kleine Treppe in der Nähe des päpstlichen Wohnbereichs, die jahrhundertelang in Vergessenheit geraten war. Die schräg abfallende große Mauer unter seinem Fenster erinnert daran, daß das Gebäude auch eine Festung war. Er fühlt sich wohl hinter diesen Mauern. Eine seiner besonderen Aufgaben ist die des Beichtvaters der Schweizergarde. Deshalb hat er keine Probleme, scherzt er, wenn er nach einem Abend in Rom zu spät nach Hause kommt.

Von seinem Schlafzimmerfenster aus eröffnet sich dem Papst ein weiter Blick von der Villa Medici ganz links über den Quirinal und das Denkmal Viktor Emanuel (die «Schreibmaschine» genannt) und dahinter auf das Gebäude der großen vatikanischen Institution Propaganda Fide. Papst Paul VI. reiste viel, nicht weil er den Blick aus seinem Fenster nicht mochte – er liebte ihn sehr –, sondern weil er sich berufen fühlte, persönlich für den Frieden in der ganzen Welt zu werben. Papst Johannes Paul II. zeigte sich von Anfang seiner Amtszeit an entschlossen, neben Massenaudienzen und der Seelsorgearbeit in seiner Diözese Rom den Reisen einen vorrangigen Platz im Rahmen seines persönlichen Arbeitsprogramms einzuräumen, und er war nicht bereit, sich durch irgendwelche Hindernisse im Vatikan davon abhalten zu lassen. Sein Drang, international gesehen und gehört zu werden, paßt genau zu seinem physischen Bedürfnis nach ständiger Bewegung und zu seiner theologischen Auffassung des Papsttums.

Die Reisen des Papstes haben politische und religiöse Bedeutung; sie werden von den taktischen wie strategischen diplomatischen Zielen des Heiligen Stuhls bestimmt. Sie können aber auch einer spontanen Aufwallung entspringen, die seine Beamten manchmal wünschen läßt, der Papst würde sich mehr Zeit zur Ruhe und zum Nachdenken gönnen.

Johannes Pauls II. erste Überseereise als Papst nach Mexiko folgte einer an Papst Paul VI. ergangenen Einladung zu der historisch bedeutenden Konferenz der lateinamerikanischen Bischöfe in Puebla. Er nutzte die Gelegenheit, um das Eintreten des Vatikans für die Menschenrechte sowie seinen Abscheu vor politischer Gewalt zu betonen.

Die Rückkehr des Papstes nach Polen 1979 hatte zwar eher persönliche, aber zugleich auch weitreichende politische Gründe. Sein patriotischer Entschluß, alte Freunde wiederzusehen – sein eigenes polnisches Volk –, traf dabei mit der Möglichkeit zusammen, erheblichen Druck auf die politische Entwicklung in Polen auszuüben.

Dagegen folgte die Reise des Papstes nach Irland im Frühherbst des Jahres 1979 einer Initiative des irischen Klerus. Zur Hundertjahrfeier der «Erscheinung unserer Lieben Frau von Knock» hatte Erzbischof Joseph Cunnane die irischen Bischöfe überredet, Johannes Paul I. nach Irland einzuladen. Als der Papst starb, beschloß man, seinen Nachfolger einzuladen. Nach den Worten Kardinal O'Fiaichs, des Kardinal-Erzbischofs von Armagh, wurde der Brief Johannes Paul II. im Dezember 1978 überbracht, und «als ich den Papst kurz vor Weihnachten besuchte, bezog ich mich darauf, brachte ihm Bücher über Knock mit und drängte ihn zu kommen. Am Pfingstsonntag (2.Juni) schrieb ich ihm und wiederholte die Einladung. Im selben Monat traf ich Seine Heiligkeit bei zwei Gelegenheiten in Polen und in Rom, beide Male in Begleitung von drei anderen irischen Bischöfen, und wir sprachen mit Seiner Heiligkeit über den herzlichen Empfang, den man ihm in Irland bereiten würde.»

Die amerikanischen Bischöfe scheinen ihre Einladung an den Papst, im Oktober 1979 in die Vereinigten Staaten zu kommen, mit der Notwendigkeit einer orthodoxen Sammlungsbewegung begründet zu haben. Seine Rede über Frieden und Menschenrechte am 2. Oktober vor der Generalversammlung der Vereinten Nationen bewegte sich ganz auf der Linie des traditionellen Engagements der letzten Päpste vor diesem Forum.

Im Dezember 1979 reiste Papst Johannes Paul II. in die Türkei, wo er Istanbul und die Ruinen von Ephesus besuchte, um wiederum auf den Spuren Pauls VI. für die christliche Einheit von Ost und West zu werben und seine Kampagne für die Menschenrechte fortzusetzen.

Im Mai 1980 (dem Monat seines sechzigsten Geburtstags) unternahm Johannes Paul II. in zehn Tagen eine Rundreise durch sechs afrikanische Länder – eine Demonstration seiner nach wie vor guten körperlichen Kondition und seiner Entschlossenheit, auf der Lehrautorität des Heiligen Stuhls zu bestehen: Er betonte die Bedeutung der monogamen Ehe und der afrikanischen Tradition und koppelte in einem charakteristischen Balanceakt seine Zustimmung zur Afrikanisierung der Kirche mit der mahnenden Erinnerung an ihre grundlegende Einheit mit Rom und ihre Bindung an den Vatikan. Im Juni 1980 reiste der Papst erneut nach Lateinamerika. Das Jahr 1981 begann er mit einer Marathonreise durch den

Fernen Osten mit so kontrastreichen Besuchen wie in Japan und auf den Philippinen.[2]

Manchmal gelingt einem Fotografen ein Porträt des Papstes in komtemplativer Ruhe, bisweilen drückt sein Gesicht tiefe Müdigkeit aus, tiefe Versunkenheit in Gedanken, wenn auch nie wirkliche Melancholie. Auf Reisen erweckt er den Eindruck eines Mannes, der ständig in Bewegung ist und einen ganz eigenen Sinn für Zeit und Entfernungen hat. Nach der Landung im Hubschrauber fährt er häufig im offenen Wagen durch die Menge. Für große Reisen wird das von der italienischen Fluggesellschaft oder dem einladenden Land gestellte Düsenflugzeug so umgestaltet, daß der Papst eine eigene Kabine erhält, wo er die Messe lesen kann, und Platz für seine Begleiter und die Presse entsteht.

Der Papst macht nicht nur Heilige im Himmel – er muß den Heiligsprechungs- und Kanonisierungsverfahren zustimmen und die abschließenden feierlichen Zeremonien leiten –, sondern verleiht auch irdische Auszeichnungen. Es gibt fünf päpstliche Ritterorden, die direkt durch Apostolischen Brief verliehen werden.

Der Christusorden, der höchste päpstliche Orden, wurde im 14. Jahrhundert durch Papst Johannes XXII. als Fortsetzung des aufgelösten Templerordens in Portugal gestiftet. Seit dem 15. Jahrhundert war er ein Verdienstorden – kein religiöser Orden – und wurde von Papst Paul VI. nur an christliche Staatsoberhäupter verliehen.

Der Orden vom Goldenen Sporn – einer der ältesten Ritterorden – wurde Anfang dieses Jahrhunderts von Papst Pius X. wiederhergestellt und von Papst Paul ebenfalls nur an christliche Staatsoberhäupter verliehen; doch später gehörte auch der frühere Schah von Persien zu den Trägern.

Der Christusorden und der Goldene Sporn werden heute nur sehr selten verliehen. Der Goldene Sporn (den Mozart und Gluck trugen) wurde zu einem bestimmten Zeitpunkt mit dem Silvesterorden vereinigt (siehe unten). Im 16. Jahrhundert wurde er dem protestantischen schweizerischen Vorfahren (als damaligem Kommandanten der Schweizergarde) der jetzt katholischen Grafen von

Salis als erbliche Auszeichnung verliehen. Das britische Auswärtige Amt ernannte einen Grafen von Salis mit seiner erblichen Auszeichnung zum zweiten Britischen Minister beim Heiligen Stuhl.

Der 1847 gestiftete Piusorden wird für hervorragende Dienste an Kirche oder Gesellschaft an Nichtkatholiken wie Katholiken verliehen. Er umfaßt jetzt vier Klassen: Kollarritter (den Staatsoberhäuptern vorbehalten), Ritter mit Großkreuz, Komtur mit und ohne Stern und Ritter.

Der Gregoriusorden wurde 1831 durch Gregor VI. gestiftet, um Bürger des Kirchenstaats auszuzeichnen. Er umfaßt drei Klassen mit ziviler und militärischer Unterteilung und wird heute für hervorragende oder bemerkenswerte Verdienste verliehen.

Der Silvesterorden schließlich (1841 neu eingeführt statt des später wiedereingeführten Ordens vom Goldenen Sporn) umfaßt drei Klassen: Ritter des Großkreuzes, Komtur mit oder ohne Stern, Ritter. Er wird meist auf Empfehlung eines Bischofs an Personen verliehen, die der Kirche in bemerkenswerter Weise gedient haben.

Alle drei normalen Orden (Pius, Gregorius, Silvester) werden an Katholiken, Nichtkatholiken und Nichtchristen in sorgfältig nach unten abgestufter Ordnung verliehen: Pius-Großkreuz, Gregor-Großkreuz, Silvester-Großkreuz, Pius-Komtur, Gregor-Komtur, Silvester-Komtur, Pius-Ritter, Gregor-Ritter, Silvester-Ritter. Das Pius-Großkreuz wird außerdem regelmäßig nach einer Reihe von Dienstjahren an Botschafter am Heiligen Stuhl verliehen.

Die St. Gregors-Ritter haben eine auffallende flaschengrüne, silberbestickte Uniform (die sie auf eigene Kosten anschaffen müssen, wenn sie sie tragen wollen), die St. Silvester-Ritter eine schwarze Uniform mit goldener Stickerei.

Es gibt zwei päpstliche Ehrenzeichen. Das Kreuz *Pro Ecclesia et Pontifice* wurde 1888 von Leo XIII. gestiftet; es wird an einem rot-weiß-gelben Band auf der Brust getragen. Die ersten *Benemerenti*-Medaillen wurden von Papst Pius VIII. verliehen. Heute zeichnet der amtierende Papst Persönlichkeiten mit dieser Medaille aus, die der Kirche in besonderer Weise gedient haben. Sie wird an einem Band in den päpstlichen Farben Gelb und Weiß getragen.

Einer der Kardinäle erzählte mir von einem Mittagessen unter vier Augen mit Papst Johannes Paul II. im Johannesturm oben auf dem Hügel in den Vatikanischen Gärten. Der Papst ging die zur Diskussion stehenden Unterlagen sehr sorgfältig durch, ganz im Gegensatz zu den manchmal erhobenen Vorwürfen, Johannes Paul könne nicht zuhören. «Aber manche Themen interessieren ihn mehr als andere. Besonders beschäftigt ihn seine pastorale Arbeit in Rom und die Aufgabe der Evangelisierung der Welt. Die Themen, die den liberalen Westen faszinieren, sind ihm lange nicht so wichtig.»

Den besten Schlüssel zu seiner eigenen philosophischen Prägung lieferte Papst Johannes Paul II. selbst einige Tage vor Weihnachten 1979. Er sprach in Rom an seiner Alma mater, der Angelicum-Universität, an der er 1946–48 immatrikuliert war, als junger Student, der zum ersten Mal außerhalb Polens lebte. In Gegenwart einer Anzahl alter Würdenträger der Kurie (der Kardinäle Parente, Ciappi, Philippe, Knox, Garonne) und des Generalmagisters des Dominikanerordens, P. Vincent de Couesnongle, betonte Johannes Paul II., wie sehr er sich der «Zeiten überdauernden» Philosophie des heiligen Thomas von Aquin verpflichtet fühle. Anlaß war der hundertste Jahrestag der Veröffentlichung von Papst Leos XIII. Enzyklika *Aeterni Patris*, deren Ziel war, das philosophische Studium innerhalb der katholischen Kirche auf der Basis des Thomismus stärker zu beleben. Die Ansprache Johannes Pauls II. an Professoren und Studenten des Angelicums verriet zwar in einigen Details den Entwurf von Kurienbeamten (deren merkwürdig vertrocknete Sprache es zum Beispiel fertigbringt, von Leo XIII. als dem «unsterblichen Pontifex» zu sprechen), ist aber trotzdem durch ihre Betonung der hervorragenden Rolle des Aquinaten als eines katholischen Philosophen ein wesentliches Dokument für das Verständnis des gegenwärtigen Papstes. Der heilige Thomas, sagte der Papst, stellte die Unterscheidung zwischen

Vernunft und Glauben auf «und bewahrte doch beider Würde in einer Weise, daß die menschliche Vernunft sich zu lichten Höhen aufschwang ... und kaum mehr höher hinaufsteigen kann, während der Glaube keinen besseren oder verläßlicheren Beistand erwarten darf ...».

Die vornehmste Eigenschaft des heiligen Thomas war die «vollständige Unterwerfung von Geist und Herz unter die göttliche Offenbarung ...». «Wie heilsam wäre es für die Kirche Gottes», fügte der Papst vielsagend hinzu, «wenn auch heute alle katholischen Philosophen und Theologen dem wunderbaren Beispiel des *Doctor communis Ecclesiae* folgten.»

Die zweite Eigenschaft des heiligen Thomas war sein «tiefer Respekt vor der sichtbaren Welt, weil sie das Werk und damit auch Ausdruck und Abbild des Schöpfergottes ist». Seine dritte Eigenschaft war seine «aufrichtige, vollständige und lebenslange Anerkennung des Lehramtes der Kirche, deren Urteil er alle seine Arbeiten unterwarf, sowohl im Leben wie auch im Sterben».

Diese Rede Johannes Pauls II. liefert einen Schlüssel zum Verständnis der intellektuellen Basis seiner Kampagne für die Menschenrechte. Der heilige Thomas, bemerkte er, habe bereits alles Wesentliche über die Menschenwürde gesagt, «auch wenn noch viel zu erforschen bleibt auf diesem Gebiet, wo der Beitrag moderner philosophischer Strömungen hilfreich sein könnte ...».

Die in diesem Satz enthaltene Wertung ist ein interessanter Hinweis auf die persönliche Offenheit des Papstes gegenüber der Entwicklung der katholischen Philosophie. Dennoch bestätigt die Rede einen Grundton des Pontifikats Johannes Pauls II.: seine tiefe Sorge um das «Lehramt» der Kirche, wie es im Papsttum verkörpert wird. Es konnte denn auch nicht weiter überraschen, daß unter Johannes Paul II. die Kongregation für die Glaubenslehre Disziplinierungsverfahren gegen mehrere katholische Theologen wie etwa Hans Küng angestrengt hat; ebensowenig, daß die holländischen Bischöfe im Frühjahr 1980 zu einer Art besonderer Bischofssynode nach Rom gerufen wurden, um über die Wiederherstellung der pastoralen und doktrinären Disziplin auf der Linie des Vatikans zu diskutieren; und schließlich, daß Papst Johannes Paul II. selbst bald als neuer Pius IX. oder Leo XIII. charakterisiert wurde (und damit als eine Enttäuschung für viele «liberale» Katholiken), wenn auch mit ganz eigener Persönlichkeit.

Kapitel 4

Die Kardinäle und die Kurie

Als Apostolische oder Heilige Stühle galten für die frühen Christen die offiziellen «Sitze» der Apostel, die die ersten Kirchen gründeten. Der Ausdruck «Sitz» (von lateinisch *sedes* – Stuhl) wird immer noch für die Residenz eines Bischofs benutzt. Mit dem Begriff Heiliger Stuhl wird speziell der Sitz des Bischofs von Rom bezeichnet. Nach katholischem Kirchenrecht (kanonischem Recht) und in der internationalen Diplomatie ist der Heilige Stuhl das Bistum des Papstes in Rom sowie die Kurie, der Hof, mit deren Hilfe er die katholische Kirche leitet.

Nach katholischer Lehre verwalten die Bischöfe ihre eigenen Diözesen kraft göttlicher Vollmacht. Wie immer sie ausgewählt werden, ihre Wahl muß vom Papst bestätigt werden. Zusammen mit dem Papst üben sie die Autorität über die gesamte Kirche aus, was sichtbaren Ausdruck findet, wenn sie sich zu Ökumenischen Konzilien versammeln; von diesen gab es bisher einundzwanzig, vom ersten allgemeinen Konzil von Nizäa im Jahre 325, das die Wesenseinheit des Sohnes mit dem Vater definierte, bis zum Zweiten Vatikanischen Konzil 1962, das Johannes XXIII. zur allgemeinen Erneuerung der Kirche einberief.

Aber der Papst in seiner Eigenschaft als Nachfolger Petri übt auch für sich allein kraft göttlichen Rechts die oberste Gewalt über die Kirche aus. In Fragen des geoffenbarten Glaubens oder der Sittenlehre kann er sich allein oder mit den Bischöfen zusammen auf die Unfehlbarkeitsdoktrin berufen, auf die göttliche Garantie, daß er unter gewissen, sorgfältig definierten (und nicht leicht zu ermittelnden) Bedingungen in der Lehre nicht irren kann.

Der Heilige Stuhl ist das höchste Organ der päpstlichen Regierung, das gleichzeitig völkerrechtlich als Vertreter der katholischen Kirche anerkannt wird. Er ist (neben dem Malteserorden) die einzige Ausnahme von der Regel, daß nach internationalem Recht nur sogenannte «souveräne Staaten» über eine umfassende Rechts- und Handlungsfähigkeit verfügen. Innerhalb der Kirche selbst hat sich die Organisation des Heiligen Stuhles im Laufe der Jahrhunderte zu einem komplizierten hierarchischen System entwickelt; es umfaßt eine Kurie oder Zivilverwaltung, die heute mehr Beamte als je zuvor beschäftigt. Von einigen bedeutenden Ausnahmen abgesehen sind die wichtigsten Berater des Papstes die in Rom in oder nahe der Vatikanstadt lebenden Kurienkardinäle.

Kardinäle gibt es in jeder nur denkbaren Gestalt und jedem Alter – sie sind so unterschiedlich wie jede andere menschliche Gruppe auch. (Der älteste, dem ich begegnet bin, war der mit seinen siebenundachtzig Jahren noch immer verblüffend beredte und gutaussehende Kardinal Carlo Confalonieri; er interessierte sich dafür, ob ich «Schlechtes oder Gutes» über die Kirche schreiben würde.) Kardinäle werden vom Papst als seine wichtigsten Helfer in der zentralen Verwaltung ernannt. Gemeinsam bilden sie das Heilige Kollegium der Kardinäle.

Das Kardinalskollegium besteht aus drei Ordnungen: Kardinalbischöfen, Kardinalpriestern und Kardinaldiakonen. Die Klassifizierung geht auf das frühe Mittelalter zurück, als die Berater des Papstes sich aus den Bischöfen der Diözesen rund um Rom und den Priestern der römischen Gemeinden rekrutierten oder einfach Verwaltungsbeamte waren. (Das berühmteste Beispiel für letztere ist Gregor der Große, der bei seiner Wahl zum Papst nur Diakon war, obwohl er schon erhebliche diplomatische Erfahrung besaß.)

Gewisse Funktionen der Kardinalbischöfe und Kardinaldiakone lassen es zweckmäßig erscheinen, daß sie in Rom leben; so werden Mitglieder der Kurie oft zu Kardinaldiakonen ernannt, und einige von ihnen werden später Kardinalpriester und schließlich Kardinalbischöfe. Residierende Bischöfe werden zu Kardinalpriestern ernannt und bleiben es auch. Diejenigen, die weder Mitglieder der Kurie noch residierende Bischöfe sind (Kardinal Newman zum

Beispiel wurde speziell von der Residenzpflicht in Rom entbunden), werden gewöhnlich zu Kardinaldiakonen ernannt und bleiben es auch.

Die Kardinalbischöfe und die Kardinaldiakone, meist Männer mit einer Karriere im vatikanischen Verwaltungsdienst, werden normalerweise direkt von ihrer Stelle als Nuntius oder als Sekretär einer der Kongregationen in den Kardinalsrang erhoben. Sie bleiben hauptamtlich im Dienst der Kurie.

Bis 1917 konnten, was allerdings selten vorkam, auch Laien Kardinäle werden. (Man erinnere sich an Cesare Borgia als den bekanntesten.) Heute ist ein Priester, der Kardinal wird, meistens schon Bischof, und wenn nicht, wird er vorher zum Bischof geweiht.

Die heutigen Kardinäle erhalten ihren «Titel» von der alten römischen Basis der Kurie. So hat Kardinal John Cody, Erzbischof von Chicago, die Titularkirche S. Cecilia; Kardinal Jaime Sin, Erzbischof von Manila, die Titularkirche S. Maria ai Monti; Kardinal Gordon Gray, Erzbischof von St. Andrews und Edinburgh, die Titularkirche S. Chiara a Vigna Clara. Bestimmte auswärtige Bischofssitze haben langjährige Verbindungen zu bestimmten Titularkirchen: Mehrere Erzbischöfe von Westminster in Folge erhielten S. Silvestro in Capite zugesprochen.

Früher war das Kardinalskollegium auf siebzig beschränkt, aber die letzten Päpste haben die Zahl großzügig erweitert. 1986 gehörten ihm sechs Kardinalbischöfe und zwei Kardinäle von Patriarchensitzen des orthodoxen Ritus an, 118 Kardinalpriester und 25 Kardinaldiakone.

Bei der Wahl bestimmter Kandidaten haben sich frühere Päpste vom Eindruck besonderer Frömmigkeit, von nepotistischen oder politischen Erwägungen leiten lassen, die manchmal auch durch die Beziehungen des Papsttums zu zeitgenössischen europäischen Regierungen beeinflußt waren. In heutiger Zeit ist die Wahl von Kardinälen leichter abschätzbar: Berücksichtigt werden bestimmte, meist erzbischöfliche Sitze wie Köln, Wien, New York, Westminster, die Inhaber gewisser Kurienämter und manchmal auch Personen, bei denen eine Rangaufwertung angebracht erscheint. Bei der konkreten Wahl eines Mannes für einen bestimmten Sitz ist die Entscheidung des Papstes gewöhnlich auf die Auswahl aus der *terna*, der Schar der möglichen Kandidaten, beschränkt, und er wird von den Wünschen der Bischöfe, des Klerus und der Öffentlichkeit beeinflußt. Die Auswahl der Kardinäle aber ist das Privileg des Papstes.

Manchmal wird ein Kardinal nicht öffentlich ernannt, sondern *in petto* (heimlich) eingesetzt. Diese Praxis verschwand unter Papst Pius XII. und Papst Johannes XXIII., bis Papst Paul VI. in einer Geste der Solidarität bestimmte Kardinäle in kommunistischen Ländern auf diese Weise ehrte.

Die Zusammensetzung des modernen Heiligen Kollegiums spiegelt vor allem den Druck auf den Vatikan angesichts einer politischen und kulturellen Internationalisierung. Mit der dominierenden Rolle der Italiener im gesamten Heiligen Kollegium und allen Führungspositionen der Kurie ist es vorbei; 1946 verloren die italienischen Kardinäle ihre Majorität im Heiligen Kollegium. 1965, am Ende des Zweiten Vatikanischen Konzils, kamen etwa 70 Prozent der 103 Kardinäle von europäischen Bischofssitzen; zwölf kamen aus Lateinamerika, neun aus Asien, acht aus Nordamerika, fünf aus Afrika und einer aus Ozeanien. Zu Beginn der Amtszeit Papst Johannes Pauls II. kamen rund 50 Prozent der 119 Kardinäle von europäischen Sitzen; dreiundzwanzig kamen aus Lateinamerika, neun aus Asien, zehn aus Afrika, vierzehn aus Nordamerika und drei aus Ozeanien.

Es gibt mehrere Arten von Konsistorien oder Vollversammlungen, in denen die Kardinäle an der Verwaltung der Kirche und der Fortsetzung ihrer eigenen einzigartigen Institution mitwirken. Sie reichen vom «Geheimen Konsistorium», bei dem sie und der Papst sowie zahlreiche Beamte anwesend sind, um über die Ernennung neuer Kardinäle oder über den formellen Antrag auf die *pallia* (das Band aus weißer Wolle als Zeichen päpstlicher Auszeichnung) für neue Erzbischöfe zu befinden, bis hin zu seltenen öffentlichen Konsistorien, an denen aus zeremoniellen Gründen sowohl Bischöfe und Diplomaten als auch einfache Katholiken teilnehmen. Die Schritte zur Einsetzung eines neuen Kardinals können variieren, erfordern aber normalerweise die formelle Zustimmung des Kollegiums in verschiedenen Stadien der vom Papst getroffenen Auswahl.

So hielt Papst Johannes Paul II. sein erstes Geheimes Konsistorium zur Ernennung seiner vierzehn Kardinäle, deren Namen im Mai bekanntgegeben worden waren, am 30. Juni 1979 im Konsistoriensaal des Apostolischen Palastes. Zweiundfünfzig Kardinäle waren anwesend. Andere geheime Aufgaben des Konsistoriums wie die Nominierung von Bischöfen und Erzbischöfen und die Ernennung des Camerlengo des Heiligen Kollegiums wurden aufgeschoben. Etwa eine Stunde später am Vormittag überreichte der Dekan des Kollegiums in der Audienzhalle Pauls VI. den neuen Kardinälen ihre *biglietti*, ihre Urkunden. Die neuen Kardinäle legten hierauf den Treue- und Gehorsamseid auf den Papst und seine Nachfolger ab. Dann setzte der Papst in einer Zeremonie den vor ihm knieenden neuen Kardinälen das Birett auf und übertrug jedem von ihnen in Gegenwart der anderen Kardinäle, vieler Bischöfe, Mitglieder des diplomatischen Korps und 4000 Gläubigen den Titel eines römischen Sitzes.

Am nächsten Tag, dem 1. Juli, feierte der Papst in Konzelebration mit den neuernannten Kardinälen die Messe in der Petersbasilika und überreichte ihnen ihre Ringe. Und am 2. Juli empfing er sie mit ihren Freunden und Familienmitgliedern in Audienz.

Die Ringe, die den Kardinälen bei ihrer Ernennung vom Papst verliehen werden, sind immer wieder anders. Papst Pius XII. schenkte 1946 Topase. Kardinal Basil Hume zeigte mir den Ring, den er 1976 erhielt: einen schweren Goldring mit dem Bild des Guten Hirten.

Ein Kirchenfürst trägt normalerweise eine schwarze, rot abgesetzte Soutane, aber bei öffentlichen Zeremonien eine scharlach- oder purpurrote. Sein Schultercape, die *mozzetta*, die bei religiösen Zeremonien getragen wird, ist scharlachfarben oder rot, ebenso die viereckige Kappe, das Birett, das ihm vom Papst verliehen wird.

Paul VI. faßte den Beschluß, daß Kardinäle über achtzig Jahre in zukünftigen Konklaven zur Wahl seines Nachfolgers nicht mehr wählen noch weiter der Kurie angehören dürften. Das stiftete Unruhe unter den Teilnehmern des folgenden Konklaves. Die über Achtzigjährigen akzeptierten zwar, daß sie von der Teilnahme am Konklave und von der Wahl ausgeschlossen sein sollten, nicht aber, daß sie von den internen Vorgängen nicht mehr als die übrige Welt wissen durften. Vor allem wollten sie vor der öffentlichen Verkündigung erfahren, wer der neue Papst sei, um ihm mit den jüngeren Kardinälen zusammen die erste Huldigung erweisen zu können. In diesem Fall wurden sie über ihren eigenen «heißen Draht», eine besondere Telefonverbindung, informiert.

Die Entscheidung, einige Kardinäle vom Konklave auszuschließen, wurde auch als Erinnerung verstanden, daß die Kardinäle und ihr Kollegium im Gegensatz zu den Bischöfen eine menschliche und keine göttliche Institution sind – ja daß das Verfahren der Papstwahl sogar noch weiter verändert und reformiert werden könnte.

Zweifellos hat Papst Paul VI. viel darüber nachgedacht, wie man neben den Kardinälen noch andere Kirchenmänner in den Wahlprozeß einbeziehen könnte. Er dachte dabei besonders an Vertreter der Unierten Kirchen und die Bischöfe im Komitee der Bischofssynode (die größtenteils von der Synode gewählt und deshalb repräsentativ für die Bischöfe insgesamt stünden).

Schließlich entschied er sich dagegen, und es ist kaum zu erwarten, daß Papst Johannes Paul II. seinerseits irgendwelche einschneidenden Änderungen vornehmen wird. Das gegenwärtige System trägt der absoluten Notwendigkeit Rechnung, daß klar sein muß, welche Personen das Recht haben, ein Konklave zu betreten und an der Wahl teilzunehmen. Jede andere über das Kardinalskollegium hinausgehende Regelung wie etwa die Hinzuziehung von Bischofskonferenzen oder einzelner, von der Bischofssynode gewählter Vertreter birgt das Risiko nicht ausreichender Mehrheiten in sich, das die mittelalterliche Kirche oft genug belastet hat.

Das Heilige Kollegium der Kardinäle hat ein winziges Sekretariat mit drei Mitarbeitern und einen eigenen Dekan. Es ist seit Ende 1986 der brasilianische Kurienkardinal Angelo Rossi als Nachfolger des alten, einflußreichen Kardinal Carlo Confalonieri. Seine wichtigsten Mitglieder, konstitutionell und oft auch politisch gesehen, sind der Dekan und der Kardinalkämmerer oder Camerlengo der Heiligen Römischen Kirche (nicht zu verwechseln mit dem Amt des Kämmerers des Heiligen Kollegiums selbst). Während des Interregnums nach dem Tod eines Papstes führt der Camerlengo die Amtsgeschäfte der Kirche durch eine Kommission in Rom ansässiger Kardinäle weiter und trifft zusammen mit dem Dekan die Vorbereitungen für die Beisetzung des verstorbenen Papstes sowie für die Einberufung und Beaufsichtigung des Konklaves zur Wahl des neuen.

Die Wahl des Papstes ist die vornehmste Aufgabe und das besondere Vorrecht des Kardinalskollegiums. Die «allgemeine Kongregation», die Vollversammlung der Kardinäle, tritt zusammen, um das Konklave vorzubereiten, in dem maximal 120 wahlberechtigte Kardinäle ihre Stimme abgeben. Die jüngsten Regeln für die Durchführung eines Konklaves wurden von Papst Paul VI. in dem Dokument *Romano Pontifici Eligendo* festgelegt, das eine Reihe früherer Regelungen im Sinne prozeduraler Sicherheit und absoluter Geheimhaltung revidierte.

Wenn ein Papst stirbt, müssen die Kardinäle, die schon in Rom sind, fünfzehn Tage auf die Ankunft der anderen Kardinäle warten und nach höchstens fünf weiteren Tagen ins Konklave gehen. Von der Öffentlichkeit völlig abgeschirmt, müssen sie dann im Vatikanpalast eingeschlossen bleiben, bis eine Wahl stattgefunden hat. (Der Kardinal-Großpönitentiar, der über Gewissensfragen zu urteilen hat, besitzt das Recht, auch während des Konklaves versiegelte Briefe zu erhalten und zu verschicken.)

Das Wahllokal ist die Sixtinische Kapelle, wo entlang den Wänden Schreibtische für die Kardinäle aufgestellt werden und ein großer Tisch vor dem Altar des Jüngsten Gerichts, wo die Stimmen abgegeben und die Wahlzettel gezählt werden. Die Kardinäle sind provisorisch in den Zimmern und Korridoren des Palastes untergebracht, wo sie sich in aller Abgeschiedenheit beraten; nur einige Beamte bleiben bei ihnen. Sie schwören, über das, was im Konklave geschieht, nicht zu sprechen. Den Kardinälen vertraut man, daß sie keine Fotoapparate, Tonbandgeräte, Sende- oder Empfangsgeräte gebrauchen, aber die Beamten müssen einen Eid darauf ablegen.

Am Tag der Eröffnung des Konklaves feiern die Kardinäle eine Messe zum Heiligen Geiste in der Petersbasilika und ziehen dann in feierlicher Prozession in die Sixtinische Kapelle ein. Eine offizielle Inspektion prüft, ob alle Öffnungen versiegelt sind, der Eingang zum Konklave-Bereich verschlossen ist und die Tür unter Aufsicht des Präfekten des Päpstlichen Hauses und des Kommandanten der Schweizergarde von innen verriegelt und von außen abgeschlossen wurde. Am nächsten Tag beginnt die Wahl.

Die Wahl kann auf drei Arten erfolgen. Durch «Akklamation», können die Kardinäle einstimmig und gleichzeitig jemanden aus ihren Reihen zum Papst ausrufen, was außer in den Romanen Frederick Rolfes lange nicht mehr vorgekommen ist. Die normale Wahlmethode ist die des mehrfachen Abstimmungsverfahrens: Jeden Vormittag und jeden Nachmittag werden in der Sixtinischen Kapelle je zwei Wahlgänge durchgeführt, bis einer der Kandidaten zwei Drittel der Stimmen plus eine erhalten hat. In schwierigen Situationen können die Kardinäle einstimmig beschließen, einer begrenzten Zahl von ihnen (neun bis fünfzehn) die Vollmacht zu übertragen, den Papst zu wählen, oder die erforderliche Stimmenzahl statt der Zweidrittelmehrheit plus eine Stimme auf die absolute Mehrheit plus eine Stimme zu begrenzen – oder, wenn sich das Verfahren sehr lange hinzieht, die endgültige Wahl auf die beiden Kandidaten beschränken, die im letzten Wahlgang die höchste Stimmenzahl erhalten hatten.

Beim normalen Abstimmungs- und Wahlprüfungsverfahren schreiben die Kardinäle den Namen ihres Kandidaten auf einen

Stimmzettel unter die gedruckte Formel *Eligo in Summum Pontificem* – Ich wähle zum Obersten Hirten ... Der Zettel wird gefaltet und von den Kardinälen nach Rang und Alter zwischen Daumen und Zeigefinger der erhobenen rechten Hand zu einer Wahlurne vor dem Altar getragen. Drei als Stimmenzähler gewählte Kardinäle prüfen und stellen die Stimmen fest. Wenn deren Zahl mit der der Wähler übereinstimmt (wenn nicht, findet ein neuer Wahlgang statt), wird das Ergebnis verkündet, damit Auszähler wie Kardinäle es protokollieren können.

Die Wahlgänge werden vormittags und nachmittags so lange fortgesetzt, bis der neue Papst gewählt ist und die Stimmzettel in einem Ofen verbrannt werden, damit für die Zuschauer auf dem Petersplatz der weiße Rauch – die *sfumata* – aufsteigt. (In der Vergangenheit wurden die Stimmzettel entweder mit oder ohne Stroh verbrannt. Heutzutage benutzt man dazu eine Chemikalie mit der Aufschrift *bianco* oder *nero*, damit der Rauch die richtige Farbe hat. Das zweideutige Signal bei der Wahl Albino Lucianis 1978 war wohl darauf zurückzuführen, daß die Kardinäle etwas amateurhaft soviel *bianco* hineintaten, daß der Rauch zuerst sehr dicht und darum ziemlich dunkel aufstieg.)

Der Kardinaldekan verkündigt den Namen des neuen Oberhirten vom Balkon der Peterskirche aus, und die Kardinäle kehren zu ihrer Hauptrolle als päpstliche Berater zurück.

Als Leiter der Kurienabteilungen oder – wie es die Regel ist – als Oberhäupter ihrer nationalen Kirchen verfügen die einzelnen Kardinäle über beträchtliche juridische und moralische Autorität. Im Kollektiv ist ihre Macht am größten, wenn sie ihre uralte Funktion der Papstwahl ausüben. In dem außergewöhnlichen Jahr der drei Päpste 1978 benutzten sie diese Macht entgegen allen Prognosen. Die Wahl Albino Lucianis aus Venedig und danach Karol Wojtylas aus Krakau, von den meisten Kennern gleichermaßen unvorhergesehen, erfolgte dennoch logisch aus den gemeinsamen Zielen und der Zusammensetzung des Kardinalskollegiums und war zudem Ausdruck der neuen numerischen Verhältnisse des Konklaves in geographischer Hinsicht.

Bei den beiden Papstwahlen von 1978 waren die italienischen Kardinäle in der Minderheit, und die europäischen Kardinäle, obwohl noch immer der größte Block, wurden zahlenmäßig von denen aus anderen Teilen der Welt übertroffen. Die Mehrheit der Kardinäle suchte nicht nach einem kurialen, sondern nach einem «pastoralen» Papst (was die meisten Päpste dieses Jahrhunderts in der Tat auch waren).

Luciani vereinigte im Laufe der Wahlen – beim dritten oder vierten Wahlgang – plötzlich eine starke Mehrheit der Stimmen auf sich. Er war seit 1973 Kardinal, und obwohl er sogar in Italien wenig bekannt war, hatte er auf einige Kardinäle der Dritten Welt durch sein Verständnis für ihre Probleme und auf seine italienischen Kardinalskollegen durch seine orthodoxe Frömmigkeit Eindruck gemacht. Er hatte mehrere Jahre lang als Mitglied der Kongregationen für die Sakramente und den Gottesdienst gearbeitet, zu welchen außer ihm die Kardinäle Knox, Seper, Arns, Felici, Pignedoli und Wojtyla gehörten. Die kurze Erfahrung der Kardinäle mit Johannes Paul I. bestärkte sie in ihrem Wunsch, einen pastoralen Papst auf den Thron Petri zu heben, und zwar aus einsichtigen Gründen einen Mann von unzweifelhaft robuster Konstitution und Entschlußkraft.

Kardinal Wojtyla wurde am zweiten Tag des Konklaves nach etwa acht Wahlgängen gewählt. Als sich erst herausgestellt hatte, daß man sich nicht auf einen italienischen Kandidaten würde einigen können – anscheinend nicht einmal die italienischen Kardinäle untereinander –, wurden die ursprünglichen Bedenken, daß die Wahl eines Osteuropäers oder eines Amerikaners politisch unklug wäre, durch die bereits wohlbekannten geistigen und moralischen Qualitäten des polnischen Kardinals verdrängt, der für den Papst und die Kurie 1976 «Einkehrtage» gehalten hatte und dessen Buch *Zeichen des Widerstands* plötzlich zwischen den Konklaven sehr gefragt war.

Die Kardinäle, die aufgrund ihrer Herkunft und Bildung fast ausnahmslos zu äußerst konservativen Einstellungen und Bindungen tendieren, zeigten Weitblick, Mut und Zuversicht. Die Wahl

Lucianis und danach Wojtylas hat wahrscheinlich auf lange Zeit hinaus dem unterschwelligen Druck bezüglich einer Erweiterung des Wahlgremiums Einhalt geboten.

Die enorme Gefühlsanspannung auf dem Höhepunkt der Wahlüberlegungen der Kardinäle, in der das außerordentliche religiöse Gewicht des Ereignisses deutlich wird, beschrieb mir Kardinal Hume. Wenn die Kardinäle «vernagelt» werden, sagte er, machen sie bei ihren Vorbereitungen für die ernste Aufgabe, die sie zusammenführt, die wunderbare Erfahrung eines intensiven Gemeinschaftserlebnisses. «Man meint förmlich zu spüren, daß wir vom Heiligen Geist geleitet werden.» Und über die Wahl: «Es wird uns bewußt, was wir einem Mann Ungeheuerliches, Schreckliches angetan haben.»

Unauslöschlich hat sich Kardinal Hume bei beiden Konklaven das Ende der Wahl eingeprägt: «Der Gewählte verläßt die Kapelle in der schwarzen und scharlachfarbenen Soutane der Kardinäle. Nach einer Weile kommt er in der weißen Soutane des Papstes als neuer Oberhirte zurück.» Auf dem Balkon scheint der neue Papst, der zuerst den Eindruck – der Kardinal sucht nach Worten – «befangener Würde, zögernder Würde machte», plötzlich verwandelt.

Die meisten Kardinäle, die am Konklave teilgenommen haben, können nicht schnell genug nach Hause kommen, so sehr sie Rom vielleicht auch lieben, wo die meisten von ihnen studiert haben. (Kardinal Hume zufolge ist London wegen der *Times* und der Orangenmarmelade zum Frühstück Rom vorzuziehen, «wo es zuviel Lärm und Priester gibt», wie er mit spöttischem Ernst sagt.) Die Kardinäle, die nicht der Kurie angehören, kommen in gewissen Abständen nach Rom. Sie sind alle Mitglieder der römischen Kongregationen oder Kommissionen und reisen regelmäßig zu den Vollversammlungen dieser Gremien.

Der wechselnde Einfluß bestimmter nationaler Teilkirchen innerhalb der katholischen Kirche auf den Heiligen Stuhl hängt oft von persönlichen Faktoren ab wie der Beziehung zwischen Papst Pius XII. und Kardinal Spellman oder – auf anderer Ebene – den tiefen slawischen Bindungen Papst Johannes Pauls II. Grundsätzlich wird er aber von der numerischen Stärke des Katholizismus in der betreffenden Region bestimmt und davon, wie der Heilige Stuhl den Grad der Orthodoxie der Ortskirche und ihrer Mitglieder einschätzt. Trotz aller Versuche, die Kurie zu «internationalisieren», ist sie noch immer eine sehr italienische Institution, resistent gegen Veränderungen und eifersüchtig auf jede Einflußnahme von außen. Ein Nichtitaliener wie Kardinal Wright wurde selbst als Leiter einer Kongregation bis zum Ende als Außenseiter betrachtet.

Dennoch ist die Kurie weder homogen noch statisch. Sie hat sich im Laufe der Jahrhunderte aus den Synoden römischer Priester entwickelt, auf die die frühen Päpste sich bei der Leitung der Kirche stützten. Ihr erstes Amt war die Führung der Apostolischen Kanzlei. Im Mittelalter übten die Päpste ihre Autorität durch Kardinalskonsistorien aus. Um 1588 hatten sich die Strukturen der heutigen Kurie bereits herausgebildet; in jenem Jahr wurden sie von dem auf Disziplin bedachten Papst Sixtus V. reformiert und neu organisiert. Eine gründliche Strukturreform der modernen Kurie wurde von Papst Paul VI. in der Apostolischen Konstitution *Regimini Ecclesiae Universae* (Für die Regierung der universalen Kirche) in Gang gesetzt.

In der Reihenfolge des *Annuario Pontificio*, die die offizielle Rangordnung angibt, besteht die Römische Kurie aus den folgenden Organen:

Das Staatssekretariat und der Rat für die Öffentlichen Angelegenheiten der Kirche.

Die neun Kongregationen (vor der Reform Papst Pauls VI. waren es zwölf): Die Kongregation für die Glaubenslehre (das alte Heilige Offizium); die Kongregation für die Bischöfe; die Kongregation für die Orientalischen Kirchen; die Kongregation für die Sakramente und den Gottesdienst; die Kongregation für den Klerus; die Kongregation für die Ordensleute und

Säkularinstitute; die Kongregation für die Glaubensverbreitung *(Propaganda Fide);* die Kongregation für die Selig- und Heiligsprechungsprozesse; die Kongregation für das katholische Bildungswesen.

Die drei Gerichtshöfe der Kurie sind die Apostolische Pönitentiarie, das Oberste Tribunal der Apostolischen Signatur und die Sacra Romana Rota.

Die drei Sekretariate sind das Sekretariat für die Einheit der Christen, das Sekretariat für die Nichtchristen und das Sekretariat für die Nichtglaubenden.

Zu den Päpstlichen Räten, Kommissionen und Komitees gehören der Rat für die Laien; die Kommission für Gerechtigkeit und Frieden *(Iustitia et Pax);* die Kommission für die authentische Interpretation des Kirchenrechts; die Kommission für die Revision des Orientalischen Kirchenrechts; die Kommission für die Instrumente der sozialen Kommunikation; die Kommission für Lateinamerika; die Kommission für die Seelsorge am Menschen unterwegs; der Rat *Cor Unum*; die Internationale Theologische Kommission; die Bibelkommission; die Kommission für Christliche Archäologie; die Kommission für Geschichtswissenschaften; die Kommission für die kirchlichen Archive Italiens; und die Kardinalskommission für die Päpstlichen Heiligtümer von Pompeji und Loreto.

Die Ämter der Kurie sind: die Apostolische Kammer; die Präfektur für die wirtschaftlichen Angelegenheiten des Heiligen Stuhls; die Verwaltung der Güter des Apostolischen Stuhls; die Präfektur des Päpstlichen Hauses (zuständig für die Päpstliche Familie, das Amt für Päpstliche Zeremonien, den Sixtinischen Chor und das Korps der Schweizergarde); das Päpstliche Hilfswerk; das Archiv des Zweiten Vatikanums; das Personalbüro des Heiligen Stuhls und das Zentralamt für kirchliche Statistik.

Zur Palatinischen Administration unter der Autorität der Kurie gehören die Ehrwürdige Fabrik des heiligen Petrus, die Vatikanische Apostolische Bibliothek, die Vatikanischen Geheimarchive, die Vatikanische Druck- und Verlagsanstalt und der *Osservatore Romano.*

Die Titel dieser Institutionen sind teils mit historischen Assoziationen befrachtet, teils neugebildet für neue Institutionen, die ihre Existenz einer gewandelten theologischen Einstellung oder einer Ausweitung der internationalen Interessen des Vatikans verdanken. Die Kongregationen und Ämter, die alten Hauptstützen der kirchlichen Verwaltung, haben ihren Sitz meist außerhalb der Mauern der Vatikanstadt. Die Kommissionen und Komitees, eine bunte Mischung relativ junger Organisationen, haben ihren Sitz meist ebenfalls außerhalb der Vatikanstadt, mehrere an der Piazza San Callisto. Die Kurienämter können sich nach psychologischer Atmosphäre, theologischer Tendenz und den dort tätigen Persönlichkeiten stark unterscheiden – wie zum Beispiel die Kongregation für die Glaubenslehre und das Sekretariat für die Einheit der Christen. Doch sie alle sind Speichen eines Rades, dessen Nabe der Papst und das Staatsekretariat bilden.

An der Spitze jeder Kongregation steht ein Kardinalpräfekt, an der Spitze jedes Sekretariats und fast aller Kommissionen und Räte steht ein Kardinal als Präsident. Das Personal der Kurienabteilungen besteht aus Mitgliedern, Beamten und Beratern (das Staatssekretariat hat nur Beamte). Die Mitglieder der Kongregationen sind alle Kardinäle, dazu kommen (seit dem Dekret von 1967) sieben Diözesanbischöfe für einen Zeitraum von jeweils fünf Jahren; diese sind berechtigt, an bestimmten Plenarsitzungen teilzunehmen. Mehrere andere Kurienorgane haben auch Laienmitglieder, vor allem die Kommission *Iustitia et Pax* und, wie zu erwarten, der Rat für die Laien. Doch alle Kurienabteilungen sind weitestgehend klerikal besetzt und werden von Kardinälen und Bischöfen dominiert.

Insgesamt gehören zu den Kurienbeamten etwa fünfhundert Priester und funfzig Laien; dazu kommt noch eine Anzahl von Ordensfrauen und weiblichen Laien. Zu den wichtigsten Vollzeit-Beamtenstellen zählen die des *Sostituto* oder Substituten am Staatssekretariat, des Sekretärs des Rates für die Öffentlichen Angelegenheiten der Kirche und der Sekretäre der einzelnen Kongregationen. Diese Beamten sind normalerweise Erzbischöfe, und die fähigeren unter ihnen haben bisweilen mehr Einfluß als manche Kardinalpräfekten und -präsidenten.

Die Kurienabteilungen stützen sich auf die Mitarbeit von etwa siebenhundert Konsultoren, die für fünf Jahre verpflichtet werden (mit der Möglichkeit einer neuen Bestätigung auf weitere fünf Jahre). Viele Berater der Kongregationen sind Mitglieder oder Beamte anderer Kurienabteilungen. Die Sekretariate, Kommissionen und Räte können etwa dreißig Laienkonsultoren aus den verschiedensten Lebensbereichen heranziehen, doch ihre meisten Mitarbeiter sind Priester.

Das historische Dokument, das die heutige Struktur und die Machtbefugnisse der Römischen Kurie festlegte, die Apostolische Konstitution *Regimini Ecclesiae Universae*, wurde von Papst Paul VI. am 15. August 1967 promulgiert. Die Neuordnung geht auf die Initiative des Zweiten Vatikanischen Konzils zurück; durch sie wird der internationale Charakter der Kirche in der Kurie besser repräsentiert, etwa dadurch, daß Diözesanbischöfe und Laien als Mitglieder in die verschiedenen Abteilungen aufgenommen wurden.

Der «Reform» der Kurie gingen fast vierjährige Studien und Konsultationen einer dreiköpfigen Kardinalskommission voraus. Die Apostolische Konstitution war deutlich von dem klaren Verstand und der Sorgfalt Papst Pauls geprägt; er war an der Endfassung maßgeblich beteiligt, und die Gewichtung der einzelnen Kapitel ging auf seine Initiative zurück.

Die zum Teil widerstreitenden Grundzüge der Reform waren

die starke koordinierende, beratende und beaufsichtigende Rolle, die dem Staatssekretariat zugewiesen war, und die Neuaufnahme von Diözesanbischöfen als Mitglieder der Kongregationen. Weiterhin betrafen die Veränderungen auch eine gewisse Neudefinition der Zuständigkeitsbereiche der Abteilungen, mehrere bedeutsame Namensänderungen (zum Beispiel wurde aus der Höchsten Heiligen Kongregation vom Heiligen Offizium die Heilige Kongregation für die Glaubenslehre) und eine Beschränkung der Dienstzeit der den Abteilungen angehörigen Kardinäle und Bischöfe auf jeweils fünf Jahre.

Alle Macht der Kurie wird ihren Mitgliedern und Beamten vom Papst übertragen. Seine dreifache Autorität – administrativ, juridisch und exekutiv – wird grob gesagt durch die drei verschiedenen Kategorien kurialer Organe ausgeübt: die Kongregationen und Sekretariate, die Gerichtshöfe, die Ämter und Kommissionen. Ausnahmeentscheidungen müssen vom Papst besonders bestätigt werden, aber generell handeln die Abteilungen aufgrund beträchtlicher, wenngleich stellvertretender praktischer Autorität.

Unter dem Kardinalpräfekten oder -präsidenten, dem jeweils ein Sekretär und ein Untersekretär zur Seite stehen, gliedert sich die ständige Belegschaft der Kurienbehörden in höhere Beamte, niedere Beamte und Laienpersonal. Die höheren Kurienbeamten und alle Ränge darüber werden vom Papst selbst ernannt. Der Kardinalpräfekt ernennt mit Zustimmung des Papstes die übrigen Mitarbeiter. Kardinalpräfekten, -präsidenten und ranghöhere Prälaten müssen nach fünf Jahren zurücktreten, können aber auf fünf weitere Jahre bestätigt werden. Für Abteilungsleiter gilt die Altersgrenze von 75 Jahren. Mit dem Tod eines Papstes endet die Dienstzeit der Kardinalpräfekten und -präsidenten sowie der Sekretäre automatisch. Normalerweise werden sie von dem neuen Papst wiederernannt.

So laufen alle Fäden in den Händen des Papstes zusammen, dessen Porträt auf Papier oder Leinwand buchstäblich jedes Büro im Vatikan und alle Kurienversammlungen ziert.

Die Arbeitsbedingungen der höheren und niederen Kurienbeamten und der Laienangestellten in den Büros sind – von der Arbeitszeit bis zur Beförderung – detailliert im *Regolamento Generale della Curia Romana*, der Allgemeinen Ordnung der Römischen Kurie, vom März 1968 festgelegt. Mit seinen 43 Seiten, 130 Artikeln und drei Appendizes ist der *Regolamento* eine klassische italienische Schreibtischleistung – ernst, volltönend und bürokratisch verkündet er, daß jeder Artikel vom Oberhirten persönlich durchdacht worden sei. Die niederen Beamten werden in drei Stufen unterteilt: *minutanti, addetti* und *scrittori* –, ebenso das Laienpersonal: *commessi, ordinanze* oder *uscieri, ausiliari*. Physische, moralische und Bildungskriterien für die Einstellung werden penibel aufgeführt. Alle Angestellten müssen sich zu Geheimhaltung und Loyalität verpflichten (die Beamten auf lateinisch, das Laienpersonal auf italienisch). Zuständigkeiten und Pflichten sind genau festgelegt: Untergeordnetes Dienstpersonal hat zum Beispiel die Aufgabe, «Briefe und Pakete versandfertig zu machen oder auszutragen, vor Ankunft und nach Weggang der Beamten in den Räumen für Sauberkeit zu sorgen und im Namen der Dikasterie, der sie angehören, Aufträge ihrer Vorgesetzten auszuführen». Die Priester müssen im Büro Soutane tragen (eine überholte Regelung; der schwarze Klerikeranzug herrscht vor).

Die Arbeitszeit ist als 33-Stunden-Woche für die Beamten und 39-Stunden-Woche für die Laienangestellten festgesetzt. Die normale Arbeitszeit liegt in den Dikasterien zwischen 9 und 13.30 Uhr, gleitende Arbeitszeit soll eine Öffnung der Büros bis vier Uhr ermöglichen. «Die Arbeitsstunden müssen sorgfältig eingehalten werden, so daß zur angegebenen Zeit jeder an seinem Arbeitsplatz ist und seinen Vorgesetzten zur Verfügung steht.» Genau werden die Feiertage aufgeführt, darunter der Jahrestag der Krönung des Papstes, sein Namenstag und der Todestag seines Vorgängers.

Der zweite Teil des *Regolamento* beschreibt das Prozedere der verschiedenen Kongregationssitzungen (zum Beispiel, daß Kardinäle zuerst sprechen, dann erst die übrigen Mitglieder) und definiert die Kompetenzbereiche.

Die wichtigste regelmäßige Sitzung einer Kurienabteilung ist der wöchentliche Kongreß, an dem der Kardinalpräfekt als Vorsitzender, der Sekretär und der Untersekretär und die zuständigen Beamten teilnehmen. Der Kongreß bespricht die Routineangelegenheiten und entscheidet, was dem Papst oder einer anderen Kongregation, der einfachen oder der Plenarversammlung vorgelegt werden muß. An ersterer nehmen der Kardinal und die bischöflichen Mitglieder teil, die in Rom sind. Die Plenarversammlung einer Kongregation findet jährlich einmal statt, an ihr nehmen sämtliche Mitglieder, Kardinäle und Bischöfe, stimmberechtigt teil. Bevor diese zusammentritt, um Abteilungsprogramme oder Fragen von prinzipieller Bedeutung zu diskutieren, treffen sich die Konsultoren der Abteilung zu einer eigenen vorbereitenden Sitzung im Vatikan. Diese mehr oder weniger feierlichen Abteilungsversammlungen finden meist im Apostolischen Palast oder im Palazzo delle Congregazioni statt.

Alle Abteilungsleiter kommen regelmäßig im Apostolischen Palast unter Vorsitz des Kardinalstaatssekretärs zusammen. Dies ist ein wichtiger praktischer Aspekt des faszinierenden Verwaltungssystems, das die Kurie darstellt. Peter Drucker hat in seiner berühmten Studie über das Management von General Motors, *The Concept of the Corporation*, enge Parallelen zwischen dem Organisationsprinzip dieses Konzerns sowie dem der katholischen Kirche und der modernen Armee, wie sie von den Preußen entwickelt wurde, aufgezeigt, die beide für ihre administrative Effizienz berühmt sind.

Die Kurie verbindet Elemente eines mittelalterlichen Hofes – das monarchische Prinzip wurde durch die Reformen Papst Pauls VI. sogar noch verstärkt – mit denen eines modernen Unternehmens, das sich weitgehend auf gemischte Ausschüsse stützt. Aber das auffallendste Organisationsmerkmal der Kurie ist das System der Besetzung verschiedener leitender Posten durch dieselbe Person, wodurch eine kleine Anzahl von Prälaten die Abteilungen des Vatikans und vor allem die Kongregationen beherrscht. Als zum Beispiel der inzwischen verstorbene Kardinal Giovanni Benelli den einflußreichen Posten des *Sostituto*, des Substituten am

Staatssekretariat, innehatte, war er gleichzeitig Konsultor der Kongregation für die Glaubenslehre, der Kongregation für die Bischöfe, der Kommission für die authentische Interpretation des Kirchenrechts, der Kommission für Lateinamerika, außerdem Mitglied der Kirchlichen Archive Italiens und der Kommission für die Seelsorge am Menschen unterwegs. Der frühere Präfekt der Bischofskongregation, Kardinal Sebastiano Baggio, war *inter alia* Mitglied der Kongregationen für die Glaubenslehre, für die Ordensleute und Säkularinstitute, für die Evangelisation der Völker (Glaubensverbreitung) und für das katholische Bildungswesen, ferner Mitglied der Kommissionen für die authentische Interpretation des Kirchenrechts und der Dekrete des Zweiten Vatikanums und Präsident der Kommission für Lateinamerika und der Kommission für die Seelsorge am Menschen unterwegs.

Diese Ämterhäufung, die besonders für die Leiter der Kongregationen typisch ist, hat den Vorteil raschen informellen Informationsaustausches horizontal zwischen den Kurienorganen und vertikal zwischen deren Mitgliedern und dem Papst.

Die Bemühungen, die Kurie zu internationalisieren, haben während des Pontifikats Papst Pauls VI. zugenommen und werden auch heute fortgesetzt, doch die Auswirkungen waren bis jetzt gering. Die Diözesanbischöfe etwa sind zu selten in Rom, um den Charakter der Kuriensitzungen zu verändern oder die Vorgänge wirklich zu beeinflussen. Dasselbe gilt für die Kardinäle, die zu Kommissionsmitgliedern ernannt wurden.

Kardinal Hume, der Erzbischof von Westminster, war als Mitglied des Sekretariats für die Einheit der Christen und der Kongregation für die Ordensleute und Säkularinstitute (und bis 1980 auch als Mitglied des Sekretariats der Bischofssynode, für die Wojtyla ihn als Nachfolger vorschlug, als er selbst Papst wurde) durchschnittlich zwei- oder dreimal jährlich in Rom. Ich fragte mehrere andere Kardinäle, was sie selbst von ihrer Beteiligung an den Aktivitäten der Kurie hielten. Kardinal John Dearden (bis 1980 zwanzig Jahre lang Erzbischof von Detroit) erklärte, daß seine Arbeit für die Kurie auf zwei Ebenen abliefe: auf den Generalversammlungen in Rom und auf dem Korrespondenzweg, über den den Mitgliedern der Kongregation Fragen zur Beurteilung und Stellungnahme vorgelegt wurden. «Weil diese Tätigkeiten sehr unregelmäßig anfallen, kann man nicht leicht sagen, wieviel Zeitaufwand sie verlangen. Ich bin immer nach Rom gefahren, wenn eine Sitzung einberufen wurde. Die Häufigkeit solcher Sitzungen ist sehr unterschiedlich. Meist hält die Kongregation, der ich angehöre, nur einmal jährlich eine Plenarversammlung ab, manchmal in noch größeren Abständen. Insgesamt», überlegt Kardinal Dearden, «freue ich mich über meine Verbindung zur Arbeit der Kongregation. Ich bin sicher, daß es sich um eine echte Beteiligung an ihren Aufgaben handelt.»

Die Überlegungen von Kardinal Suenens hingegen (er erklärte 1979 seinen Rücktritt als Erzbischof von Mecheln-Brüssel und hat langjährige Erfahrungen mit der Kurie) klingen weniger optimistisch. Die Liste der Mitglieder und Konsultoren der Kongregationen ist lang, sagt er, aber die Zahl derer, die von außerhalb Roms zur jährlichen Vollversammlung der Kongregation kommen, ist begrenzt. Viele Konsultationen werden per Post abgewickelt. «Die Arbeit der Kongregationen liegt noch immer in der Hand der römischen Büros. Die Konsultoren, die einmal im Jahr nach Rom gerufen werden, haben keinen wirklichen Einfluß.»

Weit entfernt von den Problemen der Bistümer Europas und der Vereinigten Staaten ist Beirut im Libanon, die Residenz Seiner Seligkeit Maximos V. Hakim, des melchitisch-griechischen katholischen Patriarchen von Antiochia und dem ganzen Orient, von Alexandria und Jerusalem. Maximos V. (dem ich das erste Mal noch vor seiner Berufung in Haifa begegnete) ist das Oberhaupt der größten der katholischen Kirchen des orientalischen Ritus, die den Primat des Papstes anerkennen und mit Rom uniert sind. Er wird von der Synode der Melchitischen Kirche gewählt. In der verfahrenen Politik des Nahen Ostens spielt er eine aktive Rolle als Vermittler. Er hat sehr engagiert am Zweiten Vatikanischen Konzil teilgenommen, sieht den Vatikan aber eher kritisch-distanziert und auch die Kurie noch aus einer anderen Perspektive.

Die Beziehungen zwischen der Melchitischen Kirche und dem Vatikan werden durch das von Papst Pius XII. promulgierte «Orientalische» Kirchenrecht geregelt, in dem enge Beziehungen zu Rom festgesetzt sind. Eine Kommission, die gegenwärtig in Rom an einer Reform dieses Rechtsbuchs arbeitet, soll es, wie der Patriarch sich ausdrückt, «den östlichen Traditionen besser anpassen». Es wird wahrscheinlich noch mehrere Jahre dauern, bis die Kommission ihre Schlußfassung vorlegen wird, doch schon jetzt meint der Patriarch, daß seit dem Zweiten Vatikanum eine Klimaveränderung spürbar sei. «Unsere Beziehungen zum Vatikan konzentrieren sich jetzt fast ausschließlich auf die Kongregation für die Orientalischen Kirchen. Vieles hängt von Personen ab.» Der jetzige Präfekt ist zweifellos offener und verständnisvoller als sein Vorgänger. «Aber es bleibt noch viel zu tun, damit katholische Patriarchen im Vatikan genauso behandelt werden wie orthodoxe. Das Sekretariat für die Einheit der Christen ist sicher fortschrittlicher als die Orientalische Kongregation.»

Der Patriarch sieht keine Notwendigkeit, oft nach Rom zu reisen. Einen Briefwechsel hält er für effizienter. Trotzdem meint er, daß die Zentralisierung noch immer zu stark sei und man zu oft aufgefordert werde, sogar wegen geringfügiger Angelegenheiten nach Rom zu kommen. Der Patriarch lobt die weltweite Friedensarbeit des Heiligen Stuhls und bemerkt, daß er tatsächlich sehr gut organisiert sei, «viel besser als viele Staaten».

Zu Beginn des Pontifikats Johannes Pauls II. stammten von den Leitern der Kurienabteilungen, meist Kardinälen, sieben aus Italien, vier aus Frankreich und zehn aus anderen Ländern. Bei den Schlüsselstellungen der Abteilungssekretäre lag das Schwergewicht immer noch eindeutig bei Italien, wenn auch über die Hälfte der Sekretäre Nicht-Italiener waren.

Die in Rom lebenden Kurienkardinäle unterscheiden sich ganz erheblich in ihrem Lebensstil. Manche sind Einsiedler. Einige erfreuen sich herrlicher Wohnungen und der Geselligkeit, die sie ermöglichen. Öfter jedoch leben sie bescheiden wie der frühere Camerlengo Kardinal Bertoli, der eine gemütliche Wohnung über der Bushaltestelle an der lauten, ziemlich schäbigen Piazza della Città Leonina direkt vor den Mauern des Vatikans hat.

Auch die religiöse Einstellung der Kurienkardinäle ist so unterschiedlich wie ihre Lebensbedingungen und Temperamente. Einer von ihnen meint in liebevoller Resignation, daß Johannes Paul II. ein «Papst aus der Zeit vor dem Zweiten Vatikanum» sei.

Es gibt viele psychologische und auch ökonomische Gründe, weshalb die Kurie sich nicht zu einer wirklich internationalen Organisation verändert hat. Es ist beispielsweise weniger kostspielig, Personal aus den geistlichen Orden einzustellen (die eine besondere Gehaltsregelung haben und Verpflegung und Unterkunft in ihren eigenen Ordenshäusern in Rom erhalten können), als Laienpersonal oder Priester aus dem Ausland. Auch die Pensionierung stellt ein geringeres Problem dar. Eine Abteilung wie die Kongregation für die Glaubenslehre kann die nationalen Kollegien in Rom bitten – und tut es auch –, ihr Namen von Priesterstudenten vorzuschlagen, die als Beamte in Frage kommen. Aber, sagt ein englischer Priester, der als Untersekretär an der Kurie arbeitet, «das ist nicht die Art Arbeit, die Priester sich gewöhnlich vorstellen. Die gehen lieber in die Seelsorge . . .»

Dies löst kritische Fragen nach der grundsätzlichen Rolle des Priesters in der Welt aus, und es scheint einigermaßen taktlos, sie ausgerechnet in Rom zu stellen, wo so viele Priester Beamte sind. Die meisten von ihnen, einschließlich der Kurienkardinäle, leisten ohne Zweifel pastorale Arbeit unterschiedlichster Art, die in manchen Fällen mit erheblichen Anstrengungen und Opfern verbunden ist. Sie könnten auch vorbringen, daß die Arbeit für den Heiligen Stuhl letzten Endes auch Pastoralarbeit sei, doch selbst dieses Argument zerstreut nicht das Gefühl des Unbehagens, das diese Priesterbürokratie erzeugt. Inzwischen läßt die 33-Stunden-Woche den Kurienbeamten theoretisch noch Zeit für praktische Seelsorgearbeit, doch viele von ihnen haben noch eine Nebenbeschäftigung, um die recht niedrigen Gehälter aufzubessern.

An der Kurie arbeiten bedeutet auch, daß man in Rom arbeitet und unter Italienern lebt – möglicherweise für den Rest seines

Lebens, eine Aussicht, die nicht-italienischen Priestern mit völlig anderem Lebensstil als dem römischen nicht unbedingt attraktiv erscheint. Der Zufluß frischer Kräfte in die Kurie wird außerdem noch durch die an sich lobenswerte Einfuhrung von Pensionsregelungen eingeschränkt, auf die nur Kurienbeamte Anspruch haben, die mit weniger als fünfunddreißig Jahren eingestellt werden.

Vorerst bleibt also die konservative Mentalität der Kurie erhalten, und es gibt keine Garantie dafür, daß der alte Stil abgelöst wird, selbst wenn man in den Korridoren des Vatikans weniger Italienisch und mehr amerikanisches Englisch oder Spanisch oder Französisch oder Polnisch hört (am wenigsten wohl bei Polnisch). Ja, viele von denen, die von außerhalb geholt wurden, um dem Papst in der Kurie zu dienen, sind eingefleischte Traditionalisten geworden. Ein schlagendes Beispiel dafür war der verstorbene Kardinal John Wright, ein großer, lebensfroher, brillant begabter Mann, dessen Kurienkarriere für Katholiken, die ihn früher als einflußreichen, intelligenten Liberalen gekannt hatten, eher eine Enttäuschung war.

Herabsetzung oder Lob der Kurie können, wie ich nach ziemlich erbitterten Kontroversen bedrückt festgestellt habe, die Gemüter frommer Katholiken sehr erhitzen. Auf beiden Seiten kann man zahlreiche Beispiele für Entscheidungsschwäche oder Fehler in der Organisation anführen – oder für gesunden Menschenverstand und Offenheit im Umgang. Über allem schwebt so etwas wie eine Kurienmentalität, die nicht schwer zu definieren ist, aber Raum läßt für viele, viele Ausnahmen. Man kann sagen, daß sie sich in einer tiefen, schützenden Loyalität gegenüber dem amtierenden Papst ausdrückt, aber gern dazu neigt, ihre eigene Stimme als Fortsetzung der päpstlichen Autorität selbst zu betrachten. In der Theologie tendiert sie dazu, die Kirche als Besitzerin der ganzen Wahrheit zu sehen, und zwar in festgefügten Formeln; sie schreckt davor zurück, eine Weiterentwicklung der Lehre zu fördern, und schätzt eher die Einheit als die Vielfalt der katholischen Religion. In organisatorischer Hinsicht bevorzugt die Kurienmentalität Zentralisation, Hierarchie und die Bewahrung des Status quo.

Doch um fair zu sein: Die Kurie ist weder monolithisch noch eine träge Masse. Bei gewissen Mitgliedern und Beamten der Heiligen Kongregationen und anderer Kurienorgane sind Traditionalismus und Konservatismus so tief eingefleischt, daß dort vom Widerstand gegen die Lockerung der Beichtregeln bis zur Zurückweisung jeden Hauchs von Kritik an der Enzyklika *Humanae Vitae* alles zu erwarten ist. Irrtum auf seiten der Kirche ist für diese Geisteshaltung undenkbar. Aber es gibt Dutzende von Kurienbeamten mit liberaler Einstellung und Philosophie, und die Kurie als Gesamtorganisation kann ihr Räderwerk noch immer zu gewaltigen Veränderungen in Gang setzen, wie das bei der Umsetzung zahlreicher (besonders den katholischen Gottesdienst betreffender) Entscheidungen des Zweiten Vatikanischen Konzils der Fall war.

Entscheidungen der Römischen Kurie können weitreichenden Einfluß auf das religiöse und moralische Verhalten von Millionen Menschen haben. In der katholischen Gottesdienstordnung zum Beispiel setzte die Heilige Kongregation für die Sakramente und den Gottesdienst unter der Leitung des Präfekten Kardinal Tabera und des Sekretärs Msgr. (später Erzbischof) Annibale Bugnini einschneidende liturgische Änderungen mit entscheidenden kulturellen und geistlichen Konsequenzen durch; sie erschütterten die katholischen Gemeinden in der ganzen Welt von Nairobi bis Tokio. Durch diese liturgische Revolution bekamen die meisten Katholiken eine erste Vorstellung von der Arbeit des Zweiten Vatikanischen Konzils.

Auf moralischem Gebiet befassen sich nur wenige andere religiöse Organe mit einer so sensiblen Materie wie die Sacra Romana Rota, die über individuelle Petitionen zur Annullierung einer Ehe entscheidet. (Die Kirche hält an der Unauflöslichkeit der Ehe fest; eine Annullierung löst eine Ehe auf, bei deren Schließung es sich um einen nichtigen Akt gehandelt hat.) Die Rota besitzt ein eigenes eingebautes Appellationssystem von einem *turnus* von drei

Richtern zu einem anderen *turnus*. Blutsverwandtschaft ist ein Grund zur Annullierung; angerufen werden muß das für den Trauungsort zuständige bischöfliche Gericht oder die Rota. Im Gegensatz zur Annullierung wird die Auflösung einer Ehe entweder als eine Auflösung zugunsten des Glaubens (als Auflösung einer ursprünglich gültigen Ehe zwischen einer getauften und einer nichtgetauften Person) durch die Kongregation für die Glaubenslehre behandelt oder aber als Nichtvollzug der Ehe durch die Kongregation für die Sakramente.

Die anderen römischen Gerichtshöfe sind das Oberste Tribunal der Apostolischen Signatur und die Apostolische Pönitentiarie. Erstere ist ein Kassationshof, der sich mit der Gültigkeit oder Ungültigkeit einer Entscheidung der Rota befaßt; solche Appelle (zum Beispiel aufgrund von Verfahrensfehlern) sind sehr selten. Letztere ist für besondere Gewissensfragen zuständig, wie etwa die Gewährung der Absolution für einen Priester, der automatisch wegen des «Versuchs» einer Ehe exkommuniziert wurde.

Die Sacra Romana Rota ist der meistbeschäftigte und größte der drei Gerichtshöfe. Er setzt sich zusammen aus einundzwanzig Prälaten unter dem Vorsitz eines Dekans, einem ständigen vatikanischen Mitarbeiterstab von fünfzehn Priestern und einem Ausbildungsseminar für Kirchenrechtler. Das Gericht tagt im Palazzo della Cancelleria, um über Fälle zu entscheiden, die ihm von Katholiken aus der ganzen Welt vorgelegt werden. Grundsätzlich untersucht die Rota, ob ein «Mangel an Urteilsvermögen» vorlag, der unter anderem durch erhebliche persönliche Unreife begründet sein kann. Seine Entscheidungen verkündet das Gericht meist erst nach langwierigen Verfahren, die manchmal Jahre dauern.[3]

Mag die Kurie Vergleiche mit weltlichen Regierungen noch so sehr herausfordern, entzieht sie sich ihnen doch zugleich. Das Profane ist hier heilig, das Heilige profan. Das Ewige wird zum Alltäglichen. Wahre Ströme von Vorschlägen und Instruktionen ergießen sich über die Kirche draußen in der Welt. Die Gespräche sind voll der schönsten Argumente, doch «wovon man nicht sprechen kann, darüber muß man schweigen» (Wittgenstein); wenn ein Beamter vielleicht sagt, was er denkt, so betrachtet der nächste alle Fragen mit Mißtrauen, und ein dritter hat Angst zu antworten.

Manchmal braucht es eine Weile, bis das Eis schmilzt; so ging es mir mit P. Henri de Riedmatten OP, bis zu seinem Tod 1979 Sekretär des Päpstlichen Rates *Cor Unum.* Ich erwähne ihn hier hauptsächlich als typischen Vertreter jener Vatikanbeamten von bescheidenem Rang und Titel, von denen man außerhalb der Kurie kaum etwas hört, die aber weitreichenden, mitunter entscheidenden Einfluß haben. Von dem gebürtigen Schweizer, der in Oxford studiert hatte, hinge, wie man mir sagte, Erfolg oder Mißerfolg jeder Arbeit über den Vatikan ab.

Neben seiner Stellung als Sekretär von *Cor Unum* war er Konsultor der Kongregation für die Glaubensverbreitung, des Päpstlichen Rates für die Laien, der Päpstlichen Kommission für Lateinamerika und des Rats für die Familie. Im Frühjahr 1977 stieg ich vom Damaso-Hof aus über eine Wendeltreppe an der *Galleria Lapidaria* vorbei hinauf zu seiner kleinen Bürosuite. P. de Riedmatten trug das weiße Habit seines Ordens mit einem braunen Gürtel und schwarzen Schuhen. In exzellentem Englisch sagte er: «Wir lügen nicht im Vatikan, aber wir sagen nicht immer alles.»

P. de Riedmattens Einfluß basierte auf seiner achtzehnjährigen Tätigkeit für die Kurie, seiner raschen Intelligenz und seiner unerschütterlichen Loyalität gegenüber den päpstlichen Entscheidungen. Er war einer der *periti* – der theologischen Experten –, die für das Zweite Vatikanische Konzil ernannt wurden. Er diente im diplomatischen Dienst des Vatikans und vertrat vor und nach seiner Berufung in den Rat *Cor Unum* 1971 vor allem die Politik des Heiligen Stuhls zu Fragen der Bevölkerungs- und Geburtenkontrolle. Seine Organisation wurde 1979 unter der Präsidentschaft des Kardinalstaatssekretärs als «bescheidene Einrichtung» gegründet, um dem Heiligen Stuhl und den internationalen katholischen Hilfswerken in verschiedenen Ländern ein Forum zu bieten, zum Beispiel dem British Catholic Fund for Overseas Development, den amerikanischen katholischen Wohlfahrtsverbänden und dem deutschen Misereor – den weltweiten Caritas Internationalia. Ihre Hauptaufgabe ist die Koordinierung von Hilfsaktionen in Katastrophenfällen. «Ich reise in alle Katastrophengebiete . . .», sagte P. de Riedmatten.

Ein anderer Dominikaner, der 1916 in Brussel geborene Erzbischof Jérôme Hamer, ein langgedienter Beamter des Heiligen Stuhls, hat durch seinen Posten in einer Kurienabteilung, deren Geschichte über vier Jahrhunderte bis zum Jahr 1542 zurückreicht, sichtbareren, wenn auch nicht wirkungsvolleren Einfluß ausgeübt. Ihr erster präziser Name war Kongregation für die römische und allgemeine Inquisition der häretischen Verkehrtheit. Nach ihrer Vereinigung mit der Kongregation für den Index erhielt sie den Namen Kongregation des Heiligen Offiziums. Heute heißt sie Kongregation für die Glaubenslehre. Ihr Zuständigkeitsbereich wurde dem veränderten Klima der Kirche nach dem Zweiten Vatikanum entsprechend vorsichtig modifiziert. Jetzt erstreckt sich ihre Kompetenz auf das gesamte Gebiet der katholischen Glaubens- und Sittenlehre sowie alle mit der Glaubenslehre zusammenhängenden Fragen, auf Spezialstudien aus diesen Gebieten, die Überprüfung und, wenn nötig, Korrektur neuer Lehren und Auffassungen, die Prüfung und Verurteilung von Büchern und die Verurteilung von Vergehen gegen den Glauben. Sie hat die Macht eines Gerichtshofes. Ihre Verfahren sind geheim.

Innerhalb der Kurie nimmt die Glaubenskongregation eine zentrale Stellung ein: rangmäßig im Schatten des Staatssekretariats, doch an der Spitze aller Kongregationen. In den letzten Jahren hat es Theologen wie die Dominikanerpatres Jacques Pohier und Edward Schillebeeckx nach Rom zitiert, damit sie zu Vorwürfen gegen ihre Schriften Stellung nähmen; es hat «Irrtümer und gefährliche Behauptungen» in einem französischen theologischen Werk verurteilt; ferner hat es an die Bischöfe der Vereinigten Staaten geschrieben, um sie auf ein Buch über Fragen der Sexualität aufmerksam zu machen, und die (katholischen) Autoren aufgefordert, ihre «fundamentalen» Irrtümer zu korrigieren; schließlich hat es verlangt, daß die holländischen Bischöfe ihre Einstellung zur Homosexualität erläutern, und den Professoren Hans Küng und Charles Curran die Lehrerlaubnis entzogen.

Von Zeit zu Zeit werden immer noch Katholiken, sehr selten auch Laien, in Rom wegen unmoralischer Lehre oder unsittlichen Benehmens «denunziert», und wo sie es für angebracht hält, besteht die Kongregation auf einer gründlichen Vernehmung. Positiver äußert sie sich häufig den Bischöfen der Welt gegenüber zu wichtigen, aktuellen theologischen Themen; 1979 etwa verschickte sie einen vom Papst bestätigten Brief, der die traditionelle katholische Lehre über das Leben nach dem Tode noch einmal ins Gedächtnis rief. Erzbischof Hamer betont in der Unterhaltung denn auch die positive Rolle der Glaubenskongregation in der Lehre weit stärker als ihre traditionelle inquisitorische Funktion.

Er hat den Ruf eines in der Wolle gefärbten und aggressiven, kompromißlosen Konservativen. Wenn er spricht und dabei immer wieder in die Hände klatscht, um seinen Worten Nachdruck zu verleihen, begreift man, daß man einen starken, rationalen und unbeugsamen Geist vor sich hat.

Mit achtzehn Jahren trat Erzbischof Hamer in den Dominikanerorden ein und promovierte bei Karl Barth in der Schweiz. Er lehrte in Belgien und war sieben Jahre lang Studienleiter in Paris. 1962 wurde er Konsultor in Rom, wurde unter Kardinal Willebrands Sekretär des Sekretariats für die Einheit der Christen und kam dann zur Kongregation für die Glaubenslehre als ein Mann, das spürt der Besucher sogleich, der endlich seinen Platz gefunden hat. Hier trug ihm das Amt des Sekretärs die Mitra des Erzbischofs ein.

Die Metapher, die er mir gegenüber benutzte, um die Kongregation für die Glaubenslehre zu beschreiben, ist die eines «Bergführers». Aufgabe der Heiligen Kongregation sei es, dafür zu sorgen, daß «der Glaube die Grundlage ist für alles, was in der Kirche geschieht . . .».

Das Wort «Inquisition» verschwand 1908 aus dem Titel des Heiligen Offiziums. 1965 erhielt die Kongregation neue Direktiven durch das Motuproprio Papst Pauls VI. *Integrae servandae*; es betonte «die Verbreitung einer gesunden Glaubenslehre», nicht mehr das Ausrotten von Irrtümern. Erzbischof Hamer ist überzeugt, daß immer noch «Wachsamkeit» gegen die Verbreitung falschen Gedankengutes nötig sei, sagt aber, daß die Kongregation jetzt eine positivere Rolle spiele. Der Prozeß der Verfolgung von Irrtümern (bis 1966 Aufgabe eines besonderen Kommissars) dominiert nicht mehr in ihrer Arbeit, und der Index verbotener Bücher, die Katholiken weder lesen noch besitzen dürfen, hat nicht länger die Kraft eines kirchlichen Gesetzes, obwohl man einwenden kann, daß er immer noch seinen moralischen Wert behält.

Der Kongregation gehören elf Kardinäle und die satzungsgemäßen sieben Bischöfe an, außerdem fünfunddreißig feste Angestellte und dreißig Konsultoren der verschiedensten Nationalitäten. Einige von ihnen sind Sekretäre anderer römischer Kongregationen; die meisten wohnen in Rom. Sie haben alle eine «einwandfreie» theologische Einstellung, sagt der Erzbischof.

Die Kongregation besteht aus vier Hauptabteilungen: für die Lehre, für die Priester (zuständig etwa für den Dispens von den priesterlichen Pflichten), für die Ehe (sie ist etwa zuständig in der schwer verständlichen Materie des paulinischen Glaubensprivilegs, aufgrund dessen sogar «gültige» Ehen um des Glaubens willen annulliert werden können) und für die Disziplin (zuständig etwa für die Verteidigung der «Würde» des Bußsakraments und des Sakraments der Eucharistie).

Die hauptamtlichen Leiter der Kongregation treffen jeden Sonnabend zu einer Sitzung zusammen, um zu entscheiden, welche der vorgelegten Fälle vorrangige oder untergeordnete Bedeutung haben. Ein minder wichtiger Fall kann noch auf derselben Sitzung entschieden werden. Ein wichtigerer Fall wird mindestens einem der Experten der Kongregation zur Bearbeitung vorgelegt; sein Kommentar wird dann den Konsultoren zugeschickt, die sich jeden Montag versammeln. Nach Studium der Dokumentation und Kommentare äußert jeder Konsultor seine Meinung in der Woche darauf – manchmal auch später – in der Montags-*Consulta.* Die Ergebnisse (Majorität und Minorität) werden dann mit den früheren Kommentaren und der Dokumentation zusammen den neun Kardinälen der Kongregation zugestellt, die mittwochs tagen. Die Entscheidungen, denen sie zustimmen, werden dann freitags zum Papst gebracht (der das vollständige Dossier schon erhalten hat) und ihm vom Kardinalpräfekten oder Sekretär während der Audienz vorgelegt. Der Papst kann die Entscheidung gutheißen, ändern oder zu weiterer Bearbeitung zurückgehen lassen.

Erzbischof Hamer hat mir diese sorgfältig befolgte Prozedur liebevoll und detailliert beschrieben. Er ist stolz auf ihre Gründlichkeit und Sorgfalt und nicht weniger auf die Rolle des neuen Heiligen Offiziums in der Verbreitung der orthodoxen Lehre und der Verteidigung des Glaubens. Einmal zeigte er sich ein wenig beleidigt, als ich ihn fragte, ob er «noch immer Thomist» sei. «Wieso *noch immer* Thomist?» rief er aus.

Für den Dominikaner Jérôme Hamer ist die Philosophie des Dominikaners Thomas von Aquin Teil der zeitlos gültigen Philosophie, die «großen Reichtum für die Zukunft» in sich berge. Bezeichnenderweise glaubt er, daß der wahre Theologe Pluralismus – das Nebeneinander verschiedener theologischer und philosophischer Schulen – als «Konsequenz der *conditio humana*» akzeptiere, aber er gibt die Hoffnung nicht auf, daß die Einheit des Wissens zu erreichen sei, und weiß, daß theologische Forschung ihn «auf die Schau Gottes vorbereitet, wo die pluralistische Flikkendecke keinen Sinn mehr haben wird». Diese Gewißheit des Zieles ist der Kern dessen, was ich die Kurienmentalität genannt habe. Sie zeigt, weshalb für die Heilige Kongregation – zum Unwillen vieler katholischer Intellektueller – die Verdammung des Irrtums die Kehrseite der Glaubenslehre bleibt und nach wie vor, wenn auch in milderer Form als in der Vergangenheit, mit Nachdruck durchgesetzt wird.

Als Papst Paul VI. begann, die Kurie zu erneuern, wurde Jérôme Hamer aufgefordert, in das Sekretariat für die Einheit der Christen einzutreten, und einem anderen belgischen Dominikaner, Msgr. Charles Moeller, wurde das Amt des Untersekretärs der

Glaubenskongregation angeboten. Er fühlte sich in dieser Stellung nicht wohl, sagt man, worauf die beiden Männer die Abteilungen tauschten, und so war jeder in seinem Element. Diese Episode kann als Warnung gegen Pauschalurteile über die Kurie gelten, besonders seit zu den uralten Kongregationen und Büros neue Sekretariate und Kommissionen mit zusätzlichen internationalen Mitarbeitern hinzugekommen sind.[4]

Das Sekretariat für die Einheit der Christen liegt buchstäblich an der Frontlinie der Kurie – es muß ständig darauf gefaßt sein, von innerhalb wie außerhalb der Mauern des Vatikans angeschossen zu werden. Tatsächlich liegt es auch gerade außerhalb der Vatikangrenze in der Via dell'Erba 1. In seinen überfüllten Büros herrscht eine Atmosphäre von Zwanglosigkeit und ständiger Überlastung. Der Urheber dieses wichtigsten Sekretariats war Papst Johannes XXIII. Er setzte 1960 als ersten Leiter den hervorragenden deutschen Jesuiten Kardinal Bea ein. Heute hat es zwei Sektionen, eine für die orientalischen und orthodoxen Christen, die andere für die verschiedenen christlichen Konfessionen der westlichen Welt. Zum Sekretariat, das den ökumenischen Dialog und die Einheit der Christen fördern soll, gehört auch eine Kommission für jüdische Angelegenheiten; es unterhält Verbindungen zum Sekretariat für die Nichtchristen, zur Kommission für den Islam und zum Sekretariat für die Nichtglaubenden (alle von Papst Paul VI. gegründet). Sein erster Sekretär Johannes Willebrands, Erzbischof von Utrecht, ist jetzt Kardinalpräsident. Das Sekretariat hat siebenundzwanzig Mitglieder, sieben davon Kardinäle, einen Mitarbeiterstab von fast zwanzig Personen und über dreißig Konsultoren.

Die Gründung des Sekretariats wurde durch die große Vision von der Einheit aller Christen inspiriert. Seine Energien scheinen zeitweilig eher auf Scharmützel mit konservativeren Kurienabteilungen gerichtet. Seine immer noch mit großem Engagement arbeitenden Beamten haben Geduld, Umsicht und Realismus gelernt. Sie sagen, daß in ökumenischen Fragen die deutschen Bischöfe in jeder Hinsicht vorangehen, während die französischen eher dazu neigen, Rom zu konsultieren. Sie selbst versäumen nicht, andere Abteilungen wie die Kongregation für die Glaubenslehre um theologische Stellungnahme zu eigenen Initiativen zu bitten, wenn sie es für notwendig halten. Mit ihrer Flexibilität, gemischten Besetzung und allgemeinen Ungezwungenheit verkörpern sie den neueren Typ der Kurienbürokratie.

Ein amerikanischer Jesuit, der dort arbeitet, beschreibt seinen Tagesablauf wie folgt: «Täglich um 8.45 Uhr versammeln sich alle Mitarbeiter des Sekretariats zur Besprechung. Unser Generalsekretär informiert uns über alles, was vorliegt. Da geht es zum Beispiel um einen Brief des Erzbischofs von Canterbury an den Papst, zu dem dieser unseren Rat hören möchte. Wir diskutieren immer alles in der Gruppe – das hat Kardinal Bea damals so eingeführt.
Oder da ist vielleicht ein Brief vom Weltbund der Bibelgesellschaften, der gerne eine Gesellschaft in Italien gründen möchte. In diesem konkreten Fall sagten wir zum Beispiel, daß wir zwar interessiert, aber die italienischen Bischöfe zuständig seien ... Um elf Uhr haben wir eine Kaffeepause mit Keksen – auch Beas Idee –, und der Kardinal hört sich an, worüber gerade entschieden wird, und möchte vielleicht noch etwas ändern. Bis 12.30 oder 13.00 Uhr besprechen wir weitere dringende Fragen. Wir haben ein sehr gutes Arbeitssystem entwickelt, sehr demokratisch. Bea hat hervorragende Leute zusammengeholt, und Willebrands hat so weitergemacht. Wir sind ein sehr fröhliches Team.»

Im Erdgeschoß desselben Gebäudes liegen die Büros des Sekretariats für die Nichtchristen, wo ich viele Beamte durch Vermittlung des verstorbenen Präsidenten Kardinal Sergio Pignedoli kennengelernt habe. Pignedoli war einer der *papabili* – der möglichen Päpste – bei den letzten beiden Wahlen. Er war einer der liebenswürdigsten Kurienkardinäle alten Stils; geboren in Reggio Emilia, wo er ins Seminar eintrat, dann Kaplan der italienischen Marine im Zweiten Weltkrieg, machte er später glänzende Karriere im Staatssekretariat. Von 1973 bis 1980 stand er an der Spitze des

Sekretariats für die Nichtchristen und war Mitglied von fünf anderen Kurienabteilungen.

Als wir uns das erste Mal begegneten, entschuldigte Kardinal Pignedoli sich für seine formelle Kleidung; er war gerade auf dem Weg zum österreichischen Botschafter und trug die schwarze Soutane mit roten Knöpfen und ein großes Kreuz mit Schachbrettmuster. Sein Hobby seien «junge Leute», sagte er, die er gern in seine Wohnung im Vatikan einlud und deren Fotos er sammelte, um sein Gedächtnis zu trainieren. Mit Tausenden in der ganzen Welt – insgesamt über 6000 – stand er in Briefwechsel. In seiner Photosammlung hatte er 12 000 Dias.

Der Kardinal betonte, die Arbeit seiner Abteilung bestehe im Dialog; sie wolle nicht bekehren. Das Sekretariat war in drei Sektionen gegliedert: für die Moslems (eine Kommission unter einem arabischen Priester aus Ägypten), für die großen Religionen Asiens (zum Beispiel den Buddhismus) und für die kleineren regionalen Religionen (Afrikas, des Pazifik, der amerikanischen Indianer). «Wir suchen nach Gemeinsamkeiten. Wir diskutieren über den Stand der Religion in der heutigen Welt; über die Grundlagen der Moral. Hier versuchen wir, die großen Bücher anderer Religionen zu verstehen, den Koran, die Veda. Wir bieten gegenseitigen Unterricht in Schulen und Universitäten an.»

Pignedoli ist unermüdlich und mit offenen Augen gereist. Als junger Kardinal fuhr er mit der Transsibirischen Eisenbahn durch die Sowjetunion. In den letzten Jahren verbrachte er die meiste Zeit in Rom, aber als ich ihn das letzte Mal sah, hatte er gerade die Parsen in Bombay besucht. («Es gibt dort hunderttausend», sagte er, «und weitere zehntausend im Iran. Sie sind Monotheisten. Das Feuer ist für sie ein Symbol Gottes. Sie glauben an ein Prinzip des Bösen. Vor der Reise habe ich ihre heiligen Schriften gelesen, besonders die Avesta.») Er war zudem auch in den Golfstaaten, Hongkong und Japan gewesen und hoffte, noch nach China zu fahren. Doch im Sommer 1980 starb er. Erzbischof (jetzt Kardinal) Jadot wurde zum neuen Präsidenten des Sekretariats ernannt; jetzt (1986) hat Kardinal Francis Arinze dieses Amt inne.

Sekretär ist P. Marcello Zago als Nachfolger von Msgr. Rossano, der Weihbischof von Rom wurde.

Das Sekretariat für die Nichtchristen umfaßt zweiundzwanzig Mitglieder, über vierzig Konsultoren und ein bescheidenes Personal von acht Personen. Der frühere Sekretär, Msgr. Pietro Rossano aus Turin, sagt, das Sekretariat sei ein Symbol für die Bereitschaft des Heiligen Stuhls, mit Nichtchristen in Austausch zu treten, auch mit solchen, die nicht den großen traditionellen Religionen angehören. Es sucht nach gemeinsamen religiösen Elementen. Es möchte die weltweite Notwendigkeit freier Formen der Religionsausübung betonen, die zum Beispiel in der islamischen Welt, wo starker sozialer Druck ausgeübt wird, noch gänzlich fehlen. Es strebt an, daß die Menschen die positiven Elemente anderer Religionen entdecken, die es in ihrer eigenen vielleicht nicht gibt.

Msgr. Rossano lehrte an der Gregorianischen Universität. Anfangs war er Konsultor des Sekretariats. Etwa zwei Monate im Jahr war er auf Reisen, um andere Religionen vor Ort zu studieren. Das Christentum hat ein schlechtes Ansehen in der Welt, sagte er mir. Es ist zu stark mit dem Kolonialismus verknüpft. Es müßte sich neue Zugänge eröffnen. Das Sekretariat ist erst dabei, seine eigene Rolle zu finden – verglichen mit fünfzig Jahren christlicher Ökumene ist sein Arbeitsgebiet noch sehr jung.

P. John Bosco Masayuki Shirieda, der Untersekretär des Sekretariats, wohnt in Rom im Haus der Salesianer bei seinem eigenen Orden. Er ist ein rundlicher, lächelnder japanischer Priester, der viel in Bildern spricht und gesteht, daß er sich nie hätte träumen lassen, eines Tages in den Vatikan zu kommen. Doch das ist bescheidene Untertreibung. P. Shirieda wuchs als Buddhist auf. Im Zweiten Weltkrieg war er Kamikaze-Kadett. Als er aus dem Krieg heimkehrte, war das Haus seiner Familie zerstört. Ein Salesianer-Priester von der Mission erwischte ihn beim Nägelstehlen. Als er sagte, wie schrecklich er sich schäme, gab der ihm mehr Nägel, als er tragen konnte. Als er wieder zur Mission kam, fragte der Priester ihn, ob er noch mehr Nägel brauche, aber Shirieda sagte, er wolle ihm einfach nur folgen, ohne Christ zu werden. Der Priester starb später bei dem Versuch, einen Freund Shiriedas bei einem Brand zu retten. «Er hatte gesagt, sein Körper solle sich mit japanischer Erde vermischen. Damals wurde ich Christ ...» Shirieda wurde Professor in Tokio und war der Kurie gegenüber immer sehr kritisch eingestellt. Er möchte Japaner bleiben: «Ein Christ kann und sollte Japaner sein; ein Japaner kann und sollte Christ sein.» Er überlegt, daß es in Japan nur 400 000 Katholiken gibt – aber vielleicht sei es besser, wenn sie in der Minderheit blieben: «Christus machte ein Angebot – er gab keinen Befehl ... Die Minderheit läuft weniger Gefahr, in Hybris zu verfallen, als die Mehrheit.»

Mit einem Bild Goethes bemerkt Shirieda, daß das Leben im Vatikan ihm vorkomme, als betrachte man in einer Kirche die bunten Glasfenster, durch die von außen das Sonnenlicht fällt; von außen sehe man nur die häßliche Bleifassung, auf der die Sonne liegt. «Und man muß weitsichtig in die Zukunft der Kirche schauen, sonst sieht man nur die eigenen Wimpern.» Er selbst sieht den Heiligen Stuhl als lebendiges Zentrum und Garanten der Einheit der universalen Kirche. Korea und Japan liegen nahe beieinander, sagt er, aber zwischen den katholischen Kirchen Koreas und Japans gibt es keinen direkten Kontakt. Er wurde erst durch Rom hergestellt.

P. Shiriedas Sicht der einheitsstiftenden Rolle des Heiligen Stuhls ähnelt der Erzbischof Foleys von der Kommission für die Instrumente der sozialen Kommunikation und der Kardinal Etchegaray in einer anderen «neuen» Abteilung, der Päpstlichen Kommission *Iustitia et Pax*.

Die Kommission für Gerechtigkeit und Frieden mit Sitz im Palazzo San Callisto hat es nicht leicht gehabt, seit sie im Januar 1967 auf Empfehlung des Zweiten Vatikanischen Konzils gegründet wurde. Die erste Versuchsfrist von einem Jahr wurde um weitere fünf Jahre verlängert. Ihre endgültige Struktur erhielt die Kommission durch das Motuproprio Papst Pauls VI. vom 10. Dezember 1967, *Iustitiam et Pacem*. Dieses Dokument holte die Kommission wieder unmißverständlich unter den Einfluß des Staatssekretariats zurück. Sie wurde definiert als «die Organisation des Heiligen Stuhls, die sich (vom Standpunkt der Doktrin, der Seelsorgearbeit und des Apostolats) kritisch mit den mit Gerechtigkeit und Frieden verbundenen Problemen beschäftigt – mit dem Ziel, im ganzen Volk Gottes volles Verständnis für diese Fragen und ein Bewußtsein seiner Rolle und der Pflichten zu wecken, die ihm auf dem Gebiet der Gerechtigkeit, der Entwicklung der Völker, des menschlichen Fortschritts, des Friedens und der Menschenrechte zufallen . . .». Der Kommission *Iustitia et Pax* gehören unter ihrem Präsidenten vierundzwanzig Mitglieder an, darunter sechs Frauen. Unter ihrem Sekretär, Msgr. William F. Murphy, arbeitet ein Stab von sechzehn Leuten (sechs davon Frauen); es gibt zwölf Konsultoren.

Über die Kommission sprach ich mit ihrem damaligen Präsidenten, Kardinal Bernardin Gantin. Er ist ein hochgewachsener, gutaussehender schwarzer Afrikaner, der 1922 in Dahomey (jetzt Volksrepublik Benin) geboren wurde. Sein afrikanischer Name bedeutet «Baum aus Eisen in afrikanischer Erde». Sein Vater war ein von katholischen Missionaren erzogener Eisenbahnarbeiter. Nach der Seminarausbildung ging Gantin 1953 nach Rom und studierte an der Städtischen und an der Lateran-Universität. Papst Johannes XXIII. ernannte ihn zum Erzbischof von Cotonou. 1970 wurde er als Untersekretär (später Sekretär) der Kongregation für die Glaubensverbreitung nach Rom gerufen. Er kam dann zur Kommission *Iustitia et Pax* und war dort, als sie im Rang aufstieg und ihr Leiter zum Kardinal ernannt wurde. Im zweiten Konklave von 1978 gab es sogar gewisse Spekulationen, daß er der zweite schwarze Papst werden könnte (wenn man den heiligen Viktor als den ersten akzeptiert).

Seine Arbeitsroutine glich der der meisten anderen gewissenhaften Kurienkardinäle: Er begann um 9 Uhr mit der Durchsicht der eingegangenen Post und der Mitteilungen des Staatssekretariats; um 9.15 Uhr war Arbeitsbesprechung mit den Mitarbeitern. Bis 13.30 Uhr arbeitete Gantin mit seinen Beamten zusammen. Nachmittags zog er sich in seine Wohnung über dem Büro zurück. Während der Woche nahm er an den Sitzungen verschiedener anderer Kurienabteilungen wie des Rats *Cor Unum* teil. Einmal wöchentlich berichtete er dem Staatssekretär über die Arbeit seiner Abteilung und sah den Papst, «wenn dazu Notwendigkeit besteht». Seine Hauptaufgabe schien darin zu liegen, Leuten zuzuhören, die aus Kirchen der ganzen Welt kamen, um ihm ihre Nöte zu erzählen, und zu helfen, wenn er konnte. Eine Gruppe katholischer Kardinäle und Bischöfe hatte versucht, die Bedürfnisse der Armen und Hungernden in den Entwicklungsländern in den Vordergrund der Diskussionen des Zweiten Vatikanischen Konzils zu stellen. Das Konzil veröffentlichte ein Dokument, die Pastoralkonstitution *Die Kirche in der Welt von heute*, die sich grundsätzlich zum Problem der internationalen sozialen und ökonomischen Gerechtigkeit äußerte. Sie führte auch zur Einrichtung der Päpstlichen Kommission, die nach der Vorstellung ihrer Urheber vor allem für eine positivere Rolle der katholischen Kirche bei der Förderung der weltweiten Wirtschaftsentwicklung sorgen sollte. Kardinal Gantin nennt diese Kommission einzigartig, da sie aus dem Vatikanischen Konzil und der Initiative Papst Pauls VI. (vor allem ausgedrückt in der Enzyklika *Populorum Progressio*) geboren wurde.

Die Kommission für Gerechtigkeit und Frieden befaßte sich in ihren ersten Jahren vor allem mit der Frage, wie die reichen Nationen den Entwicklungsländern helfen könnten. Wie weit sie «Friedensfragen» angehen solle, war immer ein Problem, ebenso die umstrittenen Fragen der Abrüstung und Bevölkerungsplanung. Kardinal Gantin war mehr und mehr dazu übergegangen, sich mit «menschlicher Würde» zu befassen, ein Begriff, der weiten Spielraum für die verschiedensten Interessen- und Problembereiche läßt. Es kommt öfter vor, daß die Kommission bei manchen katholischen Bischöfen in der Welt Verwirrung stiftet, manchmal sogar deren Widerstand herausfordert. Fast alle nichtkommunistischen Länder haben ihre eigenen *Iustitia et Pax*-Kommissionen, die der nationalen Kirchenhierarchie verantwortlich sind und in loser Verbindung zu der Kurienabteilung stehen. Einige, zum Beispiel die Kommission Rhodesiens (jetzt Zimbabwes) in den 70er Jahren, haben sich politisch eindrucksvoll, ja heroisch eingesetzt.

Die Mitglieder der Päpstlichen Kommission in Rom machen sich Gedanken über ihre zukünftige Rolle und ihre Einflußmöglichkeit. Bezüglich der notwendigen Hilfsmaßnahmen sind die internationalen Aktivitäten zurückgegangen. In der Weltentwicklung herrscht Stillstand. Die Kommission ist voll in das römische System integriert. Nachdem ihre Hilfs- und Friedensarbeit ihr durch andere Kurienabteilungen und Initiativen des Papstes selbst weitgehend aus den Händen genommen wurde, könnten ihre Vorstöße auf dem Gebiet der Menschenrechte und Menschenwürde zunehmend in die Schußlinie geraten.

Doch Kardinal Gantin sagte schlicht, daß das Hauptanliegen die hungernden Menschen auf der Welt seien und die reale Herausforderung, die ihr Elend für uns darstellt. Er sah die Rolle der Kommission vor allem in ihrer versöhnenden Funktion. «*Populorum Progressio* ist unsere Magna Charta. Die beiden Schlüsselwörter: *Völker*, nämlich alle Menschen, arm und reich, weiß und schwarz, mit gleichen Grundrechten, und *Fortschritt*, der den Gedanken einer Entwicklung aller betont, fordern dazu auf, daß sich die Reichen genauso wie die Armen selbst ihrer Situation bewußt werden müssen. Die Reichen müssen ihre Gaben, welche das auch seien, mit den Kranken, den Ungebildeten, den Hungernden teilen. Aber die Welt darf nicht in verschiedene Lager gespalten werden. Schon die Aufteilung der Menschen in Arme und Reiche stiftet Verwirrung – wie in Amerika, wo es krasse Extreme innerhalb ein und derselben Stadt gibt. Die Welt ist eine brüderliche Gemeinschaft menschlicher Wesen.»

Inmitten der offensichtlichen Gefahr von Konfusion und Kontroverse in dieser Kommission – «unsere Arbeit ist heikel, schwierig; wir sind auf einer *lunga strada*» – findet Gantin das einigende Prinzip im sichtbaren Symbol des Papstes. «Wenn Rom zerstört würde, könnte der Papst nach New York gehen. Vielleicht geht der Papst eines Tages woandershin», sagt er fast gleichgültig. In

Wirklichkeit empfindet der Kardinal in Rom und im Vatikan eine tiefe Übereinstimmung zwischen seinem Glauben an die Universalität der Kirche und seiner Erfahrung mit dem Heiligen Stuhl. «Es herrscht hier ein starkes Familiengefühl. Wir leben als Brüder und Schwestern zusammen. In vielen afrikanischen Staaten gibt es mehr Hoheitsansprüche und Gepränge als im Vatikan. Der Papst ist der Hirte, der Diener der Kirche, und die Kurie ist da, um ihm zu dienen. Scheinbare Geheimniskrämerei hat ihren Grund im Respekt vor den Menschen. Die Kurie ruht auf einem Fundament von Vertrauen, von *fiducia.*»[5]

Kritische Stimmen, die Römische Kurie sei immer noch zu italienisch und theologisch von blindem Gehorsam beseelt, wurden bereits erwähnt. Man hört Geschichten wie die von dem mittleren Beamten oder *minutante* der Propaganda Fide, der gerade Notizen zerriß, die er sich von einigen erregten Äußerungen des Erzbischofs gemacht (und an den Kardinalpräfekten weiterzuleiten versprochen) hatte, als dieser unerwartet noch einmal zurückkam, um seinen Regenschirm zu holen. Man beschuldigt die Kurie, auf verleumderische Art die Glaubenstreue von Priestern in Frage zu stellen, deren Ansichten in bestimmten moralischen oder theologischen Fragen von der Kurienlinie abweichen. Gewisse Persönlichkeiten, die auf mehreren Ebenen zahlreicher Kurienorgane Ämter innehaben, sollen ständig damit beschäftigt sein, Änderungen in der Kirchenleitung zu torpedieren, um ihren eigenen Einfluß nicht zu verlieren. Gegner der Kurie könnten sagen, daß sie ihre Version der Wahrheit verteidigt, koste es, was es wolle; die Kurie selbst hingegen hegt den Anspruch, die absolute Wahrheit um jeden Preis zu verteidigen.

Die Kurie ist nicht nur eine sehr alte, sondern auch eine sehr menschliche Institution, und ihre Geschichte ist von zahllosen Varianten menschlichen Verhaltens geprägt; einzelne Individuen und Gruppen sind sehr wohl der Fehler fähig, die man manchmal der gesamten Organisation anlastet. Eine repräsentative Anzahl von ihnen kommt in den Gesprächen dieses Buches selbst zu Wort. Wie in allen menschlichen Organisationen hängt die Bedeutung eines bestimmten Amtes oder einer Kurienabteilung eng mit der Erfahrung und Persönlichkeit des betreffenden Mannes zusammen, wenn auch einige Positionen eine ganz andere Machtbasis bieten als andere.

Sehr anschaulich illustriert diese Aspekte die Position des *Sostituto*, des Substituten am Staatssekretariat. Eine Folge des Zweiten Vatikanischen Konzils und der Kurienreform Papst Pauls VI. war die Zentralisierung der höchsten Verwaltungsebene des Heiligen Stuhls in dem unmittelbar dem Papst unterstellten Staatssekretariat. Aus den beiden früheren Abteilungen des Sekretariats wurden zwei neue Ämter: Unter neuem Titel wurde der Rat für die Öffentlichen Angelegenheiten praktisch zum Außenministerium; das Staatssekretariat selbst erhielt die Aufgabe, dem Papst direkt in der zentralen Leitung der Gesamtkirche und der Leitung der Kurienabteilungen zur Seite zu stehen und alle ihm vom Papst anvertrauten Arbeiten zu erledigen. Das Päpstliche Sekretariat, wie es auch genannt wird, fungiert so als Mittler zwischen Papst und Kurie sowie zwischen dem Papst und den Bischöfen, Kardinälen und Vertretern des Vatikans in der ganzen Welt. Ihm entgeht kaum etwas von den Aktivitäten des Vatikans. In seinen Verantwortungsbereich fallen auch die von verschiedenen Büros erledigten «laufenden Angelegenheiten» des Vatikans wie Chiffrierdienst, Korrespondenz, Briefe und Apostolische Breven, vatikanisches Zeremoniell und Auszeichnungen. Seinen wohl größten ständigen Einfluß hat es seit dem Zweiten Vatikanischen Konzil in der Zusammenarbeit mit dem Papst bei der Abfassung der gesamten päpstlichen Dokumentation ausgeübt, insbesondere der päpstlichen Enzykliken.

An der Spitze des Staatssekretariats, das in einem Teil des dritten Stockwerks des Apostolischen Palastes untergebracht ist und unter chronischer Platznot leidet, stehen der Kardinalstaatssekretär, der *Sostituto* (Substitut) und sein *Assessore* (Assessor); es hat einen Mitarbeiterstab von etwa hundert Leuten, darunter ein Dutzend diplomatische Mitarbeiter und etwa zwanzig Angehörige religiöser Orden. Da das Staatssekretariat so eng mit dem Papst zusammenarbeitet und seine verfassungsmäßige Stellung in der Leitung der Kirche und des Heiligen Stuhls so stark ist, trifft der Papst mit der Wahl des Kardinalstaatssekretärs und des Substituten eine politische Entscheidung von größter Tragweite.

Die Funktionen des *Sostituto* sind weder kodifiziert noch in irgendeinem Breve niedergelegt, sondern hängen von den Wünschen des Papstes selbst und in zweiter Linie auch von denen des Kardinalstaatssekretärs ab. Es sind weitgehend exekutive Funktionen: Der Substitut organisiert die Arbeit des Personals des Staatssekretariats und ist verantwortlich für die zuverlässige Ausführung der Entscheidungen seiner Vorgesetzten. Doch übt er seinerseits ebenfalls Einfluß auf deren Entscheidungen aus, einfach weil er Gelegenheit hat, seine Meinung zu ihren Entscheidungen zu äußern; in der Praxis wird er bei allen wichtigen Überlegungen um seinen Rat gebeten.

Der Einfluß des Substituten war in den letzten Jahren ein besonders umstrittenes Thema, zum Teil wegen der Durchsetzungskraft und des Vorgehens von Msgr. Giovanni Benelli, der die Stellung von 1967 bis 1978 innehatte, bis er Kardinalerzbischof von Florenz wurde. Benelli begann seine Kurienkarriere als Privatsekretär Msgr. Montinis, des späteren Papstes Paul VI., als dieser selbst *Sostituto* war – zu einer Zeit, da Papst Pius XII. als sein eigener Staatssekretär fungierte. Als Kardinal Villot Staatssekretär wurde und Msgr. Benelli Substitut, wurde diesem oft vorgeworfen, es liefen zu viele Fäden der Macht in seinen sehr fähigen, konservativ gelenkten Händen zusammen. Als Benelli nach Florenz ging und Msgr. Caprio die Stelle übernahm, lockerten sich die Spannungen, und die Aktivität des Staatssekretariats ließ merklich nach.[6]

Benellis Rolle während des Pontifikats von Papst Paul VI. ist heute von großem historischem Interesse. Im Rückblick auf seine Amtszeit schrieb Kardinal Benelli ein Memorandum für mich, das unter anderem folgende Reflexionen über die Rolle des *Sostituto* enthält:

> Er ist der erste Mitarbeiter des Staatssekretärs und zugleich, da er in unmittelbarem Kontakt zum Heiligen Vater steht, auch direkter Mitarbeiter Seiner Heiligkeit. Seine Befugnisse sind deshalb besonders weitgehend, und obwohl sie niemals in Konkurrenz oder im Gegensatz zu denen des Kardinalstaatssekretärs stehen können, sind sie unter Umständen von ihm unabhängig, in dem Sinne, als sie direkt zum Oberhirten führen können. Je mehr ihm hierzu Gelegenheit gegeben wird, desto wichtiger und einflußreicher werden seine Autorität und Rolle in der allgemeinen Politik des Heiligen Stuhls (aber das hängt ausschließlich vom Willen des Heiligen Vaters ab).

Kardinal Benelli erinnerte sich, daß der Arbeitstag des Substituten mit einer Besprechung mit dem Kardinalsstaatssekretär begann, in der er die wichtigen Fragen mit ihm erörterte und entschied und Instruktionen entgegennahm. Danach traf er mit verschiedenen Mitarbeitern des Staatssekretariats zusammen, um ihnen Direktiven und Erklärungen zu geben, mit höheren Kurienbeamten, mit wichtigen Besuchern des Heiligen Stuhls aus der Welt der Politik oder der Kultur oder von internationalen katholischen Organisationen, mit beim Heiligen Stuhl akkreditierten Botschaftern.

Am Nachmittag las und überarbeitete der Substitut vor allem die Arbeit seines Büros und unterzeichnete die notwendige Korrespondenz. (Der Kardinalstaatssekretär unterzeichnet die Briefe an die päpstlichen diplomatischen Vertreter und die Bischöfe, der Assessor die von geringerer Bedeutung wie Antworten an Privatpersonen.) Abends wurde der Substitut normalerweise vom Papst zur Besprechung empfangen:

> Diese Arbeitstreffen sind keine Audienzen wie die, die dem Kardinalstaatssekretär regelmäßig gewährt werden. Sie finden deshalb nicht regelmäßig zu einem festen Termin statt, sondern nur, wenn es dem Heiligen Vater angebracht erscheint. Sie können ein-, zwei- oder mehrmals wöchentlich stattfinden, und zwar gewöhnlich abends im Privatappartement Seiner Hei-

ligkeit. Der Heilige Vater hält mit dem Substituten auch Kontakt über ein spezielles Telefon, eine direkte Leitung vom Arbeitszimmer des Papstes zu dem des Substituten.

Der offizielle Kontakt zwischen dem Büro des Staatssekretariats und dem Papst besteht auch in einer unaufhörlichen Flut von schriftlichem Material: Der Papst muß über alle wichtigen Angelegenheiten informiert werden, über alle Entscheidungen, die er bestätigen soll, und über alle Themen, die er persönlich verfolgen will. Darüber hinaus wählen in der Praxis der Kardinalstaatssekretär und der Substitut weitere Fragen aus, von der sie der Meinung sind, daß sie die Aufmerksamkeit des Papstes verdienten.

Die Beziehungen zwischen Papst, Kardinalstaatssekretär und Substitut, wie Benelli sie sah, sind nach wie vor von grundlegender Bedeutung und zeigen im großen und ganzen noch immer, wie das System funktioniert. Aber die Männer haben gewechselt und mit ihnen Stil und Tempo der Verwirklichung. Wenn Papst Paul zu Hause im Vatikan war, verließ er kaum den Schreibtisch; das Licht in seinem Arbeitszimmer brannte bis in die frühen Morgenstunden. Papst Johannes Paul II. ist rastlos, immer in Bewegung, er mag die Büroroutine nicht. Unter den ersten Ernennungen, die Johannes Paul II. im Mai 1979 vornahm, stand die von Msgr. Casaroli zum Leiter des Staatssekretariats – des einflußreichsten Kurienpostens – eigentlich zu erwarten, ebenso die Versetzung Msgr. Achille Silvestrinis, Casarolis Mitarbeiter in der internationalen Entspannungspolitik des Vatikans, auf Casarolis früheren Posten an der Spitze des Rats für die Öffentlichen Angelegenheiten (des Außenministeriums). Die Wahl Kardinal Paolo Bertolis als *Camerlengo* oder Kardinalkämmerer der Kirche traf auf die Zustimmung der Vatikanbeamten und störte niemanden.

Als der Papst jedoch Erzbischof Eduardo Martinez Somalo in das Amt des Substituten beförderte (und den Litauer Audrys Bačkis aus dem dritten Rang im Rat für Öffentliche Angelegenheiten auf die Stelle des Untersekretärs versetzte), gab es Spekulationen über den Einfluß seiner persönlichen politischen Ziele und eine mögliche Kursänderung in der Diplomatie des Heiligen Stuhls. Der spanische Erzbischof hatte unter Msgr. Benelli am Staatssekretariat gearbeitet – ein Berufsdiplomat, der 1975 als Nuntius nach Kolumbien geschickt worden war, auf einen Schlüsselposten in einem Gebiet von größter Bedeutung für die katholische Kirche. Seine Ernennung wurde als ein Zeichen dafür interpretiert, daß der Tiber breiter wurde – mit anderen Worten, daß der Heilige Stuhl sich noch weiter von der italienischen Politik distanzierte, der Msgr. Benelli sehr nahegestanden hatte.

Eine weitere wichtige Ernennung in der Kurie wenige Monate später schien ebenfalls von besonderer Bedeutung. Nach dem Tode Kardinal Wrights, des Präfekten der Kongregation für den Klerus, erhielt zum Erstaunen einiger Vatikanbeobachter in Rom und vielleicht nicht weniger Bischöfe im Ausland der äußerst konservative Kardinal Silvio Oddi diesen Amt. Zumindest erschien diese Besetzung als zuverlässiger Hinweis darauf, wie der Papst Fragen der Disziplin und des Glaubens zu handhaben gedachte.

Mit einer anderen baldigen Ernennung schien sich der Papst ausdrücklich von der früheren Struktur der Kurie distanzieren zu wollen. Als Casaroli zum Staatssekretär aufstieg, wurde Msgr. Giuseppe Caprio, der unter Papst Paul VI. Msgr. Benellis Nachfolger als Substitut war, zum Kardinalpräsidenten der Verwaltung der Güter des Apostolischen Stuhls ernannt. Dadurch wurde dem Staatssekretariat die Kontrolle über die APSA, die wichtigste Finanzabteilung des Vatikans, entzogen. De facto wurde damit die oberste politische Leitung des Vatikans wieder von der obersten Wirtschaftsdirektion getrennt. Viele waren sogar der Ansicht, der Papst wäre gut beraten gewesen, wenn er den Verantwortungsbereich des Staatssekretariats noch etwas weiter zurückgeschnitten hätte, etwa indem er ihm die Kontrolle über die Verwaltung des Stadtstaats entzöge – hätte nicht der zarte, aber äußerst fähige Msgr. Casaroli sich schleunigst zur Übernahme der ihm übertragenen Verpflichtungen bereiterklärt.

Anfang 1981 wurde der Staatssekretär jedoch erneut Präsident der APSA, als Kardinal Caprio auf einen anderen Finanzposten in die *Prefettura degli Affari Economici* versetzt wurde. Was vorher passiert sei, sei nur eine «vorübergehende Aufhebung» der von Papst Paul VI. eingeführten Regelung gewesen, erklärte ein Vatikanbeamter. Welche Gründe für diese Verschiebungen ausschlaggebend gewesen sein mögen, Kardinal Casarolis Verantwortungs- und Einflußbereich erschien eindrucksvoller denn je. Die meisten wichtigen Kurienposten, die Präfekten- und Sekretärsstellen der mächtigen Kongregationen, blieben in denselben Händen.

Der Wunsch des Papstes, den Konsultationsprozeß in der Kirche auszuweiten und öfter Berater heranzuziehen, die nicht unmittelbar dem Kreis der römischen Kurienbeamten angehören, kam im November 1979 zum Ausdruck, als er eine Vollversammlung des Heiligen Kollegiums der Kardinäle einberief, an der 130 Kardinäle im Synodensaal teilnahmen. Auch die über Achtzigjährigen waren anwesend. Johannes Paul II. bekräftigte seinen Wunsch, daß sich alle Kardinäle von Zeit zu Zeit auch außerhalb der Konklaven in Rom versammeln sollten, da sie die Aufgabe hätten, den Papst in besonderer Weise «in seiner pastoralen Sorge um die Kirche in ihren universalen Dimensionen zu unterstützen». Dieser Gedanke eines regelmäßigen Konsistoriums war in den Diskussionen einiger Kardinäle während des zweiten Konklaves 1978 aufgekommen.

KAPITEL 5

Außenpolitik und päpstliche Vertreter

In einem knappen Kapitel von *Il prìncipe*, das sich in beißender Schärfe mit kirchlichen Fürstentümern befaßt, bemerkt Machiavelli, über solche Staaten werde er nicht disputieren, da sie «von höheren Mächten erhalten werden, die der menschliche Geist nicht begreifen kann»: «Sie werden von Gott errichtet und geschützt, und deshalb wird nur ein voreiliger und anmaßender Mensch über sie diskutieren wollen.»

Machiavelli schrieb zu einer Zeit, als der Medici-Papst Leo X. über große, erst kurz zuvor vereinigte Gebiete herrschte, die sich wie eine breite Schärpe um Italiens Mitte schlangen, und äußerte sich daher mit vorsichtigem Sarkasmus über die Beziehungen zwischen dem Heiligen Stuhl und der weltlichen Macht. Heute ist dessen weltliche Macht auf die Taschentuchgröße des Vatikanischen Stadtstaats zusammengeschrumpft. Einige Formen und Zeremonien vatikanischer Diplomatie betonen noch immer die weltlichen Ansprüche des Papsttums in Fragen von Prestige und Rangordnung und erinnern an die historische Entwicklung der päpstlichen Entourage aus einem fürstlichen Haushalt und Herrscherhof. Doch die diplomatischen Aktivitäten des Papstes sind umfangreicher und ehrgeiziger denn je zuvor; sie basieren auf einer Form der Souveränität, auf die der Apostolische Stuhl unabhängig von jeder weltlichen Macht Anspruch erhebt.

Art und Funktion der Souveränität des Apostolischen Stuhls wurden von Papst Johannes Paul II. in seiner Ansprache vor der Generalversammlung der Vereinten Nationen am 2. Oktober 1979 deutlich umrissen: «Die territoriale Ausdehnung jener Souveränität ist auf den kleinen Staat der Vatikanstadt begrenzt, doch die

Souveränität selbst rechtfertigt sich durch die Notwendigkeit, daß das Papsttum seinen Auftrag in völliger Freiheit ausführen und in der Lage sein muß, mit jedem Gesprächspartner, sei es eine Regierung oder eine internationale Institution, unabhängig von anderen souveränen Staaten zu verhandeln ...»

Die Souveränität des Apostolischen Stuhls, fügte der Papst hinzu, unterscheide sich deutlich von der anderer an ein Territorium und ein Volk gebundener Staaten; die Souveränität des Apostolischen Stuhls und der katholischen Kirche gehöre zu einem Reich, das «nicht von dieser Welt» sei. Der Apostolische Stuhl kann mit jedem Staat auf gleicher Ebene Kontakte pflegen, wie das sogar zwischen 1870 und 1929 der Fall war, als er überhaupt kein Territorium und keine Staatsbürger hatte. In dem Maße, in dem der Heilige Stuhl Selbstvertrauen gewann, gleichberechtigt unter den anderen Staaten existieren zu können, ist der Vatikanische Stadtstaat immer weiter in den Hintergrund getreten, eine schmächtige Basis irdischer Macht.

Nach internationalem Recht und internationaler Konvention ist die entscheidende Komponente des Vatikans die Souveränität des Papstes als Oberhaupt des Apostolischen Stuhls. Der Papst ist zwar auch Souverän des Staates der Vatikanstadt, doch mit Ausnahme einiger technischer Beauftragter bei Sonderorganisationen der Vereinten Nationen entsendet der Staat keine diplomatischen Vertreter in andere Staaten (nicht einmal nach Italien) und unterhält auch kein Außenministerium oder eine ähnliche Institution. Deshalb haben die sogenannten Vatikan-Diplomaten auch Pässe des Heiligen Stuhls, nicht des Staates der Vatikanstadt. Wie im zweiten Kapitel erwähnt, gibt es sehr wohl Pässe des Vatikanischen Stadtstaats, wenn auch wenige. Sie wurden zum Beispiel ausgegeben, um Priestern von St. Peter mit osteuropäischer Staatsangehörigkeit Reisen ins Ausland zu ermöglichen. Die meisten Vatikanbewohner reisen mit ihren eigenen nationalen Pässen. Beamte im Dienste des Heiligen Stuhls, die in offizieller Mission unterwegs sind, erhalten entweder «Diplomaten»- oder «Dienst»-Pässe des Heiligen Stuhls.

Im Mittelalter und in der Renaissance spielte das Papsttum eine sehr kreative Rolle in der Entwicklung der Diplomatie, indem es anfangs Sondergesandte und später residierende Botschafter empfing. Bis 1870 waren es fast nur Geistliche, aber heute sind die katholischen Staaten unter den siebenundneunzig beim Heiligen Stuhl akkreditierten diplomatischen Vertretungen in der Minderzahl. Das erste protestantische Land, das eine ständige Vertretung errichtete, war Preußen 1806, das erste nichtchristliche Land Japan 1942. Nach dem Zweiten Weltkrieg kam eine wachsende Zahl Vertretungen nichtchristlicher asiatischer und afrikanischer Länder hinzu.

Innerhalb der Repräsentationsstruktur des Heiligen Stuhls wird deutlich unterschieden zwischen Apostolischen Delegaturen, die keine offizielle diplomatische Funktion haben, und Nuntiaturen, die diese besitzen. Leiter der Nuntiatur ist ein Nuntius, wenn dieser automatisch Doyen des diplomatischen Korps ist, oder ein Pronuntius, wenn er unter den Botschaftern einen seinem Dienstalter entsprechenden Rang einnimmt. Doppelte Akkreditierung ist nicht selten, und dieselbe Person kann gleichzeitig Apostolischer Delegat des Heiligen Stuhls in einem Land (wo er den Heiligen Stuhl bei den örtlichen Bischöfen vertritt) und Pronuntius woanders sein (wo er beim Staat oder der Regierung akkreditiert ist) und dabei den persönlichen Rang eines Nuntius innehaben. So ist der Vertreter des Heiligen Stuhls in Kopenhagen Apostolischer Delegat für Dänemark, Norwegen und Schweden und Pronuntius für Finnland und Island, die ihrerseits nichtresidierende Botschafter an den Heiligen Stuhl entsenden.

Traditionen, Takt und religiöse Empfindlichkeit bedingen einige ungewöhnliche diplomatische Varianten. Der Heilige Stuhl akzeptiert niemals einen Botschafter, der geschieden oder dessen Frau geschieden ist, und hat sich seit 1870 geweigert, einen Botschafter zu akzeptieren, der gleichzeitig in Italien akkreditiert ist (mit Ausnahme von «Eintagsmissionen» wie zum Beispiel einer Beerdigung). So findet man, wenn die Beziehungen eines Landes zum Heiligen Stuhl nicht wichtig genug sind, um eine ständige

Vertretung in Rom zu rechtfertigen, die vollständig von der Botschaft dieses Landes in Italien getrennt ist, die beim Heiligen Stuhl akkreditierten Botschafter in anderen europäischen Städten – zum Beispiel in Bonn, Bern, Paris oder London. Es gab sogar schon Außenminister, die sich selbst als nichtresidierende Botschafter beim Heiligen Stuhl akkreditiert haben.

Aufgrund der Unterschiede zwischen den einzelnen Kantonen der Schweiz gestalten sich die Beziehungen zwischen Bern und dem Heiligen Stuhl etwas schwierig, aber der Schweizer Botschafter in Italien kommt einmal im Jahr in den Vatikan, um an der jährlichen Vereidigung neuer Rekruten der Schweizergarde teilzunehmen. Nach Jahrhunderten der Nichtanerkennung, ebenfalls aus religiösen Gründen, nahm die griechische Regierung 1979 volle diplomatische Beziehungen zum Heiligen Stuhl auf, und ein Botschafter wurde 1980 empfangen; es wurde jedoch auf griechischer Seite ausdrücklich betont, daß diese Beziehungen nur eine Anerkennung auf Regierungsebene, nicht von seiten kirchlicher Stellen bedeuteten.

Die diplomatischen Beziehungen zwischen Großbritannien und dem Heiligen Stuhl bilden aus verschiedenen Gründen eine Ausnahme; der wichtigste ist, daß der päpstliche Vertreter in London nicht bei der Regierung akkreditiert ist. Als Apostolischer Delegat vertritt er den Heiligen Stuhl bei den Hierarchien von England und Wales, von Schottland und beim Erzbischof von Canterbury in Lambeth Palace. Sein Posten dort ist wichtig als günstige Möglichkeit zur Beobachtung der anglikanischen Kirche und der englischen Einstellung zu Nordirland; auch dient er in gewisser Weise als Informationsquelle über die Entwicklungen in den früheren britischen Kolonien. Die Wurzeln des Problems liegen in der englischen *Act of Supremacy* von 1559, die alle diplomatischen Beziehungen zu Rom abbrach und «die alte Jurisdiktion der Krone über den kirchlichen und geistlichen Staat wiederherstellte und allen fremden Einfluß abschaffte, der derselben entgegenstand». Im 17. Jahrhundert schickte der katholische König James II. eine offizielle Gesandtschaft zum Heiligen Stuhl; sie wurde vor allem durch das Bankett berühmt, das sie in der langen Galerie des Palazzo Pamphilj an der Piazza Navona gab (heute befindet sich dort die brasilianische Botschaft). Verschiedene britische Bevollmächtigte, die in Florenz residierten, statteten Rom im 19. Jahrhundert offizielle Besuche ab. Vorsichtige diplomatische Annäherungsversuche während des Pontifikats von Papst Leo XIII. erregten den Protest der irischen Bischöfe gegen die bloße Möglichkeit einer Nuntiatur in London, die der britischen Regierung eine Einflußmöglichkeit auf die Besetzung irischer Bistümer hätte eröffnen können. Die katholische Hierarchie in Irland erstreckt sich wie auch der irische Gewerkschaftskongreß auf die Republik Irland und Nordirland zusammen. Daher gestaltet sich der diplomatische Austausch auf diesem empfindlichen Gebiet besonders kompliziert.

Die britische Gesandtschaft beim Heiligen Stuhl wurde dann tatsächlich 1914 eingerichtet, um einer deutschen und österreichischen Einflußnahme auf den Papst vorzubeugen. Sie begann als «temporäre» Mission unter einem Katholiken, Sir Henry Howard, der im Ministerrang stand. Seit die Mission 1923 in den Rang einer ständigen Vertretung erhoben wurde, war der jeweilige Missionschef im Rang eines Ministers immer ein Nicht-Katholik und sein Stellvertreter ein Katholik.

Der seit 1985 im Rang eines Botschafters stehende britische Gesandte pflegt seine Arbeitskontakte hauptsächlich auf hoher Ebene mit dem Rat für die Öffentlichen Angelegenheiten der Kirche und mit dem Staatssekretariat. In besonderen Fällen kann er auch mit dem Staatssekretär persönlich zusammentreffen. Öfter spricht er mit dem Substituten, der jeden Donnerstag und Sonnabend die Missionschefs empfängt. Von Zeit zu Zeit besucht der Gesandte auch die Leiter und Mitglieder der römischen Kongregationen, etwa um zu hören, welche Eindrücke ein Kardinal von einer Sondermission mitgebracht hat. Außerdem pflegt er Arbeitskontakte mit den beim Heiligen Stuhl akkreditierten Kollegen des diplomatischen Korps; besonders mit denen aus den Ländern der Europäischen Gemeinschaft trifft er häufig zu Arbeitsfrühstücken oder Arbeitsessen zusammen.

Als angenehme Seite seiner Aufgabe betont der Botschafter die Bedeutung der sozialen Kontakte. Er unterhält freundschaftliche Beziehungen zum Anglikanischen Zentrum in Rom. Seine Mitgliedschaft im *Circolo di Roma* (einem als Treffpunkt für Diplomaten und Kleriker gegründeten Klub, wo man gemeinsam Vorträge hört oder diskutiert und anschließend noch ein Glas zusammen trinkt) fördert die persönlichen Kontakte zu Vatikanbeamten, anderen Mitgliedern des diplomatischen Korps und interessierten Außenstehenden. Seine Mitarbeiter im Büro sind unterdessen häufig damit beschäftigt, Karten für britische Besucher zu besorgen, die an einer päpstlichen Audienz teilnehmen möchten, oder Diplomaten- und Dienstvisa für Vatikanpässe zu erteilen. Ein großer Teil seiner Zeit ist Schriftstücken und Briefen aus dem Foreign Office, dem Commonwealth-Ministerium und anderen britischen diplomatischen Vertretungen gewidmet, die ihn über alle den Vatikan betreffenden Themen auf dem laufenden halten – alle Bereiche, in denen die britische Regierung Wert darauf legt, dem Vatikan ihre Politik und Aktivitäten zu erläutern, und solche, über die ein Austausch für beide Seiten von Vorteil ist.

Wie alle anderen beim Heiligen Stuhl akkreditierten Diplomaten auch hat der britische Gesandte beträchtliche zeremonielle Pflichten, vor allem die Teilnahme (in Uniform oder Frack) an vom Papst oder einem Kardinal zelebrierten Messen, meist in der Peterskirche. Mark Heath kam im Gefolge der Königin bei ihrem Besuch beim Papst 1980 gleich nach dem britischen Außenminister und wurde fast unmittelbar danach zum Ritter geschlagen.

Papst Paul VI. legte die Funktionen der Vertreter des Vatikans in einem Dokument vom Juni 1969 nieder:

> Erstes und vornehmes Ziel der Mission eines päpstlichen Vertreters ist, die Verbindung zwischen dem Apostolischen Stuhl und den örtlichen Kirchen noch enger und wirksamer zu gestalten.

Die normale Funktion eines päpstlichen Vertreters ist, den Heiligen Stuhl regelmäßig und objektiv über den Zustand der kirchlichen Gemeinschaft, zu der er entsandt wurde, und über alles, was das kirchliche Leben und das Wohl der Gemeinde beeinflussen könnte, zu informieren.
Einerseits unterrichtet er die Geistlichen und Gläubigen des Gebietes, in dem er diplomatisch tätig ist, und leitet ihre Vorschläge und Bitten nach Rom weiter; andererseits erläutert er den Betroffenen die Handlungen, Dokumente, Informationen und Instruktionen des Heiligen Stuhls.

Papst Paul betonte, daß die Vertreter des Heiligen Stuhls verpflichtet seien, die Autonomie der lokalen Kirchen und Bischöfe zu respektieren. Im Hinblick auf den Staat, in dem sie dienten, sei das grundsätzliche Ziel, intakte Beziehungen zur Regierung herzustellen und für den Frieden zu arbeiten. Der Vertreter handle

> ... unter der Leitung und entsprechend den Instruktionen des Kardinalstaatssekretärs und des Präfekten des Rats für die Öffentlichen Angelegenheiten der Kirche, denen er für das ihm vom Oberhirten anvertraute Mandat direkt verantwortlich ist.

Päpstliche Vertreter werden normalerweise mit fünfundsiebzig in den Ruhestand versetzt. Kardinal Casaroli hat sogar dringend dazu aufgefordert, sich schon mit siebzig zurückzuziehen und lieber in den eigenen Heimatort zurückzugehen als nach Rom. Durch ihre langjährige, vielfältige Erfahrung und ihre Kontakte zu offiziellen katholischen und nicht-katholischen Kreisen auf höchster Ebene bilden sie ein offenes, doch verschwiegenes Nachrichtennetz, das einzigartige Informationen und Einsichten an den Vatikan liefert, wo sie gesammelt und dem Papst unterbreitet werden, dem von anderer Seite außerdem ständig Informationen aus den Kontakten mit Tausenden von Bischöfen in der ganzen Welt zufließen.

Päpstliche Vertreter können manchmal auch als Entstörungsdienst fungieren. Msgr. Angelo Felici zum Beispiel, ein alter Weggefährte Kardinal Casarolis aus dem Staatssekretariat, nutzte seinen Einfluß als Pronuntius in den Niederlanden, um für «konservative» Besetzungen der Bistümer der unruhigen und entzweiten holländischen Kirche zu sorgen. 1979 wurde seine Ernennung zum päpstlichen Nuntius in Frankreich als Maßnahme im Rahmen der strikten Wiederherstellung der zentralen Disziplin in der katholischen Kirche – einschließlich der freigeistigen Franzosen – durch Papst Johannes Paul II. verstanden.

In der Vergangenheit waren auch vornehme Laien wie Baldesar Castiglione päpstliche Gesandte. Heute sind buchstäblich alle hochrangigen diplomatischen Vertreter des Vatikans Geistliche. Trotz verschiedener Anstrengungen in den letzten Jahren, die römische Kurie zu «internationalisieren», sind nur eine Handvoll der über hundert Missionschefs Nichtitaliener. Aber es ist eine ständige Zunahme der Nichtitaliener unter den Nachwuchsdiplomaten zu verzeichnen, und diese Entwicklung wird sich nach und nach auch auf die Zusammensetzung an der Spitze auswirken.

Die Diplomaten des Heiligen Stuhls beginnen ihre Karriere – durch die sie traditionsgemäß in die höchsten Positionen der römisch-katholischen Kirche gelangen, vielleicht sogar auf den Papstthron – in der Regel an der *Pontificia Accademia Ecclesiastica*, der Päpstlichen Kirchlichen Akademie an der Piazza della Minerva. Sie wurde zu Beginn des 18. Jahrhunderts als kirchliche Adelsschule – *Accademia dei Nobili Ecclesiastici* – von Papst Clemens XI. gegründet, der selbst als ein ziemlich unbegabter Diplomat in der Geschichte gilt.

Kardinalprotektor *(protettore)*, das heißt Schirmherr der Akademie, ist heute immer der Kardinalstaatssekretär. Ihr Präsident ist (1986) Erzbischof Justin Rigali. Sie wachen sorgfältig über die etwa dreißig Studenten der Akademie, die in einem wunderschönen Palast aus dem 16. Jahrhundert gegenüber dem römischen Pantheon untergebracht ist, dieser imposanten Reminiszenz an vergangene Zeiten und Götter. Es heißt, die Studenten dort, meist Italiener, arbeiteten mehr als die an allen anderen kirchlichen

Kollegien: Auf drei oder vier Stunden Vorlesung vormittags folgen noch einmal so viele am Nachmittag; neben ihrem Studium leisten sie noch Seelsorgearbeit in der Umgebung Roms. Die Ausbildung endet mit einer probeweisen Ernennung.

Gelegentlich gab es Reibungen zwischen den sorgfältig ausgewählten jungen Priestern der Päpstlichen Kirchlichen Akademie und der Leitung. 1968 zum Beispiel schrieben die Studenten im Kielwasser des Vatikanischen Konzils einen gemeinsamen Brief an Erzbischof Benelli, den damaligen Substituten des Staatssekretariats, in dem sie sich über die Hausordnung (die Tür wurde um 22 Uhr geschlossen und sie hatten keine Schlüssel) und ihre unzureichende Sprachausbildung beschwerten. Eine Lockerung der Hausregeln und ein Sprachlabor waren die Folge, doch an der Akademie wird nach wie vor rigorose Disziplin und harte Arbeit verlangt. Zweimal im Jahr empfängt der Papst den Präsidenten zur Berichterstattung.

Zukünftige Diplomaten müssen Priester sein und in kanonischem Recht oder einem vergleichbarem Fach promoviert haben. Zu ihrer zweijährigen Ausbildung gehören diplomatische Verfahrensordnung, Latein, Kirchengeschichte, internationales Recht, Soziologie, Volkswirtschaft und drei moderne Sprachen. Der Kurs endet mit einem Diplom. Es folgt ein Ausbildungsjahr im Staatssekretariat des Vatikans (wo eine der täglichen Aufgaben das Öffnen der päpstlichen Post sein kann) oder ein Jahr als Attaché an einer Auslandsmission. Nach der Ausbildungszeit tritt der Diplomat als Sekretär zweiter Klasse in den Dienst ein. Die Beförderungsstufen sind dann: Sekretär erster Klasse, Auditor zweiter und dann erster Klasse, Konsultor. Die Missionschefs werden meist aus dem diplomatischen Personal des Staatssekretariats und des Rats für die Öffentlichen Angelegenheiten der Kirche ausgewählt.

Von den Päpsten des 20. Jahrhunderts hatte Leo XIII. an der Pontificia Accademia dei Nobili Ecclesiastici studiert; Benedikt XV. hatte im päpstlichen diplomatischen Korps gedient; Pius XI. war Apostolischer Nuntius gewesen; Pius XII. war schon früh in das Staatssekretariat eingetreten und war Professor für kirchliche Diplomatie an der Päpstlichen Akademie gewesen; Johannes XXIII. war in mittlerem Alter als Apostolischer Visitator in Bulgarien in den diplomatischen Dienst eingetreten; Paul VI. hatte an der Accademia dei Nobili Ecclesiastici studiert, bevor er ins Staatssekretariat kam. Aber weder Johannes Paul I. noch Johannes Paul II. waren im diplomatischen Dienst je tätig.

Über die Vatikandiplomaten kann das Papsttum direkten oder indirekten Einfluß auf die nationale und internationale Politik ausüben. In Spanien gelang es während des Franco-Regimes dem Apostolischen Nuntius, Erzbischof Luigi Dadaglio, den General zu überlisten und einen Erzbischof eindeutig liberaler Couleur durchzusetzen. Der Dubliner Apostolische Nuntius, Erzbischof Gaetano Alibrandi, gab Kardinal Baggio am Heiligen Stuhl den entscheidenden Rat, Erzbischof (jetzt Kardinal) O'Fiaich als Primas von Irland zu wählen. Mit weniger – wenn überhaupt – politischen Implikationen erforschte der Londoner Apostolische Delegat, Erzbischof Bruno Heim, Argumente und Gründe, die 1976 zur Ernennung George Basil Humes als Kardinal von Westminster führten, und interpretierte sie für Rom.

Erzbischof Heim wurde 1911 im schweizerischen Basel geboren und 1938 zum Priester geweiht. Unter dem wegweisenden Einfluß des Nuntius Angelo Roncalli, des späteren Patriarchs von Venedig und Papstes Johannes XXIII., verbrachte er fünf prägende Jahre als Sekretär in der Pariser Nuntiatur. Er diente als Erster Sekretär an der Nuntiatur in Wien, als *chargé d'affaires* an der Nuntiatur in Bonn, als Apostolischer Delegat in Skandinavien (wo er auch Apostolischer Pronuntius in Finnland war) und – seine letzte Ernennung vor London – von 1969 bis 1973 als Apostolischer Pronuntius in Kairo. Vor allem in Ägypten erwarb er den Ruf privater Großzügigkeit und wohltätiger Anteilnahme; auch setzte er sich dort öffentlich mit Nachdruck für eine orthodox-katholische Versöhnung und christliche Ökumene ein. Während seiner Zeit als Pronuntius in Kairo gab die ägyptische Regierung verstaatlichte landwirtschaftliche Nutzflächen an den Heiligen Stuhl zurück. Heim war auch maßgeblich beteiligt an so sympathischen Gesten des Kulturaustauschs wie der Geldspende europäischer Katholiken für den Marmorboden der neuen koptischen Kathedrale von Al-Morcos-sia.

Als Apostolischer Delegat in London führte – und genoß – Bruno Heim ein Leben voller sozialer Verpflichtungen: hier ein Abendempfang einer Botschaft; dort ein Lunch mit dem Herausgeber einer katholischen Zeitung; eine Abendmesse in der Kathedrale von Southwark, wo ein Ritter des Gregoriusordens seine Ernennungsurkunde in Empfang nahm; ein Diner mit Regierungsbeamten in Whitehall; ein Empfang, den der Bischof in der Woche nach dem Weißen Sonntag in Archbishop's House in Westminster gab; ein zwangloses Gespräch in Lambeth Palace; ein Diner in seiner eigenen Residenz mit der englischen Königinmutter als Ehrengast. Er tauchte auch an Orten auf, wo man ihn weniger erwartet – so etwa in Roger Peyrefittes Skandalgeschichte der *Malteserritter*, wo er in der Nuntiatur an der Avenue du Président Wilson als pfeiferauchender englischer Geistlicher mit dem Abzeichen eines Sportklubs am Anzug erscheint. «Und dabei rauche ich nicht einmal Pfeife», kommentiert Erzbischof Heim reumütig.

Erzbischof Heim spaziert als interessierter Beobachter der psychischen Experimente des Autors auch durch die Seiten von Matthew Mannings parapsychologischer Studie *In the Minds of Millions*. Er ist ohne Zweifel ein ungewöhnlicher Prälat, bei dem sich Humor und sogar Exzentrik mit gesunder bürokratischer Beharrlichkeit und Zuverlässigkeit mischen.

Im Gespräch bei sich zu Hause ist er offenherzig und lebhaft. In der Öffentlichkeit kann er reserviert und abweisend, zurückhaltend und doch beobachtend wirken. Er ist ein kluger, erfahrener Diplomat, eine Autorität – *die* Autorität des Vatikans auf heraldischem Gebiet. Über Heraldik hat er mehrere Bücher geschrieben. Sein Rat wird erbeten, wenn Wappen für die Vatikan-Kardinäle und die Päpste selbst entworfen werden sollen. (Johannes Paul II. irritierte ihn, indem er darauf bestand, in sein eigenes Wappen Schwarz auf Blau ein großes M für Maria einzufügen – ein Verstoß gegen heraldische Grundregeln. Schließlich einigten sie sich auf Gold auf blauem Grund – heraldisch zulässig als Metall auf Farbe, nicht Farbe auf Farbe.)

Wenn man ihn zu Hause gegenüber von Wimbledon Common besuchte, sprach der Apostolische Delegat, der keine Interviews gab, bei Gebäck und Cocktails eigener Kreation sehr ungezwungen über die Charaktere der Päpste, die er persönlich gekannt hat (Papst Paul VI. war «eher ein Leser als ein Intellektueller»; Papst Pius XI. war «wohl der größte der letzten Päpste . . .»), und über die Behinderungen durch das «Zentrum» in Rom, mit denen Vatikandiplomaten sich manchmal herumplagen müssen.

Oft hatte er zeremonielle und symbolische Funktionen zu erfüllen. Bei einem Empfang zu Ehren des Papstes, zu dem koptische, orthodoxe, anglikanische und römisch-katholische Bischöfe, der Oberrabbiner, reihenweise Botschafter und Träger päpstlicher Ritterorden, britische Minister und katholische Würdenträger erschienen, knieten letztere manchmal nieder, um den Ring an seiner Hand zu küssen. Einige Nonnen kochten für ihn und hielten das Haus sauber. Offiziell stand er in ständiger Verbindung mit dem örtlichen Klerus, privat mit verschiedenen Bischöfen, weniger mit britischen Regierungsbeamten, die er lieber an sich herankommen ließ, als selbst die Initiative zu ergreifen. Man spürte, daß seine eigene pastorale Arbeit ihn sehr beschäftigte.

Erzbischof Heims Karriere und Pflichten können als Modell für Vatikandiplomaten im Außendienst überhaupt gelten: selbstlos, mit breitgestreuten Interessen und weitreichendem Einfluß, priesterliche, das heißt pastorale, und politische Elemente in behutsamer Ausgewogenheit haltend. Die Londoner Delegatur arbeitete, wie die vatikanischen Nuntiaturen auch, weitgehend wie die Botschaft einer weltlichen Macht, nur ohne kommerzielle oder militärische Interessen. Wie die anderen führenden europäischen Hauptstädte und Washington, Buenos Aires und Rio de Janeiro gilt sie als Prestigeposten. Die Themen, mit denen der Vertreter des Vatikans sich zu befassen hat, sind ganz allgemein Religion, karitative Tätigkeit, Frieden und Kultur. Praktisch beobachtet er alle Vorgänge in der nationalen katholischen Kirche und berichtet dem Vatikan darüber; was er an Informationen übermittelt, ist weitgehend Routine, beinhaltet aber auch seine Beurteilung einzelner Personen und interner Machtverhältnisse.

Einmal wöchentlich geht der «Postsack» mit Alitalia nach Rom, notfalls ergänzt durch chiffrierte Kabelnachrichten an den Kardinalstaatssekretär. Der bisherige Absender ist ein gescheiter Mann, zweifellos ein entschiedener Verfechter der Rolle des Vatikans in der modernen Welt, aber nicht unkritisch gegenüber der amateurhaften Öffentlichkeitsarbeit der Vatikanbürokratie, ein Liebhaber zeremonieller Prachtentfaltung, die die Kirche vorschnell unter dem Druck modischer Strömungen abgestreift hat.[7]

Die katholische Kirche der Vereinigten Staaten mit ihren fünfzig Millionen getauften Mitgliedern und ihrer extrem unterschiedlichen Zusammensetzung und Problematik ist, könnte man fast sagen, durch eine Beziehung gegenseitiger Haßliebe zum Vatikan hindurchgegangen. Sie ist eine der größten katholischen Kirchen überhaupt. Die diplomatischen Beziehungen des Heiligen Stuhls zu den Vereinigten Staaten waren zwar unnormal, aber meist freundschaftlicher Art. Sie begannen 1784 mit kommerziellen Kontakten, als das Papsttum ankündigte, es sei bereit, der neuen Republik die Häfen von Civitavecchia und Ancona zu öffnen. Einige Jahre später schickten die Vereinigten Staaten ihren ersten Konsul, den in Rom geborenen John B. Sartori, in den Kirchenstaat. Bis 1895 diente eine Reihe von Konsularbeamten dem Papsttum in den USA. (Der letzte von ihnen, Louis Binese, trug in New York immer noch den Titel eines Konsuls des Kirchenstaats, als dieser schon vom Königreich Italien annektiert worden war.)

Ermutigt durch die ersten Anzeichen eines sichtbaren Liberalismus unter Papst Pius IX. unterhielten die Vereinigten Staaten von 1848 bis 1867 eine diplomatische Vertretung in Rom. Ihr Leiter war anfangs ein *chargé d'affaires*, auf den fünf Minister folgten; danach ließ man die Mission aus Geldmangel dahinwelken. Von den Ministern starb einer vor Ablauf eines Monats nach Überreichung seines Beglaubigungsschreibens (Jacob L. Martin), ein anderer wurde später Senator von New Jersey (John P. Stockton), ein weiterer trat, statt nach Rom zu gehen, als Brigadegeneral in die amerikanische Armee ein (Rufus King). Während dieser Zeit gab es keine ernsthaften Bemühungen, beiderseitig diplomatische Einrichtungen zu etablieren.

1893 eröffnete der Heilige Stuhl eine Apostolische Delegatur in Washington, doch mit mageren diplomatischen Resultaten. Im Zweiten Weltkrieg wurde dann das Eis durch Präsident Roosevelt gebrochen, der am Vorabend des Konflikts auf die Friedensbemühungen Papst Pius' XII. einging und die Notwendigkeit direkteren Einflusses und engerer Konsultationen einsah. Er schickte 1940 Myron C. Taylor als seinen «persönlichen Vertreter» nach Rom. Zu diesem Zeitpunkt war der deutsche Botschafter beim Heiligen Stuhl Doyen des Diplomatischen Korps.

Der stärkste amerikanische Einfluß war während der Zeit Kardinal Spellmans (1889–1967) zu spüren. Sieben Jahre lang, von 1925 bis 1932, diente er im Staatssekretariat des Vatikans, wo er Msgr. Eugenio Pacelli kennenlernte, den zukünftigen Papst Pius XII. und baldigen engen Freund. Während des Zweiten Weltkriegs sorgte Kardinal Spellman für großzügige politische und finanzielle Unterstützung vieler Initiativen des Vatikans. Sein Einfluß schwand nach dem Tod Pius' XII. Während des Vietnamkrieges öffneten die diplomatischen Friedensbemühungen Papst Pauls einen regelrechten Graben zwischen dem Kardinal und dem Heiligen Stuhl. Doch innerhalb der amerikanischen katholischen Kirche dauerte Spellmans beherrschende Rolle unter den Bischöfen, von denen er viele persönlich ausgesucht hatte, noch eine ganze Weile an. Er selbst wählte auch Kardinal Cooke als seinen Nachfolger aus. Auf dem Zweiten Vatikanischen Konzil zeigte sich der Einfluß der grundsätzlich traditionalistischen und vorsichtigen geistlichen Hierarchie Amerikas in der starken Rolle der Kardinäle Spellman und Ritter in den Debatten, besonders als es um das Verhältnis der Katholiken zu den Juden und die katholische Einstellung zur Religionsfreiheit ging. Doch in den letzten Jahren ist der Einfluß der Vereinigten Staaten auf die Politik des Vatikans zurückgegangen. Das liegt zum Teil an Gewichtsverschiebungen in der internationalen Politik, zum Teil aber auch an dem Mißtrauen des Vatikans gegen liberale Strömungen in der katholischen Kirche Amerikas, von der immer größer werdenden «Untergrundkirche» mit ihren offensichtlich unorthodoxen Praktiken und Glaubensinhalten bis zur offenen Unterstützung zahlreicher amerikanischer Katholiken für verheiratete Geistliche, die Ordination von Frauen und die Billigung der Geburtenkontrolle. Eine zu einflußreiche amerikanische Position im Zentrum und in den kirchlichen Missionen könnte zum Export dieser Ideen führen, befürchteten Traditionalisten im Vatikan.

Ihrerseits sind die amerikanischen Katholiken in ihrer offen gezeigten Sympathie für die Person des Papstes und ihrem distanzierten Respekt vor der Institution des Heiligen Stuhls immer ihren Bischöfen gefolgt. Generell wurden die Reformen des Zweiten Vatikanums einschließlich der Modernisierung der päpstlichen Zeremonien und Praktiken mit Zustimmung begrüßt. Papst Pauls VI. Enzyklika *Humanae Vitae* (die sich mit Fragen des Ehelebens und der Zeugung befaßt) jedoch wurde, um Bischof Thomas Kelly von der Nationalen Katholischen Bischofskonferenz zu zitieren, «in den Vereinigten Staaten mißverstanden und unterschätzt, und dies wiederum untergrub in gewissem Maße den Respekt für das Papsttum als Institution – man hat das Papsttum zwar nicht abgelehnt, aber das Gewicht, das amerikanische Katholiken ihm zumessen, hat sich verschoben».

Seit dem Zweiten Weltkrieg haben verschiedene amerikanische Präsidenten den Vatikan besucht. Präsident Nixon ernannte Henry Cabot Lodge zu seinem persönlichen Gesandten beim Papst, und zwischen ihm und Papst Paul VI. fanden regelmäßige Begegnungen statt. Auch Präsident Ford stand in Austausch mit Papst Paul durch seinen Außenminister Henry Kissinger. Im Oktober 1978 bat Präsident Carter Robert F. Wagner, einen New Yorker Rechtsanwalt, ehemaligen US-Botschafter in Spanien und Bürgermeister von New York, «den Vatikan von Zeit zu Zeit zu einem Meinungsaustausch über internationale und humanitäre Themen zu besuchen, die für den Vatikan und die Regierung der Vereinigten Staaten von Interesse und Bedeutung sind». 1981 ernannte Präsident Reagan einen alten Freund, den kalifornischen Geschäftsmann William Wilson, zu seinem persönlichen Vertreter beim Heiligen Stuhl.

Die diplomatischen Beziehungen zwischen der US-Regierung und dem Heiligen Stuhl blieben bis 1984 auf diesem bescheidenen und informellen Niveau. Nicht die *Act of Settlement*, sondern das *First Amendment to the Constitution* wurde von manchen als Hinderungsgrund für jegliche Veränderung angeführt. Die protestantische öffentliche Meinung in den Vereinigten Staaten stellte eine starke, hochgradig emotionsgeladene Opposition gegen engere Bindungen dar.

In Washington ist der Vertreter des Papstes (der an der Massachusetts Avenue residiert) jetzt ein Pronuntius, bis 1984 war es ein Apostolischer Delegat. Bis 1980 war Erzbischof Jean Jadot, ein Belgier mit Erfahrung im diplomatischen Dienst im Fernen Osten und in Afrika, der Gesandte des Papstes bei den katholischen Bischöfen von Amerika und der erste Nichtitaliener auf diesem Posten. Zu seinen acht Vorgängern gehörten Kardinal Vagnozzi, der nach Rom zurückkehrte, um die Finanzen des Vatikans zu kontrollieren, und Kardinal Cicognani, der nach fünfundzwanzig Jahren in den USA von 1961 bis 1969 Päpstlicher Staatssekretär unter Papst Johannes XXIII. und Papst Paul VI. war. (Apostolische Delegaten wurden erst Kardinal, wenn sie Washington verließen.)

Msgr. Jadot ist Ende siebzig, gebürtiger Belgier mit Französisch als Muttersprache, und studierte an der Universität von Löwen und am Großen Seminar von Mecheln-Brüssel. Seine Vatikankarriere begann er als Mitglied der Heiligen Kongregation für die Evangelisation der Völker. Er diente dem Heiligen Stuhl in verschiedenen Ländern, bevor er 1973 den Posten des Apostolischen Delegaten in den Vereinigten Staaten übernahm. 1978 wurde er außerdem zum Ständigen Beobachter des Heiligen Stuhls bei der Föderation der Amerikanischen Staaten ernannt.

Man rechnet es ihm als Verdienst an, daß er nach seiner Ankunft in den Vereinigten Staaten durch seine Beurteilung der von der amerikanischen Hierarchie aufgestellten Kandidaten Papst Paul zur Wahl pastoraler, liberal eingestellter Bischöfe statt der autoritären Verwaltungsbeamten alten Stils ermutigte. Er selbst schätzt solche emotionsgeladene Ausdrucksweise nicht, doch es ist nicht zu bestreiten, daß er sich als ein sehr humaner und unpedantischer Prälat sehr große – und dauerhafte – Popularität erworben hat.

1980 wurde Erzbischof Jadot zu Kardinal Pignedolis Nachfolger am Sekretariat für die Nichtchristen ernannt. Seine Stelle als Apostolischer Delegat und später Pronuntius nahm Erzbischof Pio Laghi ein, früher Apostolischer Nuntius in Argentinien mit langjähriger Erfahrung im Nahen Osten.

Für die Mission des Apostolischen Delegaten in Amerika bedeutete 1979 der Papstbesuch eine entscheidende Neuorientierung: die Durchsetzung einer härteren Linie des Heiligen Stuhls in Fragen der verbindlichen Glaubenslehre, als man erwartet hatte, und die Erforschung – bei begrenzten Möglichkeiten – der Perspektiven einer potentiellen religiösen Erneuerung, die den amerikanischen Gläubigen durch das persönliche Auftreten und die Ansprachen eines außerordentlich überzeugend wirkenden Papstes vor Augen geführt wurden.

Ihre subtilste Rolle spielt die Vatikandiplomatie wohl in den Beziehungen des Papsttums zu den kommunistischen Ländern. Nach der Polenreise Papst Johannes Pauls II. im Sommer 1979 machte eine britische Zeitung (der *Observer*) Radio Vatikan schwere Vorwürfe, es mißbrauche die Initiative des Papstes, um rebellische Strömungen in osteuropäischen Ländern zu nähren; der *New Statesman* vertrat die Meinung, dieser Besuch fördere ein Bündnis zwischen dem Kreml und dem Vatikan, das ganz im Sinne dieser beiden bekannten Unterdrückungssysteme sei. Aus welchem Motiv auch immer, seit 1958, dem Todesjahr Papst Pius' XII., während dessen Pontifikat fünfzehn Länder unter kommunistische Herrschaft fielen und der die Exkommunikation aller Katholiken verfügte, die sich freiwillig der kommunistischen Partei und ihrer Politik anschlössen, hat der Vatikan zunehmende Bereitschaft gezeigt, sich mit dem kommunistischen Teufel an einen Tisch zu setzen.

Einige vorsichtige Avancen machte schon Pius XII. dem Kreml gegen Ende seiner Amtszeit. Das diplomatische *rapprochement* jedoch kam erst durch die 1963 von Papst Johannes XXIII. veröffentlichte Enzyklika *Pacem in Terris* (Friede auf Erden) in Bewegung, die die intellektuelle Rechtfertigung dafür lieferte. Die Enzyklika unterschied sauber zwischen falschen Ideen und darauf basierenden historischen Bewegungen, die mit der Zeit ihren Charakter ändern und gute und positive Elemente entfalten könnten. In den sechziger Jahren durften Bischofsdelegationen aus kommunistischen Ländern am Zweiten Vatikanischen Konzil teilnehmen, und Präsident Chruschtschow tauschte ermutigende Botschaften mit Papst Johannes aus und schickte verschiedene Vermittler einschließlich seines Schwiegersohns.

Papst Paul führte in zwei Begegnungen mit dem sowjetischen Außenminister Andrej Gromyko den Austausch auf praktischer Ebene fort (1965 bei den Vereinten Nationen in New York und 1966 im Vatikan); 1967 empfing er den Vorsitzenden des Präsidiums des Obersten Sowjets, Nikolaj Podgorny, und ergriff die Gelegenheit, Erzbischof (jetzt Kardinal) Agostino Casaroli, den Sekretär des Rats für die Öffentlichen Angelegenheiten der Kirche, nach Moskau zu schicken, um den Beitritt des Heiligen Stuhls zum Atomwaffensperrvertrag zu erklären.

Dieser letzte opportune Schritt wurde aus dem dringenden Wunsch heraus getan, jeder Staat der Welt möge den Sperrvertrag unterzeichnen, von dem Kopien in den Vereinigten Staaten, der UdSSR und Großbritannien liegen, die zusammen diplomatische Beziehungen zu allen Regierungen haben. Für Papst Paul war die Unterzeichnung des Vertrags eine wichtige moralische Geste, und als neutraler Staat mußte der Heilige Stuhl alle drei Texte unterzeichnen. Deshalb unterschrieben die Apostolischen Delegaten in

London und Washington die Kopien im Foreign Office und im Weißen Haus (und genossen bei diesem Akt technischen diplomatischen Status), und Casaroli hatte einen guten Grund, nach Moskau zu fahren. Als Folge der Vertragsunterzeichnung des Heiligen Stuhls wird die Schweizergarde jetzt regelmäßig auf illegale Atomsprengköpfe inspiziert.

Zwischen der Sowjetunion und dem Vatikan existieren keine ständigen diplomatischen Beziehungen, doch die weniger frostige Atmosphäre der siebziger Jahre half dem Vatikan, in mehreren osteuropäischen Ländern den kommunistischen Zugriff auf Glaubensfreiheit und religiöse Erziehung etwas zu lockern. Im *Annuario Pontificio*, dem offiziellen Jahrbuch des Vatikans, folgt in der Liste seiner Botschaften und Delegaturen in der ganzen Welt und der ständigen Vertretungen beim Vatikan hinter fast allen osteuropäischen Ländernamen eine Leerzeile.

Jugoslawien hingegen tauscht Vertreter mit dem Vatikan aus. Die Kanzlei des Botschafters, die er mit einem Ersten Sekretär zusammen führt, liegt sehr passend in der Via Gramsci (benannt nach einem kommunistischen Schriftsteller und Märtyrer); ein Apostolischer Pronuntius residiert in Belgrad. 1952 wurden die diplomatischen Beziehungen zwischen Jugoslawien und dem Vatikan abgebrochen, als Pius XII. Erzbischof Stepinac kurz nach seiner Entlassung aus der politischen Haft unter Tito zum Kardinal ernannte. Die jugoslawischen Bischöfe durften am Zweiten Vatikanischen Konzil teilnehmen. Das vorsichtige Tauwetter hielt an. 1970 schloß Jugoslawien als erstes kommunistisches Land ein Abkommen über gegenseitige diplomatische Vertretungen mit dem Heiligen Stuhl, und 1971 stattete der achtzigjährige Präsident Tito Papst Paul einen offiziellen Besuch ab.

Nach Castros Machtergreifung hielt Kuba die 1935 aufgenommenen diplomatischen Beziehungen zum Vatikan und überraschenderweise auch zum Malteser-Ritterorden aufrecht. Die Beziehungen werden behutsam von einem vatikanischen Pronuntius in Havanna und einem kubanischen Botschafter in Rom gepflegt. Ein kommunistischer kubanischer Botschafter war sogar

Doyen des beim Heiligen Stuhl akkreditierten Diplomatischen Korps.

Das Interesse des Vatikans an diesen kommunistischen Ländern ist hauptsächlich durch die große Anzahl der dort lebenden Katholiken motiviert; in einigen Fällen ist die Mehrheit der Bevölkerung katholisch.

Das kommunistische China stellt für Rom aus verschiedenen Gründen eine Herausforderung dar, unter anderem wegen der dort lebenden kleinen christlichen Minderheit, zu der auch etwa drei Millionen Katholiken zählen. Die Tradition christlicher Missionsstationen in China reicht bis in das 13. Jahrhundert zurück. Von der Entsendung Matteo Riccis zum Ming-Kaiser Wan-li 1583 bis zur Verurteilung des chinesischen Ahnenkultes durch Papst Benedikt XIV. im Jahre 1742 verbuchten die Jesuiten glänzende Erfolge ihrer Arbeit in China. Papst Leo XIII. bemühte sich nachhaltig um die Aufnahme diplomatischer Kontakte, stieß jedoch auf den Widerstand der französischen Regierung, die einen Sonderstatus als Schirmherrin der katholischen Missionen in China beanspruchte. Schließlich wurde 1922 ein Apostolischer Delegat in Peking akzeptiert. 1943 begrüßte Pius XII. einen ständigen chinesischen Vertreter im Rang eines Ministers, und 1946 ging ein päpstlicher Internuntius nach Nanking. Nach Ausrufung der Volksrepublik China wurde der Internuntius, Erzbischof Antonio Riberi, des Landes verwiesen, und die Regierung bildete mittels eines «Patriotischen Verbandes chinesischer Katholiken» eine Nationalkirche mit fünfundvierzig Bischöfen, die gelegentlich auch öffentlich in Erscheinung tritt. 1979 verkündete sie die (für den Heiligen Stuhl unannehmbare) Ernennung des ersten neuen katholischen Bischofs in China seit fünfzehn Jahren. Papst Paul versuchte bei verschiedenen Gelegenheiten, die diplomatischen Beziehungen zu China wiederherzustellen, was aber durch die Anerkennung der nationalistischen Regierung Taiwans durch den Vatikan verhindert wird. Zum Diplomatischen Korps beim Vatikan gehört auch eine sehr selbstbewußte taiwanesische Botschaft.

Bischof John Baptist Cheng-Chung Wu von Hongkong ist ein

Flüchtling aus dem kommunistischen China – wie die meisten von Hongkongs 260 000 Katholiken, deren Zahl durch Neuankömmlinge aus China und Vietnam ständig zugenommen hat. Im Fernen Osten halten die Bischöfe standhaft zum Heiligen Stuhl, doch eine spürbar entspannte chinesische Haltung hinsichtlich einer offiziellen vatikanischen Präsenz im Land würde die verschiedenen Loyalitätsbindungen stark belasten.

Bei einem Diner in Kensington Palace Gardens kurze Zeit vor der Wahl Johannes Pauls I. diskutierte ich mit dem sowjetischen Botschafter Nikolai Lunkov über Vatikankontakte mit dem kommunistischen China. Da der chinesisch-sowjetische Zwiespalt tief saß und die Emotionen angeheizt waren, verlangte das Thema nach taktvoller Behandlung. Der junge sowjetische Beamte, mit dem ich mich beim Kaffee unterhielt, stimmte mir zu, daß der Vatikan ganz gut über die politischen Vorgänge in Peking informiert sein müsse. Einige Monate später erinnerte ich mich an dieses Gespräch, als nicht nur ein nichtitalienischer Papst gewählt wurde, sondern einer, der gewaltigen Einfluß innerhalb der kommunistischen Welt haben würde, da er aus dem erzkatholischen Polen kam. Im August 1979 drückte Papst Johannes Paul II. seine Hoffnung auf «einen neuen Kontakt zu den chinesischen Katholiken» aus, als er kritisch auf die Nachricht von der Ernennung Michael Fu-T'ieh-Shans als Bischof von Peking einging. Ganz langsam wuchs zwischen 1979 und 1980 das Gefühl, daß die chinesische Regierung bereit sei, solche Kontakte zu fördern, sogar eine Wiederaufnahme der Beziehungen zu den Jesuiten auf erzieherischem Gebiet. Auf der anderen Seite bot der Besuch des Papstes im Fernen Osten 1981 Gelegenheit zu deutlicheren, wenn auch immer noch vorsichtigen Gesprächsangeboten des Vatikans an die chinesischen Christen und die chinesische Regierung, vor allem durch Kardinal Casaroli.

Diplomaten des Heiligen Stuhls findet man sparsam verteilt auch in vielen internationalen Organisationen unserer Zeit. Ihr Engagement in diesen Institutionen ist religiös motiviert, doch interessanterweise technischen Ursprungs. Bei den meisten Organisationen ist der Heilige Stuhl akkreditiert, nicht der Vatikanstaat. Dieser ist allerdings Mitglied des Weltpostvereins und der Internationalen Fernmeldeunion und wird aufgrund seiner Mitgliedschaft zu den Konferenzen der Vereinten Nationen eingeladen. Um einer nicht erwünschten, möglicherweise zu starken Betonung der Stellung des Papstes als Staatsoberhaupt vorzubeugen, verhandelte der Vatikan mit dem damaligen Generalsekretär der Vereinten Nationen, Dag Hammarskjöld, und in einem Notenaustausch vom Oktober 1957 kam man überein, daß «es der Heilige Stuhl ist, der durch die vom Staatssekretariat zu den verschiedenen Sitzungen der Organe der Vereinten Nationen entsandten Delegationen vertreten wird».

Aufgrund dieser Haltung der UNO entscheidet der Vatikan, ob der Papst bei den Vereinten Nationen und ihren verschiedenen Einrichtungen durch den Heiligen Stuhl oder durch den Vatikanischen Stadtstaat vertreten wird. Das unmittelbare Interesse des Vatikans am Tätigkeitsbereich der UNO – der beispielsweise auch soziale und kulturelle Aktivitäten umfaßt, die Bevölkerungs- und Glaubensfragen berühren – liegt auf der Hand.

Die Organisationen, denen der Heilige Stuhl und der Stadtstaat angehören, bilden eine eigenartige Liste und werden im *Annuario Pontificio* sorgfältig aufgezählt. «So hervorragend der Heilige Stuhl auch die traditionelle Diplomatie beherrscht», sagte ein britischer Diplomat zu mir, «aber in der modernen multinationalen Diplomatie wie im Forum der Vereinten Nationen ist er noch sehr unerfahren. Der UN-Beobachterstatus, den der Heilige Stuhl besitzt, vermittelt bei weitem nicht die Erfahrungen, die sogar junge Diplomaten als Mitglieder so wichtiger Körperschaften wie des Sicherheitsrats, des Wirtschafts- und Sozialrats, der Menschenrechtskommission usw. erwerben.»

Der Heilige Stuhl war an der Vorbereitung der Wiener Konventionen beteiligt, unter anderem in den letzten Jahren an den Konventionen über diplomatische Beziehungen, das Seerecht, das Vertragsrecht und Konsularbeziehungen. 1973 und 1974 nahm er in Helsinki und Genf an der Konferenz für Sicherheit und Zusammenarbeit in Europa teil. Seine Bereitschaft zur Teilnahme an diplomatischen Ereignissen aller Art war immer außerordentlich groß, wo immer ihm Gelegenheit geboten wurde, und Papst Johannes Paul II. hat dieselbe Einstellung dazu wie seine unmittelbaren Vorgänger.

Manche Vatikandiplomaten (zum Beispiel Erzbischof Inigo Cardinale in seinem Buch *The Holy See and the International Order*) argumentieren, der Heilige Stuhl liefe Gefahr, wenn er statt des Beobachterstatus die Mitgliedschaft in den Vereinten Nationen besäße, an Aktionen wie internationalen Zwangsmaßnahmen beteiligt zu werden, die im Widerspruch zu seiner eigentlichen Mission stünden. Er solle deshalb die UNO-Mitgliedschaft meiden. Die letzten Päpste haben jedoch eine instinktive Neigung zu dieser Organisation gezeigt. Vor allem Papst Paul VI. trat dort 1965 mit einer mitreißenden Rede auf. Papst Johannes Paul II. folgte 1979. Der Vatikan sympathisiert mit dem Internationalismus der Vereinten Nationen, mit ihrer starken Beteiligung von Entwicklungsländern, mit ihrer erklärten Friedensmission. Er sieht auch, wie wichtig es ist, in einem globalen Forum vertreten zu sein, wo bedeutende Fragen ethischer und religiöser Praxis – Geburtenkontrolle, Glaubensfreiheit – in folgenreichen Debatten diskutiert werden. Es steht nicht zu erwarten, daß die Welt die Schweizergarde im Einsatz in Übersee sieht, aber der Heilige Stuhl hat sehr wohl den Atomwaffensperrvertrag unterzeichnet, hat bereitwilligst die Chance wahrgenommen, an der Konferenz von Helsinki teilzunehmen, und würde auch die Mitgliedschaft in der UNO sicher nicht ablehnen, wenn er sie bekommen könnte.

Der Ständige Beobachter des Vatikans bei den Vereinten Nationen in New York war bis vor kurzem (als Vorgänger von Erzbischof Renato Raffaelo Martino) Msgr. Giovanni Cheli, ein aus Turin stammender Berufsdiplomat, der im Sommer 1978 von Papst Paul VI. zum Erzbischof ernannt wurde. Die Beförderung bedeutete eine späte Würdigung seiner persönlichen Verdienste und der Bedeutung, die der Vatikan seinen Verbindungen zu den Vereinten Nationen beimißt. Erzbischof Chelis Laufbahn war die eines sehr engagierten Mannes, der über viele Jahre hinweg durch seine Freundschaft mit Casaroli in enger Verbindung zum Zentrum der Vatikandiplomatie stand. Sein *curriculum vitae* liest sich wie der Auszug aus einem Stück über die glanzvollen Auszeichnungen, die den Absolventen des vatikanischen Oxbridge – der Päpstlichen Akademien – winken. Er wurde 1918 geboren und 1942 zum Priester geweiht. Nach Abschluß seines Theologiestudiums promovierte er in kanonischem Recht an der römischen Lateran-Universität und machte dann sein Diplom an der Päpstlichen Akademie für Diplomatie. Er verbrachte drei Jahre als Zweiter Sekretär in Guatemala, sieben Jahre als Erster Sekretär in Madrid, fünf Jahre als Konsultor in Rom und sechs Jahre am Staatssekretariat und am Rat für Öffentliche Angelegenheiten im Vatikan. Dort war er für die kommunistischen Länder Osteuropas zuständig, bis er zum Ständigen Beobachter des Heiligen Stuhls bei den Vereinten Nationen in New York ernannt wurde.

Das Büro des Ständigen Vertreters liegt in der East 72nd Street in New York; dort studiert ein kleiner ständiger Mitarbeiterstab täglich UNO-Dokumente, nimmt an UNO-Sitzungen teil und fertigt Berichte für das Staatssekretariat und den Rat für die Öffentlichen Angelegenheiten der Kirche an. Das Hauptinteresse des Heiligen Stuhls und daher auch seiner Vertretung konzentriert sich laut Erzbischof Cheli auf die Themen Menschenrechte, religiöse Intoleranz, Abrüstung, soziale Fragen, Jugend, die Gleichberechtigung der Frau, Wirtschaftsfragen . . . und Probleme, mit denen sich der Sicherheitsrat befaßt. Über die UNO-Sitzungen wird vollständig nach Rom berichtet; in der anderen Richtung besteht die Aufgabe der Mission darin, den ständigen Mitarbeitern und den UNO-Delegierten die allgemeine religiöse Einstellung des Heiligen Stuhls und seine speziellen Ansichten zu bestimmten Themen zu erläutern. «Wir werden oft um unsere Meinung zu Themen gebeten, mit denen der Heilige Stuhl langjährige Erfahrung hat oder von denen die Delegierten wissen, daß sie besondere Anliegen von uns sind, zum Beispiel Menschenrechte und Glaubensfreiheit.»

Als Ständiger Beobachter (wie die Schweiz, Monaco und die beiden koreanischen Staaten) hat der Heilige Stuhl kein Stimmrecht, und sein Vertreter kann in den Ausschüssen der Generalversammlung nur mit Erlaubnis des Vorsitzenden sprechen, die allerdings noch nie verweigert wurde.

Erzbischof Cheli betrachtet den Heiligen Stuhl als «geistigen Mitstreiter für die Ideale der Charta der Vereinten Nationen». Er erinnert daran, daß Papst Johannes Paul II. schon zu Anfang seines Pontifikats festgehalten hat, daß der Heilige Stuhl sich «entsprechend seinem Selbstverständnis und auf verschiedenen Ebenen immer bemüht hat, ein zuverlässiger Mitarbeiter der Vereinten Nationen zu sein . . .».

1978 veröffentlichte Erzbischof Chelis Vorgänger, Msgr. Alberto Giovannetti, der das Büro des Ständigen Vertreters eröffnet hatte, einen Roman mit dem Titel *Requiem for a Spy*, in dem auch ein KGB-Agent als vatikanischer Beobachter vorkam. Der Spion wurde schließlich bekehrt und starb triumphierend als Märtyrer, aber die Eindrücke, die der Roman von der UNO vermittelte, waren ausgesprochen zynisch. Daß viele katholische Bischöfe eine solche Einstellung teilen, belastet dieses Gebiet der Vatikandiplomatie nicht unerheblich.

Der Ständige Beobachter des Vatikans bei der UNESCO ist Msgr. Renzo Frana; unter seinen Vorgängern in diesem Amt war auch der spätere Papst Johannes XXIII., der daneben noch andere Aufgaben in Paris wahrnahm. Wie Papst Johannes wurde auch Msgr. Frana in Bergamo geboren, hat aber bisher eine konventionellere diplomatische Laufbahn hinter sich, die nach einem Studium des kanonischen Rechts mit seiner Ausbildung an der Päpstlichen Akademie begann. Auf Anraten des Präsidenten der Akademie trat er in den diplomatischen Dienst ein. Zuerst wollte ihn sein örtlicher Bischof nicht gehen lassen, erinnert er sich, doch nach der Wahl von Papst Johannes, der aus Bergamo kam, gab er nach. («Man bewirbt sich nicht darum, päpstlicher Diplomat zu werden», erklärt Msgr. Frana. «Gewöhnlich tritt die Päpstliche Akademie an den zuständigen Bischof heran, nachdem ein Kandidat von seiner Universität vorgeschlagen wurde . . .»)

Büro und Wohnung des Ständigen Beobachters bei der UNESCO befinden sich in einem großen Ziegelbau hinter einem schmiedeeisernen Tor an der Avenue du Président Wilson 10 in Paris, wo 1980 auch Papst Johannes Paul II. wohnte. Ein zweites Büro liegt im Zentrum von Paris.

Der Heilige Stuhl verfolgt mit Interesse die mannigfaltigen Aktivitäten der UNESCO. Das von den römisch-katholischen Bischöfen auf dem Zweiten Vatikanischen Konzil geäußerte und dokumentierte kulturelle Interesse hat diese Neugierde noch geschärft. In den Bereichen Erziehung und Bildung, Information, Kultur und Menschenrechte möchte der Vatikan die Einstellung der UNESCO kennen und in der Weise mitarbeiten, daß er «auf gemeinsamen Interessengebieten in grundsätzlichem Respekt vor der Freiheit anderer seine eigenen Vorstellungen zur Kenntnis bringt».

Der Vatikan betrachtet die UNESCO als besonders nützlich für seine Mission in den Ländern der Dritten Welt, die oft eher bereit sind, Ideen und Initiativen von der UNESCO als von westlichen Ländern anzunehmen. Msgr. Frana reflektiert über die Gefahr des Materialismus in Kultur und Bildung und über den aggressiven Einfluß der Materialisten aus Ost und West. «Wir sind dazu da, das moralische Prinzip zu vertreten. Die Menschen sind bereit, über Gott zu sprechen.»

In ungewöhnlicher Offenheit redet er über seine persönliche Laufbahn und die Stärken und Schwächen des diplomatischen Dienstes des Vatikans. Vor seiner Ernennung für den Posten in Paris diente er in Nicaragua, Brasilien, in Rom unter Msgr. Benelli, in London und in Washington. Er ist die Beförderungsleiter im Vatikandienst, wo jede Sprosse genau bezeichnet und definiert ist, ungewöhnlich schnell hinaufgestiegen.

Msgr. Frana vertritt die Ansicht, daß die Zusammensetzung des diplomatischen Dienstes in dem Maße «gesünder» wird, als er mehr Nationalitäten umfaßt, besonders in den unteren Rängen. Im

Zentrum sollte weniger Verschlossenheit herrschen, auch wenn Männer wie Msgr. Casaroli offen und zugänglich sind. «Glücklicherweise ist er keine Ausnahme.» Trotzdem wünschen die Diplomaten draußen sich eine klarere Personalpolitik. Es gibt versuchsweise ein Büro für die Beziehungen unter dem diplomatischen Personal. Der diplomatische Dienst des Heiligen Stuhls hat sogar einen Erzbischof als Inspektor. Auch Vatikandiplomaten, so besonnene Priester sie sind, können manchmal anderer Meinung sein als ihre Vorgesetzten (und umgekehrt gilt dasselbe); durch eine Konsolidierung und Verbesserung der persönlichen Beziehungen, meint Msgr. Frana, ließen sich die Entscheidungsprozesse eindeutig fairer gestalten.

Durch die Berufung von Männern wie Renzo Frana aus Bergamo (einer Stadt, die dem päpstlichen diplomatischen Dienst traditionell eng verbunden ist) steht dem Papst ein internationaler Informationsdienst zur Verfügung, dessen Einsatzbereitschaft, Kontinuität, Bildungs- und Intelligenzniveau wahrhaft einmalig sind. Ergänzt werden diese Informationsquellen durch die häufigen Besuche führender Politiker und Staatsoberhäupter, durch die regelmäßigen Besuche katholischer Bischöfe aus der ganzen Welt, die Hauptsitze der vielen internationalen katholischen Orden und Organisationen in Rom und die täglichen Kontakte der Kurie mit den vielen beim Heiligen Stuhl akkreditierten diplomatischen Vertretern.

Während des Pontifikats Pauls VI. ging die Zahl der Länder, die in irgendeiner Form diplomatische Beziehungen zum Heiligen Stuhl pflegen, sprunghaft in die Höhe. Der Papst nahm stolz für sich in Anspruch, daß die Zahl der Vertretungen sich verdoppelt habe. Zur Zeit sind es fast hundert Länder, wodurch das Diplomatische Korps im Vatikan auf mehrere hundert Mitglieder angeschwollen ist. Einige Diplomaten kommen per Flugzeug zu ihren regelmäßigen Besuchen. Die über ganz Rom verstreuten Kanzleien reichen von ein oder zwei Räumen über das mittelgroße

Appartement der Briten in der Via Condotti 91 bis hin zu dem prächtigen Palazzo di Spagna an der Piazza di Spagna, wo der spanische Botschafter Dom Angel Sanz Briz residiert und wo während der napoleonischen Kriege Prinzen des spanischen Königshauses Zuflucht fanden. Trotz aller Reformen und Modernisierungen bietet das vatikanische Protokoll Diplomaten noch immer das Erlebnis uralten Zeremoniells, der Magie wiederbelebter Geschichte.

Nach seiner Ankunft in Rom stattet der Missionschef dem Staatssekretär Kardinal Agostino Casaroli einen offiziellen Besuch ab und überreicht ihm eine Kopie seines Beglaubigungsschreibens. Dann besucht er den Substituten des Staatssekretariats, Erzbischof Eduardo Martinez Somalo, und den Außenminister (den Sekretär des Rates für die Öffentlichen Angelegenheiten der Kirche), Erzbischof Achille Silvestrini. Mit dem Präfekten des Päpstlichen Hauses, Bischof Jacques Martin, macht er einen Termin aus, an dem der Papst den neuen Gesandten empfangen wird.

Er wird von zwei Attachés des Vorzimmers und zwei Kammerherren Seiner Heiligkeit begrüßt und in den Damaso-Hof geleitet, wo eine kleine Abordnung der Schweizergarde ihm die Ehrenbezeigung erweist. Der Aufzug bringt den Botschafter zur zweiten Loggia des Apostolischen Palastes; dort werden er und seine Begleitung von zwei Attachés des Vorzimmers und den *Sediari* (den Stuhlträgern) in Empfang genommen. Diese geleiten sie zu den päpstlichen Räumen, wo sie zusammen mit dem Präfekten des Päpstlichen Hauses und dem Präsidenten des Staatsrats durch die *Sala dei Papi* zur *Sala del Trono* gehen, um den Papst zu begrüßen. Um den Thron gruppiert stehen mehrere vatikanische Würdenträger: der Almosenpfleger Seiner Heiligkeit, der Generalvikar Seiner Heiligkeit für die Vatikanstadt, die Prälaten des Vorzimmers.

Der Botschafter verliest seine Ansprache, überreicht sein Beglaubigungsschreiben, hört eine kurze Antwort des Papstes und geht dann zu einem Privatgespräch in die Päpstliche Bibliothek; anschließend stellt er seine Begleiter vor. Manchmal geht Papst Johannes Paul II. Arm in Arm mit dem Botschafter hinüber. Nach der Audienz begibt sich der Botschafter durch die *Sala Clementina*, wo der Präfekt sich verabschiedet, zu einem Gespräch mit dem Kardinalstaatssekretär und besucht dann (wenn er Katholik ist) die Kapelle des Heiligen Sakraments in der Petersbasilika zum Gebet und das Grab des heiligen Petrus; wenn er nicht katholisch ist, verläßt er den Papstpalast über den Damaso-Hof. Am selben Tag tragen sich die vielen Vatikanbeamten, die der Botschafter begrüßt hat, in das Gästebuch seiner Botschaft ein. Der Botschafter bittet den Kardinaldekan des Heiligen Kollegiums schriftlich um Audienz. Sein Höflichkeitsbesuch wird noch am selben Tag vom Kardinaldekan erwidert, und im Laufe der folgenden Tage besucht der Botschafter alle in Rom residierenden Kurienkardinäle.

In diplomatischen Memoiren und literarischen Erinnerungen ist uns ein reicher Schatz an Anekdoten und Beschreibungen päpstlicher Audienzen durch die Jahrhunderte überliefert – stets farbige, bisweilen bizarre Schilderungen. Sir Odo Russell, britischer Minister beim Heiligen Stuhl seit 1922, beschrieb, welchen Eindruck auf ihn Papst Pius XI. und der bemerkenswerte Vatikandiplomat Pietro Gasparri, Staatssekretär zweier Päpste, gemacht hatten:

> Am 6. Februar 1923 begab ich mich in Begleitung Cecil Dormers, meines Sekretärs und unschätzbaren Ratgebers, zum Vatikan, um mein Beglaubigungsschreiben zu überreichen. Es war eine äußerst eindrucksvolle Zeremonie. Die Schweizergarde empfing uns mit militärischen Ehrenbezeigungen und eskortierte uns durch den Clementinischen Saal zum Eingang des päpstlichen Appartements, wo wir von Mitgliedern des Päpstlichen Hofes empfangen wurden. Die feierliche Audienz fand im Thronsaal statt. Nachdem ich eine kurze Ansprache gehalten und mein Beglaubigungsschreiben überreicht hatte, antwortete der Papst und gab in wohlgesetzten Worten seiner Bewunderung für die britische Nation Ausdruck. Dann stieg er von seinem Thron herunter und forderte mich auf, in seine Privatbibliothek zu kommen. Dort wurde die Unterhaltung in weni-

ger offizieller Form mit großem Wohlwollen auf seiten Seiner Heiligkeit fortgesetzt.

Der Kardinalstaatssekretär (der seither umgezogen ist) bewohnt ein Appartement direkt unterhalb der Päpstlichen Appartements im Vatikanpalast, und nachdem ich Papst Pius XI. mein Beglaubigungsschreiben überreicht hatte, suchte ich ihn, wie üblich, zum ersten Male auf. Ich sah dieser ersten Begegnung mit größtem Interesse entgegen, da Seine Eminenz die Person war, mit der ich alle Geschäfte während der Dauer meiner Mission abwickeln würde. Der Kardinal war damals etwa siebzig – sein Gesicht war schon zerfurcht, aber er war eine malerische Erscheinung, vor allem auch durch seine Kleidung – eine schwarze Soutane mit karmesinroten Paspeln und Knöpfen, ein karmesinrotes Käppchen und ein goldenes Pektoralkreuz ... Jeden Mittwoch empfing er die Missionschefs einzeln der Reihe nach, um mit ihnen die Tagespolitik zu diskutieren. Da die Zeit, die ihm bei so vielen Besuchern zur Verfügung stand, notwendigerweise kurz war, suchte ich ihn gelegentlich abends auf, wenn sein Vorzimmer leer war und er einem längeren Gespräch eher zugeneigt schien ... Einmal sagte er mit seinem typischen schalkhaften Lächeln, der Teufel könne doch nicht so schlau sein, wie allgemein angenommen werde, da der Krieg die Kirche schließlich von ihren drei ärgsten Feinden befreit habe, dem Zaren, dem Kaiser und dem Kalifen ...

Sir Alec Randall wurde zum Zweiten Sekretär der britischen Gesandtschaft beim Heiligen Stuhl ernannt, als diese 1925 unter Russell eingerichtet wurde. In seinem Buch *Vatican Assignment* (London 1957) erinnert er sich an das Essen, das Kardinal Gasparri 1929 nach dem historischen Vertragsabschluß des Vatikans mit der italienischen Regierung für alle Mitglieder des beim Papst akkreditierten Diplomatischen Korps gab.

In unseren ordengeschmückten Uniformen versammelten wir uns alle zu Sherry und Aperitifs in den Borgia-Appartements ... Dieser Name hatte noch genug von der Aura großer historischer Ereignisse an sich, um dem Abend besonderen Reiz zu verleihen, und einige der älteren Diplomaten spekulierten über ihrem Sherry, ob zu diesem Anlaß wohl das Borgia-Goldgeschirr herausgeholt würde, wie das der Fall gewesen sei, als Benedikt XV. zu einer ähnlichen Festlichkeit geladen hatte, um das Ende des Ersten Weltkriegs zu feiern. Aber diesmal wurde es nicht benutzt; die Tafel war mit Empire-Kandelabern geschmückt, und die verschiedenen Gänge wurden auf Sèvres-Porzellan serviert – alles zusammen ein Geschenk Napoleons an Pius VII., der den Kaiser 1804 krönte, aber 1809 von ihm gefangengenommen und erst 1814 wieder freigelassen wurde.

Die Vatikandiplomaten in der ganzen Welt und die beim Heiligen Stuhl akkreditierten ausländischen Diplomaten, die jeweils das Recht des Heiligen Stuhls auf «aktive» und «passive» Vertretung verkörpern, begegnen einander kaum. Doch die Informationen, die sie vermitteln, fließen dem Papst durch die einzigartige Schlüsselorganisation der Kurie und des Staatssekretariats zu (praktisch die institutionalisierte Gesamtorganisation der römisch-katholischen Kirche), das eng mit dem Rat für die Öffentlichen Angelegenheiten der Kirche verbunden ist.

Den Kardinalstaatssekretär kann man mit dem Premierminister oder Chef einer Regierung vergleichen, für die die Außenpolitik von allergrößter Bedeutung ist. Er hat das Recht, alle Abteilungsleiter zu Besprechungen einzuberufen, und die Tätigkeit dieser Abteilungen beinhaltet natürlich eine wesentliche diplomatische und internationale Komponente. Er trägt die oberste Verantwortung für die Beziehungen des Papstes zu den Vertretern des Heiligen Stuhls im Ausland und denen anderer Regierungen beim Vatikan. Im Verkehr mit ausländischen Mächten ist er der höchste offizielle Vertreter des Papstes sowohl in seiner Eigenschaft als Souverän des Vatikanischen Stadtstaates als auch als Oberhaupt des Heiligen Stuhls. Das Amt ist mit solcher Machtbefugnis ausgestattet, daß die Politik seines Inhabers – eine starke Persönlichkeit vorausgesetzt – selbst unter einem willensstarken und außerordentlich intelligenten Papst einen gewaltigen Einfluß auf das Schicksal der katholischen Kirche ausübt. (Er kann auch Schiffbruch erleiden. Ein Vorläufer des heutigen Staatssekretärs im 18. Jahrhundert, Kardinal Niccol Coscia, verbrachte zur Strafe für Korruption neun Jahre in Castel Sant'Angelo.)

Im wesentlichen jedoch übt der Staatssekretär Einfluß als ein «Geschöpf» des Papstes aus. Für die Besetzung von Bistümern ist in Ländern, wo ein Konkordat dem Staat ein Mitspracherecht einräumt, meist das Staatssekretariat zuständig; andernfalls erfolgt die Ernennung in der Regel durch die Bischofskongregation, in Missionsländern durch die Propaganda Fide, für unierte Kirchen durch die Kongregation für die Orientalischen Kirchen. Das Staatssekretariat ist relativ klein und hat sich (zumindest unter Msgr. Benelli) als äußerst leistungsfähig erwiesen.

Im Unterschied zu den meisten Abteilungsleitern im Vatikan muß der Staatssekretär nach fünf Jahren nicht seinen Rücktritt anbieten, sondern seine Amtszeit endet automatisch mit der Vakanz des Heiligen Stuhls. Der *Sostituto* bleibt auch nach dem Tod eines Papstes im Amt (er ist dann dem Kardinalskollegium verantwortlich), und auch er fällt nicht unter die Fünfjahresregelung. (Wie der *Sostituto* bleibt auch der Sekretär des Rates für die Öffentlichen Angelegenheiten der Kirche nach dem Tod eines Papstes im Amt und erhält die Beziehungen zu ausländischen Regierungen aufrecht; dasselbe gilt für eine dritte wichtige Persönlichkeit, den Präfekten des Päpstlichen Hauses.)

Die Rechte dieser drei Würdenträger, an einen neugewählten Papst heranzutreten, sind im *Romano Pontifici Eligendo* niedergelegt. In dem Augenblick, in dem ein neuer Papst seine Wahl angenommen hat, heißt es,

> ... dürfen der Substitut des Staatssekretariats oder Päpstlichen Sekretariats, der Sekretär des Rates für die Öffentlichen Angelegenheiten der Kirche, der Präfekt des Päpstlichen Hauses

und wer sonst noch den gewählten Oberhirten in dringenden Angelegenheiten sprechen muß, mit Fragen von unaufschiebbarer Dringlichkeit an ihn herantreten.

Diese besondere Vorkehrung erklärt sich durch einen Zwischenfall nach der Wahl Papst Johannes' XXIII. Zum Unwillen einiger Kardinäle, die es eilig hatten, in ihr eigenes Bett zurückzukommen, verfügte der neue Papst, daß das Konklave noch eine Nacht länger dauern sollte, damit er den Rat der Kardinäle einholen könne. Ohne dies gehört zu haben, aber in dem Wissen, daß ein neuer Papst gewählt sei, betraten wie üblich mehrere ranghohe Kurienbeamte die Sixtinische Kapelle, um den neuen Papst zu begrüßen. An der Tür stürzte ihnen wütend Kardinal Tisserant entgegen und machte ihnen Vorwürfe, sie seien in den Konklavebereich eingebrochen, was automatische Exkommunikation und sofortige Kirchenstrafen zur Folge habe. Auf seinem Thron am Ende des Saales, wo die Kardinäle ihm die erste Huldigung erwiesen, fühlte sich Papst Johannes veranlaßt, sich umzuwenden und mit den Worten «Ich spreche euch los . . .» das Zeichen des Kreuzes über die Betroffenen zu machen. Papst Paul VI. hat mit der ihm eigenen Vorsicht gesetzlich festgelegt, daß der Zutritt nach dem Konklave ohne jeglichen Verlust von «Ehre, Rang, Amt oder kirchlichen Rechten» zu gestatten sei.

Der Staatssekretär steht gleichzeitig als Präfekt an der Spitze des von Kardinälen geleiteten Rates für die Öffentlichen Angelegenheiten der Kirche, dessen Tätigkeit sich auf bestimmte Bereiche der auswärtigen Angelegenheiten mit eindeutig politischem Schwerpunkt konzentriert: die Besetzung vakanter Bischofsstühle dort, wo Verhandlungen mit staatlichen Regierungen erforderlich sind; die päpstliche diplomatische Vertretung in der ganzen Welt; Konkordate und Abkommen mit anderen Staaten. Zusammen mit dem Staatssekretariat beaufsichtigt der Rat für die Öffentlichen Angelegenheiten die Arbeit der Päpstlichen Kommission für die Instrumente der sozialen Kommunikation und auch die Päpstliche Kommission für Rußland.

Letztere Kommission (mit weniger politischen als liturgischen und religiösen Vorzeichen) besteht aus drei Erzbischöfen. Zum Rat für die Öffentlichen Angelegenheiten gehören eine Kardinalskommission von sechzehn Kardinälen, ein Sekretär und ein Untersekretär, die beide im Vatikan wohnen. In ihren Büros neben denen des Staatssekretariats im Apostolischen Palast (im dritten Stockwerk unweit der päpstlichen Appartements) arbeiten ihnen etwa dreißig Mitarbeiter zu, die teils zum diplomatischen, teils zum Verwaltungspersonal zählen. Zu ersteren gehören dreizehn Konsultoren und Auditoren, die in der Welt der Zivildiplomatie den Ersten Sekretären entsprechen. Ihre Aufgabe besteht für einen jeweils festgesetzten Zeitraum aus Reisen und Verhandlungen im Vatikan und in der ganzen Welt. Zu dem in der Zentrale verbleibenden Verwaltungspersonal gehören vier *minutanti* im Rang von Sekretären, ein technischer und acht Sekretariatsassistenten *(addetti di secretaria)* und fünf geistliche Assistenten *(scrittori)* sowie zwei Laien für Büro- und Schreibarbeiten; außerdem gibt es zwei päpstliche Sondervertreter.

Die außenpolitische Tätigkeit des Staatssekretariats und des Rats für die Öffentlichen Angelegenheiten reicht von der routinemäßigen Übersetzung und Übermittlung der päpstlichen Botschaften an die Bischöfe bis zu wichtigen Verhandlungen mit Staatschefs. Die Auswahl der hierfür und für die Leitung der beiden Abteilungen verantwortlichen Männer ist für jedes Pontifikat von größter Bedeutung. Sie vermittelt die Grundorientierung des Pontifikats, die Ziele des Papstes und die praktische Interpretation, die seine allgemeinen Verlautbarungen über Zielsetzung und Prinzipien erfahren werden.

Eine der Schlüsselpositionen hat der gutaussehende, in Litauen geborene und in Frankreich ausgebildete Msgr. Audrys Bačkis inne. Im Apostolischen Palast unterhielt er sich mit mir über die Arbeit und Arbeitsbedingungen eines Vatikandiplomaten an der Basis (und brachte mich später in seinem Fiat in rasender Fahrt um die Peterskirche herum zu einem Termin im Palazzo San Carlo).

Als ich ihm 1978 begegnete, arbeitete Msgr. Bačkis schon seit drei Jahren im Rat für Öffentliche Angelegenheiten und wohnte im Vatikan. Unter den dreizehn Diplomaten des Rates waren ein Spanier, ein Deutscher, ein Amerikaner und ein Inder. Für diese Berufsdiplomaten sind gute Sprachkenntnisse wichtig. Die meisten von ihnen wohnen in einem Heim in der Nähe der riesigen Audienzhalle, manche suchen sich lieber eine Privatunterkunft in Rom. Alle haben Auslandserfahrung (Msgr. Bačkis hat neun Jahre vorzuweisen). Meistens arbeiten sie einige Jahre am Rat für Öffentliche Angelegenheiten, bevor sie – vielleicht als Nuntius – eine neue Aufgabe im Außendienst übernehmen; sie können jederzeit ins Ausland geschickt werden. Gelegentlich wechseln Diplomaten zum Verwaltungspersonal über und bleiben ganz in Rom. Sie spezialisieren sich dann auf bestimmte außenpolitische Interessengebiete des Vatikans; Msgr. Bačkis befaßte sich zum Beispiel mit internationalen Beziehungen und britischen und irischen Angelegenheiten.

Die Verwaltungsangestellten des Rates suchen sich ihre Wohnungen selbst, die verschiedenen Ordensleute unter ihnen bleiben meist an ihr «Haus» gebunden. Unter ihnen sind einige Priester mit sehr langer Dienstzeit wie der Jesuit P. Fiorelli Cavalli, der über zwanzig Jahre im Rat gedient hat. Auch sie spezialisieren sich, etwa auf Konkordate oder bestimmte internationale Gebiete. Mit zwei Ausnahmen sind sie alle Italiener; zu ihnen gehört auch eine Nonne von den Schwestern vom Heiligen Herzen.

In den Büros hinter den Korridoren und Wartezimmern herrscht eine geschäftige, manchmal angespannte Atmosphäre. System und Arbeitsablauf sind streng hierarchisch gegliedert – «eine schnurgerade Linie zum Präfekten hinauf und dann zum Papst», sagt Bačkis.

Der Rat für die Öffentlichen Angelegenheiten hat keinen eigenen Etat. Rechnungen werden ans Staatssekretariat weitergeleitet, dessen wichtigste Dienstleistungen wie die Diplomatenpost und die Übersetzungseinrichtungen dem Rat zur Verfügung stehen. Dennoch hat er einen ganz eigenen Charakter; dieser wurde in den letzten Jahren von einer der subtilsten und erfahrensten Persönlichkeiten des Vatikans geprägt, von Monsignore Casaroli.

Durch den Tod Kardinals Jean Villot im März 1979 wurde für Papst Johannes Paul II. der Weg zu einer Umbildung seines «Kabinetts» frei. Seit seiner Ernennung durch Papst Paul VI. 1969 war Villot Staatssekretär und Präfekt des Rates für die Öffentlichen Angelegenheiten der Kirche gewesen. Zu seinem Nachfolger ernannte Papst Johannes Paul II. den Erzbischof (jetzt Kardinal) Agostino Casaroli. Zuerst wurde er Geschäftsführender respektive Pro-Staatssekretär; die Ernennung wurde in eine ständige umgewandelt, nachdem Casaroli im Juni seinen Kardinalshut erhalten hatte. (Gewisse Vatikanposten – die der Präfekten der Kongregationen und des Staatssekretärs – können nur Kardinäle besetzen. Ein Kandidat ohne Kardinalshut wird deshalb bis zum nächsten Konsistorium, durch das er Kardinal werden kann, zum Beispiel als Pro-Präfekt eingesetzt.)

Erzbischof Martinez Somalo wurde zum neuen *Sostituto* des Staatssekretariats ernannt, da Erzbischof (jetzt Kardinal) Giuseppe Caprio von diesem Posten auf den des Pro-Präsidenten der Güterverwaltung des Apostolischen Stuhls versetzt wurde. Der jetzige Erzbischof Achille Silvestrini wurde an Stelle von Casaroli zum Sekretär des Rates für die Öffentlichen Angelegenheiten ernannt, und Audrys Bačkis rückte zu seinem Untersekretär auf.

Durch diese und frühere Ernennungen verschaffte sich der Papst ein relativ junges und internationaleres Team in der außenpolitischen Hierarchie – ein deutlicher Hinweis auf das besondere Interesse dieses Papstes an Diplomatie und internationaler Politik, das von der Ostpolitik seiner Vorgänger bis zu neu initiierten Menschenrechtskampagnen reicht.

Als ich mich einmal ausführlich mit Agostino Casaroli unterhielt – das war kurz bevor er Papst Johannes Pauls Staatssekretär und Präfekt des Öffentlichkeitsrates wurde –, sagte er, der wahre «Chef» sei der Präfekt (damals Kardinal Villot). Er selbst habe eine Stelle als «Mitarbeiter des Chefs . . . Ich leite alle Unterlagen an den Kardinal weiter. Er sieht alles. Er berät alles mit dem Papst.

Alles, was ich tue, geschieht mit seinem Wissen. Er läßt mir weitgehend freie Hand ...» Casaroli hat auch vor seinem Aufstieg zur rechten Hand des Papstes schon eine bemerkenswerte Rolle in der Diplomatie des Heiligen Stuhls gespielt. Er wurde 1914 in Castel S. Giovanni bei Piacenza geboren. Zwei seiner Onkel waren Priester; der eine wurde Bischof, der andere Rektor eines Seminars. In den dreißiger Jahren studierte er kanonisches Recht an der Lateran-Universität, ging dann an die Päpstliche Kirchliche Akademie und wurde 1937 zum Priester geweiht. 1940 kam er an die Erste Abteilung der Heiligen Kongregation für Außerordentliche Kirchliche Angelegenheiten (des heutigen Rats für die Öffentlichen Angelegenheiten) und arbeitete dort erst in den Archiven, dann als *minutante* in der Verwaltung. In den fünfziger Jahren sammelte er Auslandserfahrungen auf Reisen nach Rio de Janeiro und Madrid und war dann drei Jahre lang Professor für diplomatische Verfahrensordnung an der Päpstlichen Akademie, bis Papst Johannes XXIII. ihn 1961 zum Untersekretär der Heiligen Kongregation machte.

Casarolis geistige Flexibilität und sein zunehmendes Verhandlungstalent kamen seiner Aufgabe zugute, in bisher unbekannter Weise für die neue Einstellung des Vatikans zum Kommunismus zu werben, für die Papst Johannes XXIII. und Papst Paul VI. die Grundlagen schufen, und entsprechende Verträge zu schließen. Msgr. Casaroli ist oft in osteuropäische Länder gereist und hat den Heiligen Stuhl auf wichtigen internationalen Versammlungen vertreten. Seine Ostreisen begannen 1963 von Österreich aus, wo er Delegationsleiter auf einer UNO-Konferenz über Konsularbeziehungen in Wien gewesen war. 1964 unterzeichnete er in Budapest einen begrenztes Abkommen zwischen dem Heiligen Stuhl und der ungarischen Regierung. 1964–65 handelte er in Prag eine Reihe von Verträgen über die Beziehungen zwischen Kirche und Staat aus, wobei auch die Situation Erzbischof Berans geklärt wurde: Er wurde vom Papst zum Kardinal ernannt und aus der Haft ins Exil entlassen.

1966 unterzeichnete er in Belgrad im Namen des Heiligen

Stuhls ein «Protokoll». Dies war das erste umfassende Vertragswerk des Vatikans mit einer kommunistischen Regierung seit dem Zweiten Weltkrieg und führte nach einem Bruch von über vierzehn Jahren zum Austausch nichtdiplomatischer Gesandter. Im August 1970 stattete er Jugoslawien einen offiziellen Besuch zum Zweck erneuter Gespräche und einer Begegnung mit Präsident Tito ab. Im Februar 1971 war er in der Sowjetunion, um dort das Dokument über den Beitritt des Heiligen Stuhls zum Atomwaffensperrvertrag zu hinterlegen, und machte während seines Aufenthalts dort Geschichte durch seine Gespräche im Außenministerium und mit der Kommission der UdSSR für religiöse Angelegenheiten. 1973 und 1975 nahm Msgr. Casaroli als Vertreter des Heiligen Stuhls an der Konferenz über Sicherheit und Zusammenarbeit in Helsinki teil, deren Schlußakte er für den Papst unterzeichnete.

Die Konferenz von Helsinki bedeutete eine weitere wichtige Neuerung. Sie war weder eine Konferenz der Vereinten Nationen noch eine Konferenz von «Mitgliedstaaten der Vereinten Nationen und besonderen Vertretungen». Nach den Lateran-Verträgen konnte der Heilige Stuhl nur dann teilnehmen, wenn er von jedem einzelnen Teilnehmerstaat ausdrücklich eingeladen war. Allgemein wurde zwar erwartet, daß der Heilige Stuhl teilnehmen würde, doch von sehr vielen Teilnehmern gingen keine dem Lateran-Vertrag entsprechenden Einladungen ein. Als es soweit war, schickte der Heilige Stuhl einfach einen Vertreter.

Durch Besuche auf Kuba, in der Tschechoslowakei und der DDR brachte Casaroli in den siebziger Jahren die Beziehungen zu den kommunistischen Ländern weiter voran. 1979 fuhr er vor der Heimatreise des Papstes nach Warschau, um den Ablauf der Reise mit den Behörden durchzusprechen.

Das Bild von Monsignore Casaroli, wie er in den 60er und 70er Jahren in heikler Mission durch die Korridore der kommunistischen Machthaber sauste, ist nicht ganz abwegig. Er sprach fast vergnügt über seine Reisen in die kommunistischen Länder und die Initiativen des Vatikans, die sich für so ungeheuer wichtig für die Katholiken in jenem Teil Europas und vielleicht sogar für die

Zukunft der ganzen Welt erwiesen. Msgr. Bačkis hatte in fließendem Englisch zu mir gesagt: «Es ist erstaunlich, wie er sich so viele Sprachen angeeignet hat, ohne in den Ländern gewesen zu sein: Französisch, Russisch, Deutsch, Englisch ...» Aber Msgr. Casaroli meinte: «Ich muß mich für mein Englisch entschuldigen. Ich bin nur ein einziges Mal in England gewesen. Kardinal Hume meint, ich müßte wohl mal wiederkommen ...»

Er erläuterte mir, wie sich die Arbeit des Staatssekretariats und des Rates für die Öffentlichen Angelegenheiten überschneiden. Der frühere Titel des Rates – Heilige Kongregation für Außerordentliche Kirchliche Angelegenheiten – ging zurück auf die Französische Revolution und Napoleon, «als in Frankreich eine ungewöhnliche Situation herrschte. Aber damals begann die Kirche überall in eine ungewöhnliche Situation zu geraten.»

Bevor er Staatssekretär wurde, befaßte Casaroli sich auch mit der Revision der Konkordate mit Spanien, Portugal und Italien, eine Arbeit, die ebenfalls mit Auslandsreisen verbunden war. Seine integrierende Aufgabe besteht darin, auf diplomatischem Wege die Beziehungen zwischen katholischer Kirche und Staat herzustellen und zu verbessern, damit den Katholiken in Lehre und Praxis ein Maximum an Freiheit eingeräumt wird, mit allen dazugehörigen Konsequenzen.

Seit 1940 lebt Msgr. Casaroli im Vatikan, die längste Zeit in der Palazzina della Zecca in der Nähe mehrerer aufeinanderfolgender Päpste. Unter Pius XII. war er an der Entstehung verschiedener Abkommen und Konkordate beteiligt, vor allem an denen zwischen dem Heiligen Stuhl und Spanien und Portugal, später mit Haiti und Peru. Lächelnd sagte er: «In dieser Abteilung sind Konkordate unser tägliches Brot. Aber der Heilige Stuhl mag sie offiziell gar nicht so gern. Es heißt *Storia di concordi, storia di dolori* ... In Ländern wie den Vereinigten Staaten, Großbritannien und Brasilien wird von Gesetz wegen nicht in das kirchliche Leben eingegriffen; dadurch ist die Kirche völlig frei, und es gibt keinen Raum für eine offizielle Beziehung per Konkordat. In vielen Ländern wird das Leben der Kirche zwar behindert, aber Katholiken können als Bürger frei leben; in solchen Fällen hat man sich um Abkommen bemüht. In nichtdemokratischen Ländern müssen wir nach Existenzmöglichkeiten für die Kirche suchen, einen *modus vivendi* – oder, wie sie in den kommunistischen Ländern sagen, einen *modus non moriendi*, einen Weg, um nicht zu sterben.»

Casaroli betrachtete seine Arbeit als Leiter des Rates für die Öffentlichen Angelegenheiten als «substantiell diplomatisch und politisch; immer eine Arbeit der Kirche. Der Papst und der Kardinalstaatssekretär unterhalten wichtige Kontakte zu Staaten und Regierungen. Man hat mich den Außenminister des Heiligen Stuhls genannt, aber in Wirklichkeit ist das der Präfekt des Rates . . .» Inzwischen ist Casaroli selbst Kardinalstaatssekretär und Präfekt des Rates; er bringt für die Geschäfte der Kirche seine reiche in der internationalen Welt der Diplomatie, vor allem in den kommunistischen Ländern erworbene Praxis mit und dient einem Papst, dessen Erfahrungen seine eigenen fabelhaft ergänzen.

Auf seine Empfehlung hin wurde sein Platz am Rat für Öffentliche Angelegenheiten durch einen anderen Berufsdiplomaten mit glänzender akademischer Karriere ersetzt, durch den Italiener Msgr. Achille Silvestrini. Silvestrini, in Faenza in der Romagna geboren, arbeitete in den 60er Jahren unter dem unbeirrbar traditionalistischen, recht engstirnigen Kardinal Domenico Tardini und dem bejahrten Kardinal Amleto Cicognani, der als erster gleichzeitig das Amt des Staatssekretärs und des Präfekten oder Vorsitzenden des Rates für die Öffentlichen Angelegenheiten innehatte.

Msgr. Silvestrinis diplomatische Ader zeigte sich bereits zur Zeit des vorsichtigen *rapprochements* Papst Pauls mit den kommunistischen Ländern und des betonten Interesses des Heiligen Stuhls an der Arbeit der Vereinten Nationen. Er war Delegationsleiter des Heiligen Stuhls bei der Genfer UNO-Konferenz 1971 über die friedliche Nutzung der Atomenergie und nahm an der Konferenz von Helsinki und ihren Folgeveranstaltungen teil.

Silvestrini verkörpert den Typus des päpstlichen Diplomaten in Reinkultur, beliebt bei seinen Mitarbeitern, detailbesessen, extrovertiert und meistens sehr fröhlich. Als ich ihn 1980 im Vatikan traf, zeigte er mir bereitwillig noch einmal das von Raffael für Kardinal Bibbiena ausgemalte Bad und sann darüber nach, daß es gerade ein Jahr, bevor Luther seine Ablaßthesen an die Tür der Wittenberger Schloßkirche nagelte, fertiggeworden sei. Er ist geschickt in internationalen Verhandlungen und äußerst kontaktfreudig. Er kennt die Stärken und Schwächen des Vatikansystems genau. Und die Stimmen der in Rom und im Ausland für den Vatikan arbeitenden Diplomaten haben ganz erheblichen Einfluß auf den Papst, der offiziell wie inoffiziell regelmäßige, intime und umfassende Gespräche mit dem Kardinalstaatssekretär führt. Die von Msgr. Backis erwähnte direkte Linie verläuft durch sein Büro zum Privatappartement des Papstes auf derselben Etage.

Die theoretische Basis der päpstlichen Diplomatie hat sich während des Pontifikats von Papst Johannes XXIII. beträchtlich gewandelt, wie man an den veränderten Perspektiven der katholischen Kirche in Papst Pauls VI. Enzyklika *Ecclesiam Suam* und Papst Pius' XII. *Mystici Corporis* ablesen kann und am Wandel der Vorstellung von der Kirche als einer vollkommenen Gesellschaft zur Vorstellung der Kirche als Pilgervolk. Das Denken hinter der vatikanischen Diplomatie wird sich weiter verändern.

Das erklärte inhaltliche Ziel der Vatikandiplomatie ist, die Sache des internationalen Friedens zu fördern und Bedingungen zu schaffen, die die vollständige Entfaltung der menschlichen Persönlichkeit ermöglichen. Dies ist in den Enzykliken nach dem Zweiten Weltkrieg mit wachsendem Nachdruck erklärt worden. Die erste von Papst Johannes Paul II. unter dem Titel *Redemptor Hominis* (Der Erlöser des Menschen) herausgegebene Enzyklika sprach von dem Auftrag der Kirche, die Wahrheit religiöser Freiheit im Kontext ihrer Verpflichtung auf die Menschenrechte zu verteidigen und zu lehren. Die Vatikandiplomatie arbeitet nach einem anderen Zeitplan als die meisten Regierungen – sie denkt eine oder mehrere Generationen voraus.

Das praktische Ziel der vatikanischen Diplomatie, ohne das das Papsttum seine geistliche Aufgabe nicht erfüllen kann, besteht darin, Unabhängigkeit und Einfluß des Heiligen Stuhls dauerhaft zu sichern und die Zusammenarbeit zwischen Staat und Kirche in den verschiedenen Ländern zugunsten der katholischen Gemeinde zu fördern. Diesem Ziel dient auch der Einsatz der Diplomatie für die Kommunikation zwischen dem Heiligen Stuhl und den örtlichen katholischen Kirchen, in erster Linie zwischen der Kurie und den Bischöfen.

Das diplomatische System des Vatikans hatte auch und hat noch immer Feinde aus politischen Gründen; manche Bischöfe haben in der Vergangenheit in päpstlichen Gesandten römische Spione gesehen, die ihre persönliche Beziehung zu ihren Gläubigen und ihrer Regierung stören wollten. Heutige Kritiker des Systems argumentieren, die Kirche solle die Unabhängigkeit der örtlichen katholischen Kirchen stärken, indem sie die Autorität der Bischöfe auf nationaler Ebene wie auch in der zentralen Leitung der Kirche vergrößere. Sie meinen, die mächtigen Gesandten und die starke Kurie unterminiere den Fortschritt der «Kollegialität». Sicher, päpstliche Gesandte sind manchmal anderer Meinung als die katholischen Gemeinden und ihre Bischöfe; manche sagen dagegen, das sei gar nicht so schlecht. Nuntien verteidigen oft die Unabhängigkeit des örtlichen Klerus oder der Kirche gegen Unterdrükkung, indem sie einen Gedankenaustausch mit der mächtigen Zentrale in Rom ermöglichen oder einen Appell übermitteln. Delegaten können auch oft bei Meinungs- oder Parteikonflikten innerhalb der Ortskirchen vermitteln. Das beides kann der Effektivität der Dienste des Papsttums als einer Vermittlerorganisation in internationalen Auseinandersetzungen zugute kommen.

Nirgends auf der Welt gibt es eine solche Zentralisierung der Macht wie in dem relativ kleinen diplomatischen Apparat des Heiligen Stuhls. Zudem ist alle Macht in einem einzigen Individuum zentralisiert, dem Papst, der ihrer Ausübung nicht nur durch seinen ausgeprägten Sinn für das übernommene Erbe seinen Stempel aufdrückt, sondern auch durch seine eigenen religiösen und politischen Erfahrungen und seine emotionale und intellektuelle Persönlichkeit.

In der Frühzeit seines Pontifikats zeigte Karol Wojtyla, Papst Johannes Paul II., wie empfindsam der ganze Apparat der Vatikandiplomatie auf den Willen des Oberhirten reagiert. Sein Grundentwurf für die Entwicklung des Einflusses des Vatikans trug nach seinem internationalen Debüt auf der Konferenz der lateinamerikanischen Bischöfe in Puebla die Hauptzüge: polnischer Nationalismus, «Europäismus», Religionsfreiheit und Menschenrechte – das alles im Rahmen einer humanistischen, aber konservativen Theologie. Der Papst glaubt, daß eines der dringendsten Anliegen der katholischen Kirche in der modernen Welt sei, sich mit ihrem größten, da atheistischen Widersacher, dem Kommunismus, zu einigen – dies aber zu den Bedingungen der Kirche.

Die Würdigung dessen, was unermüdliche Vatikandiplomatie für die Sache des Weltfriedens und der Menschenwürde geleistet hat, kann hier nur angedeutet werden. Über welches explosive Potential zur Verteidigung der Menschenrechte sie in einigen Teilen der Welt verfügt, besonders dort, wo die Katholiken zahlenmäßig stark vertreten sind, wurde uns bei dem innerbetrieblichen und allgemeinpolitischen Aufbegehren der freien Gewerkschaftsbewegung in Polen 1980–81 auf dramatische Weise vor Augen geführt. Für den Frieden unter den Völkern bietet der Vatikan seine Vermittlerdienste öfter an, als sie in Anspruch genommen werden, aber sein unaufhörliches Predigen für den Frieden ist für die Nationen zumindest eine ständige Erinnerung und Mahnung.

KAPITEL 6

Die Stimme Roms

Der verstorbene Erzbischof Roberts SJ, in reiferem Alter ein *enfant terrible* der katholischen Kirche, erzählte mir einmal, daß er auf dem Zweiten Vatikanischen Konzil für das Papier über die *Instrumente der sozialen Kommunikation* gestimmt habe, weil es so furchtbar gewesen sei und die Chance eines Fortschritts während der Debatten so gering, daß er nur hoffen konnte, daß es schleunigst vergessen würde. Tatsächlich wurde das Dekret in der zweiten Konzilssitzung mit 1960 zu 164 Stimmen verabschiedet. Seine Denkweise war stark vereinfachend, die Sprache phantasielos. 1971 wurde es durch eine problembewußtere, wirklichkeitsnähere *Pastorale Instruktion über die Instrumente der sozialen Kommunikation* ergänzt, die eine offizielle Bejahung und Unterstützung der rechten Nutzung der Massenmedien – Fernsehen, Radio, Kino und Presse – durch die katholische Kirche selbst bedeutete.

Im Laufe der Geschichte war die Haltung des Papsttums zur Freiheit des Meinungsaustausches bisweilen ambivalent, den Kommunikationsmitteln gegenüber aber meist sehr positiv. Der wesentliche Daseinszweck der katholischen Kirche und des Papsttums ist – bewaffnet mit dem Evangelium, der Frohen Botschaft – Kommunikation: die Verkündigung. Bevor das Volk lesen lernte, benutzte die mittelalterliche Kirche Wandmalereien, um die Glaubenslehre zu vermitteln. Ein endloser Strom von Bullen, Breven und Enzykliken ergoß sich im Laufe der Jahrhunderte aus dem Vatikan. Die kulturellen Interessen des Papsttums stellten ihrerseits ein Kommunikationsmittel eigener Art dar, indem sie oft präzise die Entwicklungen in der Theologie und die Veränderungen im moralischen und politischen Denken widerspiegelten.

So waren Raffaels Gemälde in den *Stanze* Ausdruck der Selbstverherrlichung der Renaissancepäpste und ihres Glaubens an die Vereinbarkeit von klassischem Humanismus und Christentum. Papst Paul IV. hingegen fand, daß Michelangelos nackte Geschöpfe in der Sixtinischen Kapelle ganz und gar nicht die richtige Botschaft übermittelten; man konnte ihn zwar davon abbringen, das *Jüngste Gericht* zerstören zu lassen, aber er gab Daniele da Volterra den Auftrag, die anstößigen Partien mit Draperien zu übermalen. (Damit erwarb Daniele sich den Spitznamen *il braghettone* – der Hosenmacher.) Bald nach Aufkommen der Druckerkunst produzierte die Polyglott-Presse in Rom religiöses Lehrmaterial in vielen Sprachen, sogar auf japanisch. Von den jüngeren Päpsten erfaßte und benutzte Pius XI. sofort die technischen Möglichkeiten des Radios und versicherte sich persönlich der Dienste Marconis. Aber die modernen Kommunikationsmittel haben den Vatikan vor ernsthafte psychologische Probleme gestellt, so erfreulich die technischen Möglichkeiten auch sind.

Das Zweite Vatikanische Konzil debattierte über das Problem der Medien oder Instrumente der Kommunikation genau hundert Jahre, nachdem Papst Pius IX. seinen *Syllabus der Irrtümer* veröffentlichte – eine Weigerung, sich mit dem Verlust der weltlichen Macht der Päpste, der Trennung von Kirche und Staat, religiöser Toleranz oder Pressefreiheit auseinanderzusetzen. Die anschließenden Beschlüsse des Konzils und besonders die weitgehend von amerikanischer Seite inspirierte *Erklärung zur Religionsfreiheit* revolutionierten die offizielle intellektuelle Position der Kirche. Doch die neue Haltung bedeutet nicht nur eine finanzielle Belastung, sondern kann auch in den beiden großen Bereichen der Medienarbeit des Vatikans erhebliche emotionale Spannungen erzeugen: in der Kommunikationsarbeit innerhalb der Organisationsstruktur der Kirche und in dem auf die Außenwelt gerichteten Bereich. Es läßt sich keine klare Trennlinie ziehen, und wie üblich im Vatikan sind die verschiedensten Personen und Organisationen daran beteiligt.

Das Dekret über die *Instrumente (oder Medien) der Sozialen*

Kommunikation (Inter mirifica) behielt weiterhin seine Gültigkeit. Es empfahl, daß die katholischen Bischöfe in der ganzen Welt sich um eine verstärkte Nutzung der Medien durch die Kirche bemühen sollten, zum Teil mit Hilfe einer jährlichen Spendenaktion, und daß der Papst, da ihm eine «besondere Dienststelle des Heiligen Stuhls» zur Verfügung stehe, die sich mit sozialer Kommunikation befasse, deren Zuständigkeitsbereich auf alle Medien einschließlich der Presse ausdehnen solle. Die besondere Dienststelle, die sich freute, ihren Horizont so plötzlich erweitert zu sehen, war eine vatikanische Kommission, die der unermüdliche Papst Pius XII. einmal als Päpstliche Kommission für Erziehung und religiöse Filme gegründet hatte. 1964 machte Papst Paul VI. daraus die Päpstliche Kommission für Soziale Kommunikation und beauftragte sie, sich mit Problemen zu befassen, die sich für den katholischen Glauben im Hinblick auf Kino, Radio, Fernsehen sowie Tageszeitungen und Zeitschriften ergaben. Sie ist verantwortlich für das Filmarchiv (gegründet 1959) und das Pressebüro des Vatikans (1968 eingerichtet).

Die Päpstliche Kommission für die Instrumente der sozialen Kommunikation ist eine ständige Einrichtung des Heiligen Stuhls und gehört formal zum Staatssekretariat. Ihre Mitglieder werden für jeweils fünf Jahre vom Staatssekretariat unter den Bischöfen und Kardinälen ausgewählt, und ihr gehören immer drei Präsidenten offizieller katholischer internationaler Medienorganisationen an. Ein ständiger Mitarbeiterstab aus zehn Beamten wird von sechsunddreißig Konsultoren unterstützt, Laien und Klerikern aus den verschiedensten Teilen der Welt. Das Pressebüro oder der Pressesaal *(Sala Stampa della Santa Sede)* besteht nur aus einem kleinen Mitarbeiterstab, der bei besonderen Ereignissen erweitert wird.

Die Büros der Päpstlichen Kommission befinden sich innerhalb des Vatikans im Palazzo San Carlo bei der Tankstelle. Von diesem hübschen, stillen kleinen Platz an der Peterskirche aus, der auf den anderen beiden Seiten vom Palazzo San Carlo und dem Haus der Kanoniker von Sankt Peter begrenzt wird, zeigt sich Michelangelos ganze Kunst. An wichtigen Feiertagen ist der Platz voller Leben und Bewegung, denn hier treffen und begrüßen sich die in prächtigem Purpur oder Scharlach gekleideten Würdenträger des Heiligen Stuhls bei ihrer Ankunft, bevor sie durch den zum Platz hin gelegenen Seiteneingang die Basilika betreten.

Präsident der Kommission war bis 1984 Erzbischof Andrzej Maria Deskur, ein Pole und enger Freund des jetzigen Papstes. Bei meinem ersten Besuch schlug er vor, wir sollten uns auf französisch unterhalten, da Englisch erst seine siebte Sprache sei. Seine Familie ist von Frankreich nach Polen ausgewandert.

Zu einem typischen Arbeitstag des Kommissionschefs gehören Besprechungen mit Mitarbeitern und Kollegen, die Lektüre von Zeitungen und Agenturberichten, das Anschauen von Filmen und Fernsehaufzeichnungen, um mit der «Dokumentation» Schritt zu halten; Gespräche mit Bischöfen, Medienexperten aller Art und anderen Kurienbeamten; eine weltweite Korrepondenz, hauptsächlich mit den rund hundert Bischofskonferenzen der katholischen Kirche und mit katholischen Berufsorganisationen. Reisen sind ungeheuer wichtig – in den zwölf Monaten vor seiner Krankheit war Deskur in den USA, der Bundesrepublik Deutschland, Australien und Neuseeland.

1980 übernahm diese Pflichten der liebenswürdige schottische Priester und Rundfunkexperte Agnellus Andrew. Er wurde zum Vizepräsidenten der Kommission mit voller Leitungsbefugnis ernannt. Aus Höflichkeits- und Sympathiegründen behielt Deskur den Präsidententitel trotz seiner angegriffenen Gesundheit und wurde zum Erzbischof ernannt.

Papst Johannes Paul II. machte sich auf seine eigene Art ein Bild von dem neuen Mann, indem er ihn erst einlud, um 6.30 Uhr morgens die Messe mit ihm zu feiern und dann mit ihm zu frühstücken. Die Ernennung erfolgte einige Monate später. Bischof Agnellus Andrew übernahm nicht nur Deskurs anstrengende Pflichten auf einem äußerst sensiblen Gebiet, sondern auch Deskurs wohldurchdachte Medienphilosophie, die den Auffassungen des Papstes sehr nahesteht.[8]

Die Probleme der Päpstlichen Kommission für Soziale Kommunikation sind zum Teil sprachlicher Natur: Kardinal Gray, ihr ältestes Mitglied, sagte einmal, sie habe ihre eigene neunundzwanzigste Sprache. Ihre eigentlichen Probleme sind nicht technischer Art, sie betreffen das Papsttum selbst: Wie kann man einer Welt eine essentiell religiöse Botschaft vermitteln, die zur Religion, speziell zur institutionalisierten Religion des Katholizismus, nur schwer Zugang findet?

Der Heilige Stuhl ist geprägt von seinem einzigartigen Zwittercharakter, der in der Welt ohnegleichen ist. Er ist die zentrale Institution der Kirche und existiert gleichzeitig in einer nationalen und kulturellen Verkörperung in allen Ländern und Zivilisationen. Daher kommt es, daß über 700 Millionen Menschen auf der Welt mit dem Bewußtsein ihrer eigenen lokalen Identität und Gesetze leben und gleichzeitig mit einer internationalen Identität als Katholiken. Diese kann Trost und Stütze sein; manchmal ist sie aber auch Anlaß für problematische Konfrontationen.

Im Hinblick darauf nannte Deskur kommunistische Länder, deren Regierungen nicht verstehen können, wie Menschen neben ihrer juridischen Identität als Staatsbürger noch eine andere haben können. «Keine andere Kirche besitzt eine solche Einheit und Hierarchie wie die katholische Kirche. Die deutschen Lutheraner gehören mit denen Polens zusammen dem Lutherischen Weltbund an; die katholische Kirche in Deutschland hingegen ist mitverantwortlich für die polnische und umgekehrt.»

Die Probleme, die diese zwiefache Erscheinungsform den Katholiken bereitet, werden noch größer durch die Diskrepanz zwischen «dem bescheidenen bürokratischen Apparat des Heiligen Stuhls und den Erwartungen, die die Menschen in seinen aktiven moralischen Einfluß setzen. Bei allem Unrecht auf der Welt – dem Leiden der Juden unter den Nazis, der Schwarzen in Südafrika, der Indianer in Amerika – erwartet man vom Heiligen Stuhl, daß er eingreift. Das ist neu. Im 19. Jahrhundert war der Papst nur für die Katholiken da . . . Jetzt herrscht die Vorstellung vom Papst als einer einzigartigen moralischen Autorität.»

Ziemlich scharf beklagte Deskur mir gegenüber, daß die Worte der Päpste oft ungehört blieben, wenn sie sich in ihrer Rolle als moralische Führer an die Weltöffentlichkeit wandten. Er zitierte die Enzykliken Pius' XI. gegen den Nationalsozialismus *(Mit brennender Sorge)* und gegen den Faschismus *(Non abbiamo bisogno)*, die beide in der Landessprache der Adressaten abgefaßt waren, statt wie üblich auf lateinisch. Dennoch sei das Mißverhältnis zwischen den Mitteln, über die der Papst verfüge, und den ihm gestellten Aufgaben enorm. Und das sei besonders im Medienbereich der Fall.

Seine persönliche Aufgabe als Präsident der Päpstlichen Kommission für Soziale Kommunikation sah Deskur darin, die religiöse Motivation auf der Welt zu fördern. «Im Vergleich zu politischen und wirtschaftlichen Themen hat die Religion ihren Rang im öffentlichen Interesse und der öffentlichen Meinung eingebüßt. Sie erscheint nur auf den Titelseiten der Zeitungen, wenn politische oder ökonomische Fragen mitbeteiligt sind. Der Verkündigungsauftrag des Heiligen Stuhls bedeutet, wir müssen daran erinnern, daß es ein Leben nach dem Tode gibt. Unser Leben hat nur einen Sinn in bezug auf ein anderes Leben. Die Kirche muß für den sozialen Fortschritt arbeiten, aber es muß uns auch gelingen, unsere Motivation zu vermitteln. Sonst werden wir scheitern.

Ich bin optimistisch, weil ich aus einem osteuropäischen Land komme, wo der Versuch, einen Menschen in seinen religiösen Bedürfnissen zu beschneiden, immer eine gewaltige Reaktion herausfordert. Im Westen ist das alles schwer zu erklären.»

Diese Fundierung der Kirche in einer «anderen Welt» ist wesentlich für das Verständnis des Heiligen Stuhls und der Kurie. Manche Spannungen im modernen Katholizismus, besonders in Lateinamerika, hängen damit zusammen, wie weit dies betont oder heruntergespielt wird. Im Mai 1979 wurde ein vom Papst bestätigter, vom Präfekten und Sekretär der Heiligen Kongregation für die Glaubenslehre unterzeichneter Brief an alle katholischen Bischöfe der Welt verschickt, in welchem die grundsätzlichen Anschauungen der Kirche zum Thema des Lebens nach dem Tode zusammengefaßt wurden.

Der verwirrende Komplex von Organisationen rund um den Papst läßt sich anhand von Deskurs Analyse in ein einfaches logisches Muster von Funktionen auflösen.

Ziel der zentralen Organe des Heiligen Stuhls ist, es dem Papst zu ermöglichen, mit der Welt in Verbindung zu treten: daher das Staatssekretariat, zusammen mit dem Rat für die Öffentlichen Angelegenheiten, das Amt für Päpstliche Audienzen und das Kollegialsystem der Päpstlichen Kommission für die Instrumente der sozialen Kommunikation. Die Auswahl der Bischöfe und die Zusammenarbeit mit ihnen spielt eine entscheidende Rolle für die Mission des Heiligen Stuhls: daher die Kongregation für die Bischöfe, die Kongregation für die Glaubensverbreitung und die Kongregation für die Orientalischen Kirchen (alles Organe mit Kollegialitätsprinzip). Das System muß mit intellektueller Entschiedenheit zusammengehalten werden: daher die Kongregation für die Glaubenslehre.

Die Kommunikations-Kommission, hauptsächlich das Sprachrohr des Heiligen Stuhls für die Außenwelt, dient auch als Ansporn für katholische Initiativen. Ihr ehemaliger Sekretär, der eher zurückhaltende, genaue P. Panciroli, sagte, es gehe ihm darum, «der katholischen Kirche auf nationaler, kontinentaler und internationaler Ebene zu helfen, Zugang zu den modernen Massenmedien zu gewinnen und sie auf professionelle Art zu nutzen. Wir helfen den Organisationen des Heiligen Stuhls und den katholischen Bischöfen auf der ganzen Welt, die Organisation ihrer Diözesen einer von den Medien beherrschten Welt anzupassen.»

Dem geduldigen P. Panciroli fiel auch die brisante Aufgabe zu, auf einer Routine-Pressekonferenz im Dezember 1979 nüchtern mitzuteilen, die Heilige Kongregation für die Glaubenslehre habe erklärt, «daß Professor Hans Küng in seinen Schriften von der unverfälschten Wahrheit des römisch-katholischen Glaubens abgewichen sei und deshalb nicht mehr als katholischer Theologe betrachtet werden noch als solcher in der Lehre tätig sein könne».

Die Konsultoren der Kommission kommen aus neunzehn, die ständigen Mitarbeiter aus neun verschiedenen Ländern. Die Unkosten für die Tätigkeit der Kommission – dazu gehören auch das Pressebüro, audiovisuelle Projekte, die Cinemathek und internationale Koordinationsaufgaben – belaufen sich auf DM 300 000 im Jahr. Dreimal soviel wird auf Empfehlung der Kommission von den verschiedenen katholischen Hilfswerken für Medienprojekte in Entwicklungsländern ausgegeben.

Das Pressebüro liegt am Rande des Vatikanterritoriums zwischen Petersplatz und Via della Conciliazione. Über 300 Journalisten sind dort akkreditiert, und ihre Zahl steigt seit der Wahl Papst Johannes Pauls II. beständig an. Es hält wöchentlich eine Pressekonferenz ab, und es gibt ein tägliches Nachrichtenbulletin heraus. Es publiziert unter anderem die verschiedenen Reden des Papstes und die Beschlüsse der Kurienkongregationen.

Meistens herrscht dort eine lockere Atmosphäre; hektisch wird es, wenn Scharen von Presse- und Fernsehjournalisten etwa anläßlich einer Versammlung der Bischofssynode hereinbrechen oder, wie im unvergeßlichen Jahr der drei Päpste, zu Beerdigungen, Konklaven und Krönungsfeiern.

«Unser aller Ziel ist, die Stimme des Papstes zu sein.» P. Tucci vertritt damit dieselbe Auffassung wie die Mitarbeiter der Päpstlichen Kommission für soziale Kommunikation. Tucci ist ein arbeitsbesessener, aber sehr gesprächiger Typ. Er war als Generaldirektor von Radio Vatikan, bei dem er seit 1973 arbeitet, der Vorgänger des jetzigen Amtsinhabers P. Pasquale Borgomeo und wurde danach Präsident des Koordinationsausschusses. Davor war er Herausgeber der vierzehntägig erscheinenden *La Civiltà Cattolica* und ist ein Intellektueller reinsten Wassers, fachsimpelt aber auch gern über die technischen Seiten des Rundfunks.

Die meisten der dreißig festangestellten Jesuiten von Radio Vatikan wohnen in der Nähe des Vatikans in einer Gemeinschaft zusammen mit anderen Jesuiten, die sich vor allem mit historischen Forschungen über den Orden beschäftigen. «Die ernsthaften Gelehrten und die ‹Irregulären› unterscheiden sich schon sehr», meint P. Tucci im Scherz. «Die sagen: Ihr seid ja bloß Journalisten. Wir sagen dagegen: Ihr lebt ja noch im 16. und 17. Jahrhundert.» Fünf Jesuiten von Radio Vatikan wohnen in einem kleinen Haus auf dem Vatikangelände; sie werden von einem Ordensbruder versorgt.

Radio Vatikan ist immer von Jesuiten betrieben worden. Nach den Statuten sind die vier Direktoren (der Generaldirektor, der technische, Programm- und Nachrichtendirektor) Jesuiten. Zur Zeit sind alle Italiener, aber unter den übrigen Mitarbeitern findet sich der seltene Fall eines schwedischen Jesuiten, und für die Hauptredaktion von Radio Vatikan zeichnet ein spanischer Jesuit verantwortlich. Der Papst selbst bestätigt die Wahl des Generaldirektors; der Heilige Stuhl wählt die drei anderen Direktoren unter den vom Ordensgeneral vorgeschlagenen Namen aus.

Alle Jesuiten, die in Rom für den Heiligen Stuhl arbeiten, tun das aufgrund einer «Übereinkunft» zwischen dem Staatssekretariat und dem Orden als solchem, nicht aufgrund von Arbeitsverträgen. Sie haben keine Pensions- oder Abfindungsansprüche, und ihre Gehälter sind gering – «etwa ein Portiersgehalt», sagt P. Tucci. Doch wie die meisten Italiener bekommen die Jesuiten ein dreizehntes Monatsgehalt, *il tredicesimo.* «Wir leben im Geiste des Ordens», erklärt P. Tucci, «wir haben einen besonderen Treueid auf den Papst abgelegt. Wir leben in einer Gemeinschaft, und wir wollen dem Heiligen Stuhl dienen; deshalb sind wir stolz darauf, auch wenn es nur für so wenig ist.» Diese Gehaltsdifferenz kann sich für Angestellte von Radio Vatikan, die nicht dem Jesuitenorden angehören, verheerend auswirken; es ist aber ein weiterer Riegel, der die Zentralisierung der Medienpolitik des Vatikans absichert.

Die meisten Büros von Radio Vatikan liegen innerhalb des Vatikans oder in unmittelbarer Nachbarschaft der Hauptstudios im Palazzo Pio in der Via della Conciliazione, einem modernen marmorverkleideten Gebäude aus weißem Stein. Das technische Kontrollzentrum befindet sich dort, wo auch der Generaldirektor sein Büro hat, in der Palazzina, einem um- und ausgebauten mittelalterlichen Turm; er beherbergte früher die vatikanische Sternwarte, und dort waren auch die ersten Studios des Senders. In der Nähe des Turms (wo es außerdem auch noch Studios, eine Kapelle und einen Anschluß an die Lautsprecheranlage der Stadt gibt) steht der Sender von Radio Vatikan, von Marconi entworfen und heute nach stufenweisen Verbesserungen in Verbindung mit den Sendern von Santa Maria di Galeria benutzt. Hier, etwa 18 Kilometer von Rom entfernt, in einem ruhigen Gebiet, das diplomatische Immunität genießt und etwa zehnmal so groß ist wie die Vatikanstadt selbst, steht das unwirtlich wirkende Sendezentrum, das 1957 von Papst Pius XII. eröffnet wurde.

Radio Vatikan strahlt seine Sendungen in kurzen Programmabschnitten von jeweils kaum mehr als fünfzehn Minuten Länge hauptsächlich nach Europa aus (von der Sowjetunion bis nach Irland), weiterhin (nach der Zahl der Programme geordnet) nach Afrika, Amerika, Asien und Ozeanien. Die internationalen Sendungen in einer oder mehreren Sprachen (in erster Linie Englisch, gefolgt von Französisch und Spanisch) bestehen aus Nachrichten, religiösen Programmen, Musik und Kommentaren und natürlich der Messe, die jeden Tag live auf lateinisch aus dem Vatikan übertragen wird, mit Lesungen in verschiedenen europäischen, besonders slawischen Sprachen.

Sechsunddreißig Regionalprogramme in zweiunddreißig Sprachen werden ausgestrahlt, sechzehn davon für Ost- und Mitteleuropa. Die nichteuropäischen Sprachen sind Amharisch, Tigre, Arabisch, Chinesisch, Japanisch, Hindu, Malayalam und Tamil. Die meisten dieser Sprachen werden in Gegenden gesprochen, wo es wenig oder gar keine religiöse Freiheit gibt. Täglich wird auch ein gemischtes halbstündiges Programm in Mandarin nach China ausgestrahlt, seit 1980 auch eine vollständige wöchentliche Messe in Mandarin.

Doch nach P. Tucci ist Radio Vatikan nicht nur davon besessen, kommunistische Länder zu erreichen. «Wenn die Kirche unter einem faschistischen Regime nicht kuscht, wird sie unter Zensur gestellt. Das ist zum Beispiel in vielen lateinamerikanischen Ländern der Fall. Oft können die Bischöfe dort ihr eigenes Volk nicht erreichen. Dann versuchen wir, die örtliche Kirche über die Ereignisse in ihrem eigenen Gebiet und über die Vorgänge im Vatikan zu informieren.»

Das Hauptziel von Radio Vatikan ist, eine enge Bindung zwischen dem Papst und dem Heiligen Stuhl und den örtlichen katholischen Kirchen auf der ganzen Welt herzustellen. Das bedeutet mehr als einfach nur religiöse Berichterstattung, denn der Heilige Stuhl zeigt sich mehr und mehr entschlossen, überall dort einzugreifen, wo die Menschenrechte verletzt werden. Weitere Ziele des Senders sind, die Kommunikation innerhalb der katholischen Kirche angesichts der zunehmenden Tendenz ihrer Dezentralisierung zu verbessern und christlichen Gemeinden robuste, sogar altmodische apologetische Argumente zu liefern – «um diesen armen Menschen zu helfen, die ständig von Atheisten angegriffen werden, vor allem im Namen der Wissenschaft», sagt P. Tucci.

Das Echo bei den Hörern ist überwältigend. Nonnen in Jugoslawien verteilen die Hostien unter den Klängen von Radio Vatikan aus dem Apparat auf dem Altar. Als Dubček in der Tschechoslowakei an der Macht war, hörten 14 Prozent der Bevölkerung regelmäßig Radio Vatikan – heute sind es wahrscheinlich noch mehr. Ständig kommen Briefe aus Osteuropa, meistens an Postfachadressen in Italien, «da ein Brief an den Vatikan bei der Zensur oder im Papierkorb landet». So ein Brief ist dann etwa «von einem Christen aus den Karpaten» unterschrieben; nur die Polen schreiben nie anonym. Die Japaner, an die Radio Vatikan drei wöchentliche Sendungen ausstrahlt, reagieren lebhaft mit 500 bis 600 Briefen monatlich. Ein weiteres Echo kommt in Form von Geschenken von den Gläubigen: 1950 eine Philips-Sendeanlage von den Holländern, 1961 ein Telefunken-Sender von Kardinal Frings aus Köln und 1966 drei RCA-Sender, alles Geschenke des verstorbenen Kardinals Spellman, der amerikanischen Columbus-Ritter und anderer amerikanischer Wohltäter.

Radio Vatikan hat 260 feste Mitarbeiter aus fünfunddreißig verschiedenen Ländern. Über sechzig von ihnen, darunter zehn

Nonnen, sind Ordensangehörige, achtundzwanzig sind Weltpriester, fünfunddreißig männliche und dreißig weibliche Angestellte sind Laien.

Die Finanzierung der Expansion bereitet P. Tucci Kopfschmerzen. Wie die BBC, der Radio Vatikan in vieler Hinsicht ähnelt, ist es ein nichtkommerzieller Sender, arbeitet aber nach ökonomischen Prinzipien. «Die Inflation und die hohen technischen Kosten machen uns Sorgen. Seit 1972 konnten wir zwar unsere Sendezeit mehr als verdoppeln, haben aber nur fünfunddreißig Mitarbeiter mehr. Wir arbeiten wirklich sehr ökonomisch: Eine Minute Sendezeit kostet bei Radio Vatikan nur ein Fünftel oder Sechstel dessen, was eine Minute beim schweizerischen oder kanadischen Rundfunk kostet, obwohl die viel weniger Sprachen haben als wir ...»

Der Etat von Radio Vatikan (der groß ist für Vatikanverhältnisse, aber klein für ein internationales Sendezentrum) fällt in den Verantwortungsbereich des *Governatorato*, der Administration des Stadtstaates. Außerdem steht der Generaldirektor unter der Oberaufsicht des Staatssekretariats als dessen für die Programme verantwortlicher Delegat. Nachrichten über den Heiligen Stuhl können zensiert werden, wenn gerade «heikle Verhandlungen» geführt werden; im übrigen wird dem Sender Diskretion anempfohlen, das heißt natürlich auch, daß das Personal sorgfältig ausgewählt wird. P. Tucci erinnert sich, daß vor ein paar Jahren einige der bei Radio Vatikan arbeitenden Osteuropäer über die Ostpolitik des Vatikans, seine Annäherung an kommunistische Regimes unglücklich waren. «Im Falle solcher Meinungsverschiedenheiten diskutieren wir die Probleme aus. Im genannten Fall versuchten wir, die Betroffenen von der Notwendigkeit zu überzeugen, eine besonnenere, weniger rigide Haltung einzunehmen.»

Der Generaldirektor von Radio Vatikan ist zwei Vatikanbehörden gegenüber verantwortlich. Die *Direzione Generale* steht unter der Ägide des Vatikanischen Stadtstaates; da Radio Vatikan aber gleichzeitig der Sender des Heiligen Stuhls ist, kann sie auch

Direktiven aus dem Staatssekretariat erhalten, wie zum Beispiel ein bestimmtes Programm zu verlängern.

Radio Vatikan ist eine professionelle Organisation und wird von Männern und Frauen mit einer klaren religiösen Berufung betrieben, die sie besonders sensibel für Kritik von innen wie außen macht. Sie arbeiten im Zentrum eines extrem ausgelasteten Kommunikationssystems, wo die Spannungen manchmal sprunghaft ansteigen. Sie alle aber verbindet eine tiefe Loyalität zur Person des Papstes im Vatikan, und dieses Gefühl ist ein guter Blitzableiter, wenn es wegen unterschiedlicher Zuständigkeiten, Bindungen und Emotionen zu Zusammenstößen kommt. P. Tucci vertritt die Ansicht, daß die interne Kommunikation im Vatikan in den letzten Jahren besser geworden sei. Der Zugang zu den Kurienabteilungen ist leichter, sagt er; es gibt mehr Koordination und weniger Konflikte: Das Pressebüro des Vatikans, Radio Vatikan und der *Osservatore Romano* arbeiten seiner Erfahrung nach jetzt besser zusammen als früher.

Die Büros und Druckereien der Zeitungs- und Zeitschriftengruppe des Vatikans sind seit 1929 in einem langen, niedrigen Gebäude in der Via del Pellegrino untergebracht, einige hundert Meter von der Porta Sant'Anna entfernt. Die wichtigste Publikation ist der *Osservatore Romano*, eine 1861 gegründete Tageszeitung. Sie gehört dem Heiligen Stuhl und ist wie das Pressebüro und Radio Vatikan im politischen Bereich einer Abteilung des Staatssekretariats unterstellt – dem Informations- und Dokumentationsbüro –, in Finanz- und Verwaltungsfragen der Güterverwaltung des Apostolischen Stuhls. Sie ist ein offiziöses Organ und wird wie die vatikanische Polyglott-Presse von einem religiösen Orden, der Salesianer-Kongregation Don Boscos, geführt.

Zusammen mit dem Staatssekretariat ernennen die Salesianer den Direktor der Zeitung, der gleichzeitig als Geschäftsführer und Herausgeber fungiert. Der derzeitige Direktor ist ein Akademiker, Prof. Mario Agnes, dem als stellvertretender Direktor und als

Sekretär der Redaktion zwei Priester zur Seite stehen, außerdem ein zehnköpfiger Redaktionsstab, darunter drei Priester. Seit 1971 ist die Verwaltung in die redaktionelle und die technische Seite des Unternehmens aufgeteilt.

Professor Agnes leitet ein ansehnliches Presse- und Propagandaimperium: Der *Osservatore Romano* erscheint täglich um 15 Uhr, außerdem gibt es Wochenausgaben in Englisch, Französisch, Spanisch, Portugiesisch, Deutsch, Italienisch und Polnisch. Jede dieser Ausgaben hat ihren eigenen Redakteur. Zwei sind Laien, vier Priester, darunter ein portugiesischer Jesuit und ein irischer Dominikaner. Sie beschäftigen keine Korrespondenten in Übersee, können aber für besondere Berichterstattung auf die Bischofskonferenzen aller Länder und auf freie Mitarbeiter zurückgreifen.

Der *Osservatore Romano* ist eine gut aufgemachte, seriöse Zeitung. Die Wochenausgaben enthalten kaum, die Tagesausgaben ein geringes Maß an Werbung, und bei einer italienischen Tagesauflage von 50 000 Exemplaren hat sie finanziell schwere Zeiten durchmachen müssen.

Von Herausgeberseite ist der *Osservatore Romano* immer einer der treuesten, zähesten Verteidiger des Papsttums gewesen, manchmal sogar päpstlicher als der Papst, wenn man etwa die Geschichte glaubt, daß Papst Johannes Pauls I. Gebrauch des Personalpronomens «ich» in seinen Beiträgen regelmäßig in «wir» umgewandelt wurde. Auf jeden Fall wird ihre Haltung charakterisiert durch die beiden Mottos in der Kopfleiste, die sich auf den Bruch mit Italien 1870 beziehen: *Unicuique suam* (Jedem das Seine) und *Non praevalebunt* (Sie werden nicht obsiegen). Die Zeitung ist ein wertvolles Dokument für nahezu alles, was der Papst sagt und tut; sie druckt zum Beispiel seinen vollgepackten täglichen Terminkalender, seine Ernennungen von Bischöfen und Beamten und den ungekürzten Text seiner Ansprachen. Insgesamt ist sie trotz ihrer konservativen und devoten Tendenz ein gutes Barometer für die politische Wetterlage im Vatikan und veröffentlicht gelegentlich Artikel von wirklich politischer oder historischer Bedeutung.

Wegen seines halbamtlichen Charakters bedarf der *Osservatore Romano* oft feinfühliger Interpretation. Er ist offensichtlich nützlich für die Veröffentlichung der täglichen Hofnachrichten und der offiziellen Texte der Papstreden. (Was die betrifft, so hieß es zu Beginn des Pontifikats von Papst Paul VI., die Zeitung drucke alle Reden so, wie sie für den Papst entworfen wurden, ohne den Text mit der tatsächlich gehaltenen Rede zu vergleichen – so daß alles, was Papst Paul wirklich selbst schrieb, automatisch herausfiel; daraufhin hatte der Redakteur mit den Druckfahnen aller päpstlichen Reden zu erscheinen und sie dem Papst vorzulegen, bevor sie in Druck gingen.)

Leitartikel sind besonders wichtig, wenn sie nicht signiert sind, denn dann sind sie meistens von höherer Seite «inspiriert», oft vom Papst selbst. Man muß lernen, drei Sternchen als Kennzeichen einer solchen «Inspiration» zu interpretieren, ähnlich wie beim Cognac.

Die Vatikanische Polyglott-Druckerei *(Tipografia Poliglotta Vaticana)*, ursprünglich die Schwesterorganisation des *Osservatore Romano*, gehört offiziell zusammen mit den Zeitungen, der Fabrik des Heiligen Petrus, den Geheimarchiven, der Vatikanischen Bibliothek und dem Vatikanischen Verlag *(Libreria Editrice Vaticana)* zu den *Amministrazioni Palatine*. Die Publikationen der Druckerei und des Verlages, immer von hervorragender Druckqualität und in einer Vielzahl von Sprachen, reichen von liturgischen Büchern bis zu offiziellen Nachrichtenblättern.

Eine große Menge von Druckerzeugnissen produziert die Heilige Kongregation für die Glaubensverbreitung – *Propaganda Fide*; sie ist fast ein Vatikan innerhalb des Vatikans und hat ihren Sitz an der Piazza am Fuße der Spanischen Treppe. Sie veröffentlicht Material für und über die Missionsarbeit und auf französisch, deutsch, englisch, italienisch und spanisch die Publikationen der Internationalen Nachrichtenagentur *Fides*, die im Haus gedruckt werden. Für das Staatssekretariat druckt der Vatikanverlag die *Acta Apostolica Sedis*, ein monatliches Bulletin mit den päpstlichen Enzykliken und den Erlassen oder Gesetzen des Heiligen Stuhls, die drei Monate nach Veröffentlichung in Kraft treten. Das *Annuario Pontificio*, das ebenfalls für das Staatssekretariat gedruckt und herausgegeben wird, ist ein umfangreiches, wichtiges Jahrbuch in leuchtendrotem Einband. Gut eine Hälfte seiner etwa tausend Seiten nimmt die vollständige Liste sämtlicher katholischer Bischöfe in der ganzen Welt ein. Das Namensregister am Ende enthält alle *Monsignori* (die offizielle Anrede für geistliche Amtsträger aller Art). Vatikanbeamte und diplomatische Vertreter füllen nur einen kleinen Teil des Buches. Mit seinem hierarchischen Aufbau im ganzen wie im einzelnen ist es die ideale Einführung in die traditionelle Mentalität und Soziologie des Vatikans. Separat wird jährlich noch eine genauere diplomatische Liste veröffentlicht.

Das *Annuario Pontificio* wird durch die jährliche Publikation *L'Attività della Santa Sede* ergänzt, einen kurzen illustrierten Bericht über die Aktivitäten des Heiligen Stuhls und des Stadtstaats.

Trotz der Machtfülle und Selbständigkeit der einzelnen Kongregationen, der zunehmenden «Kollegialität», der allmählichen Internationalisierung der Kurie und der Dezentralisierung der Kirche ist das belebende Prinzip des vatikanischen Kommunikationssystems nach wie vor die Gegenwart des «Heiligen Vaters». Die Worte des traditionellen päpstlichen Segens – *urbi et orbi* – entstammen einem rechtlichem Kontext, dem Anschlag päpstlicher Reskripte an die Vatikantore. Der Papst ist Bischof von Rom, Statthalter Jesu Christi, Nachfolger des Apostelfürsten, Oberhaupt der Allgemeinen Kirche, Patriarch des Abendlandes, Primas von Italien, Erzbischof und Metropolit der Kirchenprovinz Rom und Souverän des Vatikanischen Stadtstaates. Er muß sich unzähliger Kommunikationskanäle für die vielfältigsten Zwecke bedienen.

Jeder im Vatikan ist gut zu Fuß zu erreichen, wenn auch ein Wagen den Papst zur Audienzhalle oder zum Hubschrauberlandeplatz oder einen Besucher den Hügel hinauf zu Radio Vatikan bringt. Das Telefonbuch des Vatikans ist ein beeindruckendes

Werk mit einer phantastischen Liste von Nebenanschlüssen, unter anderem an etlichen Gräbern und Altären der Peterskirche. Die Schweizer Gardisten haben gewisse Probleme mit dem Telefonieren, wenn sie ihre Helme und gestarkten Halskrausen tragen. Man sagt, daß fromme Nonnen zur Zeit Pius' XII. Telefongespräche mit Seiner Heiligkeit kniend führten. Ohne Zweifel findet ein großes Maß an informellen Konsultationen zwischen dem Papst und seinen engsten Beratern telefonisch statt. Es ist unmöglich, die jeweilige Bedeutung und Häufigkeit der Kontakte des Papstes mit den verschiedenen hohen Beamten allein aus den im *Osservatore Romano* aufgeführten offiziellen Besprechungen abzuschätzen. Diese Treffen sind in Anbetracht der hierarchischen Struktur der Vatikanstadt und des Heiligen Stuhls aber unerläßlich, wenn das System effizient funktionieren soll. Routinemäßig finden sich die leitenden Kardinäle der Kongregationen, manchmal mit ihren Sekretären, mindestens einmal monatlich für wenigstens eine Stunde beim Papst ein. Der Kardinalstaatssekretär, der Substitut, und der Sekretär des Rates für die Öffentlichen Angelegenheiten der Kirche sehen ihn so gut wie täglich, obwohl diese ständigen Besprechungen nicht extra aufgeführt werden. Abgesehen von offiziellen Anlässen finden im Apostolischen Palast regelmäßige Sitzungen sämtlicher Kurienkardinäle unter Vorsitz des Kardinalstaatssekretärs statt; an ihnen hat auch Papst Johannes Paul II. immer teilgenommen. Neben informellen Kontakten gibt es, wie wir gesehen haben, durch die «Ämterhäufung» der meisten älteren leitenden Vatikanbeamten auf horizontaler Ebene innerhalb der Kurie ein hohes Maß an befruchtendem Informationsaustausch.

In bezug auf den Papst herrscht bei denen, die ihm nahestehen, eine Art verbissener Schutzhaltung. Die Flexibilität und Offenheit des innervatikanischen Kommunikationssystems hängt ganz vom Charakter des Papstes und seiner Entschlußkraft ab, und da gibt es gelegentlich auch Meinungsverschiedenheiten. Ich erinnere mich, wie ein gereizter amerikanischer Kurienbischof zur Zeit Papst Johannes' XXIII. einmal sagte, Seine Heiligkeit spreche viel zu viel mit gewöhnlichen Leuten, statt die Papiere abzuzeichnen.

Papst Johannes Paul II. hat bisher dazu tendiert, die bürokratische Maschinerie auf gewohnte Weise weiterlaufen zu lassen, um sich auf seine internationale pastorale und politische Rolle zu konzentrieren.

Die meisten Besuche, die der Papst empfängt, sind offizieller Art. Aber dank seiner Willenskraft und Spontaneität gelingt es ihm, sie als wertvolle Informationsquellen zu nutzen oder bei solchen Gelegenheiten wichtige Entscheidungen, Ratschläge oder Warnungen mitzuteilen. Eine der wichtigsten regelmäßigen Pflichten des Papstes ist der Empfang von Bischöfen, die ihren *ad limina*-Besuch in Rom abstatten. Bischof Jacques Martin, bis 1986 der Präfekt des Päpstlichen Hauses, nennt dies das wichtigste «*métier du Pape* ...» – die eigentliche Aufgabe des Papstes. Sie hat ihren Ursprung in der alten Praxis der *Visitatio ad Limina Apostolorum*, der Pflicht der Bischöfe in den frühen Tagen der Kirche, die Gräber der Apostel Petrus und Paulus in Rom aufzusuchen. Im 16. Jahrhundert wurde sie positives Recht, und heute schickt jeder Diözesanbischof alle fünf Jahre einen Bericht und stellt sich alle zehn Jahre persönlich vor. Der Bericht durchläuft die verschiedenen Kongregationen, bei denen der Bischof sich ebenfalls vorstellen muß, und ihre Kommentare liegen am Ende seines Besuches dann für das eigentliche *ad limina*-Gespräch vor. Bis vor kurzem erhielt jeder Bischof eine Privataudienz. Papst Paul VI. begann damit, sie gruppenweise zu empfangen und solche Gruppenempfänge zu offiziellen Botschaften oder Ansprachen über ihre Länder zu nutzen. In bestimmten Fällen wie bei Irland oder Polen (deren Bischöfe gerade in dem Jahr, als Papst Paul II. gewählt wurde, zu ihrem *ad limina*-Besuch erwartet wurden) kann das Gespräch mit allen Bischöfen des jeweiligen Landes auf einmal stattfinden.

Im letzten Jahr des Pontifikats Pauls VI. saßen die Bischöfe wegen seines schlechten Gesundheitszustandes und hohen Alters bei der Unterhaltung im Halbkreis um ihn herum. Der jetzige Papst bewegt sich frei unter ihnen, hält nach der Huldigungsansprache der Bischöfe aber immer eine offizielle Ansprache meist ermahnenden Charakters. Diese Begegnungen geben dem Papst

Gelegenheit zu zeigen, in welche Richtung seine Gedanken und die der Kurie sich im Hinblick auf spezielle Probleme wie etwa die Notwendigkeit vermehrter Berufungen zum Priesteramt entwikkeln. Die bischöflichen Besucher ergreifen dabei bisweilen die Gelegenheit, den Papst um einen Besuch zu bitten.

Einen wichtigen Fortschritt im Kommunikationssystem des Vatikans und der katholischen Kirche bedeutete die Schaffung der Bischofssynode als zentrale kirchliche Institution für die 3000 Bischöfe durch Papst Paul VI. Sie untersteht unmittelbar der Autorität des Papstes, der das Recht hat, die Tagesordnung festzulegen und Sitzungen einzuberufen. Nach dem Dokument, durch das Papst Paul die Synode ins Leben rief *(Apostolica Sollicitudo)*, soll sie

> . . . die enge Verbindung und wertvolle gegenseitige Hilfe zwischen dem Oberhirten und den Bischöfen der ganzen Welt fördern; direkte und zuverlässige Informationen über Fragen und Situationen vermitteln, die die internen Vorgänge der Kirche sowie ihr notwendiges Wirken in der heutigen Welt betreffen; die Verständigung über wesentliche Punkte der Lehre und Verfahrensweisen im Leben der Kirche erleichtern.

Die Synode tritt alle drei Jahre zusammen, und die Bischöfe können Vorschläge für die Tagesordnung einsenden.

Präsident der Synode ist der Papst. Ihr erster Generalsekretär war Bischof (jetzt Kardinal) Wladyslaw Rubin, Rektor des Polnischen Priesterhospizes in Rom in der Via delle Botteghe Oscure; er wurde 1980 Präfekt der Kongregation für die Orientalischen Kirchen. Der ständige Mitarbeiterstab ist sehr klein, und das Mandat des Beraterstabs des Generalsekretärs (zwölf seiner Mitglieder werden von den Bischöfen auf der Versammlung gewählt, drei vom Papst ernannt) gilt von einer Versammlung der Synode bis zur nächsten. Der jetzige Papst war gewähltes Mitglied des Intersynodalen Bischofskomitees und berief Kardinal Hume zu seinem Nachfolger.

Die Zahl der auf der Synode anwesenden Bischöfe hängt von der Größe der einzelen Hierarchien ab. So entsenden Italien und die Vereinigten Staaten je vier Delegierte – das mögliche Maximum. Auf die gleiche Zahl kommt überraschenderweise Großbritannien, das zwei Bischöfe für England und Wales, einen für Schottland und einen der beiden irischen entsendet.

Seit der ersten Versammlung der Bischofssynode haben die jeweils etwa 200 anwesenden Bischöfe über theologische und pastorale Fragen debattiert. Von Zeit zu Zeit werden «spezielle» Synoden wie die vom Januar 1980 abgehalten, auf der man sich mit den komplizierten Problemen der geteilten holländischen Kirche auseinandersetzte.

Bisher ist die Synode noch nicht sehr weit in das Bewußtsein der katholischen Gläubigen vorgedrungen. Ihre Debatten über das Thema Evangelisation 1974 dauerten drei Wochen; am Schluß blieben die Arbeitspapiere beim Papst zurück, der schließlich eine eigene eindrucksvolle Dokumentation zu diesem Thema veröffentlichte. Der Synode über die Katechese 1977 folgte dann die erste öffentliche Erklärung der Synode *(Eine Botschaft an das Volk Gottes)* sowie zwei Dokumente, die dem Papst vorgelegt wurden. Die Synode von 1980 über die christliche Familie produzierte 168 vorbereitete Ansprachen der Bischöfe und eine Reihe von «Vorschlägen» an den Papst. Sie war ein nützlicher Gedankenaustausch und löste mehrere nachdenkliche «Interventionen» aus. Doch wich sie den durch Themen wie Geburtenkontrolle ausgelösten Spannungen in Teilen der Kirche weitgehend aus und ging nicht auf den erbitterten theologischen Streit unter denen ein, die die Position der Synode im Sinne der «Kollegialität», der Teilung von Macht und Entscheidungsbefugnissen, stärken wollten.

In der Synode kommen die unterschiedlichsten Anschauungen zu einem breiten Spektrum von Themen zur Sprache. Als ich einmal einen Kurienkardinal nach seiner Meinung fragte, erinnerte er mich spottend daran, daß nur ein einziger Bischof dem Papst treu blieb, als Heinrich VIII. mit Rom brach. Weniger ultramontane Katholiken sähen es gern, wenn die Synode vom Papst stärker an der formalen Verantwortung für die Kirchenleitung beteiligt und entsprechend auch von der römischen Kurie nachhaltiger gefördert würde.

Bei seinen vielen Audienzen und Gesprächen läßt der Papst keine Gelegenheit aus, einerseits zu hören, was die Welt ihm vielleicht zu sagen hat, andererseits aber die Themen seines Pontifikats immer wieder in Reden zur Sprache zu bringen, die anschließend der Presse übergeben werden und weite Verbreitung erlangen. Einer der wichtigsten Termine im Kalender des Papstes ist zum Beispiel der alljährliche Neujahrsempfang für alle Mitglieder des beim Heiligen Stuhl akkreditierten Diplomatischen Korps im Konsistoriensaal des Apostolischen Palastes. In der Antwort des Papstes auf die Huldigungsadresse des Doyens des Korps geht es unweigerlich um die Kampagne des Vatikans für Menschenrechte und Religionsfreiheit, seinen Abscheu vor den Gewalttaten in bestimmten Gegenden der Welt und vielleicht um seine Reisepläne für das kommende Jahr.

Der wichtigste feste Termin unmittelbar vor dem Diplomatentreffen ist der Besuch des Kardinalskollegiums, das seine Weihnachts- und Neujahrswünsche überbringt. Bei dieser Gelegenheit hielt Papst Paul VI. Rückblick auf die Tätigkeiten der Kirche im vergangenen Jahr und ging sie Punkt für Punkt systematisch durch.

Papst Johannes Paul II., der seinem Beispiel in vieler Hinsicht folgt, hat seit seiner Polenreise zu Beginn seines Pontifikats seine Entschlossenheit gezeigt, den Einfluß des Heiligen Stuhls durch persönliche Auslandsreisen auszuweiten: Allein 1978–79 war er in Lateinamerika, Polen, Irland, den USA und der Türkei. Zweck dieser beispiellosen Form persönlicher Kommunikation seitens der beiden letzten Päpste ist, sich selbst zu informieren, Glauben und Loyalität bei den Katholiken zu stärken und, das spürt man, einem inneren Drang folgend persönlich Zeugnis für die Universalität des Heiligen Stuhls abzulegen. 1980 schickte der Papst allen Staatsoberhäuptern der Länder, deren Luftraum er auf seinem Weg nach Zaire durchflog, unterwegs Telegramme.

Jeden Mittwoch gibt der Papst im Vatikan großen Menschenmengen Generalaudienzen, auf denen er improvisierte Grußworte spricht und eine offizielle Ansprache hält, die anschließend gedruckt und verteilt wird; sie zielen mit ihrer Mischung von Kalkül und Spontaneität ebenfalls auf die weltweite Aufmerksamkeit. Dies ist eine einzigartige Form der Kommunikation: die Persönlichkeit und Ausstrahlung der weißgekleideten Papstgestalt; die emotionale Reaktion der Menge, in der sich unweigerlich katholischer Glaube mit patriotischer oder nationaler Begeisterung paart; die allwöchentliche Wiederholung der fundamentalen Lehren des Evangeliums und ihre Anwendung auf aktuelle Ereignisse durch den Papst; die Verbreitung der Botschaft oder das Weitererzählen dieses Erlebnisses durch Tausende später zu Hause.

Die Mittwochsreden des Papstes sind beredte Zeugnisse der vom Vatikan beanspruchten geistigen Führungsrolle. Wie die Ansprachen des Papstes auf internationalen Konferenzen und alle seine offiziellen Verlautbarungen werden auch sie nach einem kurzen Exposé seiner Hand von der Kurie verfaßt. Doch wenn auch ihr Kurienstil (eine abstrakte Sprache nach den Normen der lateinischen Rhetorik) manchmal ihren Ursprung verrät, ist der Papst für seine offiziellen Reden und Ansprachen doch ganz allein verantwortlich, werden sie doch von ihm geprüft und überarbeitet und öfter auch in ihrer ersten Form zurückgewiesen.

Dasselbe gilt für die päpstlichen Enzykliken, mit die älteste Form päpstlicher Verlautbarungen; sie haben den höchsten historischen und theologischen Status aller offiziellen Mitteilungen des Vatikans. Sie gehen auf die Rundschreiben zurück, die in der Frühzeit des Papsttums etwa als verbindliche Darlegung der Lehre an alle, die mit dem Heiligen Stuhl verbunden waren, ausgesandt oder ihren Überbringern als Empfehlungsschreiben mitgegeben wurden. Es sind die beeindruckendsten der verschiedenen Formen «Apostolischer Briefe»; zu ihnen zählen auch päpstliche Konstitutionen (über kirchliche Lehre oder Disziplin), Bullen (heutzutage hauptsächlich über Ernennungen oder Kanonisierungen – es gibt eine von Papst Paul Johannes II., in der er Franz von Assisi zum

Schutzheiligen der Ökologie erklärt), Breven (über die Verleihung kirchlicher Privilegien), Reskripte (Antworten auf Bittschriften), Dekrete (der Kurie, vom Papst bestätigt), Motuproprios (vom Papst selbst ausgehender Erlasse) und *chirographi* (eigenhandig geschriebene Botschaften des Papstes).

Die Enzykliken bieten die reichste Quelle, um die Dogmenentwicklung der römisch-katholischen Kirche durch das *magisterium* oder die Lehrautorität der Päpste zu belegen. Im Laufe des vorigen Jahrhunderts haben sie ein immer größeres Feld menschlichen Denkens abgedeckt, insbesondere das Bemühen der katholischen Kirche, ihr eigenes Wesen und ihre Beziehung zur internationalen Gemeinschaft der Völker und Nationen zu klären. Papst Paul VI. hat sieben Enzykliken herausgegeben, als letzte *Humanae Vitae*; danach griff er zu anderen Formen wie Apostolischen Mahnschreiben, deren wichtigste *Evangelii Nuntiandi* («Evangelisation in der modernen Welt») ist.

Johannes Pauls II. erste Enzyklika wurde fünf Monate nach seinem Amtsantritt veröffentlicht. *Redemptor Hominis* («Der Erlöser der Menschheit» – die Enzykliken werden jeweils mit ihren Anfangsworten zitiert) ist ein langer Diskurs über die Rolle der Kirche in der modernen Welt und bestätigt die universalen Dimensionen des Verkündigungs- und Missionsauftrags des Papsttums. Sie war vom Oberhirten an «seine verehrten Brüder im Episkopat, die Priester, die religiösen Gemeinschaften, die Söhne und Töchter der Kirche und an alle Männer und Frauen guten Willens . . .» gerichtet.[9]

In der gesamten katholischen Kirche garantiert das Amt des Papstes seiner Person nahezu automatische Verehrung und Gehorsam. Durch den jetzigen Papst ist die Popularität des Oberhirten und seine Kommunikationsfähigkeit größer denn je geworden. Die Bereitschaft, die Stellung des Papstes und des Heiligen Stuhls aufzuwerten, indem man außerordentliche persönliche Qualitäten dafür einspannt, löst auch Kritik aus. In manchen Fällen entspringt sie spontanem Widerwillen, etwa in Reaktion auf exaltierte Ausrufe wie *«È Jesu Chisto rivenuto»* – «Das ist der wiedergekehrte

Christus!» – angesichts des neuen Papstes kurze Zeit nach seiner Wahl; ernst zu nehmender ist sicher die Besorgnis, daß der gesunde Fortschritt der Dezentralisierung in der katholischen Kirche gefährlich behindert wird.

Wenn die bischöflichen Brüder des Papstes überhaupt Kritik üben, dann murren sie eher über die Politik der Kurie als über die des Papstes. Ich habe von verschiedenen päpstlichen Diplomaten Klagen gehört, daß ihr zuständiges Ministerium im Vatikan sie höchst nachlässig mit wichtigen Informationen über ihren eigenen Amtsbereich versorge. Doch die meisten Bischöfe, wie Kardinal Heenan einmal sagte, wollen sich aus dem Maschinenraum heraushalten.

Kapitel 7

Im Dienste der Kirche

In Rom drängen sich Lehr- und Verwaltungseinrichtungen für die gesamte Kirche. Neben den Päpstlichen Akademien, den fast dreißig kirchlichen Kollegien verschiedener Nationalität und etwa zwanzig wissenschaftlichen Priesterseminaren gibt es noch über fünfzig Studienhäuser der religiösen Orden, Dutzende von Konventen und die Hauptsitze vieler Orden.

Die Kongregation für die Ordensleute und Säkularinstitute, die Kongregation für den Klerus, die Kongregation für die Glaubensverbreitung und die Kongregation für das katholische Bildungswesen sind die Kurienabteilungen, die unter anderem für die Kontrolle und Koordination der umfangreichen internationalen Aktivitäten dieser Institutionen zuständig sind. Deren formelle und inoffizielle Beziehungen zum Heiligen Stuhl und seinem Oberhaupt sind von subtiler, außerordentlich differenzierter Komplexität.

In der Nr. 5 des Borgo San Spirito, einer engen Straße parallel zur Via della Conciliazione und wenige Minuten zu Fuß vom Apostolischen Palast entfernt, liegt der Sitz des am strengsten zentralisierten Ordens, der Jesuiten *(Societas Jesu)*. Dort in dem kahlen Empfangsraum, dessen einziger Schmuck ein religiöses Bild und ein Kruzifix waren, habe ich mich mit P. Pedro Arrupe, dem damaligen Ordensgeneral, über die Mission der Jesuiten und ihre Verbindungen zum Papsttum unterhalten.

P. Arrupe, immer in Schwarz, war ein sehr kleiner, leicht gekrümmter Spanier aus dem Baskenland, voller intellektueller und physischer Energie, mit einem äußerst gewinnenden Lächeln. Während des Zweiten Weltkriegs war er in Japan und wurde

Zeuge der Atombombenexplosion in Hiroshima. Was ihn in Atem hielt, waren umfangreiche Verpflichtungen weltweiter Reisen und Konsultationen, die in einer Zeit beispielloser Veränderungen und unerhörten Druckes auf die Gesellschaft zu einer immer größeren Beanspruchung geworden waren. Etwa zehneinhalb Monate im Jahr verbrachte P. Arrupe bei seiner «Curia» in Rom, die übrige Zeit auf Reisen bei den etwa 28 000 Jesuiten in 107 Ländern. Er war Vizekanzler der jesuitischen Gregorianischen Universität und Präsident der Union der Generalsuperioren, gehörte dem Rat der Päpstlichen Kommission für Lateinamerika und Propaganda Fide an.

1965 wurde P. Arrupe von einer Generalkongregation des Ordens auf Lebenszeit zum Generalsuperior der Jesuiten, das heißt zum Verwaltungschef des gesamten Ordens, gewählt. Generalkongregationen, die oberste gesetzgebende Gewalt haben und nur dem Papst unterstellt sind, treten unregelmäßig und in großen Abständen zusammen. Die letzte von P. Arrupe einberufene fand 1974 statt. Er war der achtundzwanzigste Generalsuperior seit Gründung der Societas Jesu durch einen anderen Basken, den ehemaligen Soldaten und Heiligen Ignatius von Loyola. Die vier Assistenten des Ordensgenerals werden von der Generalkongregation gewählt, und er selbst ernennt ein Dutzend territorialer Berater für die verschiedenen Arbeitsgebiete.

Das vierte Gelübde der Jesuiten ist das des besonderen Gehorsams gegenüber dem Papst, in dem versprochen wird, jeden erteilten Auftrag anzunehmen. Die enge religiöse und juridische Verbindung des Ordens zum Papst hat eine emotionale und manchmal gespannte Beziehung zur Folge. Im 18. Jahrhundert wurde er viele Jahre lang von einem Papst regelrecht aufgehoben. Der Papst hat ein scharfes Auge auf das Verhalten des Ordens und seine Aktivitäten oft scharfen Disziplinierungsmaßnahmen – einschließlich Zensur – unterworfen. In Rom arbeiten viele der etwa hundert Jesuiten aus zwanzig oder mehr verschiedenen Ländern in Schlüsselpositionen im Vatikan; sie leiten zum Beispiel Radio Vatikan, die Sternwarte und die Gregorianische Universität oder sind als

Konsultoren vieler Kurienabteilungen und als Herausgeber der wichtigen *Civiltà Cattolica* tätig.

Probleme entstehen weniger im Zentrum als bei den verschiedenen jesuitischen Aktivitäten draußen, wo die ausnahmslos hochgebildeten, ausgezeichnet geschulten Mitglieder der Gesellschaft mit dem Wahlspruch *ad maiorem dei gloriam* – zum größeren Ruhme Gottes – umfangreiche Arbeit auf dem Bildungssektor, in der Gemeinde- und Sozialarbeit, auf dem Gebiet der sogenannten charismatischen Erneuerung, der Missionsarbeit in Entwicklungsländern, in wiederaufgenommenen Kontakten mit China oder in der revolutionären Atmosphäre Lateinamerikas leisten. Oft haben sie teil an riskanten Ereignissen und Entwicklungen – intellektuell etwa auf theologischem Gebiet und im Schulwesen, physisch in Weltgegenden mit instabilen oder repressiven Verhältnissen wie vor einigen Jahren Zimbabwe-Rhodesien, die Philippinen, Chile und Guyana. Das Zentrum und ihr eigener intellektueller Anspruch fordern jeweils schnelle Anpassung ihrer Arbeitsmethoden und ihres Verhaltens, um mit der Zeit Schritt zu halten. P. Arrupe sagte dazu: «Die ganze Welt befindet sich in einem Gärungsprozeß, wir müssen manchmal kalkulierte Risiken in Kauf nehmen.» Andererseits erstreckt sich jesuitische Ergebenheit besonders auf solche Päpste, die eher mit konservativer Behutsamkeit zu Werke gehen. Das führt zu Spannungen.

Mehrmals hat Papst Paul VI. in den vergangenen Jahren die Societas Jesu wegen mangelnder Ausgewogenheit bei verschiedenen Mitgliedern getadelt, und P. Arrupe hat nicht nur einmal eiskalter Wind vom Vatikan ins Gesicht geblasen. 1979 hatte Papst Johannes Paul II. eine Besprechung mit P. Arrupe und allen Generalassistenten und Provinzialoberen der Gesellschaft, auf der er ihnen sagte, auch die Jesuiten seien nicht verschont geblieben von den Krisen, die das religiöse Leben aufgewühlt und «Unsicherheit unter dem Christenvolk gestiftet und der Kirche, der Hierarchie und ihm selbst Sorgen gemacht» hätten.

1980 begann P. Arrupe seinen Rücktritt einzuleiten, wurde aber vom Papst gebeten, vorerst im Amt zu bleiben. Im Falle seines

Rücktritts hätte der Generalsuperior eine Generalkongregation der Gesellschaft einberufen, und der Papst hielt dies für nicht opportun. Die Bitte des Papstes kann sehr wohl auch den Wunsch bedeutet haben, Vertrauen in P. Arrupe zu demonstrieren, aber sie ließ auch erkennen, wie heikel ihre Beziehungen und die Unterschiede in ihrem religiösen Führungsstil sind.

Als wir uns trafen – vor Bekanntwerden seines geplanten Rücktritts –, schob P. Arrupe jeden Gedanken an ernsthafte Konflikte zwischen ihm und dem Papst freundlich zur Seite. Ihre Routinebeziehungen müßten erst noch ihre Form finden, doch er betonte die wichtige Rolle, die die Jesuiten schon immer als enge Ratgeber der Päpste in bestimmten Themenbereichen gespielt hätten und auch weiterhin spielen würden. Dieses sei ein in der tiefen Ergebenheit des Ordens gegenüber dem Papst wurzelnder «Dienst», der zu wenig bekannt sei und gewürdigt werde. «Wir sind ganz anders als das machiavellistische Bild, das man sich in der Geschichte von uns macht. Unsere Erfüllung ist Arbeit, die ganze Skala der Arbeit für die Kirche und damit für die gesamte Menschheit.»

Durch die Jesuiten (die trotz zunehmender Neueintritte nach einem Jahrzehnt starken Rückgangs immer weniger werden) ist die katholische Kirche in der Lage, in neuen Bewegungen auf der ganzen Welt vertreten zu sein. Sie berufen geistliche Truppen ein, die schnell an verschiedene Fronten geschickt werden können. Trotz ihrer sorgfältig strukturierten Hierarchie ist die Societas Jesu weder ein homogener noch monolithischer Orden; doch der Eifer vieler ihrer Miglieder und deren Hang, sich theologisch oder politisch zu exponieren, bringt sie oft in Schwierigkeiten mit Regierungen, mit örtlichen Bischöfen oder der Kurie selbst. So werden von Zeit zu Zeit – beispielsweise durch Druck auf die Zeitschrift *Civiltà Cattolica* oder durch strenge päpstliche Weisungen – die Zügel angezogen.

Gleich mit einem scharfen Ruck tat das Johannes Paul II. im Herbst 1979: Nach einem Gespräch mit dem Papst schrieb P. Arrupe an alle Jesuitensuperioren in der ganzen Welt, wie seine beiden Vorgänger ersuche auch der jetzige Papst sie um ihre

Aufmerksamkeit. Besondere Beachtung verlangten die Themen Säkularisierungstendenzen, strenge Einfachheit und Disziplin im religiösen und Gemeinschaftsleben, Treue gegenüber dem *magisterium* (der Lehrautorität des Papstes) in Fragen der Doktrin, der priesterliche Charakter der apostolischen Arbeit eines Jesuiten sowie die Ausbildung junger Jesuiten.[10]

Es gibt etwa 7000 Dominikanermönche (Patres und nicht ordinierte «Brüder») auf der ganzen Welt, die sich in weniger demokratischen Zeiten der «Erste Orden» nannten, und mehr als 4000 kontemplativ lebende Nonnen vom früheren «Zweiten Orden». Außerdem gehören zu den Tertiariern, dem «Dritten Orden», der in sehr unterschiedlichen Regular- und Laienbruderschaften organisiert ist, 42 000 Schwestern (verteilt auf über 150 Gemeinschaften) und mindestens 70 000 Diözesanpriester und Laien.

In Rom machen sich die Dominikaner am stärksten in der Kongregation für die Glaubenslehre bemerkbar (das ehemalige Heilige Offizium war wie der Index verbotener Bücher früher praktisch ein Dominikaner-Monopol), als Mitglieder vieler anderer Kurienabteilungen, im theologischen Kolleg, dem Angelicum (der Pontificia Università di S. Tommaso d'Aquino), und am Sitz des Ordens im Konvent Santa Sabina an der Piazza Pietro d'Illiria auf dem Aventino. Die dortige Kirche wurde dem heiligen Dominikus im 13. Jahrhundert kurz nach Gründung seines Ordens von Papst Honorius III. für ein Kloster geschenkt.

Der damalige Generalmagister des Dominikanerordens, P. Vincent de Couesnongle, kam eilig in den Empfangsraum, um mich in Santa Sabina zu begrüßen. Er trug den weißen Habit der Dominikaner mit Skapulier und Kapuze, einen Ledergürtel, an dem ein Rosenkranz mit fünfzehn Gesätzen befestigt ist. Im ersten Moment war er zurückhaltend, doch dann wurde er beredt, emphatisch, deklamatorisch, als er über die Dominikaner und ihre Rolle sprach.[11]

Er wurde 1983 für eine Amtszeit von neun Jahren gewählt und

leitet den Orden mit Hilfe mehrerer Assistenten, die für verschiedene Regionen der Welt zuständig sind, und zweien, die sich jeweils mit allgemeiner apostolischer und pädagogischer Arbeit befassen. Etwa fünf Monate jährlich verbringt er auf Reisen zu den dominikanischen Gemeinschaften in der ganzen Welt.

In die Konstitution der Dominikaner sind so viele Sicherheiten und Kontrollen eingebaut wie in die Verfassung der USA. Die Bettelmönche legen ein einziges Gelübde ab, daß sie ihren Superioren und dem Generalmagister gemäß der Ordensregel und -konstitution gehorchen werden. Das stellt Gehorsam sowie Flexibilität in den Mittelpunkt. Es gibt drei Autoritätsgrade: den Magister, der für den gesamten Orden verantwortlich ist, die Provinzialen, die für die Provinzen zuständig sind, und die Prioren, die an der Spitze ihrer Priorate genannten Häuser stehen. Es gibt auch Dominikanerkongregationen unter der Leitung von Vikaren, manchmal ohne territoriale Bindung. Mit Ausnahme der Vikare werden alle Oberen auf jeder Ebene von den Kapiteln mit der entsprechenden Jurisdiktion gewählt: Provinziale auf vier Jahre, Prioren auf drei. Die Wahl eines Priors muß vom Provinzial bestätigt werden.

Alle drei Jahre findet eine Ordensversammlung statt. Dies ist ein ausgeklügelter und politisch durchdachter Prozeß: Die Provinzialen und die *diffinitori* (gewählte Vertreter aus den Provinzen) treten zu einem Wahlkapitel zusammen; drei Jahre später gibt es ein Kapitel, das nur aus den Vertretern besteht; wiederum drei Jahre später ein nur aus den Provinzialen bestehendes Generalkapitel. Letzteres, wie anzüglich behauptet wird, besteht aus praktischen Leuten, die erst einmal die Arbeit der weltfremden *diffinitori* entwirren. Wie dem auch sei, der Neunjahreszyklus – das nächste Wahlkapitel findet 1992 statt – erhält die Balance zwischen besonders gewählten Vertretern und den verfassungsmäßig starken, obwohl ebenfalls gewählten Provinzialen.

Eine strenge Kontrolle der Dominikaner durch ihren Magister oder den Papst ist eindeutig unmöglich. Wenn der Magister tatsächlich in wichtigen Angelegenheiten handeln muß, braucht er die Zustimmung der Provinzialen. Wann immer die Päpste Schwierigkeiten mit dem Orden hatten – und er hat eine stürmische, brillante Geschichte –, wußten sie kaum, an wen sie sich zu wenden hatten: Im 18. Jahrhundert hat sich Benedikt XIV. auf der Suche nach einer Lösung sogar selbst zum persönlichen Schutzherrn des Ordens erklärt, um sicherzugehen, daß er seinen Satzungen treu blieb.

Der Papst bleibt der «Schirmherr» der Dominikaner. Doch im täglichen Leben wird die päpstliche Autorität durch den Ordensmagister ausgeübt (nicht durch die Bischöfe, da die Dominikaner ein exemter Orden sind). Der meiste Verkehr mit dem Vatikan erfolgt durch die Kongregation für den Klerus oder durch die Kongregation für die Glaubenslehre. Von dieser wurde auch Dispens vom Zölibatsgelübde erteilt; Papst Johannes Paul hat dem ein Ende bereitet.

Die Dominikaner haben mit ihrem Verhalten in den letzten Jahren in Rom so manches Gewitter heraufbeschworen. Während der französischen Bewegung der «Arbeiterpriester» in den 50er Jahren, die die Kurie für gefährlich radikal hielt, traten die französischen Provinzialen *en bloc* zurück, um einer Amtsenthebung zuvorzukommen. Papst Pius XII. bestand darauf, daß der sehr konservative irische Theologe Pater (später Kardinal) Michael Browne gewählter Ordensmagister würde, andernfalls würde er die Ordensverfassung ändern. Der französische dominikanische Theologe Yves Congar vertrat daraufhin die Meinung, ein solches Vorgehen würde die Dominikaner von ihrem Gelübde entbinden, da es eine Änderung der Regeln ohne die Zustimmung der Brüder bedeute. Vor einigen Jahren verdammte die Kongregation für die Glaubenslehre nach längeren Verhandlungen über den Generalmagister das theologische Werk eines französischen Dominikanerpriesters, P. Jacques Pohiers, und entzog ihm die öffentliche Lehrbefugnis wegen seiner Ansichten über das Wesen der Auferstehung Christi. Dies war der erste Fall einer Intervention dieser Art seit dem Zweiten Vatikanischen Konzil.

«Wir sind der Mülleimer des Ordens», kommentiert ein Dominikanermönch die Arbeit der Ordenszentrale auf dem Aventino. Doch die meisten Kontakte zum Vatikan sind ungetrübte Routine und werden vom Generalprokurator P. Rafael Moya aus dem dreißigköpfigen Mitarbeiterstab des Generalmagisters erledigt. Hauptsorge des Magisters ist, sich «um die Brüder in unseren zweiundvierzig Provinzen in der ganzen Welt zu kümmern». Wie P. Arrupe sprach der Magister viel über das schwindelerregende Tempo, mit dem die Welt sich verändert – keine religiöse Welt mehr, sondern eine atheistische. Nachhaltig betonte er die Notwendigkeit, alle Dominikaner so auszubilden, daß sie imstande sind, sich geistig und emotional den sich ständig verändernden menschlichen Daseinsbedingungen anzupassen. Er hatte keine geringe Meinung von der Bedeutung des Ordens innerhalb und außerhalb der katholischen Kirche. «Allein zahlenmäßig», sagt er – man denke nur an die Zehntausende von Dominikanerinnen, die unterrichten und Zeugnis von Gott ablegen. «Jede 250. katholische Frau auf der Welt ist eine Ordensschwester.»

Jährlich gibt es etwa zweihundert Neuaufnahmen in den früheren «Ersten Orden» – vor zwanzig Jahren waren es dreimal so viele. Seither ist die Gesamtzahl der Dominikanerbrüder um drastische 24 Prozent zurückgegangen, für die verschiedene Gründe zusammenkamen: weniger Berufungen, der Tod vieler Brüder, die während des «Berufungs-Booms» vor dem Ersten Weltkrieg in den Orden eintraten, Austritte und die Tatsache, daß die Beitrittszahlen in den 50er Jahren ungewöhnlich hoch waren. P. de Couesnongle befürchtete eine «Hoffnungskrise» unter den jungen Leuten, die in den Orden eintreten; sie haben Schwierigkeiten, einen sinnvollen Bezug zwischen ihrem traditionellen Glauben, ihrer religiösen Einstellung und der modernen Welt herzustellen: Was hat eine langfristige Bindung für einen Sinn, wie kann man geistliche Bedeutung in Armut, Keuschheit und Gehorsam finden und wirksam vermitteln? Seine eigene Arbeit, sagte er, bestehe darin, für seine Mitbrüder dazusein und das, was sie in der Welt entdecken, dem Vatikan mitzuteilen. «Wir beschäftigen uns mit den Grundproblemen des Lebens; ganz oben wird alles viel zu abstrakt. Die

Generaloberen kennen mehr von der Welt als die Bischöfe; sie befassen sich viel enger mit persönlichen, menschlichen Problemen.»

Ganz ahnlich klingt es ein paar hundert Meter vom Konvent Santa Sabina entfernt, wenn man durch die Anlagen, von denen man einen friedlichen Panoramblick auf Rom hat, und an der Villa des Großmeisters der Malteserritter vorbei zur Priorei von Sant'Anselmo und dem Sitz des Benediktinerordens geht.

In der ganzen Welt gibt es über 10 000 Benediktinermönche, etwa 9000 Benediktinernonnen, die ein feierliches Gelübde abgelegt haben, und etwa 12 000 Benediktinerschwestern und Oblaten oder Laienassoziierte. Der Lebensstil der Benediktiner basiert noch immer auf der Ordensregel, die der heilige Benedikt im 6. Jahrhundert in Monte Cassino niedergeschrieben hat. Sie enthält Instruktionen, wie man ein Kloster aufbauen, leiten und verwalten soll und wie die Mönche ihr tägliches Leben zu führen haben, und verbindet geistliche und praktische Anweisungen mit scharfsinniger und sensibler psychologischer Einsicht. Aus der Regel, daß die Klöster Männer jeden Alters und jeder Gesellschaftsschicht aufnehmen müßten, ergab sich die enge und einflußreiche Bindung der Benediktiner an das Schulwesen.

Die Ordensregel betont die Unabhängigkeit und Autonomie des einzelnen Klosters; das monastische Prinzip reicht noch vor die Gründung des Mönchsordens zurück. Im Laufe ihrer Geschichte sind die Benediktiner immer wieder wie Bienen ausgeschwärmt, um neue unabhängige Häuser zu gründen. Doch es gab auch Zentralisierungstendenzen, teils durch einen periodischen Drang zu Reformen, teils durch unerbittliches Eingreifen des Papsttums.

Im 19. Jahrhundert wurde den Benediktinern auf dem Laterankonzil auferlegt, Provinzialkapitel nach dem Beispiel der Dominikaner und Franziskaner zu bilden. Das führte schließlich zur Entstehung der nationalen Kongregationen (Landesverbände), von denen es heute einundzwanzig gibt, zu denen 372 Abteien, Priorate und abhängige Häuser gehören. Ein weiterer wichtiger Schritt zur Zentralisierung wurde im 19. Jahrhundert von Papst Leo XIII. veranlaßt, als er den Benediktinern befahl, entsprechend den Kongressen der anderen Orden einen regelmäßigen Äbtekongreß unter Vorsitz eines Abtprimas in Rom abzuhalten.

Der Abtprimas der Benediktiner wird von seinen Mitäbten und Konventsprioren in der ganzen Welt in einen Ehrenprimat (und nicht, wie betont wird, in einen Primat der Macht oder Autorität) gewählt. Er wohnt in Sant'Anselmo. Der jetzige Abtprimas Viktor Dammertz ist ein Deutscher aus dem Rheinland; er wurde 1977 für diese Amtszeit gewählt, nachdem er zwei Jahre lang Leiter der Missionskongregation von St. Ottilien gewesen war. Ihm ging der Ruf eines hervorragenden Experten in kanonischem Recht von dennoch eher pastoraler denn juristischer Denkweise voraus. Er sieht die katholische Kirche der Zukunft als eine Kirche, die sich in Geist und Struktur den Entwicklungen anpaßt, und die Benediktinerregel betrachtet er als grundsätzlich flexibel und anpassungsfähig in bezug auf die komplexen Probleme des Mönchtums in der modernen Welt. Als fähiger und freimütiger Verhandler spielt er vielleicht die am wenigsten klar definierte, doch deshalb nicht weniger wichtige Rolle aller Ordensoberhäupter in der Beziehung mit dem Vatikan.

Der etwas nebulöse Status des Abtprimas gegenüber dem Orden und der römischen Kurie entspringt dem ausgeprägten benediktinischen Unabhängigkeitsgeist. Er äußert sich nicht nur in Spannungen, die durch Organisationsprobleme entstehen, sondern sogar durch liturgische Fragen – zum Beispiel, wie stark soll man auf einem gemeinsamen Brevier bestehen? Für die Benediktiner wie für die gesamte katholische Kirche bringt der Kreislauf der Geschichte bald Zentralisierung, bald eine Betonung der Autonomie. In ihrem starken Hang zu letzterer betonen die Benediktiner, daß der Abtprimas kommunizieren soll, nicht regieren. Ein Abtprimas und ein zentralisierter Hauptsitz in Rom gehen gegen den benediktinischen Instinkt.

Vor diesem Hintergrund haben der gegenwärtige Abtprimas

und sein Vorgänger, Dom Rembert Weakland (der jetzige Erzbischof von Milwaukee), ihre Aufgabe erfüllt, die Benediktiner-Konföderation in Rom zu repräsentieren und als Kommunikationsbrücke zwischen den verschiedenen Klöstern und Landeskongregationen zu fungieren. Sie sind weit gereist, um mit den örtlichen Gemeinschaften in Verbindung zu bleiben: Rembert Weakland besuchte in zehn Jahren über fünfhundert verschiedene Klostergemeinschaften. Einige seiner Mönchsbrüder mögen durchaus erstaunt gewesen sein, ihn zu sehen. Der frühere Prior von Sant'Anselmo, Dominic Milroy (der 1979 Direktor des Ampleforth College wurde), erzählte mir: «Ich habe überhaupt erst erfahren, daß es einen Abtprimas gibt, als ich schon zehn Jahre im Kloster war . . .»

Der normale Kontakt zwischen den Benediktinern und dem Vatikan läuft über die Priester, die jede Kongregation zu ihrem Prokurator in Rom ernennt; der Prokurator tritt an die jeweilige Kurienabteilung in den verschiedensten Angelegenheiten heran, die von der Bitte eines Abtes um Entbindung eines Mönchs von seinen Gelübden bis zur Bitte einer Priorin um den Segen des Heiligen Vaters anläßlich des goldenen Jubiläums einer Nonne reichen können. Jede Kongregation hat Anrecht auf einen eigenen Prokurator, der sie in allen Fragen vertritt, die in die Jurisdiktion der Kurienabteilugen fallen; aber in der Praxis teilt man sich oft die Prokuratoren.

Die Arbeit des Abtprimas hängt davon ab, wie er selbst die Schwerpunkte setzt. Je nachdem, was gerade am wichtigsten ist, kann er sich entweder auf die Angelegenheiten der Konföderation in Rom konzentrieren oder auf Reisen zu einzelnen Klöstern. Die letzten Primasse haben besonders die isolierteren oder «unterprivilegierten» Klöster besucht (zum Beispiel in den kommunistischen Ländern Osteuropas oder in der Dritten Welt), die besonders auf Ermutigung und Solidarität des übrigen Ordens angewiesen sind. Zwischen dem Vatikan und der Konföderation als Ganzes gibt es nur lockere, begrenzte Berührungspunkte. Die monastische Ordnung steht in Widerspruch zur Organisationsstruktur der römischen Kurie: Der Vatikan hat eine monarchische Struktur, das monastische System ist älter als sie. Kardinal Eduardo Pironio, der sehr angesehene frühere Präfekt der Kongregation für Ordensleute und Säkularinstitute, meinte, diese stehe im Dienste der Orden, nicht umgekehrt (so auch der einzige Benediktinerkardinal Basil Hume). Aus diesem und anderen Gründen ist er bei den verschiedenen Superioren beliebt; sie glauben, daß er ihre besondere Autonomie respektiert und stärkt.

Abt Dammertz ist Mitarbeiter der Kongregation für die Ordensleute und Säkularinstitute und zugleich Konsultor der Kongregation für das katholische Bildungswesen. Vor allem aber ist er wie P. Kolvenbach und Fr. Byrne Mitglied des Rates für die Beziehungen zwischen der Kongregation für die Ordensleute und Säkularinstitute und den beiden Internationalen Verbänden der Generalsuperioren. Dieser Rat besteht aus sechzehn Priestern und Nonnen, die alle einem religiösen Orden vorstehen und sich monatlich einmal treffen, um mit Vertretern der Kongregation über Probleme des religiösen Lebens zu diskutieren.

P. de Couesnongle bezeichnete die Sitzungen als schlicht, ehrlich und offen. 1978 veröffentlichte der Rat ein wichtiges Dokument über die Beziehungen zwischen den katholischen Bischöfen und den religiösen Orden *(Mutae Relationes)*, in dem strittige Fragen der Koordination und Zusammenarbeit angesprochen wurden. Der Verband der Generalsuperioren selbst (P. Arrupe wurde 1979 zum fünften Mal zum Vorsitzenden gewählt, ein einmaliger Vorgang) trifft sich zweimal jährlich zu einer dreitägigen Sitzung. Sein Ziel als Vorsitzender sei, hat P. Arrupe gesagt, die Bindungen zum Vatikan, zu den Bischofskonferenzen und den religiösen und nicht-katholischen religiösen Frauengruppen zu festigen.

Das eineinviertel Millionen Mönche, Ordensbrüder und Nonnen starke Netz der religiösen Organisationen auf der ganzen Welt ist ein sehr komplexes, sehr lebendiges Gebilde, das in jeder Hinsicht äußerst sensibel darauf reagiert, wie die Fäden vom Vatikan aus gezogen werden. Unter Papst Johannes Paul II. hat man ziemlich kräftig daran geruckt. Den Schwestern, die 1979 an der

Generalversammlung des Internationalen Verbandes der Generalsuperiorinnen (UISC) teilnahmen, sagte er während einer Messe in der Sixtinischen Kapelle, daß «die Treue zu Christus untrennbar mit der Treue zur Kirche verbunden» sei; und während seines Aufenthaltes in den USA ermahnte der Papst die vor ihm stehenden Frauen, nicht vom traditionellen Pfad innigen Gebets, Gemeinschaftslebens und geziemender religiöser Kleidung abzuweichen (all dies hat sich seit dem Zweiten Vatikanischen Konzil weltweit manchmal erstaunlich verändert).

In Rom bilden die Ordensmitglieder eine unverzichtbares Reservoir an Fähigkeiten und Energien, auf die die Kirche zurückgreifen kann. In jeder Abteilung und jedem Büro der Kurie sind sie zahlreich vertreten und reichen von Männern von der Statur und dem Einfluß des verstorbenen Kardinals Bea – des Jesuiten, der maßgeblich an der veränderten Einstellung der katholischen Kirche zur Ökumene beteiligt war – bis zu den weniger bekannten Jesuiten, die für Radio Vatikan arbeiten, den Dominikanern in der Kongregation für die Glaubenslehre, den Salesianern im Druck- und Verlagswesen und den unauffälligen Franziskanern, die international vielleicht am weitesten verbreitet sind. Trotz der unleugbaren Spannungen zwischen den einzelnen Orden und dem Vatikan sind ihre Mitglieder dem Heiligen Stuhl in erstaunlicher Loyalität und einzigartiger Hingabe verbunden. Ein Dominikaner, P. Lambert Greenan, der die englische Wochenausgabe des *Osservatore Romano* herausgibt, ein Priester aus dem nordirischen Newry, sagt: «Wir veröffentlichen die Ansichten des Papstes und des Heiligen Stuhls, nicht die Einwände dagegen. Zur Zeit der Enzyklika *Humanae Vitae* wurden wir angegriffen, weil wir die Argumente der Gegenseite nicht druckten. Wenn wir das getan hätten, hätte es totale Verwirrung gegeben. In offiziellen Dingen müssen wir offiziell sein.»

Loyalität gegenüber dem Heiligen Stuhl ist auch ein wichtiges Nebenprodukt der Arbeit der zahlreichen Bildungsinstitute in

Rom. Meist (das betrifft die päpstlichen Universitäten) erwerben dort von ihren Bischöfen handverlesene Studenten ihre Abschlüsse in Philosophie und Theologie. Im Regelfall gehen sie danach in ihre Heimatländer zurück und leisten dort wichtige Arbeit in den Diözesen. Das Nordamerikanische Kolleg (das wichtigste amerikanische katholische Zentrum in Rom) ist das größte Kolleg für Studenten der Päpstlichen Institute. Es ist wahrscheinlich – und teils auch beabsichtigt –, daß sie ihre nationalen Studienhäuser in Rom mit einem besseren Verständnis für den Heiligen Stuhl verlassen. Das bestätigte auch der frühere Rektor des Pontificio Collegio Americano del Nord, Msgr. Charles Murphy, der Vorgänger des jetzigen Rektors, Msgr. Lawrence Purcell. (Im Register des *Annuario Pontificio* werden übrigens 63 Murphy aufgeführt.) Der Hauptgrund für die Gründung seines Kollegs 1859 sei der Wunsch des Heiligen Stuhls gewesen, die amerikanischen Priester sollten in Rom vertreten sein.

Heute ist das Nordamerikanische Kolleg in einem großflächigen, luftigen Gebäudekomplex auf dem Gianicolo untergebracht; das Grundstück wurde 1930 von den amerikanischen Bischöfen erworben und 1953 von Papst Pius XII. geweiht. In die Direktion des Kollegs teilen sich der Papst (vertreten durch einen Kardinal als Schirmherrn) und ein Vorstand aus amerikanischen Bischöfen, in dem jede Diözese der USA vertreten ist. Etwa 170 Studenten des Nordamerikanischen Kollegs verbringen vier bis fünf Jahre mit der Vorbereitung auf das Priesteramt und dem Theologiestudium; etwa sechzig promovieren dann noch. Das Kolleg hat einen zehnköpfigen Lehrkörper.

Viele der Studenten werden später einmal hochrangige kirchliche Positionen einnehmen. Weit über hundert sind Bischöfe geworden; zu den Ehemaligen gehören die Kardinäle Farley, O'Connell, Dougherty, Mooney, Stritch, Spellman und Meyer, alles Männer von Format. Ein früherer Rektor, Msgr. James A. Hickey, wurde Bischof von Cleveland und ist jetzt als Nachfolger von Kardinal Baum Erzbischof von Washington.

Besonderes Gewicht legt das Kolleg auf die pastorale wie intellektuelle Ausbildung der zukünftigen Diener der Kirche in den Vereinigten Staaten. Sie studieren auf Kosten ihrer Heimatdiözesen. Das erste Jahr studieren sie europäische Geschichte und Kultur und bereisen Europa; im dritten Jahr (als Diakone dürfen sie dann schon taufen, lehren und Eheschließungen vornehmen) werden sie zu praktischer Arbeit in die USA geschickt oder auf Wunsch auch an andere Orte, zum Beispiel nach Afrika.

Mit wenigen Ausnahmen kehren alle Studenten nach Beendigung des Studiums in die Vereinigten Staaten zurück. Eine Handvoll von ihnen bleibt und arbeitet im Vatikan. Im Herbst 1979 wechselte ein graduierter Priester des Kollegs ins Staatssekretariat über, ein anderer an die Päpstliche Kirchliche Akademie, ein dritter zur Bischofskongregation. Wie werden sie ausgesucht? In der Kirche gilt es als schlechter Stil, sich selbst zu bewerben, habe ich gelernt – sie müssen also von der Kollegleitung empfohlen oder von Kurienbeamten auf Talentsuche entdeckt worden sein.

Die Bindung zwischen Kolleg und Vatikan ist eng. Der Rektor wird von den amerikanischen Bischöfen nominiert, von der Kongregation für das katholische Bildungswesen (die die *ratio fundamentalis*, die Grundregeln für die Seminare, aufstellt) ausgewählt und vom Papst ernannt. Er steht in regelmäßigem Kontakt mit dem Präfekten der Kongregation (Kardinal Baum). Das Kolleg steht Gruppen amerikanischer Bischöfe, besonders vom Bischofskomitee für Seminarausbildung, zur Inspektion offen.

Msgr. Murphy fand es sehr wichtig, daß die Priester, die als zukünftige hohe Kirchenbeamte aus dem Kolleg in die USA entlassen werden, nicht nur den Heiligen Stuhl, sondern auch die italienische Kultur respektieren und lieben lernen. «Wir wollen hier nicht den berühmt-berüchtigten ‹häßlichen Amerikaner› am Kolleg haben – den haben wir zum Glück auch nicht . . .» Trotz eines drückenden Terminplans (ein zeitraubender Aspekt der italienischen Kultur sind drei volle Mahlzeiten täglich, die sehr ernst genommen werden) beginnen die Studierenden des Kollegs mit einem fünfwöchigen «Orientierungsprogramm». «Die meisten bekommen hier erst einmal einen italienischen Kulturschock; dann lernen sie für gewöhnlich die Italiener lieben und Rom und alles, was es bietet . . .»

Sein wachsendes Verständnis für italienische *mores* hilft dem Außenseiter zugleich, die Kurie besser zu verstehen. Im Nordamerikanischen Kolleg erleben Lehrkörper und Studenten auch die Arbeitsweise des kirchlichen Roms aus nächster Nähe. Alle Priesterweihen müssen vom Vikariat Rom bestätigt werden. (In Rom ordiniert zu werden, war immer eine merkwürdige Geschichte. Die Weihen wurden vom Vikariat immer auf italienisch durchgeführt, auch für solche Studenten, die auf englisch am Beda studierten und kein Italienisch hatten. Für die Zeremonie wurde kein Termin im voraus bekanntgegeben, damit sich keine Eindringlinge in die Prozession einschleichen und mit den anderen zusammen ordinieren lassen konnten . . .) Von den Studenten wird erwartet – und die meisten brennen darauf –, daß sie an päpstlichen Zeremonien teilnehmen. Mit der römischen Kurie, meinte Murphy, kommen sie nicht in engere Berührung, aber trotzdem «gehen unsere Priester meistens nicht nur als Apostel Christi, sondern auch als Apostel des Heiligen Stuhls von hier fort . . . Sie werden sehr papsttreu. Wollte man es in amerikanischen politischen Verhältnissen ausdrücken, wäre es etwa damit vergleichbar, wenn jemand eine Zeitlang in Washington leben und dabei eine starke Loyalität gegenüber dem Präsidentenamt und dem Präsidenten selbst entwickeln würde.»

Msgr. Murphy erinnerte sich noch an die lebhafte emotionale Beteiligung seiner Studenten an der Wahl Johannes Pauls I. und seinem plötzlichen Tod, der sie «zutiefst erschütterte». (Im Kolleg wurde eine ständige, sehr anrührende Ausstellung zum Gedächtnis Johannes Pauls I. eingerichtet.) Aber ihre Bindung an den Vatikan ist nicht naiv-sentimental. «Der Aufenthalt hier in Rom vermittelt eine sehr realistische Vorstellung von der Kirche», sagte Msgr. Murphy. «Die Institution ist hier allgegenwärtig. Wer hier studiert hat, nimmt die Institution sehr ernst. Man kann keine ätherische Vorstellung von der Kirche haben. Dadurch wird das Priesteramt auf eine sehr realistische Basis gestellt. Außerdem bekommt man durch das Theologiestudium hier eine klare Vorstellung vom Lehramt der Bischöfe und des Papstes.»

Das Nordamerikanische Kolleg verdient besondere Aufmerksamkeit als Teil des vatikanischen «Netzwerks». Es bildet «Loyalisten» für hohe Positionen in der mächtigen, zahlenmäßig starken, wenn auch wankelmütigen amerikanischen römisch-katholischen Kirche aus. Es illustriert, wie vorteilhaft – oder wie zweifelhaft (je nach theologischer Einstellung) – es sein kann, sich gegenüber dem Heiligen Stuhl zu «exponieren».

All die regionalen oder nationalen kirchlichen Studienkollegs für Priesterstudenten, von denen es in Rom fast dreißig gibt, zementieren die Loyalität der zukünftigen Kirchenführer aller fünf Kontinente gegenüber dem Heiligen Stuhl und vermitteln ihnen außerdem eine – generell gesprochen – erstklassige Ausbildung an den großen Lehrakademien, wo trotz der konservativen Wachsamkeit der Kongregationen philosophische Meinungsvielfalt und Toleranz gedeihen.

Die britischen Beziehungen zu Rom sind ungewöhnlich, denn Großbritannien ist mit einer Rekordzahl von vier Kollegien vertreten: dem Ehrwürdigen Englischen Kolleg, dem Beda-Kolleg (für Spätberufene), dem Schottischen Kolleg und anteilmäßig auch dem Irischen Kolleg. Heutzutage leben auch anglikanische Studenten im Englischen Kolleg, einer im 16. Jahrhundert gegründeten, wegen ihrer Gastfreundschaft berühmten Institution; es verfügt über einen weitläufigen Palazzo an der engen, kopfsteingepflasterten Via di Monserrato, wo sich eine Werkstatt an die andere drängt. Das Kolleg ist stolz auf seine Verbindung zu den Märtyrerpriestern des elisabethanischen England. Wie ihre Kommilitonen am Amerikanischen Kolleg werden wahrscheinlich auch verschiedene seiner etwas über siebzig Studenten nach ihrem Studium in Rom (meist an der Gregoriana) selber zu Bischöfen oder zumindest zu den intellektuellen Stützen der englischen Bischöfe und Seminare heranwachsen.

Institutionen wie das Ehrwürdige Englische Kolleg, das Päpstliche Nordamerikanische Kolleg, das Päpstliche Irische Kolleg – so heißen sie mit vollem Namen – spielen auch eine nützliche Rolle in der Kommunikation zwischen dem Vatikan und den lokalen Hierarchien. Sie stellen einen guten Resonanzboden dar und vermitteln dem Vatikan ein nützliches Echo zu allen möglichen kirchlichen Themen.

Rund zwanzig englische Bischöfe besuchten Anfang Oktober 1979 das Englische Kolleg zur Feier seines vierhundertjährigen Bestehens. Der Papst war viele Monate vorher zu diesem besonderen Anlaß eingeladen worden, befand sich aber dann doch auf einer Irlandreise – zur lebhaften Enttäuschung vieler Engländer. (Einige Monate später kam er dann ins Kolleg und machte seine Runde auch durch die anderen Kollegien; überall wurde er mit größter Wärme und Herzlichkeit begrüßt.) Zu den Festlichkeiten am Englischen Kolleg im Oktober 1979 gehörte auch ein Empfang des damaligen britischen Ministers beim Heiligen Stuhl, Geoffrey Crossley, für den Lehrkörper mit dem Rektor Msgr. George Hay (dem Vorgänger von Msgr. John Kennedy) und die bischöflichen Besucher. Der Ehrengast (ich kam etwas zu früh und wurde gebeten, den ersten Platz im Gästebuch für ihn freizulassen) war Kardinal Bertoli, der den Papst vertretende Camerlengo in strahlendem Rot. Einige beugten das Knie vor ihm, andere schüttelten ihm die Hand. Ich war fasziniert, unter den Gästen auch einem Justiz-Ritter des Malteserordens zu begegnen.

Im sozialen und indirekt auch politischen Sinne trägt der Malteserorden trotz seines anachronistischen Namens noch immer zur Stützung und Verbreitung des Einflusses des Heiligen Stuhls bei. Es ist eine verschwiegene Gesellschaft, wenn auch keine Geheimorganisation, die sich Gedanken über ihren Platz in der heutigen Kirche und ihre Bedeutung in der modernen Welt macht.

Die Malteserritter (mit ihrem vollen Titel heißt die Organisation: Souveräner Ritterorden vom Hospital des hl. Johannes zu Jerusalem, genannt von Rhodos, genannt von Malta) wurden im

11. Jahrhundert in einem Krankenhospiz in Jerusalem gegründet. Sie sind daher nach den Benediktinern und den Augustinern der drittälteste religiöse Orden des Westens, wenn auch mit dem besonderen Charakter eines religiösen Laienordens. Im Mittelalter entwickelte er sich zu einem mächtigen militärisch-religiösen Orden mit ausgedehntem Landbesitz, zu dem zu verschiedener Zeit Rhodos und Malta gehörten. Er war einer der ersten «exemten» religiösen Orden, der nicht der Jurisdiktion des örtlichen Bischofs, sondern dem Papst direkt unterstellt war.

Heute befindet sich der Sitz des Ordens in Rom in der Via Condotti unweit der Piazza di Spagna. Aber der Großmeister hat seine Villa auf dem Aventino ganz in der Nähe der Benediktiner und Dominikaner, hoch über der Stadt an der nach den Rittern benannten Piazza, von der aus man die ganze Stadt überblickt. Dies ist auch die Kanzlei ihres Gesandten am Heiligen Stuhl. International wird der Orden von einer wachsenden Anzahl von Ländern als souverän anerkannt – jetzt sind es mit dem Heiligen Stuhl über vierzig. Seine Ziele sind die spirituelle Vervollkommnung seiner Mitglieder – weltweit etwa 8000 Laien und Kapläne –, der Dienst am katholischen Glauben und am Heiligen Stuhl sowie karitative Tätigkeiten.

Hilfreich sind dabei die ritterlichen Traditionen und der souveräne Status des Ordens. Zu seinen Unternehmen gehören Bau und Unterhaltung von Krankenhäusern und Gesundheitszentren verschiedener Art in Afrika, Asien, Europa und Lateinamerika; Betreuung und Erste-Hilfe-Maßnahmen für Verwundete von europäischen Zentren aus und Flüchtlingshilfe.

Der Malteserorden hat drei Klassen: die Justizritter und Conventual-Kapläne, die Armut, Keuschheit und Gehorsam gelobt haben und von denen viele in der Administration tätig sind; Obödienz-Ritter und Justizdonaten, die geloben, in ihrem Leben nach religiöser Vollkommenheit zu streben; Laienmitglieder und Weltkapläne. Diese dritte Klasse ist in eine Vielzahl mittelalterlich klingender Ränge wie Ehren- und Devotions-Ritter und -Damen, Gratial- und Devotions-Ritter und -Damen gegliedert. Es gibt sechsundzwanzig nationale Genossenschaften.

Adlige Abstammung mit Ahnenprobe ist Voraussetzung für die Aufnahme in die meisten höheren Ränge des Ordens, und man streitet darüber, ob die Betonung adligen Blutes nicht noch weiter zugunsten edler Herzen verschoben werden sollte.

Die Beziehungen der Malteserritter zum Heiligen Stuhl sind zu gewissen Zeiten recht stürmisch gewesen. Heute regiert das Oberhaupt des Ordens, der Großmeister (zur Zeit Fra' Angelo de Mojana di Cologna), den Orden mit Hilfe eines Rates. Oberste Versammlung des Ordens ist das Generalkapitel, das regelmäßig einberufen wird. Als religiöser Orden untersteht die Organisation der Autorität der Kongregation für die Ordensleute, als souveränes Völkerrechtssubjekt verkehrt es mit dem Staatssekretariat und unterhält diplomatische Beziehungen zum Heiligen Stuhl.

Die Beziehungen der Malteserritter zum Heiligen Stuhl wurden auf eine neue Basis gestellt, nachdem eine von Papst Pius XII. eingesetzte Kardinalskommission Papst Johannes XXIII. einen Bericht vorgelegt hatte, in dem die neue Ordenskonstitution von 1961 gebilligt wurde. Dadurch wurde eine seit dem Pontifikat Pius' XII. andauernde Auseinandersetzung um die Kontrolle des Ordens beigelegt, die Gegenstand von Roger Peyrefittes witzigem Roman *Die Malteserritter* bildet. Er sei, wie einige Ritter gestehen, nur zu einem Viertel falsch. Der echte Kardinal Canali, der in der Darstellung Peyrefittes nach Macht über den Orden giert, hat sicher den Kampf der Kurie um mehr Einfluß auf die Ordensangelegenheiten in Gang gesetzt. Der Streit wurde in scharfer Form geführt und war in gewisser Hinsicht wegen des Spannungsverhältnisses zwischen unabhängiger Souveränität und religiösem Gehorsam wohl unausweichlich. Gegenwärtig hat der Orden dank seiner neuen Konstitution ein gutes Verhältnis zum Heiligen Stuhl. Sein Großmeister macht sich Sorgen, wie die erforderlichen Rekrutierungen bewerkstelligt werden können, um die eindrucksvolle Liste karitativer Tätigkeiten fortzusetzen, ohne das Adelskonzept als Führungsprinzip aufzugeben oder das grundsätzlich geistliche Konzept des Ordens zu schwächen.

Die Krankenpflege stand immer im Mittelpunkt der religiösen

Arbeit des Ordens. Jahrhunderte vor Florence Nightingale wurden «unsere Herren, die Kranken» im Hospital des Ordens in großen luftigen Abteilungen von noblen Ausmaßen untergebracht, hatten feines Leinen auf ihren Betten und aßen auf Silbertellern servierte Hühnerbrust, während die Ritter selbst sich mit Ziegenfleisch von Zinntellern in kleinen übelriechenden Kammern begnügten. Der Leichnam eines toten Ritters wurde mit Schwertern verstümmelt und dann den Chirurgen (gleichzeitig Barbieren) des Ordens übergeben, damit sie an ihm ihre chirurgische Kunst üben konnten.

Heute gibt es noch vier weitere Johanniterorden. Der wichtigste ist der *Most Venerable Order of the Hospital of St. John of Jerusalem*; sein erstes königliches Privilegium wurde ihm von Königin Victoria verliehen, sein Oberhaupt ist die englische Königin. Die Johanniter-Krankenwagen sind in vielen Ländern der Welt ein vertrauter Anblick. Eine besonders herzliche Beziehung besteht zwischen dem Malteserorden in Rom und dem Johanniterorden in Clerkenwell. Der Großmeister machte bei seinem ersten Besuch in England seit der Zeit Heinrichs VIII. der Königin im Buckingham Palace seine Aufwartung, und keine größere Ordenszeremonie findet beim britischen Johanniterorden ohne eine Delegation von Malteserrittern der britischen Genossenschaft statt.

Der Malteser-Ritterorden verstärkt das vatikanische Netzwerk auf eine emotionale Art, die das Meinungsklima in der Welt beeinflußt. Der alte, aber ganz andersartige Orden der Ritter vom Heiligen Grabe von Jerusalem, der unter dem Schutz des Heiligen Stuhles steht und sich der Erhaltung der heiligen Stätten der Christenheit widmet, fördert ebenfalls individuelle Loyalität gegenüber dem Heiligen Stuhl und der Person des Papstes; dasselbe gilt für die vielen Mitglieder Tausender internationaler und nationaler katholischer Laienapostolate, Jugendorganisationen und Gesellschaften.

Besondere Erwähnung verdient die *Opus Dei* genannte Organisation; sie ist ein nicht unumstrittenes Beispiel für die zu allen Zeiten neu erstehenden religiösen Bewegungen in der katholischen Kirche, die das Papsttum immer wieder versucht unter seine Kontrolle zu bringen. *Opus Dei* ist eines der Weltlichen Institute, die nach einer Periode raschen Wachstums Ende der 40er Jahre von Papst Pius XII. kirchenrechtlich anerkannt und organisiert wurden. Die Institute bestehen aus Laien, die sich karitativen oder apostolischen Aufgaben (der Verbreitung der katholischen kirchlichen Lehre) und ihrer eigenen religiösen Vervollkommnung widmen; sie unterstehen Superioren und sind durch bestimmte private Gelübde oder Eide gebunden.

Opus Dei – «das Werk Gottes» – wurde Ende der 20er Jahre mit getrennten Abteilungen für Männer und Frauen von einem spanischen Priester gegründet. Es wurde schließlich 1950 vom Heiligen Stuhl anerkannt und ist mittlerweile über die meisten europäischen Länder, Amerika, Afrika, Asien und Australien verbreitet. Es wird von einem Generalpräsidenten (Msgr. Alvaro del Portillo) und einem Generalrat mit Sitz in Rom geleitet und hat etwa 70 000 Mitglieder in über achtzig Ländern. Im Herbst 1980 wurde eine Gruppe Mitglieder von *Opus Dei* aus vierzehn verschiedenen Ländern von Kardinal Oddi, dem Präfekten der Kongregation für den Klerus, in Rom zu Priestern geweiht, und etwa 1200 Mitglieder der Bewegung sind Priester.

Die Mitglieder von *Opus Dei* widmen sich der Praxis eines intensiven geistigen Lebens und dem Apostolat, ohne ihren eigentlichen Beruf oder ihre soziale Umgebung zu verlassen. Ein großer Teil ihrer sichtbaren Arbeit wurde auf dem Bildungssektor geleistet: Sie haben Kollegs, Studentenheime und technische Schulen gegründet.

Als Weltliches Institut ist *Opus Dei* mit der Kongregation für die Ordensleute und Säkularinstitute verbunden. Es ist eine selbstbewußte, weitgehend bürgerliche Bewegung mit starken beruflichen und geschäftlichen Bindungen, einem aggressiven Missionstrieb und unerschütterlich konservativer theologischer Einstellung. Das unmerkliche Ansteigen ihrer Mitgliederzahl und ihres Einflusses in den letzten Jahren, das bei vielen liberaleren Katholiken Ablehnung und Mißtrauen hervorrief, ließ sie nach Amtsantritt Papst Johannes Pauls II. eine konstitutionell stärkere Stellung in der Kirche anstreben, da dieser Papst sicher mit den Idealen von *Opus Dei* sympathisiert und seinen Eifer im Dienst am Papsttum und der katholischen Kirche zu schätzen weiß.[12]

KAPITEL 8

Irdische Schätze: Kunst im Vatikan

Einfach, aber anschaulich wird die Kunstbegeisterung der Päpste durch die Geschichte von Giottos O illustriert: Im 13. Jahrhundert schickte ein Papst einen Boten in die Toskana, um Giotto um eine Probe seiner Arbeiten zu bitten. Giotto nahm ein Blatt Papier, tauchte den Pinsel in Farbe und zog mit eng angewinkeltem Arm und einer lockeren Bewegung des Handgelenks einen vollkommenen Kreis. Als der Papst ihn zusammen mit einem Bündel Zeichnungen anderer Künstler erhielt, erkannte er sofort die überdurchschnittliche zeichnerische Begabung. Das verstümmelte Mosaik der *Navicella* in der Vorhalle der Peterskirche blieb uns als ein Zeugnis dieser fruchtbaren Begegnung erhalten.

Es fällt schwer, sich an philiströse Päpste zu erinnern. Die päpstliche Tradition kenntnisreichen Patronats und aktiven Interesses an jeglicher künstlerischen Tätigkeit wird von Papst Johannes Paul II. fortgesetzt. Wie viele Päpste vor ihm, darunter sein unmittelbarer Vorgänger sowie Papst Paul VI., der einen unverkennbar eigenen Stil hatte, ist auch er ein literarischer Papst. Unter seinen Gedichten gibt es sogar einige, die er 1962 während des Zweiten Vatikanischen Konzils in der Petersbasilika verfaßt hat.

Der gesamte Vatikan gilt als Kunstwerk. Er steht als geschlossenes Monument auf der internationalen Liste der Kulturdenkmäler der UNO von 1960, die im Kriegsfall unter besonderem Schutz stehen. Doch unter den über den ganzen Stadtstaat verstreuten Reichtümern findet man die größte Konzentration an Kunstwerken, tatsächlich die größte der Welt, in den Vatikanischen Museen. Seit dem 18. Jahrhundert stehen sie unter der Schirmherrschaft der Päpste, die sie verschwenderisch ausgestattet haben.

1973 begründete Papst Paul VI. eine große Sammlung moderner religiöser Kunst im Apostolischen Palast. Hinter diesem Unternehmen stand Pauls philosophische Vision der Kunst im Dienste der Religion und sein sehr emotionales Verständnis für Künstler. Den Anstoß dazu gab ihm zu Anfang seines Pontifikats die Begegnung mit einer Künstlergruppe in der Sixtinischen Kapelle. Zum Glück für das Ansehen einer armen Pilgerkirche kam diese Sammlung durch Stiftungen von Sammlern oder Geschenke der Maler und Bildhauer selbst praktisch kostenlos zusammen. Es gibt darin Ölgemälde von Matisse, Chagall und Gauguin und Aquarelle oder Zeichnungen von Klee, Kandinsky, Moore, Dali und Modigliani. Unter den ausgestellten Amerikanern befinden sich Ben Shahn und Lyonel Feininger. Die moderne Sammlung des Vatikans umfaßt mehr als achthundert signierte Arbeiten von etwa zweihundertfünfzig Künstlern. Auch sie mußte herhalten, wenn man dem Papsttum Weltlichkeit und Wettbewerb auf einem Gebiet vorwarf, auf dem seine Ressourcen beschränkt sind. Man kann aber dagegenhalten, daß Unterstützung und Förderung der Künste immer einen Grundzug des vatikanischen Geisteslebens ausmachten.

«Denn da Gott will, daß der Mensch sich auf göttlicher und auf natürlicher Ebene entwickelt, ermutigt die Kirche die Kunst als eine der edelsten Fähigkeiten des menschlichen Geistes. Dies ist einer der tieferen Gründe, weshalb in der päpstlichen Residenz, im Herzen der Stadt Rom, die Vatikanischen Museen entstanden . . .» Diese Apologie stammt von Dr. Deocletio Redig de Campos, der von 1971 bis 1979 Generaldirektor der Vatikanischen Museen war. Seine Vatikanlaufbahn begann 1933; als er in den Ruhestand ging, hatte er also (als Diplomat und Wissenschaftler) sechs Päpsten gedient und rund fünfzig Jahre täglich Zugang zu den Museen gehabt. Er hat die kühne Behauptung aufgestellt, daß sie einen wesentlichen Teil der westlichen Zivilisation darstellen, «die ohne sie nicht vorstellbar ist».

Dr. Redig de Campos ist nach Erziehung und Überzeugung Pan-Europäer. Er spricht sechs europäische Sprachen. Er besuchte das Hohenzollern-Gymnasium in Berlin, das Freie Gymnasium in Bern und das Lycée Chateaubriand in Rom. An der Universität Rom studierte er Kunstgeschichte und Philosophie. Auch heute, als emeritierter Generaldirektor, kommt er immer noch, um im zweiten Stock des Verwaltungsflügels der Päpstlichen Museen zu arbeiten; man erreicht ihn durch das große Tor, das auf Anweisung Papst Pius' XI. 1932 in die Nordmauer des Vatikans gebrochen wurde.

Dr. de Campos' Nachfolger, Professor Carlo Pietrangeli, verbreitet dieselbe Atmosphäre heiter-gelassener Gelehrsamkeit, höchstens daß er noch lieber am Schreibtisch bei seinen Büchern sitzt als Dr. de Campos. Professor Pietrangeli ist geborener Römer (Jahrgang 1912) und Archäologe mit einem besonderen Interesse an Topographie und Epigraphik. Im Laufe der Jahre hat er Bücher über die Familie des Augustus und die unter dem Pontifikat Pius' VI. durchgeführten Grabungen geschrieben und einige hundert Artikel in wissenschaftlichen Fachzeitschriften veröffentlicht. Er vertritt den Heiligen Stuhl in mehreren nicht-staatlichen Institutionen wie dem Internationalen Komitee für Kunstgeschichte, sitzt im Rat der Päpstlichen Akademie für Archäologie und ist *Cavaliere Magistrale* – Magistral-Ritter des Malteserordens.

Es sei merkwürdig, meint er, daß ausgerechnet er Redig de Campos' Nachfolger als Generaldirektor der Vatikanischen Museen geworden sei. Sein Arbeitsleben hatte er größtenteils an der Real Accademia de Bellas Artes in Madrid verbracht, hatte aber vor dreißig Jahren damit begonnen, sich mit der Geschichte der Vatikanischen Museen, besonders des Museo Pio-Clementino, zu beschäftigen.

Professor Pietrangeli machte mich darauf aufmerksam, wie unglaublich groß der Verantwortungsbereich des Generaldirektors ist. Er ist für alle Basiliken Roms mit Ausnahme von St. Peter zuständig. Er muß alle Bilder, die über den ganzen Vatikan verstreut sind, aufspüren und katalogisieren. Er selbst, so sagt er, setze seine Berufsehre darein, das Museumssystem funktionsfähiger zu machen, vor allem wolle er die Museumskataloge verbessern und mehr und genauere wissenschaftlichere Führer herausgeben (da ist sicher noch viel Arbeit zu leisten). Die Museen seien zum Vergnügen und zur Belehrung aller da, doch seine Aufgabe sei es, dafür zu sorgen, daß die Wissenschaftler aus der ganzen Welt guten Zugang zu ihnen hätten und mit zuverlässigem Arbeitsmaterial versorgt würden.

Die Arbeit des Generaldirektors ist teils wissenschaftlich, teils praktisch. Er ist für die Koordinierung der Forschungsprogramme der verschiedenen Abteilungsdirektoren verantwortlich und muß die Tätigkeit des Museumssekretärs und des Schatzmeisters kontrollieren. Seine Korrespondenz besteht an einem Tag aus der Fortsetzung eines langen, gelehrten Briefwechsels, ein andermal muß er einem Kunsthistoriker antworten, der um Zugang zu einer bestimmten Renaissancemedaille bittet, die in einem Schrank lagert; oder er muß auf den Vorschlag eines faszinierenden Kunsttausches eingehen wie in dem Fall, als ein belgisches Museum eine Barberini-Tapisserie, die in der Serie im Vatikan fehlte, im Austausch gegen eine der Antiken anbot, von denen der Vatikan so viele besitzt. (Der Tausch kam schließlich zustande, indem man sich auf eine wechselseitige «Dauerleihgabe» einigte.)

Professor Pietrangeli spricht mit unaffektierter loyaler Verehrung für den Heiligen Stuhl und die Päpste. Nein, er kann nicht sagen, daß er viele Kardinäle fasziniert durch die langen Museumskorridore wandern sieht; sie scheinen sich heute weniger für Kunst zu interessieren als früher. Doch kann man ihnen das wirklich ansehen? In seiner täglichen Arbeit ist sich Pietrangeli der Gegenwart des Papstes ständig bewußt, und zwar eher als Oberhaupt der Katholiken denn als Souverän des Vatikanstaates. Strahlend erzählte Pietrangeli mir, daß er wie Papst Johannes Paul II. auch «gern ein wenig Bergsteigen» gehe. Damit hält er sich fit – und natürlich mit den Rundgängen durch sein Arbeitsreich.

Auch Redig de Campos wanderte gern durch die Korridore und Säle seiner Domäne aus historischen Gebäuden, erforschte ihre Architektur Schritt für Schritt und betrachtete die «Schätze», die ihn besonders anzogen. Das tut er noch immer und sieht sich neben den exquisiten Wandmalereien der Kapelle Nikolaus' V. vor allem immer wieder die Fresken Michelangelos und Raffaels in den Borgia-Appartements, den Stanzen und Loggien Raffaels, der Sixtinischen und Paulinischen Kapelle an.

Zu den ältesten Gemälden des Vatikans gehören die Fresken Fra Angelicos in der Kapelle Nikolaus' V., die Szenen aus dem Leben der Heiligen Stephanus und Laurentius zum Thema haben. Die Bilder sind licht, zart, scheinen aus hellen Blau- und Goldtönen zu bestehen und sind ganz durchwirkt vom Geist eines christlichen Humanismus, der die Welt zwar realistisch mit ihren Licht- und Schattenseiten abbildet, doch als von Gott erschaffen und erhalten. In den sechs Sälen der Borgia-Gemächer in toskanischem Stil ist Pinturicchios brutales, feistes Porträt von Papst Alexander VI. zu sehen, das er zu Lebzeiten des Papstes malte; de Campos hat es wegen seines psychologischen Scharfblicks mit einem literarischen Porträt von Tacitus verglichen.

Die *Stanze*, eine Suite aus vier von Raffael und seinen Nachfolgern ausgemalten fürstlichen Räumen, stellen eine einzigartige Galerie der Hochrenaissancekunst in ihrer vollkommensten Gestalt dar. Sie waren als päpstliche Wohnräume geplant. Die absolute, gelassene Gewißheit göttlicher Gnade in den Bildern der ersten beiden Räume, die in der Stanza della Segnatura den Triumph des menschlichen Geistes und in der Stanza d'Eliodoro den göttlichen Schutz der Kirche darstellen, sind Summe und Präfiguration aller Ansprüche des Papsttums. Dr. de Campos sieht in den Themen der Stanza d'Eliodoro den starken «politischen» Einfluß Papst Julius' II. Dargestellt sind die Messe von Bolsena, die Vertreibung des Heliodor, die Befreiung des heiligen Petrus und die Begegnung zwischen Papst Leo dem Großen und Attila; all diese Bilder zeigen, wie die Kirche in ihrem Glauben, ihrem Patrimonium (in der Gestalt des ersten Papstes) und in ihrem Sitz in Rom unter Gottes Schutz steht. Auf dem Gemälde der Schule von Athen in der Segnatura findet sich möglicherweise am Rande des Porträts von Euklid Raffaels Signatur in goldenen Lettern («RUSM» – «Raphael Urbinus Sua Manu») und ein bescheidenes

Selbstporträt. Ein Abschnitt der Messe von Bolsena in der Stanza d'Eliodoro ist in makellosem Originalzustand bewahrt worden; er hat scharfe Konturen und starke Rot-, Schwarz- und Grüntöne und zeigt eine Gruppe der ersten Schweizer Gardisten, die unter Papst Julius II. in päpstliche Dienste traten.

Als die Sixtinische Kapelle im 15. Jahrhundert als neue Palastkapelle und Teil der Verteidigungsanlage gebaut wurde, erhielten die großen Wände des Schiffes glatte Flächen fast ohne vorspringende Partien. Zu den ersten Malern in der *Sistina* gehörten Perugino (der größte Teil seiner Arbeiten wurde Michelangelos *Jüngstem Gericht* geopfert), Signorelli, Ghirlandaio (von dem hauptsächlich restaurierte Gemälde existieren), Botticelli und Cosimo Rosselli – sie alle wurden von Sixtus IV. nach Rom geholt. Als Decke hinterließen sie einen blau-goldenen Sternenhimmel. 1508 begann dann Michelangelo im Alleingang mit der Arbeit an seinem gewaltigen plastischen Freskenzyklus der Geschichte der Menschheit, von der Schöpfung bis zur Ankunft Christi, der Alte und der Neue Bund. Mit dem *Jüngsten Gericht* wurde Michelangelo fast ein Vierteljahrhundert nach Beendigung des Deckengemäldes beauftragt; bei seiner Enthüllung bestürzte es ganz Rom und erregt noch heute Verwirrung und sogar Anstoß bei vielen ernsthaften Kritikern wie hälsereckenden Besuchern. Die empfindliche Balance zwischen Kunst und Glauben scheint bei Michelangelo im Alter durch die Gewalt des inneren Gefühlsaufruhrs zusammengebrochen zu sein. Die verzerrten Gestalten (unter den 391 Figuren an der Altarwand) mußten Regeln sprengen, die seine qualvolle geistliche Vision einfach nicht mehr fassen konnten.[13]

Inmitten dieser Turbulenz haben die Kardinäle in der Sixtinischen Kapelle den neuen Papst zu wählen; in der Paulinischen Kapelle, die selten für Besucher geöffnet ist, versammeln sie sich während des Konklaves zum Gebet. Hier habe ich über Michelangelos letzten beiden großen Fresken sinniert, zwei großflächigen rechteckigen Darstellungen der *Bekehrung des Saulus* und des *Martyriums des heiligen Petrus* aus den 40er Jahren des 16. Jahrhunderts. Die unvollendeten Bilder wirken deprimierend und beunruhigend. Im ersten sieht Redig de Campos eine Parallele zur *Summa* des Thomas von Aquin, dem großen theologischen Werk, das der «Doctor angelicus» nach seiner Vision der Herrlichkeit Gottes unvollendet hinterließ; im zweiten, das wie verzweifelt, sehnsüchtig, traumähnlich wirkt, sieht er einen zum Stillstand gekommenen Klassizismus der Form am Rande der Auflösung. Die Augen des nackten, gequälten Petrus auf dem Fresko seines Martyriums scheinen dem Betrachter zu folgen, wenn er darauf zugeht und sie ansieht. Die optische Täuschung erscheint als höchst passender Hintergrund für die Gebete der Kardinäle um die richtige Entscheidung bei der Wahl des Nachfolgers Petri. Sogar einen Laien können sie nervös machen.

Die heitereren Aspekte der Renaissance zeigen am schönsten die großen Fresken in den Loggien Raffaels im zweiten Stockwerk der ursprünglich von Bramante für Julius II. entworfenen dreigeschossigen Fassade mit Doppelarkaden. Die Loggia öffnet sich zum Damaso-Hof hin; gegenüber liegt ein Flügel der päpstlichen Privatgemächer. Papst Leo X. hatte hier seine antiken Statuen aufgestellt und sich die Galerie zur eigenen Erholung reserviert. Sie wurde nach Raffaels Entwürfen und unter seiner Aufsicht von einer Reihe von Künstlern wie Giulio Romano, Perin del Vaga und Giovanni da Udine ausgestaltet. Sie malten unzählige heidnische und christliche Szenen, Grotesken und Ereignisse aus dem Alten und Neuen Testament auf Wände und Gewölbe. Auf den Wandflächen drängen sich Blumen, Früchte, Kopien von Statuen, mythologische und historische Ereignisse und Porträts von Zeitgenossen, darunter Raffael in seiner Werkstatt und Michelangelo mit Hut.

1952 machte man in der Loggia eine jener aufregenden Entdekkungen, wie sie jederzeit im Vatikan vorkommen können. Unter den beschädigten und verblaßten Dekorationen fand man unter einer Wand am Ende der Galerie zwei bemalte Halbsäulen. Ihre Bemalung aus der Zeit Papst Pauls III. (1534–49) war fast unversehrt erhalten geblieben. Solche Entdeckungen sind oft mit neuen Einsichten und Neubewertungen der Techniken verbunden, deren man sich für die frühen Gemälde und die Architektur des Vatikans bediente. Die beiden Fresken der Paulinischen Kapelle etwa wurden 1934 restauriert, 1953 gereinigt und anschließend wurde der Putz ausgebessert. Während dieses Prozesses konnte man die kleinen Übermalungen von der großen Menge der eigenen Malerei Michelangelos unterscheiden. Michelangelos Farbbrillanz wurde wiederhergestellt, und die Einfachheit seiner *buon fresco*-Palette zeigte sich in seinem Gebrauch natürlicher Erdfarben wie gebrannte Siena, Rot, Grün, Jett und Lapislazuli.

Das Publikum drängt in die Vatikanischen Museen und kann vom Eingang am Viale Vaticano aus bis zu den «Denkmälern» vordringen, die die wunderbaren Fresken Raffaels und Michelangelos bergen (aber nicht in die Paulinische Kapelle). In letzter Zeit erreichte die jährliche Besucherzahl fast zwei Millionen.

Zu den Denkmälern gehören außer den freskierten Kapellen und Räumen auch die Galleria delle Carte Geografiche und die Sala dell'Immacolata. Erstere ist eine lange Galerie im Westflügel des Belvedere-Korridors, wo das Licht durch zahlreiche Fenster auf den blau-grauen Marmorboden und die vergoldeten Stuckverzierungen und manieristischen Gemälde in seinem Tonnengewölbe fällt. Sie ist berühmt für die zweiunddreißig Landkarten der tyrrhenischen und adriatischen Regionen Italiens aus dem 16. Jahrhundert; sie sind von fesselnder und präziser Schönheit. Der Saal der Unbefleckten Empfängnis entstand im 19. Jahrhundert, indem man zwischen zwei Geschossen des Borgia-Turms die Decke herausbrach. Er enthält Fresken, die das 1854 durch Papst Pius IX. verkündigte Dogma der unbefleckten Empfängnis Mariae verherrlichen, und Michelangelos großes Holzmodell der Kuppel der Peterskirche – er hatte gehofft, damit einer Veränderung seines Entwurfes nach seinem Tode vorzubeugen.

Zu den Museen gehört ferner die *Pinacoteca*, die von Luca Beltrami für die bis dahin ziemlich mobile Bildersammlung der Päpste erbaute und 1932 eröffnete Galerie. Die Sammlung reicht vom 11. bis ins 19. Jahrhundert, von den italienischen «Primitiven» vor Giotto und den byzantinischen Künstlern bis zu Porträtmalern des 19. Jahrhunderts wie dem Engländer Thomas Lawrence; sein Porträt von George IV. bekam der Papst als Verbündeter im Kampf gegen Napoleon geschenkt, und Papst Pius VII. saß ihm bei mehreren Gelegenheiten Modell. Es gibt eine Reihe unwiderstehlicher Bilder von Giovanni Bellini, Tizian, Veronese, Pinturicchio, Caravaggio, Van Dyck und eins der seltenen Gemälde Leonardo da Vincis, ein Monochrom des heiligen Hieronymus. Dieses unvollendete Bild war verlorengegangen und wurde von einem Kardinal in zwei Teilen wiederentdeckt – der eine, der Torso, diente in einem römischen Antiquitätenladen als Truhendeckel, der andere als Sitzfläche eines Schemels bei einem Schuster. Doch für mich ist das Glanzstück die *Transfiguration*, eine von drei großen Altartafeln der Pinakothek, die praktisch die gesamte künstlerische Entwicklung Raffaels repräsentieren. Die *Marienkrönung* malte er mit zwanzig, die *Madonna von Foligno* mit knapp dreißig, und die *Transfiguration* wurde nach seinem Tod mit siebenunddreißig Jahren vollendet. 1517 hatte sie Kardinal Giulio de Medici in Auftrag gegeben, 1972 wurde sie unter Leitung von F. Mancinelli und Redig de Campos restauriert.

Die Sammlung ist nicht ganz so großartig wie der reiche Freskenschatz im Besitz des Vatikans, doch sie ist leichter zugänglich und bietet einige hervorragende Beispiele für den Dialog des Papsttums mit der Kunst. Die sprechendsten Bilder hängen in Raum XV; mehrere der Papstporträts wurden nach dem Leben gemalt. Klemens IX. (1667 – 69), der Stückeschreiber und Papst, ist hager und bärtig und sieht so gewissenhaft und freundlich aus, wie er angeblich auch war. Klemens XIII. (1758 – 69) sitzt sinnlich, fett und selbstgefällig da trotz all seiner Sorgen mit den Jesuiten. Sixtus V. (1585 – 90), der strenge Reformer und Administrator, wirkt sehr müde und ein wenig verschlagen. Der zukünftige Benedikt XIV. (1740 – 58), ein großer Briefschreiber, macht einen sensiblen Eindruck und ist sehr dick, sicher von dem guten Essen in seiner Jugend in Bologna.

In der Nähe der Pinakothek bedinden sich zwischen dem steifen Giardino Quadrato und dem Cortile della Zitelle zwei übereinanderliegende Terrassen, von denen aus man einen Teil der Vatikanischen Gärten überblickt und an einer der Flanken des Belvedere entlang auf die Peterskirche sieht. Der Ort hinterläßt im Besucher ein Gemisch von bleibenden Eindrücken: Vatikangärtner, die bedächtig die Bäume beschneiden, Reihen grüner und blauer Ziegel, Massen gelben Mauerwerks und die große Kuppel St. Peters, wiederum aus einem anderen Blickwinkel.

Die Wechselwirkung zwischen den Papstpersönlichkeiten und den historischen Schätzen und denen der Kunst wird auch im Historischen Museum sichtbar; es wurde nach den Wünschen Papst Pauls VI. auf fast 1500 Quadratmetern unterhalb des Gartens bei der Pinakothek gebaut. Die erste Abteilung präsentiert zwischen massiven Stahlsäulen eine Sammlung von Kutschen, die Päpsten und Kardinälen gehörten. Darunter sind drei schwarze Landauer, die bis 1920 vorwiegend für Ausfahrten in den Vatikanischen Gärten benutzt wurden, zwei Reisekutschen für größere Entfernungen und die für Leo XIII. gebaute schwerfällige Zeremonialkutsche, die auch von mehreren seiner Nachfolger benutzt wurde. Dort sieht man auch die Sänften Leos XIII. und Pius' IX. In einem Saal in der Nähe stehen von Pius XI. und Pius XII. benutzte Autos: ein Citroën, ein Graham Paige und ein Mercedes-Benz.

Die zweite Abteilung ist den Erinnerungsstücken an Pomp und Zeremoniell der staatlichen Souveränität und militärischen Vergangenheit des Papsttums gewidmet. In Glaskästen sieht man Uniformen der alten Nobelgarde, der Gendarmen, der Ehrengarde, der päpstlichen Zuaven und der päpstlichen Artillerie. Es gibt Erinnerungen an die Schlachten von Castelfidardo, Mentana und der Porta Pia, wo zum letzten Mal päpstliche Truppen zum Kampf aufzogen. Und es gibt ein Arsenal von Waffen aller Arten, von venezianischen Säbeln und Renaissance-Kanonen bis zu edlen 78er-Remington-Musketen. An die alten Regimenter der päpstlichen Dragoner und der päpstlichen Artillerie erinnern ihre Standarten und Auszeichnungen, an die päpstliche Flotte Flaggen und ein Modell der Korvette *Unbefleckte Empfängnis*.

Die anderen Museen des Vatikans decken alle Perioden seit Beginn der Menschheitsgeschichte ab. Dr. Redig de Campos sieht sie in dreifacher Perspektive: als einzigartige Sammlungen bedeutender Kunst, als Symbole des zeitlosen christlich-vatikanischen Humanismus und als Beispiele für die Entwicklung «ästhetischen Denkens und der Museumswissenschaft», beginnend mit dem Statuenhof Papst Julius' II. im jetzigen Cortile Ottagono.

Wie ein großes Gesamtkunstwerk oder eine große Idee fordert der Komplex der Vatikanischen Museen zu Annäherungsversuchen und Interpretationen aus verschiedenen Perspektiven heraus. So bietet er etwa eine nahezu einzigartige Serie von Illustrationen zur Entwicklung der Kunst und Wissenschaft vom Museum über einen Zeitraum von vier Jahrhunderten. Zu Beginn wurden Kunstwerke weitgehend nach ästhetischen Kriterien erworben und aufgestellt; nach und nach wurde man sich der künstlerischen und kritischen Bedeutung der Umgebung bewußt, in die man ein Werk stellte. Doch man denkt zu idealistisch, erwartet man, daß die zur Schau gestellten Sammlungen des Vatikans einfach eine ständige Verbesserung der Ausstellungstechniken demonstrierten; sie bezeugen, was zu verschiedenen Zeiten wertgeschätzt wurde, und eine zunehmend gezieltere Sammeltätigkeit. Denn immer, von den Medici bis zu Montini, bekundete sich auch die Leidenschaft des Sammlers.

Das *Museo Pio-Clementino* im Norden des Vatikans ist ein wohldurchdachter Komplex aus dem 18. Jahrhundert, wo klassische Antiken oder Kopien – Statuen, Mosaiken, Sarkophage, Reliefs und Büsten – sich effektvoll von dem ernsten neoklassischen Hintergrund abheben. Die klingenden Namen der Räume weisen auf ihre Gestalt oder ihren Inhalt hin: Raum der Masken, Kabinett des Hermes, Quadratisches Vestibül und so weiter. Ein Sarkophag-Relief im Saal des Griechischen Kreuzes zeigt Eroten bei der Weinlese. In der Sala Rotonda, dem runden Saal, schmücken griechische Mosaiken mit Darstellungen von Kampfszenen zwischen Männern und Zentauren den Fußboden. Die neun römischen Statuen, die dem oktagonalen gewölbten Saal der Musen den Namen geben, teilen den Platz mit einer Apollo-Statue und den Büsten berühmter Griechen wie Perikles, Homer, Sokrates und Plato. Drei große Skulpturen aus der Sammlung Julius' II. stehen noch immer im Cortile Ottagono, dem achteckigen Hof des Belvedere: der Laokoon, der wohlgestaltete Apoll von Belvedere und die Venus Felix. Der siegreiche junge Athlet im Kabinett des Apoxyomenos – eine römische Kopie nach einer griechischen Bronze des Lysipp – schabt sich völlig erschöpft das Öl vom Arm.

Das von dem venezianischen Bildhauer Antonio Canova in Bramantes Korridor eingerichtete Chiaramonti-Museum erinnert an das Patronat Papst Pius' VII. Es geht in die Galleria Lapidaria über, die nur Wissenschaftlern zugänglich ist; sie können dort die christlichen Inschriftensteine auf der einen, die heidnischen auf der anderen Seite des Korridors studieren, der bis zum sparsam gestalteten und bestückten Neuen Flügel mit seinen alternierenden Statuen und Büsten heranreicht. Die erste lange Abteilung des Museo Chiaramonti, deren Wände durch eine einfache Pilasterordnung in neunundfünfzig Abteilungen gegliedert sind, enthält eine geradezu einschüchternde Fülle von Büsten, Fragmenten und Figuren – Ganymed und der Adler, die sitzende Penelope –, nur sind sie leider ein wenig zu dicht gruppiert für eine eingehendere Betrachtung. Im Zentrum des Neuen Flügels steht Julius Caesar zwischen zwei Bronze-Pfauen aus dem Hadrians-Mausoleum; Augustus spricht zu seinen Soldaten; eine ruhende Figur stellt ein Kolossalbild des Nils dar.

Griechische und römische Antiken und Kopien füllen den Raum der griechischen Originale, den Saal des Zweigespanns (so genannt nach einem zweispännigen Triumphwagen, dessen Wagenkasten einst ein Papstthron war) und die Galerie der Kandelaber. Viele zeigen erstarrte Szenen antiker Sinnlichkeit und Gewalt.

Das Gregorianische Etruskische und Gregorianische Ägyptische Museum führen dann den Besucher in die Kulturen noch entfernterer Zeiten und Welten. Diese Museen ziehen sich über diverse Räume im Norden des Cortile della Pigna hin. Die etruskische Sammlung entstand ursprünglich aus Ausgrabungsfunden des frühen 19. Jahrhunderts aus der mittelitalienischen Region Latium (damals Teil des Kirchenstaats). Neben den Denkmälern in Stein, dem Goldschmuck, den Bronzeornamenten, den Urnen, Gläsern und Töpferwaren gibt es einige große, eindrucksvolle Kunstwerke wie den eleganten bronzenen *Mars von Todi*; er wurde 1835 entdeckt und wird ins späte 5. vorchristliche Jahrhundert datiert.

Die Motive, die zu diesen Sammlungen führten – Neugierde, Habgier, Forscherdrang, ästhetische Vorlieben –, schlossen auch die Überzeugung ein, daß sie alle (selbst die ägyptischen Statuen) durch das Licht, das sie auf die Offenbarungen des Alten Testaments werfen, einen Beitrag zur christlichen Apologetik leisten. Jedes Jahrhundert und fast jedes Pontifikat bringt der Erweiterung und Neuordnung der großen vatikanischen Sammlungen frische Impulse. 1970 wurde die Antikensammlung des früheren Lateranmuseums in das neue Gebäude zwischen den alten Museen und den Vatikanischen Gärten umgesiedelt. Im Museo Gregoriano Profano fällt Tageslicht auf eine weitere reiche Sammlung von klassischen Skulpturen, Architekturfragmenten und Sarkophagen, die diese Ecke des Vatikans mit vertrauten klassischen Göttern und Helden bevölkert. Ebenfalls aus dem Lateran wurden die Reihen frühchristlicher Skulpturen und Sarkophage überführt, die seit 1963 das Museo Pio Cristiano im Stadtstaat bilden. Die umfangreiche und einzigartige Sammlung ist von größtem Wert für Kunst- und Religionshistoriker, und eine der Skulpturen – der sogenannte *Gute Hirte* aus der ersten Hälfte des 4. Jahrhunderts – ist dank Postkarten und Drucken mit seinem unvergleichlichen Liebreiz eines der berühmtesten Kunstwerke der Welt geworden.

Zu den jüngeren Museumsgründungen der Päpste gehört auch das erstaunliche Museo Missionario Etnologico, das 1926 von Pius XI. im Lateran gegründete und später von Papst Johannes aus seiner vorübergehenden Unterkunft im Palazzo San Callisto in zwei Galerien im neuen Vatikangebäude überführte Missionarisch-Ethnologische Museum. Der Grundstock des Museums waren 40 000 Objekte aus Sammlungen und einer anläßlich des Heiligen Jahres 1925 gezeigten Missions-Ausstellung des Vatikans. Bis zu Beginn des Zweiten Weltkriegs floß ein nicht abreißender Strom von Schenkungen aus allen Teilen der Welt in den Vatikan, und auf dieselbe Art entstand eine Sammlung von Teppichen aus Persien, Afghanistan und Buchara. Heute ist das Museum nach verschiedenen Nationen und Kulturbereichen der außereuropäischen Welt und ihren religiösen oder magischen Vorstellungen in Abteilungen gegliedert. Das Ganze ist ein Emporium von phantastischer Vielfalt, unmöglich zu klassifizieren – der Bestand umfaßt tausenderlei Gegenstände, von Kochutensilien und Kleidungsstükken bis zu einer in Stein geschnittenen Darstellung des mexikanischen Gottes Quetzalcoatl. Auch hier scheint die Triebfeder dieser geradezu besessenen Sammlerleidenschaft der Wunsch gewesen zu sein, auf der Suche nach signifikanten Kontrasten wie Hinweisen auf ein gemeinsames Schicksal der Menschheit den christlichen Glauben vor den Hintergrund anderer, religiöser und materialistischer, Kulturen zu stellen, mögen sie noch so frevelhaft sein.

Die Betreuung der Museen hat besonders seit der Eingliederung des Materials aus dem Lateran den Forschungs- und Personaletat des Vatikans aufs äußerste strapaziert und wirft ganz erhebliche organisations- und verwaltungstechnische Probleme auf. Walter Persegati, der Sekretär und Buchhalter des Verwaltungsausschusses der Vatikanischen Museen, arbeitet mit dem Generaldirektor eng zusammen. 1972 wurde er von seinem Amt in der Päpstlichen Kommission *Iustitia et Pax* zum Verwalter befördert.

Das wichtigste Gerät in Persegatis Büro ist der Bildschirm der vatikanischen Fernsehüberwachungsanlage am Fenster, von dem aus man den Abhang des Viale Vaticano überblickt. Meistens zeigt er die Busse und die vielen Menschen an der Treppe zum Eingang zu den Museen. Doch über diesen Bildschirm hat Persegati Einblick in jeden Winkel des Museums- und Gebäudekomplexes, für dessen Finanzen, Verwaltung und – ein akutes Problem – Überwachung und Sicherheit er die Verantwortung trägt.

Unter den Denkmälern des Vatikans fungiert die Sixtinische Kapelle immer noch außer als Kunstgalerie und Museum auch als Kirche. Manchmal wird Persegati kurzfristig informiert, daß die

Kapelle für einen besonderen Gottesdienst oder den Privatbesuch eines hochrangigen ausländischen Geistlichen oder Staatsoberhaupts benötigt wird. Dann müssen die Museumsbesucher, deren Eintrittskarte auch für die Besichtigung der Sixtinischen Kapelle gilt, für eine Stunde oder länger umgeleitet werden. Das ist eins der geringeren Probleme, zeigt aber, wieviel Flexibilität die Verwaltung der Museen erfordert. Während seines jahrhundertelangen Wachstums hat sich der Museumskomplex Räume einverleibt, die ursprünglich für den Gottesdienst, als Speise- oder Badezimmer gedacht waren; dazu kamen die funktionalen, speziell für ihre Exponate gebauten Galerien. So winden sich die Museen einschließlich der Gärten, Loggien und unterirdischen Räume über mehr als acht Hektar hin.

1981 kostete eine Eintrittskarte für die Vatikanischen Museen weniger als vier Deutsche Mark, aber die Eintrittsgelder decken kaum die Löhne und Gehälter. Reproduktionen und Gipsabgüsse für Museen in der ganzen Welt werfen einen kleinen Gewinn ab. Aber die Vatikanischen Museen müssen subventioniert werden. Der Etat der Museumsleitung wird alljährlich von den sieben Kardinälen der Päpstlichen Kommission für den Staat der Vatikanstadt streng kontrolliert und verabschiedet. Die bestätigte Bilanz muß dann in die Budgets aller anderen staatlichen Abteilungen «eingefügt» werden. Die Vatikanischen Museen erwerben keine neuen Kunstwerke, es sei denn als Schenkungen oder durch interne Verlegungen. Doch die Restaurierungsarbeiten verschlingen einen großen Anteil des Etats (sie werden in dem von Papst Pius XI. gegründeten Labor für die Restaurierung von Kunstwerken ausgeführt), ebenso die Gehälter und Löhne für die insgesamt 250 Mitarbeiter, für Reinigungsausrüstung, Uniformen, Sprechfunkgeräte, Alarmsysteme und Sicherheitsvorkehrungen.

Persegati wird über alle Personal-, Finanz- und Restaurierungsprobleme von den Kuratoren (neben Italienern ein Pole und ein Deutscher) der Hauptabteilungen der Museen konsultiert; dies sind die Abteilungen Klassische Kunst, Kunst des Mittelalters, Zeitgenössische religiöse Kunst, Orientalische (vorwiegend ägyptische) Kunst, das Etruskische Museum, das Ethnologische Missionsmuseum, die Archive und die Forschungsabteilung. Seine Zuständigkeit für Überwachung und Sicherheit erstreckt sich auf das gesamte Gebiet der Museen und Galerien einschließlich der Sixtinischen Kapelle.

«Mit der Sicherheitsfrage ist auch die Schwierigkeit verbunden, wie man die Leute sicher durch die Museen schleust, ohne daß sie ersticken oder in Panik ausbrechen, und zwar so, daß sie alles auch genießen können», sagt er. «Durchschnittlich haben wir 4000 Besucher täglich. In einem Jahr sind das etwa 1 500 000 Besucher. Im Heiligen Jahr 1975 waren es über 1 800 000. Manchmal kommen an einem einzigen Tag über 15 000; 10 000 sind normal. Und da unsere Museen alle zu verschiedenen Zeiten entstanden sind, Hunderte verschiedener Arten von Kunstwerken enthalten und nur durch sehr wenige Türen abgeschlossen sind, haben wir alle Hände voll zu tun, den Schutz der Objekte, die Sicherheit der Besucher, ihre Bequemlichkeit und einen vernünftigen Zugang zu den Kunstwerken zu garantieren.

Bei der Sicherung der Kunstwerke ist unser Hauptproblem bestimmt nicht der Dieb. Der Dieb ist gewissermaßen ein ‹klares› Problem. Diebe wollen den Wert des Gestohlenen bewahren und nicht entdeckt werden. Oft reicht ein gutes Alarmsystem, um sicherzugehen, daß der Übeltäter erwischt wird. Aber heutzutage sind wir viel stärker durch eine neue Art von Vandalismus bedroht, durch Geistesgestörte oder Leute, die etwas demonstrieren wollen. Sie wollen Aufmerksamkeit erregen. Fernsehen und Presse werden dabei unabsichtlich zu ihren Helfershelfern. Manche wollen einfach zerstören. Sie sagen, sie wollen lieber Kunstwerke beschädigen als Menschen. All dies stellt eine neue Art der Bedrohung dar.»

Die Vatikanverwaltung fährt verschiedene Waffen gegen die neuen Vandalen auf. Man hat direkte Schutzvorrichtungen entwickelt, etwa aus kugelsicherem Glas. Doch wenn das Glas zu dick ist, bewirkt dies bei Bildern eine Verfälschung der Farbwahrnehmung, läßt man es entspiegeln, beschleunigt das die Materialalterung. Bei Statuen verhindern die Schutzvorrichtungen, daß man um sie herumgehen und sie von allen Seiten ansehen kann.

Das bekannteste Beispiel für Vandalismus im Vatikan in den letzten Jahren war die Beschädigung der *Pietà* Michelangelos durch Hammerschläge im Mai 1972. Die Restaurierung dauerte sieben Monate und bot einem oder zwei Vatikanbeamten Gelegenheit, einmal Marias Hand in der eigenen zu halten. Jetzt steht die Statue hinter dickem Glas.

Die Unterscheidung zwischen dem Heiligen Stuhl und dem Stadtstaat wie überhaupt die Unterscheidung zwischen Heiligem und Irdischem im Vatikan ist weniger einfach, als man nach den Organisationsplänen annehmen könnte. Die verschiedenen kulturellen Aktivitäten des Papsttums erstrecken sich gleichzeitig auf mehrere Organisationen, die verschiedenen Autoritäten unter dem Papst verantwortlich sind. So ist das Verwaltungsorgan der Vatikanischen Denkmäler, Museen und Galerien dem Staat der Vatikanstadt unterstellt, desgleichen die Direktoren der päpstlichen Villen, der Vatikanischen Sternwarte und von Radio Vatikan. Sternwarte, päpstliche Villen und die meisten Einrichtungen von Radio Vatikan liegen außerhalb des Vatikanstaats. Zusammen mit den für die Reverenda Fabbrica di San Pietro zuständigen Beamten, dem Führungsstab des Osservatore Romano und der Vatikanischen Druck- und Verlagsanstalt bilden die Geheimarchive und die Päpstliche Bibliothek einen Teil der *Amministrazioni Palatine.* Das ist die ausgewählte Gruppe vatikanischer Einrichtungen, die außerhalb der Kurienstruktur organisiert und dem Papst als Oberhaupt des Heiligen Stuhls direkt unterstellt sind.

Der Papst ist Besitzer der Geheimarchive und hat absolute Verfügungsgewalt über ihre Verwaltung und Benutzung. Wenn also ein Wissenschaftler dort arbeiten darf, geschieht das aufgrund persönlicher Genehmigung durch den Papst.

Seit 1974 steht an der Spitze der Vatikanischen Geheimarchive ein angesehener, scharfsinniger Prälat mit jahrelanger Kurienerfahrung (er war früher Präfekt der Kongregation für die Sakramente). Kardinal Antonio Samorè ist zugleich Kardinal-Archivar und Kardinal-Bibliothekar (1986 Kardinal Alfons Stickler; A.d.Ü.). Seine Position ist keineswegs nur repräsentativer Natur, denn die Benutzung der Archive ist für den Vatikan oft noch eine hochsensible Frage und kann Entscheidungen auf höchster Ebene erfordern. Die tägliche Verwaltungsarbeit aber erledigt der Präfekt Msgr. Martino Giusti (1986 Joseph Metzler; A.d.Ü.), dem in seinem neunzehnköpfigen Spezialistenteam auch ein Vizepräfekt und fünf Archivare zur Seite stehen. Er hat mehrere andere Ämter inne, darunter das des Präsidenten der Päpstlichen Kommission für die Kirchlichen Archive Italiens, und ist Konsultor der Kongregation für die Selig- und Heiligsprechungsprozesse. Er wohnt in einer modernen Wohnung voller Bücher in direkter Nachbarschaft der Geheimarchive. Er ist stolz darauf, für die «wichtigsten Archive der Welt» zuständig zu sein, fühlt sich aber nicht ganz unbeeinträchtigt durch diese Verantwortung. Es sei so, veranschaulicht er seine Lage, als schliefe man neben einem großen alten Friedhof, wo die Toten von Zeit zu Zeit aufstehen, um die Lebenden zu verwirren. Vieles von dem Material in den Geheimarchiven ist weder klassifiziert noch vorsortiert. Es ruht dort, bis ein Wissenschaftler kommt, um es einzusehen und abzuschreiben.

Da kann es dann zu historischen Enthüllungen von der Art kommen, wie sie in der Vatikanischen Bibliothek unter der Signatur Latin MS. 4030 schlummerten. Das ist der Text des Inquisitionsregisters des Jacques Fournier, Bischof von Pamiers in Ariège im 14. Jahrhundert; es lieferte weitgehend den Stoff für Le Roy Laduries Geschichte von *Montaillou* mit ihren aufschlußreichen Einblicken in das mittelalterliche Leben.

Die Geschichte der Geheimarchive rechtfertigt ihre Aura von Geheimnis und Intrige. Ursprünglich waren sie die Arbeitsdokumente für den Papst und seinen Hof – als solche werden sie im Vatikan immer noch dargestellt. Primär enthalten sie alle für die Leitung der römisch-katholischen Kirche wichtigen Urkunden und Dokumente. Die Geschichte der Geheimarchive ist fast so alt wie die Geschichte des Papsttums, aber die zuverlässige Geschichte vatikanischer Dokumentationsarbeit beginnt erst mit dem 5. Jahrhundert, und – merkwürdig und traurig zugleich – nur wenige Dokumente aus der Zeit vor dem Ende des 12. Jahrhunderts und des Pontifikats Innozenz' III. sind erhalten geblieben.

Wichtige Unterlagen der Päpste sammelten sich im Mittelalter und in der Renaissance in verschiedenen Zentren an, und die Zuständigkeit für die Dokumente, die Krisen wie das Große Schisma oder die Plünderung Roms überlebten, blieb ungeklärt und geteilt. Papst Paul V. gebührt das Verdienst der Gründung des wirklichen Zentralarchivs der katholischen Kirche. Ein 1612 datiertes Breve mit seinem Siegel ernannte einen Archivar und erwähnte die Verbringung von Dokumenten in drei Räume der Vatikanbibliothek in Bramantes Westkorridor, die noch heute als erstes Stockwerk der Archive dienen; ihre ursprünglichen rötlichen Bücherschränke sind noch intakt.

1630 erhielten die Archive ein von dem der Apostolischen Bibliothek unterschiedenes Verwaltungsorgan und ihren ersten eigenen Präfekten. Routineablagen und in Avignon und Castel Sant'Angelo gesammeltes Material ließen sie weiter anschwellen. Vieles ging verloren oder wurde beschädigt, als Napoleon sie nach Paris abtransportieren ließ. Ihre jetzige Gestalt und Bedeutung erhielten sie weitgehend, als Papst Leo XIII. einen seiner eigenen neuen Kardinäle zu ihrem Präfekten machte, allmählich die Schranken für die Forscher aufhob und 1833 in seinem berühmten *Brief an drei Kardinäle* ausdrücklich erklärte, das Papsttum habe von der Geschichte nichts zu befürchten.

Seither waren die wesentlichen Einschränkungen für Forscher (die paläographische und Lateinkenntnisse nachweisen müssen) die Öffnungszeiten (8.15 bis 13.30 Uhr), die umständlichen Katalogisierungs- und Bestellsysteme und das festgesetzte «Verschluß»-Datum der Archive. Als Verschlußdatum galt lange Jahre 1878. Johannes Paul II. änderte es in 1903, das Ende der Amtszeit Leos XIII. Diese Entscheidung belegte den Vatikan mit einer wenig großzügigen Sperrfrist von 75 Jahren für den öffentlichen

Zugang zu diplomatischen Dokumenten (in Großbritannien sind es 30 Jahre). Wichtiges Material aus der Zeit nach 1903 ist aber vom Vatikan veröffentlicht worden, vor allem Unterlagen über seine umstrittene Rolle im Zweiten Weltkrieg.

Früher verursachten durch das Protokoll des Galileo-Prozesses oder die Tagebuchpassagen Burchards über die Borgias ausgelöste Skandale den Beamten der Geheimarchive Kopfschmerzen, heute ist es eher die Sisyphusaufgabe, ihr Gebäude so auszurüsten und zu erweitern, daß es der endlosen Materialflut Herr wird. In letzter Zeit strömten umfangreiche Materialien aus den vielen vom Papst aufgelösten Institutionen herein (von der Ehrengarde und der Palatinischen Garde, der Päpstlichen Kanzlei und der Dataríe), aus päpstlichen Missionsstationen in der ganzen Welt und aus verschiedenen Kurienabteilungen einschließlich des Staatssekretariats, das aber außerdem seine eigenen eifersüchtig gehüteten Unterlagen bewahrt. Heute ist die Fassungskapazität aller von den Geheimarchiven belegten Räume erschöpft. Doch die Geheimhaltungsvorschriften verlangen, daß alle Archive innerhalb des vatikanischen Stadtstaats bleiben. Deshalb hat man ein unterirdisches Reservoir mit großem Fassungsvermögen gebaut.[14]

Der Nutzen des Archivmaterials beruht vor allem auf seinen Sammlungen offizieller päpstlicher Briefe in Tausenden von Bänden – authentischen Kopien von Bullen (mit Blei versiegelt) und Breven (mit Wachs versiegelt). Die älteste ist die über zweitausend Bände umfassende Sammlung der sogenannten Vatikan-Register (*Registra Vaticana*), die in verschiedenen päpstlichen Büros auf Pergament geschriebene Bullen von Papst Innozenz III. im 12. Jahrhundert bis zu Papst Pius V. im 16. Jahrhundert enthält. Daneben enthalten die 349 Bände der Avignon-Register größtenteils Bullen der Päpste und Gegen-Päpste, die im 14. Jahrhundert siebzig Jahre lang in Avignon lebten. Die umfangreichste Register-Serie (obwohl die Hälfte davon verlorenging, als die Archive nach Paris verschifft wurden) sind die Lateran-Register; mit fast 2500 Bänden umfassen sie den Zeitraum vom Ende des 14. bis zum Ende des 19. Jahrhunderts, von Papst Bonifaz IX. bis zu Leo XIII.

Sie befassen sich meist mit Fragen päpstlicher Alltagsdiplomatie: Pfründen, Ablässen, Dispensen.

Die beträchtliche Zahl der Bullen wird übertroffen von den vielen tausend Kopien von Breven und Sammlungen von Memoranden sowie einer Sammlung von Originalbreven und Briefen an Fürsten. Eine weitere umfangreiche Serie (7365 Papierbände), das Bittschriften-Register, deckt die Periode von Papst Klemens VI. im 14. Jahrhundert bis zu Leo XIII. ab. Andere wichtige Archivsammlungen enthalten Dokumente der Apostolischen Datarie und der Apostolischen Kammer (seit dem 13. Jahrhundert), des Heiligen Kollegiums der Kardinäle und der Heiligen Konsistorialkongregation mit den Unterlagen einer Reihe von Konklaven (ab dem 15. Jahrhundert). Das besonders wichtige Material aus dem Staatssekretariat, das die internationalen Angelegenheiten des Papsttums betrifft, wurde in zwei Sammlungen aufgeteilt: vor und nach Napoleon. Material aus der vornapoleonischen Zeit ist nach dem Rang der betroffenen Personen geordnet, das nach 1814 nach dem behandelten Gegenstand.

Alles genannte Material betrifft unmittelbar die Geschichte der Päpste und der Kurie und bietet eine unvergleichliche, noch weitgehend unausgeschöpfte Informationsquelle vor allem für Mediävisten. Daneben bewahren die Archive weitere Sammlungen, die von Dokumenten über entscheidende Ereignisse in der Geschichte der katholischen Kirche (zum Beispiel klassifiziert als *Konzil von Trient, Erstes Vatikanisches Konzil, Archive Pius' IX.*) bis zu Urkunden über dem Papsttum eng verbundene römische Patrizierfamilien wie die *Buoncompagni*, die *Borghese*, die *Patrizi-Montoro* reichen. In fünfzehn großen Schränken gelagerte vermischte Dokumente überspannen tausend Jahre Geschichte und eine erstaunliche Vielzahl von Themen, angefangen bei orientalischen Religionen über Hexenkunst bis hin zu den Fällen Calvin und Luther. Eine weitere Sammlung gemischter Register ist noch «offen» und noch lange nicht vollständig bearbeitet, dabei voll faszinierender historischer Marginalien etwa über die frühe Inquisition oder die Bankverhandlungen der frühen Renaissancepäpste.

Die diplomatischen Archive enthalten etwa 8500 ursprünglich in Castel Sant'Angelo gelagerte Dokumente. Auch sie reichen über tausend Jahre Geschichte und umfassen internationale Verträge, Briefe von Herrschern und viele der wichtigsten Erklärungen der römischen Päpste.

Besichtigungen werden offiziell nicht angeboten, aber der beste Führer zu den ständig anwachsenden Regalen der Vatikanischen Geheimarchive ist der schottische Priester Charles Burns, einer der dienstältesten Archivare. Er ist, mit den Worten des Historikers Professor Denys Hay, für viele Wissenschaftler «ein Freund im Innern des Geheimnisses». Er kam als junger Priester in den Vatikan, um in der den Archiven angeschlossenen Schule die Fächer Paläographie und Diplomatie zu studieren. Im Oktober 1962 wurde er *scrittore* in den Geheimarchiven, und 1968 wurde er zum Archivar befördert.

Ort und Inhalt der Archive sind beredte Zeugen intimer Papstgeschichte, die Jahrhunderte zurückreicht und dabei immer weitergeht. Msgr. Burns erinnert daran, daß der Belvedere-Hof vor einigen Jahren als Parkplatz asphaltiert und danach auf Veranlassung Papst Pauls wunderschön gepflastert wurde. Während der Grabungsarbeiten hielt man sorgfältig Ausschau nach historischen Funden. Der Hof war zu Benvenuto Cellinis Zeiten für Turnierkämpfe benutzt worden, und der berühmte Elefant, den man Papst Leo X. geschenkt hatte, soll dort begraben worden sein, aber nichts davon wurde gefunden.

Der benachbarte *Torre dei Venti* – der Turm der Winde – wurde den Geheimarchiven im 19. Jahrhundert angegliedert. Er war ursprünglich auf Befehl Papst Gregors XIII. als Observatorium gebaut worden, um die Empfehlungen des Konzils von Trient für eine Revision des Julianischen Kalenders wissenschaftlich abzusichern. Vom Dach aus hat man ein erstaunliches Panorama von Rom; ganz still und mit klaren Konturen liegt die Stadt da, der Tiber ist nicht zu sehen, Türme und Ziegeldächer drängen sich verschachtelt aneinander, darüber erhebt sich als Landmarke beherrschend das Pantheon und in ungewöhnlicher Perspektive St. Peter.

Die im Meridianzimmer im obersten Geschoß des Turmes gewonnenen Beobachtungen lieferten die Daten für den neuen Gregorianischen Kalender; er wurde 1582 in der ganzen katholischen Welt eingeführt. Die eine Wand des leeren Raumes zeigt eine farbenfrohe Darstellung der Sturmszene auf dem See von Galiläa. Die Öffnung im Mund der Tritonsfigur, die den Südwind darstellt, läßt den Sonnenstrahl herein, der auf die schwarze Meridianlinie in dem weißen Marmorkreis auf den Fußboden fällt.

Künstliches Licht war früher zum Schutz gegen Feuer und Eindringlinge, die sich im Gegensatz zur Turmbesatzung den gewundenen Aufstieg mit Licht suchen mußten, durchgängig verboten. Jetzt verstärkt es die überwältigende Wirkung der Dekorationen, unter anderem Fresken des berühmten Bril und des kaum bekannten Pomarancio.

Im Hauptgebäude der Geheimarchive sind die scheinbar endlosen Stapel und Reihen meist lose gebündelter Papiere und Dokumente von nicht minder großem Reichtum an anspielungsreichen historischen Dekorationen umgeben. (Der verstorbene Eugène Tisserant, Kardinal-Bibliothekar und Dekan des Heiligen Kollegiums, stimmte übrigens einmal dem Plan zu, alles binden zu lassen, und mußte dann hören, daß eine solche Arbeit hundert Jahre dauern würde.) Ein Raum ist mit wilden Fresken voller Cherubine und Nymphen mit üppigen Busen ausgemalt; als er – so weit wie möglich von der päpstlichen, zölibatären Wohnung abgelegen – für Königin Christina von Schweden hergerichtet wurde, entfernte man eilig ein lateinisches Motto, das besagte, alles Übel komme aus dem Norden. In einem anderen Stockwerk, wo die päpstliche Bulle aufbewahrt wird, die die damals bekannte Welt zwischen Spanien und Portugal aufteilte, zeigt ein großes Gemälde den englischen Papst Hadrian, wie er mit feudaler Geste König Heinrich II. von England für immer Irland überreicht. (Ein Grund, sagt man, warum so wenige irische Katholiken Adrian heißen.) An anderer Stelle wird gezeigt, wie ein Papst England als Vasallenstaat empfängt. Derselbe Papst weigerte sich, die Magna Charta anzuerkennen, mit der Begründung, er sei als oberster Feudalherr nicht dazu befragt worden.

In den Geheimarchiven selbst sind viele Objekte, abgesehen von ihrem historischen Wert, ganz besonders kostbar und erlesen ausgestattet. Die Archivare und einige privilegierte Besucher können den wunderschönen, reich illuminierten Kodex *De Sicilie regno* des Kardinals Niccolo d'Aragona aus dem 15. Jahrhundert in Händen halten oder die geschichtsträchtige päpstliche Bulle, die den Kirchenbann über Luther verhängte, oder die Bulle mit der Exkommunikation Königin Elizabeths I., von Michelangelo oder Erasmus unterzeichnete Briefe oder einen in makelloser Handschrift von Lukrezia Borgia an ihren Vater geschriebenen Brief. In einem verschlossenen Schrank in einem kleinen Raum werden die kostbarsten Schriftstücke aufbewahrt, Schätze und historische Zeugnisse zugleich: die prächtige Sammlung schwerer Goldsiegel, ein langer Brief auf Pergament vom Neffen des Dschingis Khan an den Papst, ein Brief auf Seide von der Kaiserin von China und die roten Siegel aller Tudor-Peers von England. Darüber liegt Galileos von ihm persönlich unterschriebene Prozeßaussage.

Für den Forscherdrang neugieriger Geister liegen in den Geheimarchiven die vielfältigsten Versuchungen eng beieinander. Man kann dort beispielsweise sehr schön die Entwicklung der Schreibmaterialien oder das Thema Straßenraub im alten Kirchenstaat erforschen. (Die Dokumente zu diesem Thema sehen so aus, als wären sie seit ihrer Ablage nicht wieder angerührt worden. In einigen Bereichen der Archive bemerkt man wieder aufgegebene Anläufe zu einer Katalogisierung, woanders ist der Fortschritt beachtlich.)

Der frühere Präfekt der Archive, Msgr. Martino Giusti (sein Nachfolger ist P. Josef Metzler), der im Vatikan lebt, betont, daß das vornehmste Ziel aller, die dort arbeiten, der Dienst für den Heiligen Stuhl sei, und besonders der Dienst für den Papst. Aber für eine große Zahl von Interessierten in der ganzen Welt stellen die Archive und die Bibliothek einen ganz erheblichen kulturellen und wissenschaftlichen Wert dar. In hervorragenden Ausstellungen wurden im Laufe der letzten zehn Jahre unter anderem die Manuskripte Königin Christinas, die Entwürfe Borrominis, eine Bibelausstellung (zusammen mit der UNESCO), die prachtvollen Bucheinbände der Bibliothek und belgische und bulgarische Manuskripte gezeigt.

Die Vatikanischen Geheimarchive und die Päpstliche Bibliothek sind gleichzeitig entstanden und noch immer wie siamesische Zwillinge verbunden, obwohl sie seit Beginn des 17. Jahrhunderts verschiedene Charaktere und sogar eine Art Rivalität entwickelt haben. Smollet, der 1765 nach seiner Konvaleszenz in Genua mißgelaunt in Rom eintraf, unterschied sie nicht und fand auch nicht viel an ihnen zu loben. Er schrieb an einen Freund:

> Was die Bibliothek des Vatikans betrifft, so habe ich nichts zu berichten, wiewohl sie hinsichtlich der Räumlichkeiten und ihrer Ausschmückung zweifellos sehr prächtig ist. Die Anzahl der Bücher darin übersteigt nicht vierzigtausend Bände, die dem Blick alle verborgen und in Schränke eingeschlossen sind. Von den Manuskripten sah ich nur solche, die Besuchern aus unserem Lande gewöhnlich präsentiert werden: ein paar sehr alte Vergil- und Terenz-Kopien, zwei oder drei merkwürdig illustrierte Meßbücher, das auf lateinisch von Heinrich VIII. gegen Luther geschriebene Buch *De Septem Sacramentis* und einige Liebesbriefe dieses Herrschers an Anne Boleyn.

Es stimmt sicher, daß ein großer Prozentsatz der beweglichen Werte des Vatikans weggeschlossen sind. «Sie sollten sehen, was für Schätze herausquellen, wenn man einen der Schränke hinter der Sixtinischen Kapelle öffnet», sagte ein Monsignore zu mir, als wir uns darüber unterhielten, welche Entdeckungen in den Geheimarchiven des Vatikans oder unter seinen Büchern und Bildern noch zu machen seien.

Die Schätze der Biblioteca Vaticana – Manuskripte, Bücher, Münzen, Medaillen und Kunstwerke – werden für den Papst von dem Kardinal-Archivar Alfons Stickler, einem österreichischen Salesianer, verwaltet; er ist ein bekannter Spezialist in seinem Fachgebiet. Die Wohnung des vielbeschäftigten Kardinals, der gleichzeitig Bibliothekar und Archivar der Heiligen Römischen Kirche ist, liegt über der Bibliothek und hat einen der schönsten Blicke Roms. Ihm zur Seite stehen mehr als dreißig Mitarbeiter, von denen fünf Priester sind.

Die ersten Anfänge der Bibliothek lassen sich bis ins 4. Jahrhundert zurückverfolgen (man könnte fast sagen, bis zu den vier Evangelisten). Im Mittelalter hatte sie eine bunte Geschichte, wurde verstreut und mußte oftmals wandern, bis sie in ihrer heutigen Gestalt von drei Renaissance-Päpsten gegründet wurde. Nikolaus V. (1447–55), der Schirmherr Fra Angelicos, beauftragte Agenten, Italien nach Codices abzusuchen, die er dann von Schreibern kopieren und von Humanisten übersetzen und kommentieren ließ. Er hinterließ eine Bibliothek von über tausend griechischen und lateinischen Manuskripten. Sixtus IV. (1471–84) vergrößerte die Sammlung auf über dreitausend Manuskripte und ließ sie in drei wunderschönen Sälen im Erdgeschoß des Palastes Nikolaus' V. unterbringen; dort gab es Lesepulte, einen besonderen Raum für den Bibliothekar, seine Helfer und einen Buchbinder und schon ein geregeltes Ausleihsystem. Sixtus V. (1585–90) beauftragte seinen bevorzugten Architekten Domenico Fontana, den Bau zu entwerfen, der dann mit weitreichenden künstlerischen und praktischen Konsequenzen den heutigen Cortile della Pigna vom Belvedere-Hof abtrennte.

Die Bibliothek befindet sich noch heute am selben Platz, wenn auch stark vergrößert und vom ersten Gebäude aus in alle Richtungen ausufernd. Der Salone Sistino (Sixtinische Saal) im Obergeschoß von Fontanas Bau ist eine neun Meter hohe zweischiffige Halle mit Kreuzgratgewölben und hat eine Grundfläche von 75 mal 15 Metern. Der Komplex Sixtus' V. umfaßt zwei quadratische Räume, eine Galerie und ein Vestibül; ihre Gewölbe, Pilaster und Wände sind üppig mit Fresken dekoriert, die die Geschichte der Manuskripte und Bücher und Szenen aus dem Leben Papst Sixtus' darstellen. Sixtus V. fügte dem allgemein zugänglichen Teil der

Galerie Pius' IV. auch noch einen privaten Abschnitt hinzu (die Sale Sistine). Seit dem 17. Jahrhundert haben sich um die eigentliche Vatikanische Bibliothek durch den Erwerb von Sammlungen adliger oder fürstlicher Familien glitzernde Satelliten geschart. Darunter waren die verschleppte heidelbergische Biblioteca Palatina, die Manuskripte aus der legendären Bibliothek der Herzöge von Urbino, die von Königin Christina von Schweden gesammelten Manuskripte, große Codices-Sammlungen der Familien Capponi und Ottoboni und die Barberini-Bibliothek, komplett mit Möbeln, Manuskripten und gedruckten Büchern.

Das unaufhörliche Wachstum der Vatikanischen Bibliothek mit ihrer jeweiligen Anpassung an Druck und Krisen durch vier Jahrhunderte hindurch wirkt fast wie ein organischer Prozeß. Ein tragisches Unglück ereignete sich kurz vor Weihnachten 1931, als die beiden zentralen Säulen des Salone Sistino einstürzten und einen Bibliotheksassistenten und vier Arbeiter erschlugen. Schon früher war der Gedanke aufgekommen, die Bibliothek solle nicht nur Büchersammlung, sondern auch Museum sein, als man sich entschloß, eine bestimmte Galerie (die Clementinische) mit antiken Vasen zu schmücken, weil die Wände keine Fresken hatten. Diese Entwicklung führte zum Ankauf von Münzen und Altertümern, die jetzt in den numismatischen Sälen, dem Museo Sacro della Biblioteca und dem Museo Profano, ausgestellt sind. Die rastlose Erweiterung der Vatikanischen Bibliothek ging aber vor allem auf die Notwendigkeit zurück, mehr Raum für Bücher und bessere Arbeitsbedingungen für Wissenschaftler zu schaffen. Mit dem ersten Erweiterungsschub drang die Bibliothek in den westlichen Flügel von Bramantes Korridor vor (die Galerie Pius' IV. und dann das Borgia-Appartement), bis sie die Form eines riesigen T hatte.

Papst Leo XIII. lockerte die Vorschriften für Forscher in den Archiven und führte damit seit 1880 eine großzügigere Haltung gegenüber auswärtigen Benutzern der Bibliothek ein; bis dahin hatte sie als das schön gelegene Reservat der Kurienmitglieder gegolten, und so manchen von ihnen trifft man immer noch dort bei ungestörter Abendlektüre. Papst Pius XI. ließ direkt unter dem großen Salone Sistino eine Nachschlagebibliothek und bequeme Leseräume einrichten (die Biblioteca Leonina). Später wurden dann die wichtigsten Sammlungen der Bibliothek, die Manuskripte, vom Salone Sistino in die neue Leoninische Bibliothek überführt, als diese sich ihrerseits auszubreiten begann. Seither wurde der Salone Sistino vorwiegend zu Ausstellungszwecken benutzt. Papst Pius XI. erneuerte die Bibliotheksausstattung, baute einen neuen Eingang vom Belvedere-Hof aus und kaufte weitere komplette Bibliotheken auf wie die der Familien Chigi und Ferraioli. Papst Pius XII. begann aus Sicherheitsgründen damit, die vatikanischen Manuskripte und seltenen gedruckten Bücher nach und nach photographieren und auf Mikrofilm aufnehmen zu lassen. Die Filme werden in den USA gelagert.

Heute birgt der Bibliothekskomplex über 700 000 gedruckte Bände, 100 000 Karten und Stiche, 100 000 Autographen und 65 000 Manuskriptbände. Das übersteigt den Bestand vieler Nationalbibliotheken. Dadurch, daß die Vatikanische Bibliothek ihre Aufmerksamkeit hauptsächlich auf ihre große Manuskriptsammlung richtet und den Zugang zu ihr erleichtert, bietet sie Wissenschaftlern aus der ganzen Welt eine einzigartige Forschungsinstitution auf Universitätsniveau.

Den größten Eindruck macht noch immer der Salone Sistino. Aus den Fenstern der einen Seite sieht man den größten Teil des Belvedere-Hofes, der sich zum Vatikanpalast hinzieht; auf der anderen Seite sieht man in den Cortile della Biblioteca (Bibliothekshof) und auf die Flanke des parallel zum Salone Sistino verlaufenden Neuen Flügels. Zwischen den hohen, tief ausgesparten Fenstern erwecken die beiden mit Marmor und Fresken geschmückten Längsschiffe den Eindruck von Licht und Weite. Dagegen ist der riesengroße Nachschlagesaal direkt darunter vollgestellt mit langen Arbeitstischen und Stühlen; die Wandflächen zwischen den beiden Schiffen und der untere Bereich der Außenwände werden lückenlos von Bücherschränken und Regalen bedeckt. Die Möbel reflektieren das sanfte Licht der Leselampen.

Eines der berühmtesten und wertvollsten Bücher ist die hebräische Bibel, die einst auf einem Messingadler in der Mitte des Saales im Palast von Urbino ruhte. Sie ist wunderschön mit Miniaturen geschmückt und in Gold- und Silberbrokat gebunden. Zusammen mit den Messen der Heiligen Franziskus und Anna wird sie in der sogenannten Kleinen Galerie der Bibliothek aufbewahrt. Im Salone Sistino zählen zu den kostbarsten griechischen Manuskripten das Neue Testament in Unzialschrift aus dem 4. Jahrhundert (der Codex Vaticanus B) und ein mit Gold und Silber auf purpurnem Pergament geschriebenes Matthäus-Evangelium aus dem 6. Jahrhundert. Es gibt mehrere lateinische Vergil-Ausgaben aus dem 4. und 5. Jahrhundert, die bekannteste mit neunundfünfzig Miniaturen, und ein Palimpsest mit Ciceros *De re publica* aus dem 4. Jahrhundert, das früheste bekannte lateinische Manuskript. Autographen gibt es unter anderem von Thomas von Aquin, Castiglione, Savonarola, Tasso und Petrarca. In einem Elefantenzahn liegt der Brief des Kaisers von Burma an Papst Pius IX.[15]

Die Musik wurde seit dem 6. Jahrhundert vor allem durch Chorgesänge in den Dienst des Vatikans gestellt, als nämlich Papst Gregor der Große eine *Schola Cantorum* in Rom einrichtete, eine Sängerschule, die zu einer der führenden Pflegestätten des römischen und gregorianischen *A-Cappella*-Gesangs im christlichen Europa wurde. In der Renaissance wurden der Julianische Chor für Choralgottesdienste in St. Peter und der Sixtinische Chor für die Sixtinische Kapelle gegründet. Palestrina (etwa 1525–94) mußte sich zwar für eine gewisse Zeit aus dem päpstlichen Dienst zurückziehen, weil er verheiratet war und Madrigale komponiert hatte, wurde aber vom nächsten Papst wieder eingestellt; seine schlichte, klare Einfachheit konnte sich selbst dann noch behaupten, als barocke Experimente und Extravaganzen die Chöre St. Peters eroberten.

Nach Palestrina und seiner herrlichen, Papst Marcellus zugeeigneten Messe (dessen Pontifikat wie das Papst Johannes Pauls I. nur einige Wochen dauerte) stellten die Päpste eine Folge großer Musiker in ihren Dienst, darunter Domenico Scarlatti, Marco Marazzoli, Gregorio Allegri (von ihm stammt das klagend-exaltierte *Miserere*, das der junge Mozart nach dem Gedächtnis Note für Note aufschrieb) und der erstaunliche Sopran Francesco Grossi. Goethe, der 1786 nach Italien reiste, beschrieb in seiner *Italienischen Reise*, was für eine Wirkung ein Besuch der Sixtinischen Kapelle auf ein sensibles Ohr und Herz haben konnte:

> Die Kapellmusik ist undenkbar schön. Besonders das «Miserere» von Allegri und die sogenannten «Improperien», die Vorwürfe, welche der gekreuzigte Gott seinem Volke macht. Sie werden Karfreitags frühe gesungen. Der Augenblick, wenn der aller seiner Pracht entkleidete Papst vom Thron steigt, um das Kreuz anzubeten, und alles übrige an seiner Stelle bleibt, jedermann still ist, und das (sic!) Chor anfängt: «Populus meus, quid feci tibi?», ist eine der schönsten unter allen merkwürdigen Funktionen . . .

Nach einer außerordentlich turbulenten Periode vor und nach dem italienischen Einmarsch in Rom 1870 (während der ein anderer männlicher Sopran, Domenico Mustafa, Chordirektor war – der letzte der *castrati*, eine farbige und aggressive Persönlichkeit), wurde der Sixtinische Chor von Papst Pius XI. reformiert; Papst Johannes XXIII. änderte seine Verwaltung und seine Finanzen. Heute erfüllt der Chor seine traditionelle Funktion, Sänger für vom Papst persönlich geleitete Zeremonien zu stellen, und hat immer noch das Recht, seinen Chorleiter aus den eigenen Reihen zu wählen. Er besteht aus fünfzehn hauptberuflichen Sängern unter dem *Maestro Direttore Perpetua*, dem florentinischen Priester Domenico Bartolucci. Ein anderer Priester arbeitet als *Maestro dei ‹pueri cantores›* (Maestro der Sängerknaben) mit ihm zusammen; außerdem gibt es zwei Laienassistenten, den *segretario cantore* und den *decano cantore*.

Der Sixtinische Chor, die *Cappella Musicale Pontifica*, wird einem der Ämter der Römischen Kurie zugeordnet und gehört damit wie die Schweizergarde zu den dem Papst direkt unterstellten Institutionen. Es gibt noch drei andere päpstliche Chöre, die ebenfalls in enger Beziehung zum Papst stehen. Der Julianische Chor singt bei allen wichtigen Zeremonien in der Petersbasilika. Wie die päpstlichen Chöre von St. Johannes im Lateran und Santa Maria Maggiore haben auch der Sixtinische und Julianische Chor in den letzten Jahren zunehmend Schwierigkeiten gehabt, Knaben als Nachwuchssänger zu finden. Im April 1977 sangen zum ersten Mal Frauen in einem päpstlichen Chor.

Das Päpstliche Institut für Kirchenmusik hat seine Büros nicht innerhalb des Vatikans, sondern außerhalb an der Piazza S. Agostino. Es ist eine bescheidene Einrichtung; seinen kleinen akademischen Mitarbeiterstab kann man an einer Hand abzählen. Von den Vatikanbehörden wird es unter den internationalen «Kulturinstituten» mit Sitz in Rom geführt, die alle den Initiativen und Direktiven des Heiligen Stuhls unterstellt sind. Zu den Kulturinstituten gehören die fünf römischen Universitäten des Heiligen Stuhls und zahlreiche Institute, 47 katholische Universitäten und viele kirchlich-theologische Fakultäten außerhalb Roms, acht päpstliche Akademien und unzählige römische Seminare und Priesterkollegien.

Die Päpstlichen Akademien sind unter anderem ein lebendiger Ausdruck der intensiven Bemühungen des Heiligen Stuhls um eine geistige Synthese. Eine von ihnen, die Päpstliche Kirchliche Akademie, ist ein Lehrinstitut. Die anderen, die sich auf die Gebiete Theologie, Kunst, Religionspraxis und Naturwissenschaften erstrecken (und nicht alle ausdrücklich das Attribut «päpstlich» im Namen tragen), sind vor allem: die Pontificia Accademia di S. Tommaso d'Aquino e di Religione Cattolica, die Pontificia Accademia Teologica Romana, die Pontificia Accademia dell'Immacolata, die Faccoltà Theologica Marianum, die Accademia Liturgica, die Pontificia Insigne Accademia dei Virtuosi al Pantheon (die Künstlerakademie), die Pontificia Accademia Romana di Archeologia und die Pontificia Accademia delle Scienze.

Die älteste, die Akademie der Künste, wurde 1543 gegründet, die letzte, die Marianische Akademie, 1946. Die Päpste, die sie gründeten oder als «päpstlich» anerkannten, fühlten sich den intellektuellen Zielen oder den theologischen Überzeugungen der Akademien persönlich verbunden; gewöhnlich wurden sie für bestimmte ideologische Zwecke ins Leben gerufen, die sich aus der historischen Situation ergaben. Die Akademie für die katholische Lehre (Accademia Teologica) zum Beispiel bekämpfte die Irrlehren der französischen Revolution; das Päpstliche Institut für Kirchenmusik wurde von Papst Pius X. zur Wiederbelebung der *A-Cappella*-Musik gegründet.

Die Akademien sind über ganz Rom verstreut, mit Ausnahme der Päpstlichen Akademie der Wissenschaften. Diese Akademie zeigt in bemerkenswerter Weise die beiden kulturellen Facetten des Vatikans: die materielle Kultur, wie sie sich in den Gebäuden, Denkmälern, Kunstwerken und so weiter darstellt, und die geistige und damit auch soziale Kultur, die durch sie Ausdruck findet. Wie in Kapitel 1 erwähnt, hat die Päpstliche Akademie der Wissenschaften seit 1922 ihren Sitz in Pirro Ligorios Casina Pius' IV., die Papst Pius XI. um einen neuen Flügel erweitern ließ.

Die *casina* liegt unter Bäumen auf sanft ansteigendem Gelände im nordwestlichen Teil der Vatikanischen Gärten, etwa auf halber Strecke zwischen St. Peter und der Pinakothek. Sie besteht aus einem kleinen Palast und einer Loggia; zwischen ihnen liegt ein elliptischer, von einer kleinen Mauer umfriedeter Hof mit einem Brunnen in der Mitte. Die *casina* scheint sich aus einem klassischen Kokon in barocke Phantasie zu entfalten. Der architektonische Entwurf der beiden Gebäude ist schlicht; die Fassade der zweigeschossigen Villa ist reich dekoriert. Die Deckendekorationen der Villa und der Loggia wurden von Federico Zuccari, Federico Barrocci und Pierleone Genga entworfen.

Hier hält die Päpstliche Akademie alle zwei Jahre eine Plenarsitzung und eine Studienwoche ab, an der etwa fünfundzwanzig Wissenschaftler teilnehmen. Ihr Treffen bietet dem Papst Gelegenheit zu einer wissenschaftlichen Ansprache an die Mitglieder des

Kardinalskollegiums und die Akademiemitglieder; dabei wird auch der Gewinner der Pius-XI.-Medaille für junge Wissenschaftler verkündet. Dies war eines der Ereignisse, die der ideenreiche Papst Pius XII. besonders genoß. Im Winter 1979 ergriff Papst Johannes Paul II. die Gelegenheit, anläßlich einer Akademiesitzung Galilei als einen Christen zu ehren – ein Schritt, der sein früheres Versprechen, er werde kulturellen, wissenschaftlichen und künstlerischen Problemen viel Aufmerksamkeit widmen, den richtigen Stellenwert gab.

Die Päpstliche Akademie der Wissenschaften hat einen Präsidenten – zur Zeit Carlos Chagas, Professor für Biophysik an der Bundesuniversität von Brasilien – und einen Präsidenten *emeritus* – den australischen Jesuiten P. Daniel O'Connell, früher Direktor der Vatikanischen Sternwarte. Die bis zu siebzig Akademiemitglieder werden vom Papst auf Lebenszeit ernannt; zur Zeit beläuft sich ihre Zahl auf einundsechzig, dazu kommen zwei «überzählige» Mitglieder aus dem Vatikan, Kardinal Stickler von der Bibliothek und Msgr. Giusti von den Geheimarchiven. Die meisten sind Professoren europäischer oder amerikanischer Universitäten. Sie qualifizieren sich mit ihren eigenen Forschungsarbeiten und müssen nicht katholisch sein.

Als exemplarisch für die pragmatische Einstellung des Papsttums zur Wissenschaft und seine Bereitschaft, sich mit angewandter Wissenschaft und Technologie als Hilfsmittel der Religion auseinanderzusetzen, kann die *Specola Vaticana* gelten, die Vatikanische Sternwarte. Das Interesse der Päpste für Astronomie gründete auf den für die Kalenderreform notwendigen Forschungsarbeiten, für die Papst Gregor XIII. 1576 den Turm der Winde baute. Im 19. Jahrhundert wurde vor allem von dem Jesuiten Pietro Angelo Secchi, dem Erfinder des Meteorographen, an der Sternwarte des Römischen Seminars Bedeutendes geleistet. 1870 übernahm die italienische Regierung das Observatorium, und 1888 wurden die eigenen Forschungsanlagen des Vatikans von Papst Leo XIII. im Turm der Winde neu erstellt.

Von 1906 bis 1930 war der Jesuitenpriester J. G. Hagen Direktor der Sternwarte. In dieser Zeit wurde sie in einen anderen mittelalterlichen Turm auf dem Vatikangelände verlegt und ein zehnbändiger Katalog angelegt, der die Positionen einer halben Million Sterne verzeichnet. Seit P. Hagens Amtsantritt kamen alle Direktoren, ja alle Mitarbeiter der Sternwarte aus dem Jesuiten-Orden.

1930 ließ Pius XI. die Sternwarte nach Castel Gandolfo umziehen und rüstete sie mit neuen Teleskopen und einem astrophysischen Labor aus. Seitdem beobachtete die kleine Jesuitengemeinschaft die Bewegungen der Himmelskörper über dem Vatikan und arbeitete speziell über interstellare Polarisation und die Klassifizierung stellarer Spektren.[16]

Wie Radio Vatikan ist auch die Sternwarte eine Organisation des Staates der Vatikanstadt, nicht des Heiligen Stuhls, zugleich aber ein bedeutender Ausdruck der Kultur des institutionalisierten Papsttums. Diese Kultur ist erstaunlich reich. Sie bewahrt noch die Relikte der imperialen Vergangenheit des Papsttums, adaptiert an ihre gegenwärtige, noch immer mächtige Position. Die Brunnen der Vatikanstadt etwa beeindrucken Auge und Ohr und erinnern den Besucher daran, daß es die Päpste waren, die all die herrlichen römischen Brunnen erbauen ließen – den Schildkrötenbrunnen, die drei Brunnen der Piazza Navona, den Bienenbrunnen und die Fontana di Trevi (um den Trevi-Brunnen bauen zu können, erhöhte Papst Urban VIII. die Weinsteuer). Innerhalb der Mauern des Vatikans manifestiert sich päpstlicher Stolz in der *Fontana dell'Aquilone*, dem Brunnen mit dem großen Adler. Er wurde mit seinen Drachen, Tritonen und dem großen Greifvogel oben auf der Spitze von dem flämischen Bildhauer Giovanni Vasanzio geschaffen. Ein anderer Brunnen Vasanzios, in dem das Wasser wild durch Blattwerk rauscht, wurde um einen riesigen Drachen aus dem Wappen der Familie Borghese herumgebaut. Carlo Madernas Brunnen in der Nähe des Belvedere prunkt mit einer Bleigaleere, deren Kanonen Wasser spritzen; diese Vorrichtung hatte Papst Klemens IX. sich gewünscht.

Während die Brunnen spielen, arbeiten mehrere Gelehrte in einem Büro der Via della Tipografia im Vatikan daran, den Gebrauch des Lateinischen in der Kirche zu bewahren und Briefe des Papstes und des Staatssekretariats in diese Sprache zu übersetzen. Es ist eine eingeschworene Gruppe von sieben Priestern und Laien, dazu kommen sechs Direktoren von den Museen und eine der wenigen Frauen im Vatikan, Christina Mohrmann. Beim Mittagessen reden sie gern lateinisch miteinander.

Jedes Jahr zum Fest der Apostel Peter und Paul wird ein großes Fischernetz aus Blumen zwischen den beiden hohen Säulen des Haupteingangs der Petersbasilika ausgespannt. St. Peter selbst ist das größte der Vatikandenkmäler und das bekannteste Beispiel für eine Kultur, die zwar ganz auf das Papsttum ausgerichtet ist, durch ihre internationale Anziehungskraft aber auf verschiedenen intellektuellen Ebenen Millionen von Menschen beeinflußt. Die Hauptkritik an dieser Kultur richtet sich darauf, daß sie noch immer zu italienisch, zu europäisch, zu klerikalistisch und zu materialistisch sei – all dies lasse sich mit dem geistlichen Auftrag einer universalen Kirche nicht vereinbaren. Doch wie die Inkarnation selbst ist die Tatsache, daß die Kirche in der Welt ist und die Welt in der tatsächlichen menschlichen Geschichte, die Essenz des historischen Christentums.

Anstoß erregt auch das Festhalten an der Tradition des Petrusgrabes.

Zwischen dem Bodenniveau der alten konstantinischen Basilika und dem Mittelschiff der jetzigen Basilika liegen die vatikanischen Grotten, die sich über die halbe Länge des Kirchenschiffs erstrekken. Die älteste Partie stammt aus dem 6. Jahrhundert, als um die Apsis der alten Kirche eine Krypta angelegt wurde, um einen Zugang zum Apostelgrab zu schaffen. Eine neue dreischiffige Krypta und ein halbkreisförmiges Ambulatorium rings um die alte Krypta wurden im 16. Jahrhundert gebaut. In diesem Jahrhundert wurden nördlich und südlich der Hauptkrypta zehn Räume angefügt. Die Grotten enthalten vier in den Fundamenten der Kuppelpfeiler angelegte Kapellen.

Die Räume, Kapellen und Korridore der Grotten bilden ein fremdartiges, stilles Lager religiöser Relikte und Kunstwerke. Sie beherbergen frühchristliche Sarkophage und architektonische Überreste und Denkmäler aus der Konstantinsbasilika. Einige zarte Fresken der Frührenaissance sind zu sehen und ein Giotto zugeschriebenes Mosaik mit einem Engelskopf, außerdem weitere alte Mosaiken und Statuen: Arnolfo di Cambios Bonifatius VIII. und Pollaiolos Denkmal für Sixtus IV. ragen hier besonders heraus.

Doch vor allem sind da die Gräber. Die meisten erwecken eine gewisse Scheu, lassen den Besucher aber unberührt. Unter den Fürstengräbern befinden sich die der letzten Stuarts und Christinas von Schweden, unter den Papstgräbern die des ersten Borgia-Papstes Kalixt III. und des bislang einzigen englischen Papstes Nicholas Breakspear, Hadrians IV. Ihr Anblick stimmt nachdenklich; die frischen Blumen vor den Gräbern Johannes' XXIII., Pauls VI. und Johannes Pauls I. erinnern daran, daß ein Kardinal bei seiner Krönung zum Papst seiner Grabstätte sehr nahe ist.

Die Atmosphäre ändert sich schlagartig, wenn man von den Grotten in die Nekropole hinuntersteigt; die Luft wird kälter, und man gerät von der gebändigten Pracht mittelalterlichen und modernen Begräbnispomps und Marmors in eine Welt antiker Graburnen, enger Gänge mit unebenem Boden, brauner römischer Ziegelmauern und schlichter Symbole aus den Anfängen des Christentums. Die römische Nekropole wurde 1940 bei Arbeiten am Grab Pius' XI. in den Grotten entdeckt. Ausgrabungen, die bereits 1939 von Pius XII. in Auftrag gegeben worden waren und bis 1949 andauerten, förderten unter Mittelschiff und Confessio der Basilika ein großes Gräberfeld zutage. Es enthielt Aschenurnen, Gräber und Sarkophage und bezeugte den Übergang von Feuerbestattungen zu Beerdigungen. Die Nekropole enthält zwei ostwestlich verlaufende Reihen von Kammergräbern, die ursprünglich an einem von Norden nach Süden abfallenden Abhang angelegt waren. Die mit Mosaiken, Stuckarbeiten und Fresken verzierten Mausoleen gehörten reichen heidnischen Familien und gingen zum Teil später in den Besitz von Christen über. Für das Fundament der Konstantinsbasilika mußte ein Teil des Hügels eingeebnet und eine Partie des Friedhofes aufgefüllt werden.

Man nimmt an, daß dies die Stelle des Petrusgrabes ist. Vier der freigelegten Mausoleen bilden ein Viereck direkt unter dem Hauptaltar der Basilika. Die Grabungsarbeiten legten auch eine rote Mauer frei (nach den Herstellerzeichen auf fünf Ziegelsteinen aus der Zeit zwischen 147 und 161 n. Chr.) mit einer Nische und einer Travertinplatte, die auf ein wichtiges Grab hindeutet. Zwei Gruppen von Gebeinen wurden gefunden; der eine Skelettrest stammt von einem großen Mann. Als Kaiser Konstantin im 4. Jahrhundert seine Basilika ausgerechnet an einem Abhang über diesem Friedhof errichten ließ, wurde das kleine Denkmal sorgfältig geschützt und im Zentrum des Presbyteriums sichtbar gelassen. Jüngste Ausgrabungen sprechen stark zugunsten der Tradition, daß die Petersbasilika über dem Grab des ersten Papstes erbaut wurde; ob es sich aber um die Gebeine Petri handelt, konnte man nicht feststellen. Allerhand Gedanken gehen dem Besucher durch den Kopf, wenn er durch die Öffnung in der roten Mauer blickt und sich erinnert, daß die Straße am Tor unter dem Glockenturm, durch das man zur Nekropole gelangt, parallel zu der antiken Straße verläuft, die den Zirkus Neros und Caligulas säumte.

KAPITEL 9

Der päpstliche Reichtum: eine Bilanz

Als Michelangelo die Sixtinische Kapelle ausmalte, verlangte Papst Julius II. von ihm, er solle prächtige Farben und Gold auf die Fresken aufbringen. «Heiliger Vater», sagte Michelangelo anzüglich, «in jenen Tagen schmückten die Menschen sich nicht mit Gold, und die, die Ihr hier gemalt seht, waren nie reich. Es waren Heilige, die Reichtümer verachteten.»

In den frühen Tagen der Kirche wurden die «Mysterien» der neuen Religion, ihre heiligen Worte und Handlungen, vor den frisch Bekehrten und Ungläubigen geheimgehalten. Für moderne Katholiken wie für Außenstehende gehörten die Vatikanfinanzen immer zu den größten Mysterien. Wer je nachforschte, hat nie klare Zahlen erhalten und mußte sich mit Antworten begnügen wie: Das Einkommen des Vatikans entspreche etwa dem einer großen amerikanischen Diözese wie Chicago.

Der Papst hat nie Geld bei sich, aber sein Kopf erscheint auf den vatikanischen Münzen. Von Zeit zu Zeit muß er weitreichende finanzpolitische Entscheidungen treffen. Möglicherweise interveniert er sogar kurzfristig, um eine dringende finanzielle Transaktion anzuordnen. Diese unmittelbare Beteiligung des Papstes und das Bewußtsein aller, die für die finanziellen Angelegenheiten des Vatikans zuständig sind, sich in einer Vertrauensposition zu befinden, erklärt die notorische Zurückhaltung aller Vatikanbeamten, sobald die Rede auf Geld kommt.

Bei offiziellen Anlässen wird der Papst immer von drei Bischöfen aus seinem persönlichen Gefolge (der *Famiglia Pontificia*) begleitet (sie selbst sehen sich mehr in der Funktion dekorativen Beiwerks für die Fotografen, sagte einer von ihnen einmal). Es sind der Präfekt des Päpstlichen Hauses, der Generalvikar der Vatikanstadt und der Almosenpfleger Seiner Heiligkeit, Erzbischof Antonio Travia, der Direktor des Unterstützungswerks des Papstes, des *Servizio Assistenziale del Santo Padre.* Dies ist der moderne Name, den Papst Paul VI. der alten *Elemosineria Apostolica* gab; als reguläres Amt der Päpste kann man sie bis ins 13. Jahrhundert zurückverfolgen, doch schon lange Zeit vorher wurden Beamte mit persönlichen Almosen und Hilfeleistungen des Papstes betraut. Abgesehen von seinen zeremoniellen Pflichten kontrolliert der Almosenpfleger mehrere vom Heiligen Stuhl finanzierte Institute und leitet ein kleines Amt mit etwa einem halben Dutzend Mitarbeitern.

Kardinal Egidio Vagnozzi, bis zu seinem Tode im Dezember 1980 Präsident der Präfektur für die wirtschaftlichen Angelegenheiten des Heiligen Stuhls, hatte dieses Amt zum Teil deshalb erhalten, weil Papst Johanes XXIII. seine in den USA und Manila gewonnenen Erfahrungen schätzte; in Manila hatte er den «fabelhaften» Erfolg eines örtlichen Priesters bei der Reform der Kirchenfinanzen studiert. Dem Papst, sagte er, habe er die konsolidierte Bilanz und Jahresrechnung seiner Abteilung präsentiert – und der Papst sei es auch, dem die «Bank» des Vatikans, das *Istituto per le Opere di Religione*, deren beträchtliche Gelder zum größten Teil nicht dem Heiligen Stuhl gehören, verantwortlich ist. In der *Prefettura*, fügte der Kardinal hinzu, «handelt der Präfekt bei allen materiellen und ökonomischen Aktivitäten des Heiligen Stuhls mit den Augen des Papstes.»

Ihre jetzige Gestalt erhielt die Präfektur für die wirtschaftlichen Angelegenheiten des Heiligen Stuhls 1967 bei der Reorganisation der Kurienabteilungen durch Papst Paul VI. Es ist die Behörde des Heiligen Stuhls, die mit einem Finanzministerium verglichen werden kann, und ihr Präsident ist der Schatzmeister des Papstes. «Es ist nicht leicht, den Heiligen Stuhl mit einem weltlichen Staat zu vergleichen», sagte Kardinal Vagnozzi zu mir, «aber unter verschiedenen Aspekten hat die Präfektur einiges gemeinsam mit einem Finanzministerium, einer Revisionsabteilung, einem Schatzamt.»

Vor der Kurienreform stellte jede der vielen Verwaltungsabteilungen des Vatikans ihre eigene jährliche Abrechnung und ihre Bilanzen auf, jede nach einer anderen Methode. Es herrschte ein großes Durcheinander, das durch die Jahre zunehmender Inflation und wachsender Ausgaben unerträglich wurde. Die Präfektur legt jetzt allgemeingültige Kriterien für die jährlichen Rechenschaftsberichte an, kontrolliert, berät und konsolidiert die Bilanzwerte. Außerdem legt die Präfektur ein konsolidiertes Budget und einen detaillierten Haushaltsbericht über die Gesamtfinanzen vor und spart auch eventuell zweifelhafte Gebiete nicht aus, da sie berechtigt ist, Straf- oder Zivilverfahren in Finanzangelegenheiten einzuleiten.

Aufgabe der Präfektur ist, die Finanzberichte der Abteilungen zu prüfen, zu kontrollieren, notfalls zurückzuverweisen und schließlich zu konsolidieren und zu verabschieden, ohne, erläuterte Kardinal Vagnozzi, «jegliches Vorurteil gegenüber der autonomen Ausübung der institutionellen Funktionen jeder Körperschaft». Jeder, der die Willensstärke von Kardinälen kennt und die erbitterten Kämpfe, die im weltlichen Bereich zwischen Finanzministern und den Geld ausgebenden Ressorts ausgefochten werden, wird Kardinal Vagnozzis Bemühungen anerkennen, die Abteilungsleiter der einzelnen Verwaltungsbehörden «auf Konferenzen, Versammlungen und so weiter im persönlichen Gespräch und durch Erklärungen zu überreden und zu überzeugen . . .».

Die Präfektur ist in erster Linie dem Papst verantwortlich, den der Präfekt sprechen kann, wann immer es notwendig ist. Seine größte Verantwortung liege darin, betonte Kardinal Vagnozzi, «den Heiligen Vater über die aktuelle ökonomische Situation und das gesamte Patrimonium des Heiligen Stuhls auf dem laufenden zu halten und – immer vom Gesichtspunkt der Effizienz und Produktivität aus – Schritte vorzuschlagen, die zu ratsamen Verbesserungen in der Struktur und Organisation der Abteilungen führen könnten.»

Die Büros der *Prefettura* befinden sich im Palazzo delle Congregazioni, einem recht modernen Gebäude gegenüber einer der Bernini-Kolonnaden am Largo del Colonnato. Im Wartezimmer liegen meistens ein paar Wirtschaftsmagazine aus wie *Ecos*, die Hauszeitschrift der italienischen Staats-Holding ENI. Es herrscht eine ruhige, gelassene Atmosphäre. Jeden Morgen fährt der Kardinal-Präsident mit dem Fahrstuhl zu seinem Büro im dritten Stock mit Blick auf den Apostolischen Palast.

Eine dreiköpfige Kardinalskommission ist für die *Prefettura* verantwortlich: Giuseppe Caprio als Nachfolger des gebürtigen Römers Egidio Vagnozzi, Giuseppe Maria Sensi, ein italienischer Kurienkardinal mit diplomatischem Hintergrund, und Joseph Höffner, Erzbischof von Köln. Der Sekretär ist ein Bischof, Msgr. Luigi Sposito, dazu kommen noch acht weitere Mitarbeiter, darunter vier Laien und zwei Frauen.

Vagnozzi war ein gescheiter Kurienvertreter alter Schule. Er war ein hagerer, grauhaariger Mann Mitte siebzig, der immer bereit war, offen und geistreich über seine Lebenserfahrungen und seine knochenharten religiösen Überzeugungen zu sprechen. Er dachte an seine Laufbahn als Apostolischer Delegat zurück und stach sich dramatisch mit den Fingern zwischen die Rippen, als er davon sprach, daß ihm «immer zwei Stachel in den Seiten» gesessen hätten – «die Ultrakonservativen und die Ultraprogressiven . . .». Er sagte, in den fünfzig Jahren seines «Priesterlebens» sei das größte historische Ereignis das Zweite Vatikanische Konzil gewesen – «es war eine Wohltat für die Kirche, und es war notwendig».

Zum Thema der Vatikanfinanzen äußerte der Kardinal sich weniger offen. Der Schlüssel zu dieser Haltung, auf die man praktisch in der ganzen Kurie trifft, ist die Überzeugung, daß der Vatikan doch immer Mißbrauch und Mißtrauen zu erwarten habe, selbst wenn er vollständige Zahlen über seine Vermögensverhältnisse vorlegen würde. Doch de facto ermöglichten mir die Antworten des Kardinals auf meine Fragen – er verneinte dies nicht, bestätigte jenes nicht, lobte eine Quelle, verurteilte eine andere – eine ziemlich zuverlässige Einschätzung der finanziellen Lage des Vatikans.

Aus Diskussionen mit Beamten der *Prefettura* geht deutlich hervor, daß der Vatikan sich heute arm fühlt, selbst wenn er sehr reich wirkt. Kardinal Vagnozzi wies darauf hin, daß die katholische Kirche keine festen oder Steuereinkünfte von ihr zugehörigen Institutionen bezieht, wie das zum Beispiel beim Weltkirchenrat der Fall ist. «Im Interesse der gesamten Kirche» brauche der Vatikan ein festes ständiges Einkommen.

Die Inflation habe die finanzielle Stabilität der Kirche in der ganzen Welt unterminiert, erinnerte mich der Kardinal. In den Vereinigten Staaten zum Beispiel hätten sich die Finanzprobleme der katholischen Schulen und Universitäten auch noch durch den Rückgang an «Berufungen» und die Notwendigkeit verschlimmert, mehr Laien einzustellen. Auch der Vatikan müsse jetzt außerhalb der religiösen Orden und der Priesterschaft nach Mitarbeitern Ausschau halten, denn die Arbeitslast wachse. Insgesamt seien die Gehälter niedrig. Ein Kardinal verdiene weniger als ein italienischer Senator, bemerkte Vagnozzi nicht ohne Indignation. «Heutzutage leben wir nicht mehr in Palästen.» Nach zehn Jahren Dienst in der Kurie verdiene «ein höherer Prälat der obersten Gruppe» – wie der Vize-Staatssekretär, der *Sostituto* (Subsitut) – 650 000 Lire monatlich, dazu kämen noch die Zuschläge. (Das war vor der «Revision» von 1980, die eine fünfzigprozentige Anhebung auf der Basis von 1970 bedeutete.)

Die Präfektur hat ihr Auge – das Auge des Papstes – prinzipiell auf fünf Verwaltungsorganisationen, die sich mit dem Vermögen des Heiligen Stuhls und des Staates der Vatikanstadt befassen. Die Administration oder «Regierung» des Staates (das *Governatorato*) mit ihren acht Abteilungen unter einer Kardinalskommission bestreitet die Unkosten von Radio Vatikan und der Museen, Gehälter sowie die Unterhaltung von Gebäuden und bezieht Einnahmen aus den Eintrittsgeldern für die Museen, aus Briefmarken, Münzen und verschiedenen Wiederverkäufen. Das Ergebnis unter dem Strich war meistens positiv.

Die *Reverenda Fabbrica di S. Pietro* (St. Peter sei eine Wiese, auf der mancher fette Ochse geweidet habe, sagte Michelangelo einmal) unter ihrem Präsidenten, Kardinal Aurelio Sabattani, dem Verwaltungskomitee und vier festangestellten Architekten hat die Aufgabe, die Basilika, die Archive, die Mosaikfabrik und die Ausgrabungen in der Nekropole zu bewahren und zu unterhalten. Spenden von Besuchern und die Eintrittsgelder für die Kuppel und die Nekropole bilden ein Einkommen, das die Ausgaben gewöhnlich ausgleicht.

Die Apostolische Kammer bestreitet die Unkosten für Büros und Angestellte des Apostolischen Palastes und unterhält ihr eigenes Priesterkollegium und den Kardinal-Camerlengo. Die Geschichte ihrer finanziellen und juridischen Zuständigkeit reicht bis ins 11. Jahrhundert zurück. Seit der Kurienreform Papst Pauls VI. verwaltet die Kammer die weltlichen Güter des Heiligen Stuhles während der Sedisvakanz, d. h., wenn der päpstliche Thron nicht besetzt ist.

Die Kongregation für die Glaubensverbreitung *(Propaganda Fide)* bezieht den Großteil ihres beträchtlichen Einkommens aus Schenkungen von Gläubigen aus der ganzen Welt. Sie stellt einen eigenen Jahresbericht auf. Normalerweise beendet sie das Jahr mit einem Überschuß. Im Gegensatz zu anderen Kongregationen hat sie die Verwaltung ihres Vermögens selbst in den Händen und erfreut sich praktisch finanzieller Autonomie, wenn auch ihr Besitz der Besitz des Heiligen Stuhls ist und ihre Finanzen von der Präfektur kontrolliert werden.

Das gilt auch für die Finanzen der zweiten der wichtigsten drei vatikanischen Finanzbehörden, der Verwaltung der Güter des Apostolischen Stuhls *(APSA)*. Sie ging in ihrer gegenwärtigen Form ebenfalls aus Papst Pauls Reform von 1967 hervor. Eine fünfköpfige Kardinalskommission leitet diese große Organisation, wahrscheinlich die professionellste und verschwiegenste Abteilung des Vatikans; sie beschäftigt ein Personal von etwa vierzig Laienangestellten (vorwiegend Italienern), vier Priestern und zwei Nonnen.

Von 1979 an, als Papst Johannes Paul II. die ersten wichtigen Kurienposten besetzte, bis 1981 war Kardinal Caprio Kommissionschef der APSA. Diese Besetzung war eine Überraschung, denn sie entzog die APSA der von Papst Paul VI. vorgesehenen direkten Kontrolle durch den Kardinalstaatssekretär. «Dahinter stand die Absicht», kommentiert Kardinal Caprio, «daß wir mehr Zeit für unsere Arbeit haben sollten.» Doch nach Kardinal Vagnozzis Tod nahm Kardinal Casaroli den Posten, der in der Verfassung von 1967 für ihn geschaffen worden war, wieder ein.

Kardinal Caprio unterhielt sich mit mir über die Geschichte der APSA seit dem Exil der Päpste in Avignon, als der Schatzmeister in einem Raum im Palast direkt unter dem Papst arbeitete. «Das zeigte, wie wichtig die karitative Arbeit der Päpste war.» Wie Kardinal Vagnozzi äußerte auch er sich positiv zur Geheimhaltung, der die meisten Geldgeschäfte und Transaktionen des Vatikans unterliegen. Informationen würden zu schnell aus dem Zusammenhang gerissen und fehlinterpretiert. «Und davon abgesehen: Haben wir denn überhaupt das Recht, Details über das Einkommen des Heiligen Stuhls und vor allem über die Ausgaben zu enthüllen – wieviel zum Beispiel der Heilige Vater für diesen oder jenen wohltätigen Zweck gibt? Das würde nur Verwirrung und Streitigkeiten schaffen.»

In seinem wunderschön möblierten Zimmer im Apostolischen Palast erläuterte mir Kardinal Caprio die Grundprinzipien der von der APSA verfolgten wirtschaftlichen Linie. «Alle wichtigen, Eigentum oder Investitionen betreffenden Fragen landen auf diesem Schreibtisch.» Hinter ihm liegt eine jahrelange Erfahrung als Vatikandiplomat im Fernen Osten einschließlich Rotchina, dazu kommen das Wissen und die Autorität, die er sich in den zwei Jahren als Nachfolger Msgr. Benellis auf dem einflußreichen Posten des *Sostituto* erwarb. Er gesteht, daß er den Fernen Osten und die Welt der Diplomatie vermißt, «aber wir Kardinäle tun, was man uns sagt . . .».

Beunruhigen ihn die Vorwürfe bezüglich des Reichtums der Kirche? «Ganz und gar nicht. Nur die Probleme beunruhigen mich. Und die sind ganz einfach. Vor fünfzig Jahren reichte das Einkommen des Heiligen Stuhls für die Verwaltung der Kurie und der Vatikanstadt aus. Seither ist das Einkommen auf das Drei- oder Vierfache gestiegen, während die Gehälter sich sprunghaft auf das rund Zwanzigfache erhöht haben. Unsere dringendste Aufgabe besteht darin, die Mittel für die zentrale Leitung der Kirche zu beschaffen. Wir haben keine Steuereinkünfte. Unsere einzige Einnahmequelle sind die Katholiken der Welt . . .»

Diese Aussage bestätigt der Sekretär der APSA, Erzbischof Lorenzo Antonetti, der sich bei unserer Begegnung noch nicht mit den plötzlichen Veränderungen im Führungsstab abgefunden hatte. Zwei Jahre war er schon auf dem Sekretärsposten. Davor lag eine lange Laufbahn im diplomatischen Dienst in Nicaragua und danach vier Jahre in Zaire. Für den blassen, freundlichen Erzbischof Antonetti besteht eines der Hauptprobleme darin, die Katholiken zu ihrer Verantwortung aufzurütteln. Die Kirche gehört der ganzen Welt; die gesamte katholische Welt sollte dem Zentrum der Kirche die finanzielle Unterstützung geben, die es braucht. Mit diesem Thema wurden auch die Kardinäle konfrontiert, als sie im Herbst 1979 in den Vatikan gerufen wurden.

Die APSA leitet ein Prozent ihrer Einkünfte für die laufenden Unkosten an die Präfektur für die wirtschaftlichen Angelegenheiten weiter, der sie, wie wir sahen, Rechenschaft schuldig ist. Sie gliedert sich in zwei Abteilungen, die beide ganz in der Nähe im Apostolischen Palast untergebracht sind: Die Ordentliche Vermögensverwaltung ist unter einem geistlichen Delegaten, Msgr. Luigi Sposito, mit der täglichen Verwaltung der Kurie befaßt. Sie ist verantwortlich für die Gehälter praktisch all derer, die in der Kurie für den Heiligen Stuhl arbeiten, für die laufenden Unkosten und die Erhaltung und Betreuung der Kuriengebäude und -büros und der päpstlichen Paläste, für die laufenden Ausgaben der Kurie (mit Ausnahme von *Propaganda Fide*), für die Kosten des Kardinalskollegiums, der Bischofssynode und einiger Institutionen der Diözese Rom.

Die andere Hälfte der APSA ist die Außerordentliche Vermögensverwaltung; sie ist die Nachfolgerin der von Papst Pius XI. geschaffenen Behörde für die Verwaltung der Gelder, die der

Vatikan 1929 entsprechend den Vereinbarungen der Lateran-Verträge vom italienischen Staat erhielt. Ihr Delegat ist ein italienischer Laie, Benedetto Argentieri, der dem Sekretär Erzbischof Antonetti und den Kardinälen direkt verantwortlich, seinerseits aber Chef eines großen Laienpersonals ist. Die außerordentliche Abteilung der APSA kontrolliert einen großen Teil der Aktiva des Vatikans – Aktien und Wertpapiere – und einen Teil seiner Immobilien und ist verantwortlich für die äußerst wichtige, wenn auch umstrittene Investitionspolitik des Heiligen Stuhls. Gemeinsam mit der «Bank» des Vatikans ist sie die Zielscheibe der heftigsten moralisierenden Kritik am Reichtum und an den finanziellen Verwicklungen des Vatikans.

Argentieris eigenes Büro liegt im zweiten Stock des Apostolischen Palastes. Man gelangt dorthin durch das Bronzetor rechts von St. Peter, vorbei an den Schweizer Gardisten und an den Türhütern. Das Zimmer des Delegaten sieht aus wie das altmodische Büro eines Bankiers. Der Blick über den Petersplatz war sehr schön, bis nach einer Veranstaltung eine Tribüne davor nicht wieder abgebaut wurde, um Kosten zu sparen.

Argentieris Finanzabteilung ist Kardinal Casaroli verantwortlich und steht unter Aufsicht der *Prefettura*, hält aber ihre mittlerweile traditionelle unabhängige Haltung aufrecht: «Wir sind eine Art Regierungsagentur mit unabhängiger Verwaltung», sagte er; doch seit unserer letzten Begegnung wurde die Autorität des Staatssekretariats neu bestätigt. Sein äußerst einflußreicher Vorgänger als Leiter der von Pius XI. eingerichteten Sonderverwaltung war ebenfalls ein Laie, Bernardino Nogara, ein Ingenieur und stellvertretender Vorstandsvorsitzender der Banca Commerciale Italiana. Nogara war ein weitsichtiger Finanzier. Er investierte klug und traf umsichtige Vorkehrungen für das Vatikanvermögen einschließlich des Transfers von Geldern in die USA rechtzeitig vor dem Zweiten Weltkrieg.

In den 60er Jahren gefiel Papst Paul die Idee immer weniger, daß die Kirche als Finanzunternehmen angesehen werden könnte, und die Abteilung begann Vatikanbeteilungen an italienischen Gesellschaften zu veräußern. «Das war vor meiner Zeit», fährt Argentieri fort, «bevor ich nach fünfzehn Jahren Auslandstätigkeit hierher kam. Es war hellsichtig ... Sie sehen ja, was mit dem Markt passiert ist ...» Dieser Kommentar scheint unpassend so wenige Meter von den päpstlichen Gemächern entfernt, aber Argentieri erinnert daran, daß «wir die Ressourcen für das Leben des Heiligen Stuhls bereitstellen müssen». Und dieses Erfordernis diktiert logischerweise eine umsichtige, aber opportunistische Investitionspolitik. «Wir haben ein hochgradig diverisifiziertes Portefeuille. Ständig halten wir unter Berücksichtigung des Investitionsverbots in gewissen Industriezweigen Ausschau nach guten Renditen. Wir überprüfen unser Portefeuille offiziell in regelmäßigen Abständen. Meine Mitarbeiter hier und ich können jederzeit nach Ermessen verkaufen.»

In seltenen Fällen ordnet der Papst selbst Schritte an, um durch Verkauf Gelder flüssig zu machen – zum Beispiel, als Papst Paul Geld für Hilfsaktionen in Kolumbien brauchte. Normalerweise hat Argentieris Abteilung mit ihrem System der Gegenzeichnung bei allen nicht vom Kardinalpräsidenten angeordnenten Transaktionen, mit ihrer täglichen *Financial Times* und dem *Wall Street Journal*, mit ihrem eigenen Computer und ihren weltweiten Bankverbindungen unter der Oberaufsicht Kardinal Casarolis und Erzbischof Antonettis freie Hand bei Entscheidungen.

Von der Weltbank, dem Internationalen Währungsfonds und der Bank für Internationalen Zahlungsausgleich wird die APSA wie eine Zentralbank behandelt. Für die Betreuung der Bankgeschäfte des Vatikans «schüttet sie», in Argentieris Worten, praktisch «jedes Jahr eine Dividende aus».

Die Büros der sogenannten Vatikanbank liegen im Erdgeschoß unter den päpstlichen Gemächern. Ihre Kunden kommen zum Turm Nikolaus' V. ein paar hundert Meter von der Porta Sant'Anna entfernt. Ihr richtiger Titel lautet Institut für die Werke der Religion, *Istituto per le Opere di Religione* (IOR). Es ist eine Institution, die von Papst Leo XIII. mit dem ausdrücklichen Auftrag gegründet wurde, Gelder für religiöse Zwecke der Kirche zu sammeln und zu verwalten. Sie bietet Verrechnungsverkehr hauptsächlich für diejenigen, die im Vatikan leben und arbeiten, für Diplomaten, Leiter religiöser Orden und für einige Italiener mit Vatikanverbindungen der einen oder anderen Art. Sie fungiert auch als Handelsbank, stellt internationale Verbindungen her und berät über Investitionen.

Der Heilige Stuhl erhält die Profite, die die Bank bei ihren geschäftlichen Transaktionen macht, wenn auch ein großer Teil ihrer Investitionen und Erträge den religiösen Orden gehören. Papst Pius XII. veränderte ihren Status in den 40er Jahren und machte sie verantwortlich für «die Bewahrung und Verwaltung von Geldern (in Wertpapieren und bar) und Eigentum, die dem Institut durch fiskalische oder juristische Personen zum Zwecke religiöser Werke und Werke christlicher Frömmigkeit übertragen oder anvertraut werden».

Zum Aufsichtsrat der Bank, der aus fünf Kardinälen besteht, gehört auch der Kardinalstaatssekretär. Eine vorwiegend aus Laienangstellten bestehende Belegschaft arbeitet in den Büros und an den Bankschaltern, deren Atmosphäre trotz der Marmorböden, geduldigen Schlangen, Papstbüste und Kruzifix sich nicht allzusehr von einer Zweigstelle der Barclays oder Chase Manhattan Bank unterscheidet.

Zur Bankbelegschaft gehören drei Priester, aber ihre Hauptarbeit ist nicht finanzieller Art. An der Spitze steht der Präsident der Abteilung, der amerikanische Bischof Paul C. Marcinkus, die bekannteste Vatikanfigur in internationalen Bank- und Finanzkreisen. Er genießt beträchtliche Handlungsfreiheit und untersteht nicht der direkten Kontrolle der Präfektur für die wirtschaftlichen Angelegenheiten, sondern ist der Staatsregierung verantwortlich und erstattet dem Papst entweder direkt oder durch den Kardinalstaatssekretär Bericht.

Bischof Marcinkus ist litauischer Abstammung und wurde in Cicero in der Nähe von Chicago/Illinois geboren und erzogen, wie auch sein Akzent verrät. Er denkt schnell und spricht gut und verfügt frei über mehrere Sprachen. Noch immer besitzt er die physische Zähigkeit, die ihm seine Stellung als Leibwächter und Organisator Papst Pauls VI. auf Auslandsreisen einbrachte. Angeblich hat er Papst Paul bei einem Mordversuch auf den Philippinen das Leben gerettet. Er wurde von Papst Paul erst zum Sekretär, dann 1968 zum Präsidenten der Bank ernannt. Unter Papst Johannes Paul II. hatte er weiter für die persönliche Sicherheit des Papstes zu sorgen, mußte ihn auf Reisen begleiten und den Reiseablauf vorher überprüfen.

Wenn er nicht gerade in der Villa Stritch beschäftigt ist (dem römischen Wohnsitz für amerikanische Priester in der Via della Nocetta), kann man Bischof Marcinkus werktags durch die Räume der Vatikanbank zu seinem Büro gehen sehen, von wo aus er maßgeblich ihre politische Linie bestimmt. Im letzten Jahrzehnt war er eine umstrittene Person, die sich in Schweigen hüllte – ein Opfer der Auswirkungen von Finanzgeschäften zwischen dem Vatikan und dem sizilianischen Finanzier Michele Sindona, für die er keine Verantwortung übernimmt.

Es lohnt sich, diese Geschäfte kurz zu betrachten. Die Sindona-Affäre hat alle die empört, die jeglicher Betätigung des Vatikans auf dem internationalen Finanzmarkt kritisch gegenüberstehen, und diejenigen in Verlegenheit gebracht, die die Notwendigkeit einsehen, daß der Vatikan Kapital und Einkommen besitzen, dabei aber eine makellos reine Weste behalten muß. Das Wichtige an der Sindona-Affäre ist, daß sie – berechtigterweise oder nicht – die Skepsis gegenüber der Kompetenz und sogar der Integrität des Vatikans in Finanzangelegenheiten geschärft und die Forderung nach größerer Transparenz genährt hat.

Die Hintergrundgeschichte ist, daß die wichtigsten Finanzinstitute des Vatikans, vor allem die APSA, Mitte der 60er Jahre auf Betreiben Papst Pauls VI. ihre bereits breitgestreuten Beteiligungen weiter diversifizierten und ihre Mehrheiten an Gesellschaften abstießen. Die Motive waren unterschiedlich: Sie wollten mehr international investieren; der Vatikan sollte nicht einzelne große Gesellschaften dominieren können. Dazu kam, daß die italienische

Regierung 1968 die Investitionen des Vatikans schließlich als gewinnsteuerpflichtig erklärte.

Michele Sindona, in Mailand als guter katholischer Unternehmer bekannt, schien eine attraktive Lösung für die vatikanischen Investitionen zu bieten: den Erwerb einer Drittelbeteiligung an der italienischen Immobilien- und Erschließungs-Gesellschaft Società Generale Immobiliare.

Angeblich fanden die ersten Gespräche darüber 1969 zwischen Sindona und dem damaligen Sekretär der APSA, Msgr. Sergio Guerri, statt; er war Konsultor der Vatikanbank gewesen, bevor Papst Paul ihn 1969 zum Kardinal ernannte.

Die Società Generale Immobiliare, deren Präsident Gouverneur des Staates der Vatikanstadt gewesen war, besaß die verschiedensten Immobilien, zu denen auch das Hilton-Hotel in Rom und das Watergate-Gebäude in Washington gehörten. Sindona sollte den Verkauf der Vatikananteile an der Gesellschaft durch seine eigenen internationalen Bankbeteiligungen und -verbindungen abwickeln und einen Teil der Aktien selbst behalten. Sindona transferierte Vatikananteile an Immobiliare im Wert von damals etwa 64 Millionen DM zu einer Tochtergesellschaft im steuerfreien Luxemburg, Parisbas Transcontinental. Die Aktien landeten schließlich in den Händen von Charles Bludhorn, dem Präsidenten einer amerikanischen Beteiligungsgesellschaft. Der Vatikan verkaufte und reinvestierte seine Anteile in andere italienische Gesellschaften.

Ende der 60er und Anfang der 70er Jahre kaufte Sindona Anteile an zwei Finanzinstituten, die der Vatikan mit ins Leben gerufen hatte: der Banca Unione und der Finabank. Durch sein eigenes Geldinstitut, die Banca Privata Finanziaria, erwarb er die Aktienmajorität an den beiden Banken; die Vatikanbank behielt eine Sperrminorität. Die Vatikanbank begann dann, sich von ihren Beständen zu trennen und verkaufte die meisten vor Sindonas Zusammenbruch.

Die ersten Risse in Sindonas Gebäude traten auf, nachdem er durch den Widerstand der Banca d'Italia mit einem teuren Übernahmeangebot an die Bastogi-Gruppe, Italiens größte Holdinggesellschaft, gescheitert war.

1972 verlegte Sindona seine Aktivitäten nach New York. Seine erste Tat war ein Gebot, einen beherrschenden Anteil an der siechen Franklin National Bank zu kaufen. 1974 mußte die Bank schließen; eine Untersuchung brachte Verluste in Höhe von 80 Millionen DM durch Devisengeschäfte an den Tag, und die Staatliche Kommission zur Überwachung des Wertpapier- und Wechselhandels leitete gegen Sindona und mehrere Angestellte der Franklin-Bank Verfahren wegen Veruntreuung ein. (Die SEC hatte wegen des unzureichend belegten Erwerbs eines Anteils an American Vetco Industries durch einen Vermittler 1973 auch gegen die Vatikanbank selbst ermittelt. Das Mißverständnis wurde in gegenseitigem Einvernehmen und ohne finanzielle Verluste aufgeklärt.)

Sindona hatte einen Dschungel aus nominellen Gesellschaften, Ämterhäufung in den leitenden Posten und «Frontoperationen» geschaffen. Im Sommer 1974 begann sein Unternehmen zu bröckeln. Zum Teil bedingt durch den Franklin-Zusammenbruch mußte er bei der Banca d'Italia für seine neu fusionierte Banca Privata Italiana in Rom um Hilfe bitten. Sein eigenes Bankhaus Wolff in Hamburg machte kurz danach Bankrott. Nachdem die Banca d'Italia seine 38 Prozent Anteile an Immobiliare als Sicherheit für ihre Darlehen beansprucht und die Banca Privata Italiana übernommen und geschlossen hatte, deckte sie ein riesiges Defizit in den Geschäften der Bank auf. Im Herbst 1974 erließ ein Mailänder Untersuchungsrichter einen Haftbefehl gegen Sindona wegen Kontenfälschung bei der Banca Unione im Jahr 1970. Im Januar 1975 wurde Sindonas Finabank von der schweizerischen Regierung geschlossen; die Verluste sollen mindestens 100 Millionen DM betragen haben.

Im Juni 1976 wurde Sindona *in absentia* in Italien wegen mehrfacher Verletzungen der Bankgesetze zu dreieinhalb Jahren Gefängnis verurteilt. Er hatte sein langes Exil in einem Apartment in Manhattan begonnen, von wo aus er seine Unschuld beteuerte und einem italienischen Auslieferungsantrag trotzte, während er einem amerikanischen Verfahren wegen Betruges (mit 99 die Franklin National Bank betreffenden Anklagepunkten) entgegensah. 1979 verschwand er aus New York, angeblich war er gekidnappt worden, erschien aber schließlich beim Prozeß und wurde 1980 verurteilt.

Vor dem Zusammenbruch von Sindonas Imperium hatte Kardinal Guerri in seiner Eigenschaft als Pro-Präsident der Staatsregierung Vatikangelder aus der Tochtergesellschaft Sindonas, der SGI, abgezogen. Wertberichtigungen wurden vorgenommen, als der Vatikan in den Wochen und Monaten vor dem Debakel einen großen Teil seiner Anteile an von Sindona kontrollierten Unternehmen verkaufte, aber es heißt, daß die gesamten Beteiligungen am Ende 28 Millionen Dollar mehr einbrachten, als man für sie gezahlt hatte.

Vatikanbeamte sind nicht geneigt, Kommentare über die Sindona-Affäre abzugeben. In den Augen Kardinal Vagnozzis basierte das meiste, was darüber geschrieben worden war, auf «Gerüchten» und entsprach nicht der Wirklichkeit. Bischof Marcinkus selbst schrieb mir im Herbst 1979 nach seiner Türkeireise, er könne nichts über Sindonas mögliche Vatikanverbindungen sagen; doch soweit er wisse, betreffe die einzige Spekulation den Verkauf einer Anzahl von Wertpapieren aus dem Besitz der Güterverwaltung des Heiligen Stuhls an Sindona – Immobiliare und zwei oder drei kleinere Anteile. Papst Paul VI. sei Sindona nie begegnet, außer vielleicht bei einer Generalaudienz, und alle Anspielungen auf Sindona als «Finanzier und Berater des Papstes» seien aus der Luft gegriffen. Was seine eigenen persönlichen Beziehungen zu Sindona beträfe, sagte Bischof Marcinkus, so habe er ihn bei verschiedenen rein gesellschaftlichen Anlässen getroffen und ihn als angenehmen Gesellschafter kennengelernt, «aber ich hatte nie irgendwelche Geschäftsbeziehungen zu ihm und habe ihn niemals um seine Meinung oder seinen Rat gebeten».

Die die Banca Privata Finanziaria betreffenden Geschäfte zwischen Sindona und dem *Istituto per le Opere di Religione* führten für letztere nur zu Wertberichtigungen, «da wir unsere Investitionen mehr als ersetzt und tatsächlich substantielle Gewinne erzielt hatten».

Bischof Marcinkus informierte mich, daß er nie an irgendeiner der Finanzoperationen Sindonas beteiligt war, obwohl Sindona, dessen Talent er respektiere, ihm gelegentlich «gewisse Angebote» gemacht habe. Seine Politik sei – und sei immer gewesen –, Transaktionen mit zu kommerziellem Charakter zu meiden. «Ich bin nach wie vor der Ansicht, daß die Gelder, über die die Kirche verfügt, ein Mittel zur Erreichung eines Zieles sind, nämlich unseres religiösen Zieles, und daß wir unsere Identität als Institut für religiöse Werke verlieren würden, wenn wir zu sehr in kommerzielle Angelegenheiten verwickelt würden.»

Doch die Organisation bedingt sehr wohl die Verwicklung in kommerzielle Angelegenheiten. Die herrlichen Gebäude des Stadtstaats mit allem, was darin ist, verursachen trotz ihres immensen Wertes eher Kosten, als daß sie etwas einbrächten. Die Unterhaltung des Stadtstaates und der weltweiten Mission des Heiligen Stuhls erfordern mehr und mehr Bareinkünfte aus Schenkungen oder Investitionen oder beidem.

Zu den Schätzen des Vatikans zählen der unbezahlbare Inhalt der Basilika St. Peter, die vatikanischen Galerien und Museen, die Schatzkammer von St. Peter, die vatikanischen Grotten und die Nekropole und der gesamte Bestand an Möbeln, Ausstattung und Ausschmückung, mit der die Gebäude und Höfe der Vatikanstadt verschönert und bereichert wurden. Der Ausdruck «unbezahlbar» wurde mit Bedacht gewählt, denn ein Verkauf dieser Schätze – etwa von Michelangelos schimmerndweißer *Pietà* oder des Apoll vom Belvedere – in anderer denn symbolischer Art ist undenkbar. Den besten Anhaltspunkt für den finanziellen Wert aller dieser Schätze hat man vielleicht, wenn man sich erinnert, daß der Schätzwert von Michelangelos einzelnem Marmor-Tondo der Madonna in der Royal Academy in London 1979 auf 80 Millionen DM angesetzt wurde.

Symbolische Verkäufe wurden und werden sicher auch weiterhin getätigt, wo es sich um Gegenstände handelt, die der Papst als sein persönliches Eigentum betrachten kann. Aber die Vatikanschätze als solche wurden dem Papst nur zur Verwahrung anvertraut, wie es in den Lateran-Verträgen steht; dort wurde vereinbart, daß sie Wissenschaftlern und Besuchern als ein Patrimonium der gesamten Menschheit zugänglich gemacht werden müßten. Der Papst betrachtet sich nicht als Besitzer der Güter, die dem Heiligen Stuhl gehören. Dennoch läßt das Kirchenrecht mit seinen strengen Grundsätzen bezüglich der Verwaltung von Gütern durch die kirchlichen Autoritäten auf der ganzen Welt dem Papst freie Hand, nach eigenem Ermessen über das gesamte oder teilweise Vermögen zu verfügen, das dem Papsttum gehört. Als praktische Regelung gilt, daß ein Papst alles weggeben kann, was er oder sein Vorgänger erhalten hat. Alles, was die Päpste vor seinem Vorgänger erhalten haben (wahrscheinlich würde man Johannes Paul I. dabei übergehen), wird sozusagen Bestandteil des unveräußerlichen Patrimoniums des Heiligen Stuhls und nicht weggegeben. Als also Papst Paul die päpstliche Tiara zugunsten der Armen weggab, verschenkte er die Tiara, die er selbst bei seiner Wahl von den Gläubigen Mailands erhalten hatte, keine der Tiaren, die seine Vorgänger benutzt hatten.

Dennoch scheint der Anblick der Reichtümer des Vatikans an Gold und Silber, Marmor und Mosaiken, Edelsteinen und Gewändern, Statuen und Gemälden, edlen Büchern und Manuskripten, all der Altertümer und modernen Kunstschätze ebenso viele Leute zu schockieren wie zu erfreuen.

Der rote oder vielmehr purpurne Faden zu einem Verständnis des vatikanischen Reichtums beginnt mit den Lateran-Verträgen von 1929. Nach diesem Abkommen übergab die italienische Regierung dem Heiligen Stuhl teils, als Entschädigung für demütigende Gebietsverluste, die Summe von 750 Millionen Lire in bar und eine Milliarde Lire (Nennwert) in fünfprozentigen mündelsicheren Wertpapieren, deren tatsächlicher Wert sich auf 800 Millionen Lire belief. Dieses Stammkapital wurde von Papst Pius XI.

der neu eingerichteten Speziellen Administration des Heiligen Stuhls übergeben (der Vorläuferin der Außerordentlichen Abteilung der APSA), die in den 30er Jahren auch die ihr durch den Peterspfennig zufließenden Gelder verwaltete. Ein Teil davon wurde für kirchliche Bauten in Süditalien verwendet, für den Bau des Palazzo San Callisto in Rom und für die Reorganisation der Vatikan-Bibliothek und der Kunstgalerie. Die heutigen Beteiligungen der APSA werden auf etwa 300 Millionen Dollar geschätzt. Nach Jahrzehnten umsichtiger Anlagepolitik bildet dieser Fonds an Einlagen und Investitionen in Italien und im Ausland das vom Vatikan sogenannte «produktive Kapital des Heiligen Stuhls». Hierzu zählen nicht die Einlagen des Vatikans in seiner eigenen «Hausbank», dem *Istituto*, und es wird allgemein als das Dividenden einbringende Aktienportefeuille des Vatikans aufgefaßt.

Für die Kurienkardinäle, die sich mit Finanzen befassen – und das sind viele –, ist die Notwendigkeit, das Einkommen des Heiligen Stuhls zu steigern, zu einer drückenden Sorge geworden. Die Budgetdefizite für die frühen 80er Jahre wurden mit mindestens 20 Millionen Dollar veranschlagt. Diese möglichen Defizite beziehen sich ausschließlich auf den Jahresetat der römischen Kurie, deren Verwaltungskosten ständig steigen und deren Einkünfte, mit den Worten des verstorbenen Kardinals Vagnozzi, «äußerst begrenzt und völlig unzulänglich» sind.

Kardinal Vagnozzi sagte, er habe niemals eine «präzise Summe» über den Wert des Produktivkapitals des Heiligen Stuhls angedeutet. Wenn er behauptete, daß die investierte Summe sich auf 70 bis 75 Milliarden Lire belaufe, würden die Leute fragen, ob das denn wirklich gebraucht werde. Tatsächlich bewegt sich die vom Kardinal genannte Summe in einer ganz anderen Größenordnung als die üblichen Schätzungen von etwa 60 Millionen Dollar im Jahr 1978. «Verschiedene Publikationen haben Ziffern über die Finanzen des Heiligen Stuhls verbreitet, die sehr weit von der Wirklichkeit entfernt sind», sagte Kardinal Vagnozzi ziemlich verbittert. Wie groß das Kapital auch sei, es leistet einen zunehmend unzureichenden Beitrag zur Finanzierung der Kurie.

Das «konsolidierte Budget» des Kardinal-Präsidenten der Präfektur für die wirtschaftlichen Angelegenheiten, das in den 70er Jahren ein zunehmendes Defizit zeigte, umfaßt die Verwaltung des Vatikanischen Stadtstaates, die Verwaltung der Güter des Heiligen Stuhls mit ihren beiden Abteilungen, die Kongregation für die Glaubensverbreitung (Propaganda Fide) und die Verwaltung der Basilika St. Peter. Es schließt nicht die Finanzen der Bank des Vatikans ein, des Instituts für Werke der Religion, dessen Tätigkeit erheblich zum Einkommen des Heiligen Stuhls beiträgt. Inoffizielle Schätzungen des Wertes der gesamten Bankeinlagen bewegen sich zwischen 4 000 und 8 000 Millionen DM. Der Anteil des Vatikans (einschließlich Propaganda Fide, aber ohne die religiösen Orden und andere Institutionen) an den Aktiva der Bank, ihren Einlagen und Investitionen in Italien und der ganzen Welt, wird mit gut über 50 Prozent veranschlagt.

Es gibt ferner noch eine unproduktive, aber erwähnenswerte Kapitalreserve in Form von Gold in den Kellern von Fort Knox. Man sagte mir, daß die manchmal genannte Zahl von 5 Milliarden Dollar als Gesamtsumme absurd sei – «selbst 20 Millionen Dollar wären zuviel».

Die Einkünfte des Vatikans durch die APSA und die Bank des Vatikans stammen aus breitgestreuten Beteiligungen – von direkten Bankspesen bis hin zu Immobilien, Zinsgewinnen, mündelsicheren Anleihen und kurzfristigen Beteiligungen an genannten und ungenannten Gesellschaften. Die Sonderabteilung der APSA läßt sich bei ihren Käufen und Verkäufen von Partnern wie Rothschild und Hambros in London, Morgan Guaranty, Chase Manhattan und First National City Bank in New York und Crédit Suisse in Zürich beraten. Zu ihren Investitionen gehörten in den letzten Jahren Aktienbeteiligungen an so sicheren Gesellschaften wie IBM, Shell, Gulf Oil, General Motors und General Electric. «Da wir die Ressourcen für das Leben des Heiligen Stuhls sicherstellen müssen», bemerkt Benedetto Argentieri, «achten wir auf eine gute Rendite.» Die Regeln legen fest, daß nicht in Firmen investiert werden darf, die Waffen oder Kontrazeptiva herstellen.

Die kluge und flexible Politik der vatikanischen Finanzexperten, die auf eine gute Streuung, einen hohen Liquiditätsgrad und einen soliden Gewinn achtet, sorgt für das Haupteinkommen des Vatikans. Ergänzt wird es hauptsächlich durch den Peterspfennig, einen Fonds, dessen Ursprünge man bis zu König Canute und einer jährlichen Steuer von einem Penny pro Haushalt zurückverfolgen kann; er wurde zu Mittsommer im mittelalterlichen England eingesammelt und an den Papst geschickt. 1534 wurde diese Steuer vom englischen Reformationsparlament abgeschafft und 1860 von loyalen französischen und englischen Katholiken weltweit wieder eingeführt. Heute wird die Kollekte einmal jährlich von den lokalen Kirchen eingesammelt. Sie wird an den Papst weitergeleitet, der den größten Teil davon für karitative Zwecke verwendet; sie trägt aber auch zur Finanzierung der diplomatischen Aktivitäten des Heiligen Stuhls bei und, wie wir sahen, zum Ausgleich des Etats für die mannigfaltigen Aktivitäten der Kurie.

Die Summe, die Ende der siebziger Jahre durch den Peterspfennig zusammenkam, ist auf geschätzte 70 Millionen DM geklettert, zumindest genug, um damals die zirka 40 Millionen DM Defizit des Heiligen Stuhls mehr als auszugleichen. Das Staatssekretariat hat die Zahlen streng unter Verschluß gehalten, nur den Kardinälen wurden sie 1979 bei ihren Beratungen mit dem Papst vorgelegt; mancher von ihnen wäre vielleicht rot geworden, wäre dies auf nationaler Basis geschehen.

Die reicheren katholischen Länder erhöhen den päpstlichen Fonds für karitative Zwecke durch Sonderbeiträge wie etwa die jährlichen 400 000 Dollar, die die Bischöfe der Vereinigten Staaten durch ihre Bischofskonferenz aus ihrer Übersee-Wohltätigkeitssammlung schicken.

Dazu kommen noch konstante Geldbewegungen von und nach Rom, die im Vatikan kontrolliert werden, aber nicht in das komplexe Finanzsystem der Kurie selbst eingehen. Propaganda Fide zum Beispiel, die ihre Administration weitgehend aus ihren eigenen Finanzbeteiligungen bestreitet, kontrolliert die Arbeit der Päpstlichen Missionswerke, deren Rat in Rom jährlich etwa 200

Millionen DM durch die nationalen katholischen Kirchen der ganzen Welt erhält und verteilt.

Der Vatikan gibt Geld aus für großzügige karitative Zwecke und Hilfeleistungen, für Löhne, Gehälter und Pensionen seiner 3500 Angestellten in Rom und im Ausland, für die Erhaltung seiner Gebäude und Denkmäler, für die Verwaltung seiner vielen neuen Abteilungen, die seit dem Zweiten Vatikanischen Konzil entstanden sind – einschließlich der Internationalen Kommission für Gerechtigkeit und Frieden und der Bischofssynode –, für einen wachsenden diplomatischen Dienst und eine immer ehrgeizigere internationale Präsenz. Seine regelmäßigen Zeremonien sind kostspielig – wie auch in jüngster Vergangenheit die Bestattungen, Amtsantritte und Reisekosten der Päpste.

Ein umfassendes Grundbuch des Vatikans oder der noch immer hochgradig zentralisierten Kirche in der ganzen Welt wäre nützlich, ist aber einfach ein unmögliches Unternehmen. Wie wollte man etwa abschätzen, in welchem Maße die Aktiva der nationalen Kirchen tatsächlich für den Vatikan treuhänderisch verwaltet werden, und den Wert ihres Vermögens angeben, das weitgehend aus Bauten besteht? Im Mai 1979 zum Beispiel kündete Erzbischof John Quinn von San Francisco an, er werde seine bischöfliche Residenz verkaufen – ein großartiges, geräumiges Gebäude –, um das Budget des Erzbistums auszugleichen. Das sollte Unterhaltungskosten sparen, und der Bischof wollte in ein leeres Konventsgebäude ziehen, um so das Einkommen zu vergrößern. Zusammen mit anderen Einsparungen würde dieser Entschluß das Defizit im Etat wahrscheinlich von rund 4 Millionen Dollar auf 100 000 Dollar drücken.

Innerhalb des Vatikans lösen sich viele Geheimnisse der Vatikanfinanzen, wenn man sie informell erörtert. Nicht etwa, weil Zahlen und Fakten bereitwillig auf den Tisch gelegt werden – das werden sie nicht –, sondern weil der Mangel an klarer Information sich ebenso aus der Besorgnis der Beamten um die souveräne Integrität des Vatikanischen Stadtstaates und die Würde des Heiligen Stuhls wie aus vergangenen Skandalen und jüngster Inkompetenz erklärt. Daß Argument, daß die katholische Kirche heuchle, wenn sie die Prinzipien und Praxis des modernen Kapitalismus verdamme (etwa in der Enzyklika *Populorum Progressio* Papst Pauls VI.), aber selbst in kapitalistische Unternehmen einschließlich multinationaler Gesellschaften investiere, wird von den meisten dieser Beamten stillschweigend übergangen. Auch waren sie bei unseren Gesprächen nicht sehr geneigt, auf die Bitte um wenigsten etwas mehr Offenheit in bezug auf die Quellen und das Ausmaß des vatikanischen Reichtums einzugehen, wenn schon die Veröffentlichung von Bilanzen ganz undenkbar sei.

1980 wurden die Streitigkeiten um die Vatikanfinanzen immer schriller. Von außen wuchs die Kritik wegen der mangelhaften Transparenz, innerhalb der Kurie mehrte sich die Verärgerung über die von manchen feindseligen Kritikern veröffentlichten, völlig aus der Luft gegriffenen Schätzwerten. All die Ereignisse von 1978 (Konklaven, Papstbestattungen, Papstwahlen), die Aktivitäten des neuen Papstes, die verheerenden Auswirkungen der Inflation und die generell indifferente Reaktion der Gläubigen in der ganzen Welt auf die finanziellen Nöte des Heiligen Stuhls riefen nach einer Initiative. Sie kam als Appell an die Kardinäle der Kirche, dem Papst mit ihrem Rat und ihrer Großzügigkeit zu helfen.

Als das Kollegium der Kardinäle, der Senat des Papstes, vom 5. bis 9. November 1979 in Rom zusammentrat, stand als dritter Punkt auf der Tagesordnung die wirtschaftliche Lage des Vatikans. Nach der Ansprache des Papstes, in der er sagte, daß ein «weitverbreitetes Märchen über die Finanzen des Heiligen Stuhls» großen Schaden verursacht habe, wurden die Kardinäle von Staatssekretär Kardinal Casaroli in Fragen der Kurienorganisation, von Kardinal Garrone, dem Präfekten der Kongregation für das katholische Bildungswesen, in kulturelle Fragen und von den Kardinälen Vagnozzi und Caprio in die finanzielle Situation «eingewiesen». Nach dem letzten Bericht fügte Kardinal Casaroli auf ausdrücklichen Wunsch des Papstes, der das Bedürfnis der Kardinäle nach besserer Information spürte oder davon unterrichtet worden war, noch einen weiteren Kommentar über die Finanzen an.

Das Schlußkommuniqué nach der Vollversammlung der Kardinäle lüftete einen Zipfel des Schleiers, der die Vatikanfinanzen umhüllt, bot aber nur schwache Aussicht auf weitere klärende Veröffentlichungen. Es sei deutlich geworden, hielt das Kommuniqué fest, daß die Einkünfte des Heiligen Stuhls aus Besitz und Investitionen und seinen weiteren institutionellen Einkommensquellen «absolut unzureichend» seien, um die Kosten der zentralen Leitung der Kirche und des universalen Auftrags des Papstes zu decken.

Für 1979 wurde ein Defizit von 17 000 Millionen Lire oder etwa 20 240 000 Dollar vorausgesagt, das 1980 noch steigen würde. Es sei zwar möglich gewesen, das Defizit dank freiwilliger Spenden von Katholiken aus der ganzen Welt und besonders durch den Peterspfennig auszugleichen. Innerhalb weniger Jahre jedoch würde der Heilige Stuhl Probleme haben, die zentrale Leitung der Kirche und ihre karitativen und missionarischen Aufgaben ausreichend zu finanzieren. (Tatsächlich erreichte das Defizit im Jahr 1985 die Rekordsumme von 130 Millionen Mark.)

Unter den Kardinälen gab es mehr erhitzte Diskussionen als erwartet, besonders über die Forderung nach größerer Transparenz. Sie wurden aufgefordert, innerhalb der folgenden drei Monate ihre weiteren Ansichten über die Sitzung an den Vatikan zu schicken; mittlerweise wurde festgehalten, daß der Vorschlag, Informationen über das Thema Vatikanfinanzen zu veröffentlichen, «zu gegebener Zeit» positiv in Erwägung gezogen werden könne. So lag, als die Kardinäle der modernen Kirche zum erstenmal umfassend über die Finanzen debattierten, der Schwerpunkt auf dem Thema Geldbeschaffung und nicht auf Offenlegung oder Reform. Es sieht so aus, als werde das so bleiben, welcher Fortschritt auch immer in der Veröffentlichung gewisser Zahlen gemacht wird.

Die Reformer, deren Ungeduld und Bestürzung möglicherweise noch zunehmen wird, sollten an die frühen Zisterzienser denken, die vor der Verweltlichung und Selbstgefälligkeit des saturierten benediktinischen Ordens flohen und sich am Rand des zivilisierten Europas niederließen, um im nachhinein festzustellen, daß sie genau an den Platz gezogen waren, den ökonomische Weitsicht ihnen für zukünftigen Erfolg nicht besser hätte anweisen können.

Diese Geschichte gefiel Papst Johannes Paul II. Er hat die Forderungen nach mehr Transparenz in der Verwaltung der Vatikanfinanzen verständnisvoll zur Kennnis genommen; aber er hat auch stets Verständnis für seine Berater in der Kurie gezeigt, wenn sie ihm erklären, daß die sprießenden Aktivitäten des Heiligen Stuhls – die insbesonders durch seinen eigenen päpstlichen Eifer zugenommen haben – größere und stabilere Finanzquellen erfordern. Das starke Engagement des Papstes in der Welt, das sich weithin sichtbar in seinen Reisen manifestiert, ist zwar kostspielig, doch trägt es gleichzeitig zur Lösung des Finanzproblems bei, indem es die Loyalität und Großzügigkeit gläubiger Katholiken aufrüttelt. Der Erfolg rechtfertigt den Aufwand.

Größere Offenheit hinsichtlich der Finanzen des Vatikans stand noch 1986 auf der Tagesordnung des Heiligen Stuhls, als bereits mehrere dramatische Ereignisse eine Erweiterung dieses Kapitels über die Frage päpstlichen Reichtums notwendig gemacht hatten. Vor allem verkündete Kardinal Caprio, der Präsident der Präfektur für die wirtschaftlichen Angelegenheiten, im Mai 1986, man hoffe, so bald wie möglich einen vollständigen Überblick über das Budget zu geben, das «die Glaubwürdigkeit des Vatikans nicht länger in Frage stellen» würde. Er bestätigte, daß seit 1979 Defizite im Budget durch den Peterspfennig und andere private Spenden an den Papst ausgeglichen worden seien. Doch 1984 sei der Peterspfennig (der 1984 fast 26 Millionen Dollar erreichte) infolge der Verwicklung des Vatikans in die Affäre um die Banco Ambrosiano «leicht» zurückgegangen.

Diese Affäre hatte ein Netz von Geheimnissen gesponnen, in

seiner Undurchschaubarkeit und seinen Gerüchten vergleichbar dem um den Mordversuch an Papst Johannes Paul II. 1981.

Am 2. Juni 1982 kehrte der Papst am Ende einer seiner erfolgreichsten und gelungensten Auslandsreisen aus Wales in den Vatikan zurück. Wie üblich hatte die Organisation der Sicherheitsmaßnahmen weitgehend in den Händen des fähigen Erzbischofs Marcinkus gelegen, der zum Beispiel beim Besuch bei Kardinal Basil Hume in dessen erzbischöflichem Westminster-Palais im Zentrum Londons wachsam vor dem Papst herschritt, stets bereit, als sein Schutz und Schild zu dienen. Sechzehn Tage später fand man etwas weiter östlich an der Themse an einem Pfeiler der Blackfriars' Bridge den erhängten Mailänder Bankier Roberto Calvi. Zwei Jahre nach der Inhaftierung von Michele Sindona in den USA sah sich das Institut für Werke der Religion erneut in einen Finanzskandal von internationalen Ausmaßen verwickelt.

Die Verbindungen zwischen Roberto Calvi, dem Präsidenten der Banco Ambrosiano, und dem IOR gingen zurück auf das Jahr 1971, als Calvis Finanzberater Sindona ihn dem damaligen Bischof Marcinkus vorstellte. Calvi hatte nach und nach den höchsten Posten der Banco Ambrosiano erklommen, die traditionellerweise eine Regionalbank war mit besonders freundlichen Kontakten zum Klerus und Sympathien für die Kirche. Geschickt und energisch hatte er seine Bank in eine eindrucksvolle internationale Organisation verwandelt, wobei das IOR an mehreren ihrer Operationen beteiligt war.

Die weitreichende und undurchschaubare Komplexität von Calvis Operationen – einschließlich zweifelhafter Darlehen und Scheingesellschaften – kam zwischen 1978 und 1982 ans Licht, als das Vertrauen in die Bank zu schwinden begann und ihre Geschäfte von Beamten der Banca d'Italia unter die Lupe genommen wurden. 1981 wurde Calvi beschuldigt, illegal Kapital aus Italien ausgeführt zu haben, zu schweren Geldbußen und Gefängnis verurteilt, aber überraschenderweise auf Bewährung freigelassen.

In diesem Stadium versorgte das IOR mit Zustimmung von Erzbischof Marcinkus den in der Klemme sitzenden Calvi mit

Dokumenten – sogenannten «Trostbriefen» –, die zu verstehen gaben, daß die Bank des Vatikans direkt oder indirekt mehrere der in Panama und Liechtenstein operierenden «Scheingesellschaften» kontrollierte und über ihre Verschuldung informiert war. Um diese Briefe zu erhalten, die für ihn Zeitgewinn bedeuteten, befreite Calvi das IOR in einem vertraulichen Brief an Marcinkus von allen etwaigen sich daraus ergebenden finanziellen Verpflichtungen. Nach dem völligen Zusammenbruch von Calvis Bankengruppe wurde diese Ausflucht später von den italienischen Behörden angefochten. Alle Entlastungsversuche Calvis, um das Desaster zu verhindern, scheiterten – einschließlich des merkwürdigen kurzen Rettungsversuchs durch Carlo De Benedetti, den Vorstandsvorsitzenden von Olivetti.

Im Frühjahr 1982 erneuerte die Banca d'Italia hartnäckig ihren Druck auf Calvi, während Vatikanbeamte jede weitere Hilfe kompromißlos verweigerten. Calvi verschwand dann auf einer schicksalhaften Reise, die mit seinem gewaltsamen Tod endete, der von einer Jury in der City of London für Selbstmord erklärt wurde.

Seit diesen Ereignissen sind die endlosen Vermutungen über Beziehungen zwischen Calvis Bankimperium und Vatikanbeamten wie auch zwischen internationalen finanziellen Transaktionen und der Außenpolitik des Vatikans in Lateinamerika (wo er angeblich rechte Organisationen finanziert haben soll) und in Polen (Hilfe für die Gewerkschaftsbewegung Solidarität) nicht zum Schweigen gekommen.

Mittlerweile haben die Vatikanbehörden jegliche Verantwortung seitens des IOR für alle von der Banco Ambrosiano gemachten Schulden zurückgewiesen, haben aber ihre Bereitschaft betont, mit der italienischen Regierung «zur Wahrheitsfindung» über die Verbindungen zwischen der Bank und dem IOR zusammenzuarbeiten. 1984 ebnete das Angebot des Vatikans, einen finanziellen Beitrag zur Beilegung der Ambrosiano-Affäre zu leisten, nach langen Verhandlungen den Weg zur Unterzeichnung eines revidierten Konkordats zwischen dem Heiligen Stuhl und Italien durch Kardinal Casaroli und den italienischen Premierminister Bettino Craxi.

Die römische Kurie hat ihre Bemühungen um eine finanzielle und organisatorische Reform fortgesetzt, indem sie 1982 hundert Kardinäle nach Rom einberief, um die finanzielle Situation zu erörtern, sowie eine Kommission aus Kardinälen und Beratern zur Überwachung der Arbeit des IOR bildete und 1986 eine neue sechsköpfige Kardinalskommission einsetzte, die über Kurienreformen nachdenken soll.

Erzbischof Marcinkus wurde als Nachfolger von Kardinal Guerri Pro-Präsident der Päpstlichen Kommission des Staates der Vatikanstadt, blieb aber zumindest formal als Präsident für das IOR verantwortlich. Sindona wurde 1984 für das Verfahren in Italien von den USA ausgeliefert und 1986 wegen Mordes zu lebenslänglicher Haft verurteilt. Wenige Tage später starb er an einer Dosis Zyankali. Er wie Calvi hatten Verbindungen zu Licio Gelli gehabt, dem Großmeister einer berüchtigten Freimaurerloge.

Die Verbindungen von Männern wie diesen zu Beamten und Institutionen des Vatikans in einem scheinbar immerwährenden Skandal hat den Ruf nach mehr Transparenz im Finanzgebaren des Heiligen Stuhls und des Vatikanstaats sehr laut werden lassen, aber die öffentliche Haltung der römischen Kurie ist weiterhin von Geheimniskrämerei und vorsichtiger Defensive gekennzeichnet; der Verlauf der Ereignisse ist keineswegs aufgehellt worden.

Mit fast 600 Sitzen religiöser Orden und unzähligen Universitäten und höheren Bildungsinstituten ist die Stadt Rom ein stabiles Verbindungsglied zwischen dem Vatikan und der katholischen Welt. Doch sie ist auch die eigene Diözese des Papstes mit etwa 300 Pfarrbezirken und 1700 religiösen Gemeinschaften. Die Stellung des Papstes als Bischof von Rom ist wichtig für das Verständnis des modernen Papsttums.

Mit der Wahl Karol Wojtylas zum Bischof von Rom machten die Kardinäle der Kirche ihn zum Papst, dem Nachfolger des heiligen Petrus, welcher mit allen Bischöfen der Kirche als Nachfolgern der Apostel zusammenarbeitet. Das wichtigste Dokument, das in den 60er Jahren aus dem Zweiten Vatikanischen Konzil hervorging, war die Konstitution über die Kirche, *Lumen Gentium*, die besagt, daß der römische Pontifex und die Bischöfe eine Einheit bilden, wie auch Petrus und die anderen Apostel zusammen ein apostolisches Kollegium gebildet haben.

Die Theologie der «Kollegialität» impliziert weitgehende Folgerungen für die zukünftige Organisation und Entwicklung der katholischen Kirche. Doch wie wir sahen, haben weder der Papst noch die Kurie merken lassen, daß sie die praktischen Auswirkungen der konstitutionellen Reform auf die religiöse Theorie beschleunigen möchten. Dies wird nach und nach geschehen, vielleicht auch erst unter einem zukünftigen Papst.

Papst Johannes Paul II. füllt seine Rolle als Bischof auf praktische und dynamische Weise aus. Er delegiert die Verwaltung seiner eigenen ausgedehnten Kurie der Diözese Rom an seinen Generalvikar, Kardinal Ugo Poletti; dieser wird von einem Vizeregenten und Weihbischöfen unterstützt. Doch beteiligt sich Wojtyla lebhaft an den Aktivitäten seiner Diözese und pflegt freundliche persönliche Kontakte zu ihren Geistlichen.

Auch praktisch verfügt der Papst durch sein persönliches Amt als Bischof und seinen ausgeprägten Sinn für Ordnungsstrukturen mittels seiner Kontakte zu den nationalen Episkopaten über einen Apparat, der eine äußerst wirkungsvolle Kommunikation des Heiligen Stuhls mit der Welt ermöglicht. Ihre Vertreter werden von ihm regelmäßig in Rom empfangen; seine wichtigsten, vertraulichsten Botschaften überbringt er den örtlichen Bischöfen persönlich, wenn er ihre Länder besucht.

Während seines Lateinamerikabesuchs 1980 erläuterte er zum Beispiel in Fortaleza den über 300 brasilianischen Bischöfen (Brasilien hat eine vorwiegend katholische Bevölkerung von 120 Millionen Menschen) seine politische und soziale Botschaft.

In einer spontanen Geste, gerührt von der Armut, die er in einer brasilianischen *favela* sah, streifte der Papst seinen goldenen Ring ab und überreichte ihn dem Gemeindepfarrer (der später sagte, der Ring werde als Erinnerungsstück aufbewahrt und nicht verkauft). Mit tiefempfundener Aufrichtigkeit – «ein Bruder unter Brüdern» – pries er die Eintracht unter den Bischöfen und warb für sie. Ihre Hauptaufgabe als Bischöfe sei die Evangelisation; sie sollten – mit den Worten Papst Pauls VI. – «in einfacher und direkter Art Zeugnis ablegen für den durch Christus im Heiligen Geist geoffenbarten Gott». Die Bischöfe müßten die prophetische Botschaft von der «jenseitigen Welt» verkünden. Der Papst äußerte die Zuversicht, daß die Kirche vor dem Hintergrund dieses metaphysischen Denkens «zu einer Veränderung der Gesellschaft beitragen» könne, «indem sie ihr helfe, gerechter zu werden», ohne deshalb zurückzugreifen «auf Mittel, die ihr fremd sind . . .».

Das brasilianische Muster – ein dynamisches Aufgreifen der sozialen Probleme, kombiniert mit einer Bekräftigung der traditionellen katholischen Lehre – wiederholte sich, als Papst Johannes Paul II. im Herbst 1980 Deutschland besuchte. Es war das erste Mal seit fast tausend Jahren, daß ein Papst in dieses Land kam.

Seine erste Rede enthielt eine Verdammung künstlicher Empfängnisverhütung; später plädierte er aufrichtig und leidenschaftlich für die Einheit der Christen. Zu den Themen Religion und Politik, Kirche und Staat, Kommunismus und Katholizismus, päpstliche Autorität, christliche Ehe, Priesterstand, Scheidung, Empfängnisverhütung und Abtreibung – um nur einige der kontroversen Themen zu nennen, zu denen der Heilige Stuhl sich geäußert hat – reagierte Papst Johannes Paul II. auf Druck von außen mit strikten und vorhersehbaren orthodoxen Antworten. Er leitet die Kirche fast im autoritär-patriarchalischen Stil seines strengen früheren Vorgängers Papst Pius XII.

Hier soll nicht gefragt werden, was orthodox heißt. Auch soll nicht gesagt werden, dem pastoralen Ansatz des Papstes mangele es an Einfühlungsvermögen, noch soll angedeutet werden, die Einsichten des Zweiten Vatikanischen Konzils seien an ihm unbemerkt vorübergegangen oder er werde kein Reformpapst sein. Dieses Buch bemüht sich um Verständnis für den modernen Vatikan, indem es versucht, die Gründe, vielleicht sogar die Notwendigkeit der *Vorhersagbarkeit* des Papstes zu begreifen.

Unter den römisch-katholischen Gläubigen hat es keine Polarisierung wegen des Papstes gegeben, wie man erwarten könnte, wenn sein «Konservatismus» menschliche Wärme vermissen ließe oder sein Drang zur Organisation Traditionen mißachtete. Zum Zeitpunkt der Bischofssynode von 1980 hatten die «radikalen» oder «fortschrittlichen» Katholiken längst begriffen, daß sie die Aspekte, die sie an römischen Entscheidungen oder Verlautbarungen unerträglich fanden, nicht einer reaktionären Kurie anlasten konnten: Es war fast immer die Stimme des Papstes selbst. Außerhalb der katholischen Kirche hatte sich der Neuigkeitswert der überschwenglichen Auftritte des Papstes in einem Land nach dem anderen bald abgenutzt, nicht aber an den tatsächlich besuchten Orten. Die ganz erhebliche persönliche Ausstrahlung Papst Johannes Pauls II. wurde verstärkt durch den Ausbau seiner einzigartigen Stellung als Führer der Welt, der als Tribut eine selbstverleugnende moralische und geistliche Reaktion forderte. Die vom Papst (instinktiv und aufgrund seiner besonderen Auffassung seines Amtes) beanspruchte Autorität schien zu Beginn der 80er Jahre Millionen Menschen auf der Welt zumindest eine Ahnung von den Werten zu vermitteln, nach denen sie sich sehnten: Ordnung, Sicherheit und Hoffnung.

Heißt das nun, daß sich im Vatikan unter Papst Johannes Paul II. nichts geändert hat? Weise Herrscher sollten daran denken, sagte Machiavelli, daß eine einzelne Veränderung im Staat der nächsten Vorschub leistet oder sie einleitet. Ein bestimmter Instinkt der römisch-katholischen Kardinäle und der Kurie – vielleicht war es Vorsehung – ließ sie nach dem sensiblen, oft zaudernden Papst Paul VI. einen nichtitalienischen Papst wählen, der entschlossen ist, die Kirche zu stabilisieren, und aus seiner langen, schmerzhaften Erfahrung mit dem aggressiven Kommunismus heraus ihre internationale Autorität und Widerstandskraft gegen gewisse Stürme stärken wird. Doch die Veränderungen, die das Zweite Vatikanische Konzil initiierte und vorsah, können nicht rückgängig gemacht werden, und sie leisten einer zukünftigen neuen Entwicklungen nachhaltig Vorschub.

Seit dem Jahr der drei Päpste gibt es einige neue Gesichter und auch sonst einiges Neue im Vatikan zu sehen. Doch innerhalb der Mauern trifft man immer noch auf die alte Reserviertheit der Vatikanbeamten und auf den abweisenden Stolz der Kurie – sei er vielleicht auch durch den Wirbelwind der Aktivitäten des jetzigen Papstes etwas erschüttert worden. Trotz alledem ist der Vatikan in Bewegung – und das nicht ohne Auswirkungen –, als Reaktion auf die Entwicklungen in der Welt, in die er doch in so unglaublichem Maße integriert ist. Diese Veränderungen betreffen unter anderem ein zunehmendes allgemeines Bewußtsein von dem internationalen Status des Heiligen Stuhls, das Wachstum der katholischen Bevölkerung Afrikas und Lateinamerikas, der Zusammenstoß der alten Religionen und Ideologien in kontinentalem Maßstab, das Wiederauftauchen religiösen Glaubens in China. Im Hinblick auf all dies muß der Vatikan sich flexibel und positiv zeigen, und deshalb muß er sich verändern – gerade so, wie er in kleinerem Maßstab in

Italien infolge der Gewichtsverschiebungen durch das Vatikanische Konzil und des abnehmenden klerikalen Einflusses vor Ort seine verhärtete politische Haltung lockern mußte.

Kann man die Effektivität des Vatikans beurteilen? Sein Einfluß in der modernen Welt ist oft ganz deutlich an der direkt oder durch örtliche Kirchen oder Bischöfe provozierten Feindseligkeit abzulesen – wie zum Beispiel viele deutsche Wähler 1980 oder Kritiker seines offiziellen Verbots empfängnisverhütender Mittel in fast allen westlichen Ländern zu erkennen gaben. Viele Gläubige der katholischen Kirche wünschten, der Vatikan würde nach dem Wert seines Beitrags zum Frieden und Fortschritt der Menschheit beurteilt, der Wirksamkeit seines Kampfes gegen Armut, Radikalismus, sogenannte institutionalisierte Gewalt und so weiter. Diese Bilanz wäre schwer zu ziehen, obwohl ich beiläufig bemerken muß, daß ein Buch wie dieses Gefahr läuft, ein verzerrtes Bild des Heiligen Stuhls und der katholischen Kirche zu geben, da es ihre weltweite Hilfs- und Wohlfahrtstätigkeit nur oberflächlich skizziert. Aber die moderne katholische Kirche hat, soweit der Papst und seine bischöflichen Amtsbrüder betroffen sind, den Maßstab, nach dem sie ihre Effektivität bemessen sehen möchte, weitgehend unverändert beibehalten: Ihr Ziel ist die Glaubensverbreitung, ihr Motiv der größere Ruhm Gottes. Dafür gibt es keine Maßeinheit.

Als Ausblick auf die Zukunft möchte ich einen Kommentar aus der Vergangenheit zitieren. Eine berühmte Passage über das Papsttum in Lord Macaulays Kritik von Rankes Werk *Geschichte der Päpste* lautet:

> Es gibt und gab auf dieser Erde kein Werk menschlicher Politik, das eine Betrachtung so sehr verdient wie die römisch-katholische Kirche. Die Geschichte dieser Kirche verbindet die beiden großen Zeitalter menschlicher Zivilisation ... Und sie wird vielleicht noch in unverminderter Vitalität existieren, wenn irgendein Reisender aus Neuseeland inmitten einer weiten Einöde auf einem zerbrochenen Bogen der London Bridge Platz nimmt, um die Ruinen von St. Paul zu zeichnen.

Macaulays Erklärung für die Langlebigkeit des Papsttums war, daß «Theologie dem Sinne des Wortes nach keine progressive Wissenschaft ist». Anders ausgedrückt glaubte er, daß die Menschen der Gegenwart oder der Zukunft genauso imstande seien, an eine absurde oder falsche Religion zu glauben, wie sie es in der Vergangenheit gewesen seien.

Der römisch-katholische Christ ist überzeugt, daß das Papsttum weiterbesteht, weil der Papst der Nachfolger des heiligen Petrus ist – daß sein Auftrag von dem göttlichen Gründer einer sichtbaren Kirche ausgeht, die für alle Zeiten gegen den Triumph des Irrtums geschützt ist. Dieser Glaube läßt vielfältige Ausdeutungen zu.

Als Papst Paul VI. noch lebte, unterhielt ich mich einmal über den Ansatz dieses Buches mit einem Benediktinermönch in Rom; er sagte, vielleicht erfülle ich eine besonders nützliche Aufgabe, indem ich die letzten Tage des alten Papsttums dokumentiere. Was er damit meinte, war, daß die Kräfte der Veränderung, wie sie weitgehend im Zweiten Vatikanischen Konzil zum Ausdruck kamen, im Begriff stünden, sich zu sammeln, und daß ein neuer Papst fast mit Sicherheit eine Umgestaltung bedeuten würde.

Die Kurie würde internationaler und zugleich die Gesamtheit der Kirche besser repräsentieren. Die Bischofssynode würde an der Autorität beteiligt und öfter mit dem Papst gemeinsam Entscheidungen treffen. Das Papsttum würde anmaßende Zeremonien abstreifen und eine weniger autokratische Kultur pflegen. Das zentralisierende und geschlossene System der römischen Kongregationen würde liberaler und offener. Mehr Mitgefühl würde die interne Disziplin der ganzen Kirche prägen.

In ihrer Organisation würde die Struktur der Kirche der neuen oder reformierten Ekklesiologie angepaßt, so daß in ihrer Leitung auf die Macht der Bischöfe und Diözesen, auf Bischofskonferenzen und regionale Bischofssynoden, örtliche und allgemeine Konzilien und so weiter ein viel größeres Gewicht entfiele.

Die Laien der Kirche wiederum würden an Geist und Verwirklichung der «Kollegialität» beteiligt.

Gemessen an diesem Ausblick haben wir immer noch weitgehend das alte Papsttum, aber mit einem Papst, der es der Welt mit bemerkenswerter Anziehungskraft präsentiert und mit dem Rosenkranz in der Hand nachdrücklich für die Menschenrechte eintritt, als sei die Zeit nicht auf seiner Seite. Die Situation ist voller Paradoxien.

Durch Papst Johannes Pauls Gesamtsicht der Welt hat der Vatikan ein wacheres Bewußtsein für die politischen Strömungen und Veränderungen in Lateinamerika, Afrika und besonders im Osten entwickelt und damit insgesamt eine internationalere Perspektive. Seit der ersten Ausgabe dieses Buches 1982 haben die Reisen des Papstes in die verschiedensten Regionen der Welt und sein aufmerksames Eingehen auf alle Äußerungen, die von verschiedenden konstituierenden Teilen der katholischen Kirche an Rom herangetragen werden, mehrfach zu wichtigen Änderungen in der konservativen Haltung des Vatikans geführt und seine Ziele stark beeinflußt.

Dies sind subtile Prozesse und oft voller Widersprüche. Die Berufung Joseph Ratzingers als Präfekt der Kongregation für die Glaubenslehre (und in andere Schlüsselpositionen der Kurie) im November 1981 schien den Auftakt zu einer Phase der Reaktion gegen Veränderungen und Dezentralisierung in der katholischen Kirche zu bedeuten, die Rückkehr zu strengerer Regulierung und Disziplinierung katholischer Theologen und sogar ein Zurückdrängen der liberalisierenden Kräfte, die das Zweite Vatikanische Konzil freigesetzt hatte. Die deutlich geäußerte Kritik des Papstes am politischen Engagement der Priester Lateinamerikas und die Betonung orthodoxer Frömmigkeit und traditioneller Werte in allen seinen Verlautbarungen scheinen diese Tendenz zu unterstützen.

Dasselbe gilt für die Einflußnahme des Papstes wie Kardinal Ratzingers auf die Außerordentliche Synode der Vorsitzenden aller Bischofskonferenzen in Rom 1985 anläßlich des zwanzigsten Jahrestages des Zweiten Vatikanischen Konzils. Der kuriale Einfluß auf die Synode und ihr Schlußbericht schienen die finstereren Aspekte der Probleme der Welt und der internen Differenzen in der Kirche sowie traditionelle theologische Auffassungen vom Wesen der Kirche in den Vordergrund zu stellen, weniger den hoffnungsvollen Geist vom II. Vatikanum und sein progressives Konzept vom «Gottesvolk».

Dennoch bot der Schlußbericht einen sehr ausgewogenen theologischen Ausblick; er betonte auf interessante Weise die Idee der Kirche als *communio*, als Gemeinschaft oder Kommunion nach dem Bild der Trinität, die Vielfalt der Verantwortung und Tätigkeiten ermutige. Der englische Kardinal Hume sagte dazu, die Außerordentliche Synode habe «die Lehren des Konzils und die Richtung, die es der Kirche gewiesen hat, nachdrücklich und einmütig bestätigt».

Ähnlich wurde auch das mit Spannung erwartete Dokument über die Theologie der Befreiung vom 27. März 1986 (veröffentlicht von der Kongregation für die Glaubenslehre im April desselben Jahres unter dem Titel *Instruktion über christliche Freiheit und Befreiung*) von P. Gustavo Gutierrez, dem Gründungsvater der «Theologie der Befreiung», als «positives Dokument» begrüßt. Allgemein wurde es von den brasilianischen Bischöfen als ermutigende Besiegelung der konstruktiven Begegnung von Vertretern ihrer eigenen Bischofskonferenz mit dem Papst und Kurienmitgliedern wenige Tage zuvor gewertet: einer noch nie dagewesenen Begegnung unter dem Vorsitz von Kardinal Gantin in seiner Eigenschaft als Präfekt der Kongregation für die Bischöfe. Diesem Dokument war eine frühere, weniger positive Erklärung von 1984 vorausgegangen, die marxistische Tendenzen in der Theologie der Befreiung verurteilte.

Zwar fußte das zweite Dokument in seiner autoritären Haltung auf früheren katholischen Erklärungen und begann mit einer Ablehnung marxistischer «Infizierung» der modernen Befreiungsbewegung, behandelte aber als zentrales Thema die grundsätzliche Identifikation des Auftrags der Kirche mit der Suche nach Befreiung und Freiheit in dieser Welt.

Es erhob den Anspruch, die katholische Kirche wolle und könne angemessen auf «die Ängste der heutigen Menschen eingehen, die

Unterdrückung erleiden und sich nach Freiheit sehnen». Es war durchgehend geprägt von Johannes Pauls II. Philosophie der Menschenrechte und gab grünes Licht für die Fortsetzung der Debatte über den wirkungsvollen Beitrag der Kirche zur sozialen und politischen Befreiung. Die Rolle der katholischen Kirche und insbesondere die von Kardinal Sin bei der Unterstützung und in gewisser Weise auch Führung der politischen Revolution auf den Philippinen Anfang desselben Jahres 1982 illustrierte zufällig gleichzeitig, welches Explosivpotential christliches politisches Handeln birgt.

Einen ganz anderen, aber nicht weniger sensiblen Bereich politisch-religiöser Wechselwirkung betrat Papst Johannes Paul II. 1986, als er zum ersten Mal in der Papstgeschichte eine Synagoge besuchte (die Hauptsynagoge des früheren jüdischen Gettos von Rom) und in einer historischen Ansprache die jüdische Religion als bis zu einem gewissen Maße wesensverwandt mit dem christlichen Glauben charakterisierte. Der Staat Israel wurde bei dieser Gelegenheit nicht erwähnt, aber auch hier hat der Vatikan sich in keiner Weise immobil gezeigt, ebensowenig wie in bezug auf die ebenfalls sehr andersartigen Beziehungen zu China, mit dessen Regierung der Vatikan sich eindeutig auseinandergesetzt hat, um Beziehungen konstruktiver Toleranz und gegenseitigen Verständnisses aufzubauen.

Schließlich haben die ernsthaften Konflikte und Spannungen innerhalb der katholischen Kirche sowie zwischen der katholischen Kirche und anderen Kirchen und Regierungen Papst Johannes Paul II. und den Vatikan in den 80er Jahren nicht dazu veranlaßt, sich auf frühere Standpunkte und starre Positionen zurückzuziehen.

Es gibt auch keine Anzeichen dafür, daß das in Zukunft geschehen wird, welche brennenden Themen wir auch betrachten – von der Rolle der Laien in der katholischen Kirche bis zur Entwicklung der Ökumene, Beziehungen zu nichtchristlichen Religionen oder der christlichen Reaktion auf Armut und Unterdrückung.

Die Organe der römischen Kurie

Staatssekretariat
(Secretaria Status seu Papalis)

Staatssekretär: Kardinal Agostino Casaroli
Substitut: Erzbischof Eduardo Martinez Somalo
Assessor: Msgr. Giovanni Battista Re

Rat für die öffentlichen Angelegenheiten der Kirche
(Consilium pro Publicis Ecclesiae Negotiis)

Präfekt: Kardinal Agostino Casaroli
Sekretär: Erzbischof Achille Silvestrini
Untersekretär: Msgr. Audrys Juozas Bačkis

Kongregationen

Kongregation für die Glaubenslehre
(Sacra Congregatio pro Doctrina Fidei)
Präfekt: Kardinal Joseph Ratzinger
Sekretär: Erzbischof Alberto Bovone

- Internationale Theologische Kommission
- Bibelkommission

Kongregation für die Bischöfe
(Sacra Congregatio pro Episcopis)
Präfekt: Kardinal Bernardin Gantin
Sekretär: Erzbischof Lucas Moreira Neves OP

- Päpstliche Kommission für Lateinamerika
- Päpstliche Kommission für die Seelsorge am Menschen unterwegs

Kongregation für die Orientalischen Kirchen
(Sacra Congregatio pro Ecclesiis Orientalibus)
Präfekt: Kardinal D. Simon Lourdasamy
Sekretär: Erzbischof Miroslav Stefan Marusyn

- Sonderkommission für Liturgie
- Päpstliche Mission für Palästina

Kongregation für die Sakramente
(Sacra Congregatio pro Sacramentis)
Präfekt: Kardinal Augustin Mayer OSB
Sekretär: Erzbischof Lajos Kada

Kongregation für den Gottesdienst
(Sacra Congregatio pro Cultu Divino)
Präfekt: Kardinal Augustin Mayer OSB
Sekretär: Erzbischof Virgilio Noè

Kongregation für den Klerus
(Sacra Congregatio pro Clericis)
Präfekt: Kardinal Antonio Innocenti
Sekretär: Erzbischof Maximino Romero de Lema

Kongregation für die Ordensleute
und Säkularinstitute
(Sacra Congregatio pro Religiosis et Institutis Saecularibus)
Präfekt: Kardinal Jean Jérôme Hamer OP
Sekretär: Erzbischof Vincenzo Fagiolo

- Abteilung für die Ordensleute
- Abteilung für die Säkularinstitute

Kongregation für die Glaubensverbreitung
oder de Propaganda fide
(Sacra Congregatio pro Gentium Evangelizatione seu de Propaganda Fide)
Präfekt: Kardinal Jozef Tomko
Sekretär: Erzbischof José T. Sanchez

- Kommission für die Revision der Bischofssynoden und -Konferenzen ...
- Pastorale Kommission
- Oberstes Komitee der Päpstlichen Missionswerke
- weitere Kommissionen und Räte

Kongregation für die Selig- und Heiligsprechungsprozesse
(Sacra Congregatio pro Causis Sanctorum)
Präfekt: Kardinal Pietro Palazzini
Sekretär: Erzbischof Traian Crisan

Kongregation für das Katholische Bildungswesen
(Sacra Congregatio pro Institutione Catholica)
Präfekt: Kardinal William Wakefield Baum
Sekretär: Erzbischof Antonio M. Javierre Ortas SDB

Gerichtshöfe

Apostolische Pönitentiarie
(Sacra Paenitentiaria Apostolica)
Großpönitentiar: Kardinal Luigi Dadaglio
Regens: Msgr. Luigi de Magistris

Oberstes Tribunal der Apostolischen Signatur
(Supremum Signaturae Apostolicae Tribunal)
Präfekt: Kardinal Aurelio Sabattani
Sekretär: Bischof Zenon Grocholewski

Sacra Romana Rota
(Sacra Romana Rota)
Dekan: Msgr. Ernesto Fiore

Sekretariate

Sekretariat für die Einheit der Christen
(Secretariatus ad Christianorum Unitatem Fovendam)
Präsident: Kardinal Johannes Willebrands
Sekretär: P. Pierre Duprey PB

- Kommission für religiöse Beziehungen mit der jüdischen Religion

Sekretariat für die Nichtchristen
(Secretariatus pro Non Christianis)
Präsident: Kardinal Francis Arinze
Sekretär: P. Marcello Zago OMI

- Kommission für religiöse Beziehungen mit dem Islam

SEKRETARIAT FÜR DIE NICHTGLAUBENDEN
(Secretariatus pro Non Credentibus)
Präsident: Kardinal Paul Poupard
Sekretär: P. Jordán Gallego Salvadores OP

Räte, Kommissionen und Komitees

PÄPSTLICHER RAT FÜR DIE LAIEN
(Pontificium Consilium pro Laicis)
Präsident: Kardinal Eduardo Francisco Pironio
Vizepräsident: Bischof Paul Josef Cordes
Untersekretär: Msgr. Peter Coughlan

PÄPSTLICHE KOMMISSION «IUSTITIA ET PAX»
(Pontificia Commissio a Iustitia et Pace)
Präsident: Kardinal Roger Etchegaray
Vizepräsident: Bischof Jorge María Mejía
Untersekretär: Msgr. William F. Murphy

PÄPSTLICHE KOMMISSION FÜR DIE AUTHENTISCHE
INTERPRETATION DES KIRCHENRECHTS
(Pontificia Commissio C.I.C. Recognoscendo)
Präsident: Kardinal Rosalio José Castillo Lara SDB
Sekretär: Msgr. Julián Herranz

PÄPSTLICHE KOMMISSION FÜR DIE REVISION
DES ORIENTALISCHEN KIRCHENRECHTS
(Pontificia Commissio C.I.C. Orientalis Recognoscendo)
Präsident: Kardinal Joseph Parecattil
Vizepräsident: Bischof Emilio Eid

Päpstliche Kommission für die Instrumente der Sozialen Kommunikation
(Pontificium Consilium Instrumentis Communicationis Socialis Praepositum)
Präsident: Erzbischof John P. Foley
Sekretär: Msgr. Pierfranco Pastore

- Pressesaal des Heiligen Stuhls
- Vatikanische Cinemathek

Päpstliche Kommission für Lateinamerika
(Pontificia Commissio pro America Latina)
Präsident: Kardinal Bernardin Gantin
Sekretär: Msgr. Michele Buro

Päpstliche Kommission für die Seelsorge am Menschen unterwegs
(Pontificia Commissio de Spirituali Migratorum atque Itinerantium Cura)
Präsident: Kardinal Bernardin Gantin
Pro-Präsident: Erzbischof Emanuele Clarizio
Sekretär: P. Giulivo P. Tessarolo CS

Päpstliche Kommission «Cor unum»
(Pontificium Consilium «Cor Unum» de Humana et Christiana Progressione Fovenda)
Präsident: Kardinal Roger Etchegaray
Vizepräsident: Bischof Alois Wagner

Päpstlicher Rat für die Familie
(Pontificium Consilium pro Familia)
Präsident: Kardinal Edouard Gagnon PSS
Vizepräsident: Bischof Jean-François Arrighi

Andere Komitees:
- Rat der Kardinäle für das Studium der organisatorischen und ökonomischen Probleme des Heiligen Stuhls
- Internationale Theologische Kommission
- Päpstliche Bibelkommission
- Päpstliche Kommission der Abtei St. Hieronymus für die Revision und Berichtigung der Vulgata
- Päpstliche Kommission für religiöse Archäologie
- Päpstliche Kommission für Geschichtswissenschaften
- Päpstliche Kommission für die kirchlichen Archive Italiens
- Zentrale Päpstliche Kommission für religiöse Kunst in Italien
- Kardinalskommission für die päpstlichen Heiligtümer von Pompeji, Loreto und Bari

Ämter

Apostolische Kammer
(Camera Apostolica)
Camerlengo der Hl. Römischen Kirche: Kardinal Agnelo Rossi
Vize-Camerlengo: Erzbischof Ettore Cunial

Präfektur für die Wirtschaftlichen Angelegenheiten des Heiligen Stuhls
(Praefectura Rerum Oeconomicarum S. Sedis)
Präsident: Kardinal Giuseppe Caprio
Sekretär: Msgr. Luigi Sposito

Verwaltung der Güter des Apostolischen Stuhls
(Administratio Patrimonii Sedis Apostolicae)
Präsident: Kardinal Agnelo Rossi
Sekretär: Erzbischof Lorenzo Antonetti

Präfektur des Päpstlichen Hauses
(Pontificalis Domus)
Präfekt: Bischof Jacques Martin
(seit 1987: Erzbischof Dino Monduzzi)

Päpstliche Kapelle:
Mitglieder der Päpstlichen Kirchlichen Familie
das Heilige Kollegium der Kardinäle
Patriarchen, Erzbischöfe, Bischöfe und Eparchen als Thronassistenten
der Vize-Camerlengo der Heiligen Römischen Kirche
die Praelati superiores der Kongregationen
der Sekretär des Obersten Tribunals der Apostolischen Signatur
der Dekan der Rota Romana
der Regens der Apostolischen Pönitentiarie
die Praelati superiores der drei Sekretariate
der Präsident der Päpstlichen Kommission für soziale Kommunikation
der Generalsekretär der Bischofssynode
der Abt von Monte Cassino und die Generaläbte der Regularkanoniker und der monastischen Orden
der Generalsuperior oder bei seiner Abwesenheit der Generalprokurator jedes Bettelordens
die Auditoren der Rota Romana
die Votanten der Apostolischen Signatur
Mitglieder der Kapitel der drei Patriarchalbasiliken
die Konsistorialadvokaten
die römischen Pfarrer
die Kleriker der Päpstlichen Kapelle
Mitglieder des Päpstlichen Rates für die Laien und der Päpstlichen Kommission «Iustitia et Pax»
die Vertrauten des Papstes

Päpstliche Familie

Kirchliche Mitglieder:
der Substitut des Staatssekretariats und der Sekretär der Chiffre
der Sekretär des Rates für die Öffentlichen Angelegenheiten der Kirche
der Almosenpfleger Seiner Heiligkeit
der Generalvikar Seiner Heiligkeit für die Vatikanstadt
der Präsident der Päpstlichen Kirchlichen Akademie
der Theologe des Päpstlichen Hauses
das Kollegium der Päpstlichen Protonotare
überzählige Apostolische Protonotare
die Prälaten des Vorzimmers
die Päpstlichen Zeremonienmeister
die Ehrenprälaten Seiner Heiligkeit
die Ehrenkapläne Seiner Heiligkeit
der Prediger des Päpstlichen Hauses

Laienmitglieder:
die Thronassistenten
der Sonderbeauftragte der Päpstlichen Kommission für den Staat der Vatikanstadt
der Generalrat der Vatikanstadt
der Architekt des Apostolischen Palastes
der Kommandant der Schweizergarde
die Konsultoren des Staates der Vatikanstadt
der Präsident der Päpstlichen Akademie der Wissenschaften
die Kammerherren Seiner Heiligkeit
die Prokuratoren des Apostolischen Palastes
die Attachés des Vorzimmers
die Vertrauten des Papstes

Amt für Päpstliche Zeremonien

Päpstliche Kapelle

Korps der Schweizergarde

Unterstützungswerk des Heiligen Vaters
(Beneficium Ministerium Summi Pontificis)

Archiv des Zweiten Vatikanischen Konzils
(Tabularium Concilii Vaticani II)

Zentralamt für Kirchliche Statistik
(Generale Ecclesiae Rationarium)

Die Palatinische Verwaltung

Die Ehrwürdige Fabrik von Sankt Peter
(Dombauhütte von St. Peter)
- Verwaltungskomitee
- die leitenden Architekten
- Verwaltungsamt
- technisches Amt
- Generalarchiv
- Rechtsabteilung
- Mosaikatelier

Vatikanische Apostolische Bibliothek
- Vatikanische Schule für Bibliothekswissenschaften

Vatikanische Geheimarchive
- Vatikanische Schule für Paläographie, Diplomatik und Archivwissenschaft

Tipografia Poliglotta Vaticana
(Vatikanische Polyglott-Druckerei)

Libreria Editrice Vaticana (Vatikanverlag)

L'osservatore Romano

Vikariat der Vatikanstadt

Generalvikar: Bischof Petrus Canisius Jean van Lierde OSA

Päpstliche Kommission für den Staat der Vatikanstadt

Präsident: Sebastiano Baggio
Pro-Präsident: Erzbischof Paul C. Marcinkus
Sonderbeauftragter: Marchese Don Giulio Sacchetti

Staatsrat
Präsident: Marchese Don Giulio Sacchetti
Sekretär: Rechtsanwalt Vittorio Trocchi

Gouvernorat

Generalsekretariat:
Rechtsamt
Personal- und Standesamt
Zentralbuchhaltung
Briefmarken- und Münzamt
Post- und Telegrafenamt
Handelsamt
Zentrales Aufsichtsamt
Informationsamt für Pilger und Touristen

Generaldirektion der päpstlichen Denkmäler, Museen und Galerien

Technische Dienste

Wirtschaftsdienst

Gesundheitsdienst

Vatikanische Sternwarte

Päpstliche Villen

Gerichtshöfe des Staates der Vatikanstadt

Gesundheits- und Wohlfahrtsfonds

Ständige Kommission für den Schutz der historischen und Kunstdenkmäler des Heiligen Stuhls

1 Heute (1986) leitet P. Magee verantwortlich das Amt für Päpstliche Zeremonien; das alte Amt des Päpstlichen Zeremoniars hatten in der Renaissance bekannte Persönlichkeiten wie Burchard und Paris de Grassis inne.

2 Trotz des gespannten Verhältnisses zwischen Großbritannien und Argentinien aufgrund ihres bewaffneten Konflikts besuchte der Papst im Sommer 1982 beide Länder. 1983 reiste er nach Mittelamerika, Polen und Lourdes in Frankreich; 1984 in die Schweiz, nach Kanada und Spanien, von dort aus in die Dominikanische Republik (zur Celam-Konferenz des Rates der lateinamerikanischen Bischöfe); 1985 nach Lateinamerika (Ecuador, Peru, Venezuela und Trinidad), in die Niederlande, die Zentralafrikanische Republik und Kamerun, und nochmals nach Afrika (Elfenbeinküste, Kenia, Marokko, Togo und Zaire); 1986 nach Indien und Australien.

3 Der Dekan der *Rota Romana*, die ebenfalls das Adjektiv *Sacra* als Bestandteil ihres Namens eingebüßt hat, ist jetzt, 1986, Msgr. Ernesto Fiore; er ist gleichzeitig Präsident des Appellationshofs der Gerichtshöfe des Staates der Vatikanstadt.

4 Msgr. Jérôme Hamer ist jetzt Kardinal und 1986 noch immer in seinem bevorzugten Gebiet tätig als – *inter alia* – Präfekt der Kongregation für die Ordensleute und Säkularinstitute. Sein Nachfolger in der Kongregation für die Glaubenslehre ist Msgr. Alberto Bovone unter dem Kardinalpräfekten Joseph Ratzinger. Im Sekretariat für die Einheit der Christen ist P. Pierre Duprey Nachfolger Msgr. Moellers unter dem Präsidenten Kardinal Johannes Willebrands.

5 1983 wurde Kardinal Gantin Präfekt der Kongregation für die Bischöfe und Präsident der Päpstlichen Kommission für Lateinamerika – zwei äußerst einflußreiche Ämter. Er war der erste Afrikaner, der zum Leiter einer Kurienkongregation aufstieg.

6 Kardinal Benelli starb im Oktober 1982.

7 Nach einer einflußreichen und zeitweilig nicht unumstrittenen Schlußphase seiner diplomatischen Karriere in Großbritannien, während der die Apostolische Delegatur in den Rang einer Nuntiatur erhoben wurde, zog sich Erzbischof Heim 1985 in den Ruhestand in der Schweiz zurück.

8 Zwischen 1982 und 1986 wurden mehrere Schlüsselpositionen in der Päpstlichen Kommission für Soziale Kommunikation umbesetzt. In diesem Zeitraum hat sich die Kommission wegen offensichtlicher Mängel ihres Pressebüros und ihrer restriktiven Haltung gegenüber der berichterstattenden Presse häufig die

Kritik von Journalisten zugezogen – etwa anläßlich der Außerordentlichen Bischofssynode 1986, von deren Diskussionen die Presse ausgeschlossen war. 1984 wurde Erzbischof John P. Foley aus Philadelphia/USA Präsident der Kommission. Bischof Agnellus Andrew ging nach England zurück. Der bisherige Sekretär P. Panciroli wurde 1984 Pronuntius für Gambia und Liberia; sein Nachfolger als Sekretär der Kommission wurde Msgr. Pierfranco Pastore.

9 Die zweite Enzyklika Papst Johannes Pauls II., eine Fortsetzung der ersten, erschien im Dezember 1980 unter dem Titel *Dives in Misericordia* («Reich an Barmherzigkeit»). In Fortsetzung einer Serie von Enzykliken, die sich mit dem Wesen der Trinität und ihrer Bedeutung für das menschliche Leben befassen, betrachtete die fünfte Enzyklika Papst Johannes Pauls von 1986 biblische und theologische Aspekte des Heiligen Geistes und blickte voraus auf das «große Jubiläum des Jahres 2000» – ein Lieblingsthema des Papstes – mit seiner «Botschaft der Befreiung durch die Macht des Heiligen Geistes . . .».

10 Im August 1981 wurde P. Arrupe schwer krank. Der Papst intervenierte daraufhin und nominierte Paolo Dezza SJ als seinen persönlichen Delegaten bei der Gesellschaft bis zur Wahl eines Nachfolgers. Der holländische Priester P. Peter-Hans Kolvenbach SJ wurde 1984 zum Ordensgeneral gewählt.

11 Generalmagister des Ordens ist heute Pater Damian Aloysius Byrne, der auch Großkanzler der Pontificio Università di S. Tommaso d'Aquino ist.

12 Im November 1982 wurde *Opus Dei* zu einer der vom Zweiten Vatikanischen Konzil geplanten *Prelature Personali* (Personalprälaturen) erklärt, die de facto Diözesen ohne Territorium sind. Unter einem Prälaten und einem Generalvikar und unter den Auspizien der Kongregation für die Bischöfe erhielt sie den Titel *Sanctae Crucis et Operis Dei.*

13 1980 begann man mit Reinigungsarbeiten an der Decke der Sixtinischen Kapelle, und im Februar 1986 wurde das erste Sechstel der Arbeit für Journalisten und Kunsthistoriker zur Besichtigung freigegeben. Ein Ergebnis dieses Restaurierungsprojekts, das 1992 mit dem *Jüngsten Gericht* abgeschlossen werden soll, wird die Entdeckung Michelangelos als eines brillanten Koloristen der Florentiner Renaissance sein.

14 Am 18. Oktober 1980 eröffnete der Papst neue Räume für die Archive mit 50 000 Regalmetern im Keller des Cortile della Pigna.

15 1981 wurden zum hundertsten Jahrestag der Öffnung der Archive für auswärtige Benutzer über 200 Objekte aus ihrem Besitz im Vatikan öffentlich ausgestellt.

16 1984 wurde die Vatikanische Sternwarte in die Nähe von Tucson/Arizona in den Vereinigten Staaten verlegt, da die Sichtbedingungen in Castel Gandolfo in den vergangenen Jahren immer schlechter geworden waren.

Bibliographie

Bei der Arbeit an diesem Buch, *Im Innern des Vatikans*, habe ich folgende Nachschlagewerke und Bücher hilfreich gefunden, aus denen gelegentlich auch zitiert wurde.

Annuario Pontificio, Libreria Editrice Vaticana (fortlaufende Jahrgänge).
L'Attività della Santa Sede, Tipografia Pompei SpA (fortlaufende Jahrgänge).
Catholic Almanac, Our Sunday Visitor Inc., Indiana (Jahrbuch).
New Catholic Encyclopedia, 15 Bände, McGraw-Hill, New York 1967.
Statistisches Jahrbuch der Kirche, Tipografia Poliglotta Vaticana.
The Vatican and Christian Rome, Libreria Editrice Vaticana 1975.

Walter Abbott SJ (Hrsg.): *The Documents of Vatican II*, London 1966.
Giulio Andreotti: *A Ogni Morte di Papa*, Mailand 1980.
Baedeker's Mittelitalien, Leipzig 1909.
George Blazynski, *John Paul II: A Man from Krakow*, London 1979.
George Bull: *Vatican Politics at the Second Vatican Council*, Oxford 1966.
Christopher Butler: *The Theology of Vatican II*, London 1967.
Dom Cuthbert Butler: *The Vatican Council, 1869-1870*, London 1930.
Deoclecio Redig de Campos: *Wanderings Among Vatican Paintings*, Mailand.

Rock Caporale SJ: *Vatican II: Last of the Councils*, Baltimore, USA 1964.
H. J. Cardinale: *The Holy See and the International Order*, Gerrards Cross 1976.
Eleanor Clark: *Rome and a Villa*, London 1953.
Mary Craig: *Man from a Far Country*, London 1979.
M. Creighton: *History of the Papacy during the Reformation*, 4 Bände, London 1887.
Carlo Falconi: *The Popes in the Twentieth Century*, London 1967.
Michael P. Fogarty: *Christian Democracy in Western Europe 1820-1953*, London 1957.
Hartwell de la Garde Grissell: *Sede Vacante: A Diary written during the Conclave of 1903*, London 1903.
Andrew M. Greeley: *The Making of the Popes*, London 1979.
Margherita Guarducci: *The Tomb of St Peter*, London 1960.
Augustus Hare: *Walks in Rome*, 2 Bände, London 1876.
Peter Hebblethwaite: *The Christian-Marxist Dialogue and Beyond*, London 1977
Peter Hebbelthwaite: *The Year of the Three Popes*, London 1978.
Philip Hughes: *The Church in Crisis: the Twenty Great Councils*, London 1960.
R. E. M. Irving: *The Christian Democratic Parties of Western Europe*, London 1979.
Christopher Kininmouth: *Rome Alive*, London 1951.
Paul Letarouilly: *The Basilica of St Peter*, London 1882. Nachdruck mit einem Vorwort von Sir Albert Richardson, London 1953.
Paul Letarouilly: *The Vatican Buildings*, London 1882. Nachdruck mit einem Vorwort von Sir Albert Richardson, London 1963.
Georgina Masson: *The Companion Guide to Rome*, London 1965.
Fred Mayer (Photos): *The Vatican: Portrait of a State and Community*, Dublin 1980.
David Mitchell: *The Jesuits: A History*, London 1980.

Peter Nichols: *The Politics of the Vatican*, New York 1968.
Peter Nichols: *The Pope's Divisions*, London 1981.
Gerard Noel: *Anatomy of the Catholic Church*, London 1980.
Mario Olivieri: *Natura e Funzioni dei Legati Pontifici nella Storia e nel Contesto Ecclesiologico del Vaticano II*, Turin 1979.
Mario Olivieri: *Le Rappresentanze Pontificie*, Rom 1975 (englisch erschienen als: *The Representatives*, Van Duren 1980).
Corado Pallenberg: *The Vatican Finances*, London 1971.
Corado Pallenberg: *The Vatican from Within*, London 1961.
Peter Partner: *Renaissance Rome 1500-1559*, Kalifornien 1976.
Paul Poupard: *Connaissance du Vatican*, Paris 1974.
W. A. Purdy: *The Church on the Move*, London 1966.
Alec Randall: *Vatican Assignment*, Catholic Book Club 1957.
Leopold von Ranke: *Die Geschichte der Päpste*, hrsg. v. W. Andreas. Sonderausgabe Vollmer Verlag Wiesbaden o.J. (neueste Ausgabe München: Insel 1986).
Anthony Rhodes: *The Vatican in the Age of the Dictators*, London 1973.
Xavier Rynne: *Letters from Vatican City; The Second Session; The Third Session; The Fourth Session*, 4 Bände, London 1963-66.
Michael Serafian: *The Pilgrim: Pope Paul VI, the Council, and the Church in a Time of Decision*, London 1964.
George Seldes: *The Vatican Yesterday, Today, Tomorrow*, London 1934.
James van der Veldt: *The Ecclesiastical Orders of Knighthood*, Catholic University of America Press 1956.
Bernard Wall: *Report on the Vatican*, London 1956.
Richard Webster: *Christian Democracy in Italy 1860–1960*, London 1961.

Papst Johannes XXIII.: *Geistliches Tagebuch und andere Schriften*, Freiburg 1964.
Papst Johannes Paul I. (Albino Luciani): *Ihr ergebener Albino Luciani. Briefe an Persönlichkeiten*, München [6]1983.

Papst Johannes Paul II. (Karol Wojtyla): *In der Kirche hat die Zukunft soeben begonnen*, Stein am Rhein 1979.
Papst Johannes Paul II. (Karol Wojtyla): *Zeichen des Widerspruchs. Besinnung auf Christus*, Zürich-Freiburg 1979.
Testamento di Paolo VI, Rom 1978.